汉译世界学术名著丛书

古筛勒苏菲论集

〔古阿拉伯〕艾布·嘎希姆·古筛勒 著

〔叙利亚〕麦阿鲁夫·穆斯塔法 校

潘世昌 译

商务印书馆
创于1897　The Commercial Press

Al-Qashiayri's Epistle on Sufism

Abul-Qasim al-Qushaayri

الرسالة القشيرية في علم التصوف

أبو القاسم عبد الكريم بن هوزان القشيري

本书根据贝鲁特时代书局 2002 年阿拉伯语版本译出

汉译世界学术名著丛书
出 版 说 明

我馆历来重视移译世界各国学术名著。从 20 世纪 50 年代起,更致力于翻译出版马克思主义诞生以前的古典学术著作,同时适当介绍当代具有定评的各派代表作品。我们确信只有用人类创造的全部知识财富来丰富自己的头脑,才能够建成现代化的社会主义社会。这些书籍所蕴藏的思想财富和学术价值,为学人所熟悉,毋需赘述。这些译本过去以单行本印行,难见系统,汇编为丛书,才能相得益彰,蔚为大观,既便于研读查考,又利于文化积累。为此,我们从 1981 年着手分辑刊行,至 2022 年已先后分二十辑印行名著 900 种。现继续编印第二十一辑,到 2023 年出版至 950 种。今后在积累单本著作的基础上仍将陆续以名著版印行。希望海内外读书界、著译界给我们批评、建议,帮助我们把这套丛书出得更好。

商务印书馆编辑部

2022 年 10 月

目　录

关于作者 …………………………………………………… 1

关于本书 …………………………………………………… 15

校对者序言 ………………………… 麦阿鲁夫·穆斯塔法 22

作者序言 …………………………………………………… 27

绪论 ………………………………………………………… 31

第一章　苏菲术语 ………………………………………… 44

　　1. 时间(卧格特,Waqt) ……………………………… 45

　　2. 阶段(麦嘎目,Maqam) …………………………… 47

　　3. 状态(哈鲁,Hal) ………………………………… 48

　　4. 紧张(嘎比德,Qabd)与松弛(巴斯特,Bast) ……… 49

　　5. 畏惧(海依拜,Hayba)与慰藉(乌努斯,Uns) ……… 52

　　6. 情迷(泰瓦吉德,Tawajud)、心迷(倭吉德,Wojd)与
　　　　神迷(瓦吉德,Wajid) …………………………… 54

　　7. 合一(杰木阿,Jama)与分离(发尔格,Farq) …… 58

　　8. 消失(法纳,Fana)与存在(拜嘎,Baqa) ………… 61

　　9. 迷离(俄亦布,Ghayba)与临在(候杜尔,Hudur) …… 63

　　10. 清醒(赛赫卧,Sahw)与迷醉(赛克尔,Sukr) …… 66

　　11. 品味(道格,Dhawq)与品饮(舍尔布,Shurb) ……… 67

12. 取消(麦哈卧,Mahw)与确定(伊斯巴特,Ithbat) ⋯⋯ 69

13. 遮挡(赛提尔,Satr)与显现(泰间里,Tajalh) ⋯⋯⋯ 70

14. 心临(穆哈达莱,Muhadara)、光临(穆卡什发,
Mukashafa)与神临(穆沙海达,Mushahada) ⋯⋯⋯ 71

15. 光线(莱瓦伊哈,Lawaih)、光亮(塔瓦里阿,Tawali)
与光芒(莱瓦米阿,Lawami) ⋯⋯⋯⋯⋯ 73

16. 心悸(伯瓦迪,Bawadih)与外击(胡主目,Hujum) ⋯⋯ 75

17. 转换(泰里委尼,Talwin)与稳定
(泰姆克尼,Tamkin) ⋯⋯⋯⋯⋯ 75

18. 接近(古尔布,Gurb)与远离(布阿杜,Buad) ⋯⋯ 78

19. 教乘(沙里亚,Sharia)与真乘(哈给格,Haqiqa) ⋯⋯ 81

20. 心慰(奈法赛,Nafas) ⋯⋯⋯⋯⋯ 82

21. 心语(哈瓦图尔,Khawatir) ⋯⋯⋯⋯⋯ 82

22. 知信(尔林姆·耶给尼,Elm al-yaqin)、目信(阿伊尼·
耶给尼,Ayn al-yaqin)与心信(罕格·耶给尼,Haqq
al-yaqin) ⋯⋯⋯⋯⋯ 84

23. 心得(瓦里德,Warid) ⋯⋯⋯⋯⋯ 85

24. 见证(沙赫德,Shahid) ⋯⋯⋯⋯⋯ 85

25. 私欲(奈夫思,Nafs) ⋯⋯⋯⋯⋯ 86

26. 灵魂(鲁哈,Ruh) ⋯⋯⋯⋯⋯ 87

27. 秘密(申鲁,Sirr) ⋯⋯⋯⋯⋯ 88

第二章 修道者的阶梯 ⋯⋯⋯⋯⋯ 89

1. 忏悔(讨白,Tawba) ⋯⋯⋯⋯⋯ 89

2. 磨炼(穆嘉海德,Mujahada) ⋯⋯⋯⋯⋯ 98

3. 隐居(海里卧,Khalwa) ⋯⋯⋯⋯⋯ 103

4. 敬畏(泰格瓦，Taqwa) ···················· 107

5. 虔诚(倭勒阿，Wara) ···················· 113

6. 淡泊(祖海德，Zuhd) ···················· 121

7. 沉默(萨麦特，Samt) ···················· 127

8. 恐惧(浩夫，Khawf) ···················· 133

9. 希冀(勒佳，Raja) ···················· 141

10. 忧愁(候兹农，Huzn) ···················· 150

11. 饥饿(朱阿，Jua)与戒欲(塔尔克舍海卧，
   Tark-Shahwa) ···················· 153

12. 谦恭(胡舒阿，Khushua)与谦虚(泰瓦杜尔，
   Tawadua) ···················· 157

13. 克制私欲(穆哈莱法图奈夫思，Mukhalft-Nafs) ····· 166

14. 忌妒(哈赛德，Hasad) ···················· 170

15. 背谈(厄伊卜，Ghiba) ···················· 173

16. 知足(盖那阿，Qanaa) ···················· 176

17. 依赖(泰万库里，Tawakkul) ···················· 180

18. 感恩(舒克鲁，Shukr) ···················· 195

19. 坚信(耶给尼，Yaqin) ···················· 201

20. 忍耐(赛布尔，Sabr) ···················· 207

21. 监督(穆扎给布，Muraqaba) ···················· 214

22. 喜悦(勒达，Rida) ···················· 218

23. 精神崇拜(欧布迪叶，Ubudiyya) ···················· 223

24. 意愿(伊扎代，Irada) ···················· 228

25. 端正(伊斯提嘎麦，Istiqama) ···················· 234

26. 忠诚(伊合俩苏，Ikhlas) ···················· 237

27. 诚实(随迪格,Sidq) ……………………… 240

28. 害羞(哈雅,Haya) ……………………………… 246

29. 自由(侯勒叶,Hurriyya) …………………… 251

30. 赞念(喷克尔,Dhikr) ………………………… 254

31. 侠义(夫特沃,Futuwwa) …………………… 261

32. 洞察(菲扎塞,Firasa) ………………………… 267

33. 品德(胡鲁格,Khuluq) ……………………… 281

34. 慷慨(朱迪与赛哈,Jud, Sakha) ………… 289

35. 忌恨(额伊莱,Ghayra) ……………………… 299

36. 贤品(委俩也提,Wilaya) …………………… 305

37. 祈祷(杜瓦,Dua) …………………………… 311

38. 贫穷(法格鲁,Faqr) ………………………… 322

39. 苏菲修行(泰算悟夫,Tasawwuf) ………… 333

40. 礼仪(艾代卜,Adab) ………………………… 338

41. 远行的律例(艾哈卡目·赛法尔,Akhkam-Safar) …… 344

42. 陪伴(苏哈拜,Suhba) ……………………… 351

43. 认主独一(涛黑迪,Tawhid) ……………… 356

44. 离世(呼露吉敏顿亚,Khuruj min al-dunya) 362

45. 认知真主(麦阿然发安拉,Al-marifa bin llah) 373

46. 喜爱(麦罕拜,Mahabba) …………………… 380

47. 思念(韶格,Shawq) ………………………… 394

48. 顺从长老(Hifs Qulub al-mashayha) ……… 399

49. 聆听(斯玛阿,Sama) ………………………… 401

第三章 "克拉玛提"、"卧里"、"穆勒德"的礼仪 ……… 419

"奥里亚"(Awliya)与"克拉玛提"(Karamat) ……… 419

《古兰经》与圣训中的"克拉玛提"……………………………… 423

关于"卧里"(Wal)与"委俩叶"(Wilaya)的一些问题 …… 426

关于睡梦 ………………………………………………………… 432

对"穆勒德"的嘱托 ……………………………………………… 447

第四章　苏菲人物 ………………………………………………… 457

1. 阿布顿拉·艾布海勒 ……………………………………… 458

2. 鲁伊姆·本·艾哈迈德 …………………………………… 458

3. 艾哈迈德·艾德米 ………………………………………… 459

4. 易卜拉欣·本·艾德海木 ………………………………… 460

5. 阿里·艾斯拜哈尼 ………………………………………… 461

6. 哈提木·艾塞姆 …………………………………………… 462

7. 艾布·赛尔德·本·艾阿拉比 …………………………… 463

8. 艾布·海伊尔·艾格台阿 ………………………………… 463

9. 艾哈迈德·安塔克 ………………………………………… 463

10. 艾布·哈姆宰·比扎尔 …………………………………… 464

11. 艾布·欧拜德·拜斯勒 …………………………………… 464

12. 比斯塔米 …………………………………………………… 465

13. 舍给格·巴里赫 …………………………………………… 467

14. 穆罕默德·本·法迪里·巴里赫 ………………………… 468

15. 艾布·侯赛因·本·布纳尼 ……………………………… 469

16. 阿里·布什奈吉 …………………………………………… 470

17. 穆罕默德·提尔密兹 ……………………………………… 470

18. 赛海利·本·阿布顿拉·图斯泰勒 ……………………… 471

19. 穆罕默德·赛格菲 ························· 473

20. 艾哈迈德·祝莱勒 ························· 473

21. 艾哈迈德·本·杰拉伊 ··················· 474

22. 布纳尼·杰玛里 ························· 475

23. 拜舍尔·哈菲 ··························· 476

24. 欧麦尔·哈达迪 ························· 478

25. 阿里·哈斯勒 ··························· 478

26. 苏姆农尼·哈姆宰 ······················· 479

27. 赛尔德·哈伊尔 ························· 479

28. 阿布顿拉·本·海比格 ··················· 480

29. 艾哈迈德·海扎兹 ······················· 481

30. 阿布顿拉·海扎兹 ······················· 481

31. 艾布·哈姆宰·胡扎萨尼 ················· 482

32. 艾哈迈德·本·海杜鲁 ··················· 482

33. 艾哈迈德·艾比·海瓦勒 ················· 483

34. 易卜拉欣·海瓦斯 ······················· 483

35. 阿卜杜·拉赫曼·达扎尼 ················· 484

36. 穆罕默德·杜给 ························· 485

37. 艾哈迈德·迪沃尔 ······················· 486

38. 穆姆沙迪·迪沃尔 ······················· 486

39. 阿布顿拉·拉齐 ························· 487

40. 叶哈雅·本·穆阿兹 ····················· 487

41. 优苏福·本·侯赛因·拉齐 ··············· 488

42. 易卜拉欣·鲁给 ························· 488

43. 艾哈迈德·本·阿塔·鲁兹巴勒 ···················· 489

44. 艾哈迈德·本·穆罕默德·鲁兹巴勒 ·············· 490

45. 穆罕默德·宰贾吉 ······························· 491

46. 艾布·伯克尔·宰嘎格 ························· 491

47. 赛勒·塞格特 ································· 492

48. 艾布·阿拔斯·斯亚尔 ························· 494

49. 戴里夫·舍布里 ······························· 494

50. 班达尔·设拉子 ······························· 495

51. 穆罕默德·本·海菲福·设拉子 ·············· 495

52. 艾布·哈桑·本·萨伊厄 ····················· 496

53. 达乌德·塔伊 ································· 497

54. 艾布·伯克尔·塔麦斯塔尼 ··················· 499

55. 曼苏尔·本·安玛尔 ························· 499

56. 法迪里·本·安雅德 ························· 500

57. 易卜拉欣·古尔麦希尼 ······················· 501

58. 穆兹法尔·古尔麦希尼 ······················· 502

59. 哈姆杜尼·盖萨尔 ··························· 502

60. 艾布·阿里·本·卡提布 ····················· 503

61. 穆罕默德·凯塔尼 ··························· 504

62. 麦阿鲁夫·克尔赫 ··························· 504

63. 谢赫·卡尔玛尼 ······························· 506

64. 穆哈西比 ····································· 506

65. 祝奈德 ······································· 508

66. 阿布顿拉·穆尔台阿什 ······················· 509

67. 阿里·穆兹伊尼 ··· 509

68. 艾哈迈德·本·麦斯鲁格 ································ 510

69. 左农 ·· 510

70. 赛尔德·麦格里布 ··· 512

71. 穆罕默德·麦格里布 ··· 512

72. 阿慕尔·麦克 ·· 513

73. 阿布顿拉·本·穆纳兹里 ····························· 513

74. 伊斯玛依·本·努杰德 ································· 514

75. 阿斯克尔·奈何筛比 ·· 514

76. 海伊尔·奈萨吉 ·· 515

77. 杰尔法·本·奈斯尔 ·· 516

78. 易卜拉欣·奈斯尔·阿巴兹 ······················· 517

79. 伊斯哈格·奈海尔祝勒 ································· 517

80. 艾哈迈德·努尔 ·· 518

81. 穆罕默德·瓦西特 ··· 519

82. 穆罕默德·宛扎格 ··· 520

83. 侯赛因·叶兹丹亚尔 ·· 520

结语 ··· 521

参考书目 ·· 522

索引 ··· 527

　　人名索引 ·· 527

　　国家和区域索引 ·· 554

　　派别与组织索引 ·· 562

关 于 作 者

伊玛目古筛勒,全名为阿卜杜勒·克里木·本·海瓦兹·
本·阿卜杜勒·穆里克·本·塔莱哈·本·穆罕默德,别名是艾
布·嘎希姆,常用名和尊称有以下几个:

一、奈萨布里。因为他是奈萨布尔人之故(或者是沙布尔)。
奈萨布尔为呼罗珊①首府,和巴里赫、海扎、姆鲁同为中世纪中亚
最负盛名的伊斯兰大都市。奈萨布尔也是著名学者欧麦尔·赫亚
姆②和范尔顿丁·安塔尔③的故乡,后毁于战争和地震。本书作者
生前就居住于此,并在那里去世。

二、古筛勒。《学者传》④一书中有这样的记载:伊玛目古筛勒
为古筛勒人。《新娘的皇冠》⑤则是这样记载的:古筛勒是南阿拉
伯人盖哈塔⑥区域赛阿德部落的后裔,他们曾经居住在哈德拉毛

---

① 呼罗珊:亚洲古老的区域。意为"东方的太阳",其中有奈萨布尔、海扎、姆鲁、
巴里赫等名城。公元656年被迪哈克征服。

② 欧麦尔·赫亚姆(公元1048—1131年),波斯著名学者、诗人、哲学家,精通天
文学和数学,在语言学、法学、历史学也有出色建树。——译者

③ 范尔顿丁·安塔尔(公元1155—1230年),波斯著名苏菲诗人。——译者

④ 作者是阿卜杜勒·克里木·赛姆阿尼。参见该书的第10册,第152页。

⑤ 穆尔泰达·祖拜伊迪:《新娘的皇冠》,第3册,第493页。

⑥ 由于语言和风俗的差异,阿拉伯半岛在蒙昧时代之前就分为南阿拉伯人(即盖
哈塔人)和北阿拉伯人(即阿德南人)。——译者

6　的周边地区。《阿拉伯部落大全》①一书中也有这样的记载：古筛勒的血统根源是伊本·克尔白·本·热比阿·阿米尔·本·萨阿萨阿·本·穆阿维叶·本·伯克尔·本·海瓦兹·本·曼苏尔·本·阿克莱麦·本·盖斯·本·阿拉尼。在古筛勒的这些先辈中，有几个是大人物。他的先祖很早就皈信了伊斯兰，在伍麦叶王朝时期迁至呼罗珊，曾参与过解放叙利亚和伊拉克的战争，有的还担任过呼罗珊和奈萨布尔地区的长官。还有一些先祖在安达卢西亚解放后迁往那里。

三、乌斯台瓦（或者是乌斯图瓦）。它的根源是由乌斯台瓦迁至呼罗珊的阿拉伯人，乌斯台瓦是位于奈萨布尔郊区的一个地方，管辖很多村庄，和奈撒交界。乌斯台瓦出过一批学者，一些人认为伊玛目古筛勒来自这个地方，所以以此地名来称呼他。

四、沙菲仪。因伊玛目古筛勒在法学上属于沙菲仪学派，有时也被冠以此名。

五、其他尊称。如伊玛目、长老、学者、伊斯兰的装饰、教乘与真乘的集合等。人们冠以他这些称号，是敬重他在伊斯兰和苏菲学科中的学术地位。

母亲家世

古筛勒长老的母亲是苏莱玛（或者是赛莱米），其舅父艾布·阿格莱是乌斯台瓦地区的头面人物。他母亲的家世有以下两种说法：其一，其母来自阿拉伯著名部落苏莱姆，其母在该部落中的先祖是：苏莱姆·本·曼苏尔·本·阿克莱麦·本·海夫代·本·

---

① 　欧麦尔·里达·凯哈莱：《阿拉伯部落大全》，第3册，第954页。

阿克莱麦·本·海夫代·本·盖斯·本·阿拉尼·本·奈斯尔；
其二,其母是赛莱玛人,赛莱玛是一个辅士居住的地区。

后一种说法经不起推敲。

出生与去世

至于古筛勒长老的出生时间,据他本人说,他公元986年(伊历376年3月)出生于乌斯台瓦。

舒佳阿·海兹里说:"古筛勒长老公元1073年(伊历465年4月16日星期天)卒于奈萨布尔,享年87岁。"

古筛勒长老葬于其导师艾布·阿里·丹嘎格坟墓的旁边。出于对他的尊重,他的家人在他去世几年之后才进入他生前的书房。

作者的个人生活

早期生活。我们对古筛勒长老的早期生活知之甚少,只知道他是一个孤儿,父亲在他很小的时候就去世了。古筛勒家族的朋友艾布·嘎希姆·艾利玛尼依照约定承担了抚养古筛勒的义务。古筛勒跟他学习阿拉伯语与文学。

古筛勒长老家乡的官员和上层人物疲于沉重的税务计算,古筛勒想减轻他们的这一负担,遂决定前往奈萨布尔学习算术,以便日后从事税收工作,使家乡官吏不致为税务困扰。

奈萨布尔当时是呼罗珊的首府,很早之前就是学者的聚集地和学术的摇篮。古筛勒到达奈萨布尔后,结识了那里的著名长老艾布·阿里·本·哈桑(以丹嘎格著称)。丹嘎格是当时公认的伊玛目,古筛勒深为其渊博的学识所折服。丹嘎格长老也特别欣赏古筛勒的聪颖天资,就鼓励他从事学术。于是,古筛勒改变了原来的主意,放弃了钻研算术以谋求公职的想法,最终选择了追求学术的道路。

古筛勒给他的导师艾布·阿里·丹嘎格冠以烈士的称号。

8　　勇敢。古筛勒勇敢过人,精于搏斗,他能非常娴熟地使用刀剑武器。

婚姻。丹嘎格把女儿法蒂玛许配给古筛勒为妻。法蒂玛举止高雅,知书达理,信仰笃诚。她传述过圣训。两人约在公元1014—1021年间(伊历405—412年)成婚。

后嗣。古筛勒有六子一女,他们全都虔诚信仰伊斯兰教。六个儿子依次是:艾布·赛阿德·阿布顿拉、艾布·赛尔德·阿卜杜勒·瓦赫德、艾布·曼苏尔·阿卜杜·拉赫曼、艾布·奈斯尔·阿卜杜·热赫姆(倾向于艾什阿里学派,曾和罕百里学派进行过辩论)、艾布·法塔赫·欧拜顿拉、艾布·麦祖法勒·阿卜杜勒·穆尼尔姆。女儿是温麦图勒·克里木。我们这里只提到其中的一个孙子,他是艾布·艾斯阿德。

朝觐。古筛勒去麦加完成过朝觐,陪同他的人有艾布·穆罕默德·本·阿布顿拉·本·优素福长老①、艾布·伯克尔·本·艾哈迈德②及其他著名学者。

9　　坐骑。据说古筛勒有一匹马,为朋友赠送之物,古筛勒骑了二十年。古筛勒去世之后,此马悲哀不止,拒绝进食,一个星期后倒

---

① 艾布·穆罕默德·本·阿布顿拉·本·优素福(卒于伊历438年),古兰经注释学家,精通语言和法学。——译者

② 艾布·伯克尔·本·艾哈迈德(伊历384—458年),奈萨布尔著名学者,法学家。——译者

地而死。这被认为是古筛勒的"克拉玛提"。①

求学与教学

古筛勒的授业老师

一、艾布·阿里,全名哈桑·本·阿里·丹嘎格。

二、艾布·阿卜杜·拉赫曼,全名穆罕默德·本·侯赛因·本·穆罕默德·艾兹迪(伊历 325—412 年,公元 936—1021 年),历史学家、苏菲学者。

三、艾布·伯克尔,全名穆罕默德·本·艾比·伯克尔·图斯(伊历 385—460 年,公元 995—1067 年),古筛勒约在 1017 年(伊历 408 年)跟他学习过法学。

四、艾布·伯克尔,全名穆罕默德·本·侯赛因·福尔克·安萨勒·艾斯拜哈尼(卒于伊历 406 年,公元 1015 年),精通宗教原理学,古筛勒曾跟他学习过认主学。

五、艾布·伊斯哈格,全名易卜拉欣·本·穆罕默德·本·麦海扎尼·伊斯法扎伊尼(卒于伊历 418 年,公元 1028 年),法学家、教义学家。出生于伊斯法拉伊尼,奈萨布尔人专门为他建立了一座非常大的学校,以供他教学。他的代表作品有《综合》和《使命》,他和穆阿泰齐勒学派有过辩论。古筛勒曾跟他学习过宗教原理学。

六、艾布·阿拔斯·本·舒莱哈,古筛勒曾跟他学习过法学。

七、艾布·曼苏尔,全名阿卜杜·嘎赫尔·本·穆罕默德(卒于伊历 429 年,公元 1037 年),出生于巴格达,后定居于奈萨布尔,

---

① 伊斯兰教术语,其意为"超验能力"。——译者

葬于伊斯法扎伊尼。他的作品有《宗教原理》、《解释真主的尊名》、《反宿命派的丑陋》等。古筛勒曾跟他学习过沙菲仪派的法学。

古筛勒擅长的宗教学科

一、宗教原理学。古筛勒在教义上遵循的是伊玛目艾什阿里学派。

二、法学。古筛勒是沙菲仪派法学家。

三、苏菲修行。古筛勒是一位虔诚的苏菲,他竭诚为苏菲学辩护,这一切都记录在《古筛勒苏菲论集》中。正如他是艾什阿里学派的忠实追随者一样,他认为艾什阿里学派的主张展示了伊斯兰的真正精神,而他的《大众派的控诉》即是他为艾什阿里学派做出的辩护。

古筛勒同时还是认主学家、圣训学家、语法与语言学家、文学家、诗人、书法家、勇敢的骑士。但是他对苏菲学最为偏爱,他也因此而为人所知。

学术讲座

古筛勒就上述学科办过多次讲座,1040 年(伊历 432 年),他曾在巴格达举办过圣训讲座,每次讲座的结尾,他通常会赋几句诗。后来,圣训讲座由于某种原因停止了,1063 年(伊历 455 年)他返回奈萨布尔后又重新开始了他的学术讲座。

劝诫讲座

古筛勒是他的时代里的劝诫高手,他的话能给人留下深刻的印象。阿里·本·哈桑·巴赫拉兹①对古筛勒的劝诫赞不绝口,

---

① 　阿里·本·哈桑·巴赫拉兹(卒于伊历 462 年),奈萨布尔著名诗人,文学家。他的《当代著名诗人传记》被认为是名著《时光的孤儿》一书的续篇。——译者

他说古筛勒以精妙的劝诫而不同于他人。他曾这样赞美古筛勒："如果他用劝诫的鞭子敲打岩石,岩石也会融化;如果能把恶魔绑缚到他的劝诫讲座上来,恶魔也会忏悔;如果纸张会因雄辩而破裂,那纸张肯定因他的雄辩而破裂。"①

《巴格达史》一书的作者海推布记载过他,他说:"古筛勒去过巴格达,并在那里讲学。我们都讲述过他。他在讲学时非常自信、善于劝诫和指导。"

伊本·海里卡的《故去的名人》和塔俊迪尼·苏布克的《沙菲仪派名人录》都有关于古筛勒的介绍。

他的弟子

一、艾布·伯克尔,全名艾哈迈德·本·阿里·萨比特·海推布·巴格达(伊历 392—463 年,公元 1002—1072 年),即《巴格达史》的作者。

二、艾布·易卜拉欣,全名伊斯玛依·本·侯赛因(卒于伊历 531 年,公元 1137 年)。

三、艾布·穆罕默德,全名伊斯玛依·本·艾比·嘎希姆·阿兹。

四、艾布·嘎希姆,全名苏莱曼·本·纳斯尔·本·伊姆兰·安萨勒(卒于伊历 512 年,公元 1117 年)。

五、艾布·伯克尔,全名沙赫·本·艾哈迈德·沙迪亚赫。

六、艾布·穆罕默德,全名阿卜杜勒·健巴尔·本·穆罕默德。

---

① 伊本·阿萨克尔:《揭露造谣者的谎言》,第 284 页。

七、艾布·伯克尔·本·阿卜杜·拉赫曼·本·阿布顿拉。

八、艾布·穆罕默德，全名阿布顿拉·本·阿塔·海尔伟。

九、艾布·阿布顿拉，全名穆罕默德·本·法迪里·本·艾哈迈德·法扎维（伊历441年—530年，公元1050—1136年）。

十、阿卜杜勒·瓦哈布·本·沙赫。

十一、艾布·阿里，全名法迪里·本·穆罕默德·本·阿里·盖斯巴尼（卒于伊历444年，公元1052年）。

十二、艾布·法塔赫，全名穆罕默德·本·穆罕默德·本·阿里·海兹米。

古筛勒遭受的磨难

古筛勒长老在奈萨布尔声名远播，这一地区的法学家因此心怀忌妒。于是，他们竭尽全力地在人们中间散布谣言，大肆诬陷，以损害古筛勒的声望。他们的努力起到了效果，种种不幸的磨难和痛苦开始降临到古筛勒的头上，正如《沙菲仪派名人录》所记载的那样：古筛勒最终被驱逐出了家乡。①

攻击古筛勒者多为穆阿泰齐勒派和罕百里派的学者，他们极力煽动塞尔柱人中的官员，使之最终下达了逮捕古筛勒的命令，禁止他再进行宗教布道，还规定各清真寺都要诅咒他。

古筛勒的朋友弃他而去，人们对他敬而远之。他的学术讲座也被取缔，直至最终被无情地驱逐出奈萨布尔。古筛勒被驱逐出家乡长达15年，即从伊历440年一直到伊历455年。在此期间，古筛勒曾到过巴格达，当时的哈里发敬之为上宾。之后，古筛勒去

---

① 塔俊迪尼·苏布克：《沙菲仪派名人录》，第2册，第269页。

过图斯①。

白色恐怖时期终于结束了,继任的奈萨布尔长官艾布·舒佳阿改变了对古筛勒的态度。古筛勒于是和一批呼罗珊移民回到了家乡,并在那里生活了 10 年。这是他一生中最幸福的时光,他的追随者也日益增多。

与执政者的关系

古筛勒与执政者及其诸大臣一度保持着很好的关系,执政官塞尔柱人艾尔斯俩尼对古筛勒款待有加,极为尊重,这当然是伊历 455 年驱逐结束后的事。古筛勒就这样在奈萨布尔度过了他生命中的最后 10 年,也就是在这期间,他受到了人们特别的尊重。大臣尼扎姆·穆里克·本·哈桑(伊历 408—485 年,公元 1018—1092 年)对古筛勒的款待是任何学者不曾享受的,他的席座上各类学者云集,但每当古筛勒进来时,尼扎姆·穆里克总是躬身站起,以示尊重。

文采与诗歌

正如《沙菲仪派名人录》所记载的那样,古筛勒同时也是一个语言学家、文学家、作家、诗人。他自幼就开始学习阿拉伯语和文学,日后成为一个文采斐然、出口成章的诗人也是顺理成章的事。阿里·本·哈桑·巴赫拉兹在《当代著名诗人传记》中记述过他,13 并对他的诗歌给予了很高的评价。

的确,他的苏菲声望压过了他的诗才。如果我们审视他的诗

---

① 伊朗东北部的一座历史名城,属于呼罗珊地区。阿拉伯人公元 649 年攻克了该城市,后在 1389 年毁于蒙古人之手,里面有阿拔斯王朝哈里发哈伦·拉希德的坟墓。

歌，会发现他的诗歌中充满了丰富的情感和美妙的表达。这里，我们引述一些《沙菲仪派名人录》中所记载的诗歌，以领略他的诗歌才华。

> 谢字难叙其恩赐，言语无力表尊贵。
> 慷慨至极世罕见，从古至今无匹敌。
>
> 　　*　　　　　*　　　　　*
>
> 时光不能丢下他，权势不能超越他，
> 揭示不能显露他，隐藏不能藏匿他，
> 援助不能有益他，反对不能阻扰他，
> 利剑不能切断他，雨水不能包容他，
> 物体不能局限他，眼睛不能看见他，
> 想象不能接近他，臆想不能猜测他。
> 伟大永恒不消失，国权常存不求人。
>
> 　　*　　　　　*　　　　　*
>
> 放弃荣华与享乐，高声诵读天赐经。
> 吾等众生破禁戒，放弃圣人教诲言。
> 应为主命打开门，吃喝享乐再不闻。
>
> 　　*　　　　　*　　　　　*
>
> 为主奋斗终不弃，卑人难改卑微身。
> 朋友终归是朋友，敌人终究是敌人。
>
> 　　*　　　　　*　　　　　*
>
> 时光如梭令人寒，从容应对无危险。
> 光阴如水奈我何，滚滚逝水终尽头。
>
> 　　*　　　　　*　　　　　*

尘世荣华惹人羡，莫如闲适无留恋。 14

欢愉享受不等闲，闭眼之时终降临。

　　＊　　　　　＊　　　　　＊

离别时刻情意绵，见证分别两人间。

欲语未出泪先流，泪滴如雨话哽咽。

　　＊　　　　　＊　　　　　＊

人之运气有起有落，牛之乳房有瘪有胀，

悲哀磨难人莫能外，心胸坦然忍耐以对。

记录古筛勒生平的文献

最早记录古筛勒生平的是阿里·本·哈桑·巴赫拉兹（卒于伊历 467 年，公元 1074 年）写的《当代著名诗人传记》。

古筛勒的后人阿卜杜勒·阿菲尔·本·伊斯玛仪在《关联》一书中记载过他的生平，在伊本·阿萨克尔、伊本·赛布克及伊本·尔玛德推出他们的著作之前，《关联》是研究古筛勒生平的主要资料。

著名历史学家艾布·伯克尔·海推布在其历史巨著《巴格达史》的第二册里记录了很多关于古筛勒的事迹。

《神秘的启示》一书的作者侯吉维里①也写过关于古筛勒的文章，他和古筛勒生逢同一时代。

古筛勒的学术成就 15

古筛勒学识渊博，其研究涉及多个学科，此外，他也是一位著

---

① 侯吉维里（卒于伊历 465 年），伊斯兰早期著名苏菲学者，波斯人，出生于阿富汗，在巴基斯坦的拉哈市有其陵墓。被称为"达塔·甘吉达尔巴里"，每天来此探望的人络绎不绝。著有《神秘的启示》一书。——译者

名的苏菲修行者、伊斯兰和苏菲学科的学者。于是,我们看到他留下了很多著作。现根据阿拉伯字母顺序排列如下:

1.《沙里亚的原则》。

2.《苏菲的礼仪》。

3.《圣训四十段》(这四十段圣训不同于我们熟知的脑威圣训四十段,而是古筛勒从其师丹嘎格那里听到的圣训)。

4.《要旨总归》。

5.《苏菲的宗旨》。

6.《劝诫的技巧》。

7.《通往真主之路的道德修养》。

8.《圣品的独一》。

9.《简易注释学》(这是古筛勒的第一部作品,成书时间约为公元 1019 年。伊本·海里卡、塔俊迪尼·苏布克、哲拉伦丁·苏尤蒂对这本书评价说:"这是最精彩的《古兰经》注释之一。")

10.《要旨》。

11.《灵魂生活》。

12.《诗集》。

13.《纪念与纪念者》。

14.《古筛勒苏菲论集》。

15.《众长老之生平》。

16.《真主美名之诠释》。

17.《大众派的控诉》(这本书记录了古筛勒对艾什阿里学派的维护。在古筛勒看来,艾什阿里学派表达了伊斯兰精神的实质。在这本书中,古筛勒试图反驳艾什阿里学派的敌对者所罗列的证据,并说明他们的思想是受了他人的蒙骗,艾什阿里学派是清白的。同时,古筛勒还反驳了对艾什阿里学派攻击的认主学家,双方的分歧表现在真主的属性、后世的报酬、人的行为、《古兰经》是否受造等问题上。古筛勒撰写《大众派的控诉》及《古筛勒苏菲论集》这两本书的目的就是援助代表伊斯兰真正内涵与精神的大众派。这两本书展现了艾什阿里这一中正学派所坚持的道路,它不同于极端的穆阿泰齐勒派,也不同于极端的穆建赛麦①。《沙菲仪派名人录》的第二册介绍了《大众派的控诉》这本书。这本书和《通往真主之路的道德修养》及《聆听的原则》被收录进《古筛勒信件集》,由穆罕默德·本·哈桑博士校对后在黎巴嫩的赛达出版社出版)。

18.《对一些问题的回答》。

19.《宗教原理的探讨》。

20.《指示的微妙》(这是对节选的一些古兰经文进行的苏菲式注释。古筛勒基于对苏菲的认知和领悟撰写了这本书,这和艾布·阿卜杜·拉赫曼·本·赛莱玛的注释风格极为接近。该书完成于公元 1019 年,由易卜拉欣·拜苏尼博士对其进行了校对,并于 1971 年在开罗出版,大约有 360 多页)。

21.《信仰的光辉》。

22.《艾布·阿里·哈桑·丹嘎格的讲座》。

23.《登霄》。

24.《拯救》。

---

① 伊斯兰里一个非常古老的派别,主张真主有躯体,有四肢,把真主具体地人格化。——译者

17　25.《演讲精萃》。

26.《停止及被停止的圣训》。

27.《心之途径之一》。

28.《心之途径之二》。

29.《警示的妙语》。

关于古筛勒的研究

围绕古筛勒进行的研究,我们了解到有以下方面:

一、穆罕默德·本·哈桑博士的研究。他校对并出版了《古筛勒苏菲论集》。

二、东方学家阿尔比利在 1953 年出版了关于波斯的东方学研究著作,其中有关于古筛勒研究的文章。

三、嘎希姆·萨米扎伊 1969 年在《伊拉克学术协会》杂志发表了关于古筛勒的研究文章。

四、易卜拉欣·拜苏尼博士编著了《伊玛目古筛勒:生平、影响和学派》一书,1972 年在埃及出版。

五、艾哈迈德·尔林迪尼博士 1973 年在开罗的《阿拉伯语协会》杂志上发表了关于古筛勒的文章。

六、艾布·阿拉·阿菲福博士写过关于古筛勒的论文,被收录进《人类遗产大全》。

关 于 本 书

"勒萨莱"① 一词的含义

"勒萨莱"即论文、命题或研究之意,是对一个问题的解答或者针对一个难题给出解决方案。"勒萨莱"可长可短,短的如著名法官哈桑·巴士拉的《勒萨莱》,长的如麦阿勒的《宽恕书》。

编著此书的原因

古筛勒写这本书的目的是为了应对那些不了解苏菲学科的原理而对苏菲抱有传统敌意之人的,这些人因在所谓的苏菲身上看到了一些错误从而对苏菲产生敌视,或者受一些不能从文字、理智、证据方面理解的"陶醉"之类字眼的影响而对苏菲产生了厌恶感。

这种现象存在于每一个教派、思想和学科之中。跟随者中有很好理解并合理展示的;也有因自己的行为、工作而带来负面影响的。古筛勒发自内心地喜爱真主,喜爱穆罕默德圣人,喜爱照亮伊斯兰之路的真理。而这本书就是他内心真诚的、由衷的声音的自然流露,他把此书呈给那些对苏菲由无知而产生误解的人。苏菲

---

① 该书的书名由两个阿语单词构成,一个是"勒萨莱"一个是"古筛勒"。"勒萨莱"通常为信函之意,但有时也指小册子、短论、文章、书籍。所以,本书的校对专门在这里就这一词进行了解释。——译者

代表了伊斯兰身体力行的、灵性的、情感的、操守的一面,它的精神体现在真主的言语中:

"以灵魂及使它均衡,并启示他善恶者发誓,凡培养自己的性灵者,必定成功;凡戕害自己的性灵者,必定失败。"①(太阳章:第7—10节)

"有教养的人,确已成功,他记念他的主的尊名,而谨守拜功。"(至尊章:第14—15节)

"为我而奋斗的人,我必定指引他们我的道路,真主确是与善人同在一起的。"(蜘蛛章:第69节)

"你当朝夕恭敬而恐惧地记念你的主,应当低声赞颂他,你不要疏忽。"(高处章:第205节)

"你们当敬畏真主,真主教诲你们,真主是全知万物的。"(黄牛章:第282节)

穆圣说:"至善就是你崇拜真主,就像你看见他一样,即使你不能看见他,他确是看见你的。"②

古筛勒想让那些人知道,苏菲并不是他们所了解的那样。真正行苏菲之道的人,他们恰恰是遵循《古兰经》和圣道的人,他们并没有脱离伊斯兰的范围,他们走的是先贤们所走的路,和先贤们的信仰、行为是一致的。

古筛勒同时也把这本书献给苏菲中人,向他们说明这一道路的真谛以及他们中间所出现的偏斜和荒谬,旨在指导他们,不要迷

---

① 本书《古兰经》译文均采自马坚先生的译本。中国社会科学出版社,1980年版。以后不再赘述。——译者

② 《穆斯林圣训集》、《提尔密兹圣训集》、《艾布·达乌德圣训集》记载。

误，也不要误人。苏菲并不是《古兰经》和圣道之外滋生出的一个多余的东西，而是伊斯兰活生生的一个方面。在先贤们之后，法学家们开始专注于细节问题，忽视了圣门弟子和先贤们所重视的精神层面。如果早期的穆斯林能严格遵循先贤们的教导与精神，能有先贤们对伊斯兰那样深刻的理解，后来就不会有从法学和认主学分离出的苏菲学科的存在。先贤中的第一辈，他们对伊斯兰有透彻的理解、有良好的教育、操守、宣教的热情，同时还具备了后来苏菲的纯洁、虔诚以及法学家们的法学知识。他们在任何事情中都既不极左又不极右，而这恰恰是真正的伊斯兰。

该书编著时间

该书写于公元 1046 年，作者时年 62 岁，这也是一个人智力最为成熟的时期。

手抄本

在大马士革的艾赛德图书馆，保存有该书的 9 部手抄本，它们之间有些差异。第一部抄本的开头是这样的："感赞真主，他独享天权和尊大，他是独一的、高高在上的主……"。而最后一个章节是"求道者应远离世人"。全书共 187 页，每页 20 行，每行 12 个字，黑色楷体字，抄写清晰。抄写时间为 1198 年（伊历 595 年 1 月 19 日星期六），是来自姆扎迪地区的穆斯林的公产。在图书馆的登记编码为 1445，苏菲类 127。

第二部抄本和第一部基本一致。全书共 159 页，每页 31 行，每行 9 个字，楷书字体，抄写清晰，大部分文字为黑色，部分词句为红色。抄写时间为 1715 年（伊历 1128 年 12 月 27 日星期日），在图书馆的登记编码为 4126。

　　第三部抄本的内容和前面的抄本一致。全书共 153 页,每页
17 行,每行 10 个字,普通楷书字体,大部分文字为黑色,部分词句
为红色。抄写者是哈菲兹·本·阿布顿拉,抄写时间为 1822 年
(伊历 1238 年),在图书馆的登记编码为 5145。

22　　　第四部抄本的内容没有变化。全书共 315 页,每页 18 行,每
行 9 个字,普通楷书字体。抄写者是奥斯曼·本·迈哈默德,抄写
时间为 1755 年(伊历 1169 年 5 月 1 日星期四),在图书馆的登记
编码为 1412,苏菲类 94。

　　第五部抄本前面的内容和之前的抄本没有不同,只是后面的
部分损坏了,我们能看到的最后一个章节是"求道者的礼仪之一:
多念'啧克尔(赞词)'"。全书共 151 页,每页 27 行,每行 10 个字,
楷书字体。抄写者是优素福·本·穆罕默德。由于部分篇幅损
坏,缺少抄写时间的记录,在图书馆的登记编码为 8492。

　　第六部抄本前面部分自"忏悔的条件"处破损,后面部分同样
损坏。全书共 293 页,每页 12 行,每行 6 个字,黑色楷书字体,在
图书馆的登记编码为 1003。

　　第七部抄本和第一部抄本完全一致。全书共 235 页,每页 21
行,每行 10 个字,普通楷书字体,第一页为金粉抄录,之后为紫蓝
色。抄写者是侯赛因·本·穆罕默德,抄写时间为 1853 年(伊历
1270 年 11 月 12 日),在图书馆的登记编码为 7764。

23　　　第八部抄本和前面的抄本一致。全书共 274 页,每页 15 行,
每行 13 个字,普通楷书字体,文字为深红色,抄写时间为 1254 年
(伊历 652 年 7 月 26 日),在图书馆的登记编码为 9721。

　　第九部抄本和前面的抄本一致。全书共 190 页,每页 23 行,

每行 10 个字,普通楷书字体,标题是红色,内容是黑色。抄写者是阿里・本・阿卜杜勒・安法尔,抄写时间为 1341 年(伊历 742 年 4 月),在图书馆的登记编码为 9581。

该书的注释本

28

该书自问世以来,一直为学习者和研究者所重视,关于该书的注释有以下几种:

一、伊斯兰长老、法官宰凯里雅・本・穆罕默德・安撒勒①的注释本。注释为单行本,名为《古筛勒论集释疑》,成书于 1482 年(伊历 893 年 6 月 14 日)。

二、穆斯塔法・阿鲁斯长老的注释本。名为《古筛勒论集中的神圣思想诠释》。埃及现代著名学者艾布・阿拉・阿菲福博士对该注释评论说:"穆斯塔法・阿鲁斯的这一注释并没有太大的价值,它甚至误导了读者。原因在于他引证的伊本・阿拉比的观点和他所使用的术语与古筛勒的原文或者宰凯里雅・本・穆罕默德的注释并没有多大的关系。另外,他在注释中所提到的苏菲人物的大部分介绍来自阿卜杜・热乌福的《苏菲人物传》。"②

三、赛迪帝丁・本・艾比・穆罕默德的注释本。目前,这一注释本的手抄本保存于姆拉迪姆拉图书馆,登记号为 1241。我们在该注释本中看不到古筛勒论集中的那种苏菲气氛和苏菲之光,由于注释者偏重于分节、分类、定义、引述理性证据、做出判断等,

───────────

① 宰凯里雅・本・穆罕默德・安撒勒(卒于伊历 916 年),出生于埃及。伊斯兰大长老,著名的法学家、教义学家、圣训学家、认主学家、注释学家,被认为是伊历 9 世纪的宗教革新家。——译者

② 参见艾布・阿拉・阿菲福博士的论文《人类的遗产》,第 1 册,第 469 页。

于是注释带有明显的法学风格。好像注释者并不乐意从一般原则上把苏菲纳入伊斯兰的范畴,于是他就试图使苏菲的言论和行为屈服于伊斯兰法学的尺度之内。这样,就导致其法学式注释和古筛勒论集的灵魂精神相去甚远。

四、《古筛勒苏菲论集鉴赏》,作者不详。该注释本现存于大马士革的扎希里叶图书馆。

五、《求道者的指引》,作者不详。该注释本现存于印度的拉姆布尔图书馆。

该书的发行

一、1867 年,埃及的布拉格出版社首次印刷发行此书。全书 242 页。

二、1870 年,布拉格出版社再次出版此书。全书 219 页。

三、1886 年,埃及的阿卜杜·然宰格出版社出版此书。全书 244 页。

四、1911 年,埃及的麦伊姆尼出版社出版此书。全书 186 页。

五、1927 年,埃及的科技进步出版社出版此书。全书 186 页,附有脚注和宰凯里雅·本·穆罕默德的注释。

六、1938 年,埃及出版社出版此书。全书 220 页。

七、大马士革版,出版时间不详。单行本,内含两部分。全书 418 页。

八、1947 年,贝鲁特的阿拉伯书籍出版社出版。全书 190 页,附有宰凯里雅·本·穆罕默德的注释。

九、1958 年,开罗的穆罕默德·本·阿里出版社出版此书。全书 190 页,附有宰凯里雅·本·穆罕默德的注释。

十、1972 年,穆罕默德·本·阿里出版社再次出版此书。全 30
书 328 页,附有宰凯里雅·本·穆罕默德的注释。

该书的翻译

一、《古筛勒苏菲论集》被翻译成法语,1911 年在鲁姆耶
出版。

二、亚历山大·丁·肯尼(Alexander D. Knysh)博士将此书
翻译成英文,2007 年在黎巴嫩出版发行。

该书的价值

《古筛勒苏菲论集》无疑是一本具有独特风格的书。作者以独
特的视角完成了该书的写作,他为我们展示了自伊历二世纪苏菲
产生直到作者所处时代的关于苏菲及其著名人物的全貌。在苏菲
学术著作中,本书被认为是最具有历史和学术价值的文献,没有任
何一部书可以和它相媲美,它代表了苏菲学科在编著领域所达到
的最高水平。

校对者序言

　奉至仁至慈的真主之名

赞颂众世界的主,祝福穆罕默德圣人,他的家属及所有的弟子。

由于真主的恩惠和援助,在经过很长时间的努力和连续不断的工作之后,这本书的准备工作和校订终于完成了。《古筛勒苏菲论集》终于可以以一种全新的形象面对读者了。我非常幸运,参与了该书的完善与发行。

出版这本书实在是太困难了,由于原文存在许多问题,我们几乎都绝望了。大量的印刷错误使我们几乎要放弃这一工作。特别是涉及苏菲的明文,它要求校对者再三斟酌,以确定明文的原意和所指。正因为这个原因,很多校对者和发行者都对《古筛勒苏菲论集》敬而远之。而之前发行的该书的不同版本,都毫无例外地把手抄本中的抄写错误原封不动地照搬过来。没有一个人敢去校对和完善,他们只是把原文复制下来,重复着同样的错误。于是,该书的理解对读者来说,一直是一个困难,很多人满足于该书的复印版本或以前发行的老版本。我曾经问过一些人:"你们读过这本书吗?"他们说没有,他们其实是读过一些章节或一些句子的,但他们感到很吃力,就把书放回到图书馆。就是这一原因,促使时代出版

社去校对它,克服重重困难,使它以美观、全新的形象展现在读者
面前。因此,这本书是涉及苏菲专题、苏菲人物、苏菲术语、苏菲种
种复杂现象的书籍中最出色的一部专著。它消除了人们对苏菲的　32
迷惑和误解,阐释了苏菲的真正面目,确定了苏菲的方向。通过研
究、探讨、取舍之后,苏菲作为最精细的一门学科展现在大家面前。

伊玛目古筛勒是一位伟大的学者,为了这一目的,他才以如此
详细的方式研究这一问题,他希望藉此使人们脱离出苏菲的艰深。
他为喜爱苏菲但又孤然无助的人、为因不了解这一学科的本质而
敌视苏菲的人指出了一条正确之路。

赞美真主,感赞真主。在这本书中,我们已竭尽全力,尽管如
此,我们仍不敢声称已做得完美,完美只属于独一的真主。我们只
是尽力而为了。如果我们错了,我们有一份报酬,如果真主意欲的
话;如果我们对了,我们在清高、伟大的主那里有两份报酬。感谢
所有真诚向我们提出指导建议的人,我们将在以后的发行中改正。
真主是顺利的赐予者。

关于校对:

我们在校对时主要依赖三个版本:一个是手抄本,两个是印刷
本。但我们最终的参照是手抄本。

一、大马士革艾赛德国家图书馆保存的编号为 1445 的手抄
本,为姆扎迪耶书局的捐赠品。

二、穆罕默德·本·阿里出版社 1958 年的印刷版本。该版
本共 190 页。附有宰凯里雅·本·穆罕默德·安撒勒的注释。

三、穆罕默德·本·阿里出版社 1972 年印刷的该书第二个
版本。该版本 328 页,同样附有宰凯里雅·本·穆罕默德·安撒

勒的注释,这一版本较之前一个版本有所增删。

我们所重视的并非是各个手抄本之间的差异,而是向读者提供一个全面的、正确的、可阅读并能接受的文本。当然,对于各个手抄本之间的差异,我们并没有完全忽视。

该书编排的说明及其发行者所做的工作:

一、该书的作者以"勒萨莱"(常用意为"信件")来命名其书,而实际上,这本书就是他写给苏菲人士、对苏菲无知的人的一封"长信"。后来的研究者和发行者在"信"的后面加上作者的名字,称之为"古筛勒之信"。[①] 而读者再无从知道该书的原始名字了。

至于我们使用"古筛勒之信"这一名字,是考虑到它的知名度、传播程度及人们对它的熟悉程度。

二、本书以客观地、全面地介绍作者开始,详细地谈到了他的很多方面,使读者对作者有一个立体的认识,同时对本书的编排也有一个初步的认识。稍后,我们谈到这本书,其中包括成书的原因、不同手抄本、注释本及印刷版本,这样,读者对作者和书的认识就合为一体了。

三、作者在这本书中所涉及的内容如下:

1. 苏菲在认主独一原则上的信仰。我们认为,这一部分可以看作是论集的绪论,遂称之为"苏菲的认主独一原则"。

2. 苏菲长老。其中包括长者们的生活历程和言论,我们称这一部分为"苏菲人物"。

---

① 考虑到中国读者的理解和阅读习惯,更主要的是依照"信"中的内容,译者把该书的名字译为《古筛勒苏菲论集》。该书的发行者和校订者在前面也提到了"勒萨莱"有研究之意。——译者

3．苏菲术语的特殊内涵及其解释，我们称这一部分为"苏菲术语"。

4．关于"状态"的章节及其解释。

5．"克拉玛提"、"奥里亚"、"穆勒德"、导师①。

我们在排列本书所涉及的以上内容时，基于逻辑性和学术方法，我们做出了以下编排：

绪论：苏菲的认主独一原则

第一章：苏菲术语

第二章：修道的阶梯

第三章："克拉玛提"、"卧里"、"穆勒德的礼仪"

第四章：苏菲人物

我们所做出的工作如下：

一、我们对本书进行了更正与修订。

二、解释了书中一些意义模糊的单词。根据需要，从语言学、法学、哲学方面进行了说明，我们的目的只是为读者全面理解该书提供方便。我们有时也附加了自己的解释和评论，我们期望能做到客观的评论，以有助于说明作者的思想和作者的最终目的。

三、在本书的第四章里，作者对一些苏菲人物做了简单的介绍，我们按照他们的别称或者人们所熟悉的名字以阿拉伯字母顺序进行排列，以便为从事学术研究的读者提供方便。

---

①　"克拉玛提"是真主通过其喜爱的贤人身上所显示的一种灵验，是对其贤品的肯定或证实。它与圣人们所显示的"穆阿吉宰"（圣迹）有着本质的不同。"奥里亚"有朋友之意，是"卧里"一词的复数形式，一般来说，他们都有显示"克拉玛提"的经历，但显示"克拉玛提"并非是他们身份的必然条件。"穆勒德"是指求道的学生。——译者

四、该书最初是没有章节名称的，而是连贯的写下去，这也是早期著述的一个传统方法，这很容易使读者感到疲惫甚至厌倦。于是，我们就根据内容为每一部分确定了名称，把各部分划分为连续的小节。尽可能地使全书内容有学术的相互关联，在格式和外观上赏心悦目。

五、查证了书中所引述的《古兰经》明文和圣训明文的出处。

六、确定了一些单词的发音符号。依据方式如下：

1. 参阅参考书和该书的不同注释本。

2. 参阅不同时期的印刷本。

3. 从学术、语言角度考证这些词汇。

七、在本书的最后，我们编排了一些附录，包括人物、地名、派别，最后是目录。聊以自慰的是，我们已尽力了，我们能做的只是感赞真主。赞颂全世界的主。

校对者：麦阿鲁夫·穆斯塔法

作 者 序 言

赞颂真主，他独享天权和伟大，他以独一而强大，以供给万物 而神圣，以没有匹敌而骄傲。他的属性超越所有的臆测和想象。

他具有独特的属性，其中一个迹象就是他不相似于他的任何被造物。

他清高伟大，没有界限能包容他，没有计谋能欺骗他，没有时光可局限他，没有人可援助他，没有人可为他说情，没有数字可以计算他，没有空间可以容纳他，没有时间可限定他，没有思考能判断他，没有想象可描述他。

他与诸如此类的话是无干的：他是怎么样的？他在哪里？或者认为他的创造有缺陷、缺点、不完美等之类的想法。因为万物不似他，他是全观的，全听的；没有力量能战胜他，他是全知的，全能的。

我感赞他的掌管与创造，感谢他的取走与赐予。我依赖他，我乐于接受他的赐福与考验。

我作证万物非主，唯有真主，他独一无偶。我求助于他的支 持。我作证穆罕默德是他拣选的仆人、派遣给全人类的忠实的使者，愿真主多多地祝福他、他的家属——黑夜中的明灯以及他所有的弟子——引领的钥匙。

这本书是真主的贫仆——阿卜杜勒·克里木·本·海瓦兹·古筛勒写于伊历437年(公元1045年),藉此献给伊斯兰国土上的所有苏菲。

苏菲派

真主的确使这些人成为他的清洁的"卧里"(Wali)。[①] 使他们高贵于穆罕默德及其他圣人之后的所有仆人。使他们的心成为其机密的处所,专使他们见到其神性之光。他们是众生的救助者,他们总是以真理与真主同在。真主从混沌的众生中清洁了他们,使他们上升到为他们显示独一实质的见证境地。他帮助他们完成崇拜礼仪,使他们见证神性法则的运行。赋予他们不同于众人的责任,以真正的援助完成他们的转变。之后,他们以真正的贫困、陨灭的特质归向清高伟大的真主。他们对所做的功修或达到的境界缄口不言,他们知道真主是为所欲为的主,他选择他意欲的仆人。人类不能判决他,被造物不能为他规定义务。他的报酬源于恩惠,他的惩罚源于公正,他的事务源于不可更改的决定。

我们的现实

你们要知道——但愿真主仁慈你们,苏菲中的大部分真人都已故去,我们这个时代所见的只是他们的痕迹。正如诗人所说:"帐篷依旧在,只是佳丽改。"

苏菲之道已开始衰弱,甚至几乎失去踪迹。导人于正道的苏菲大师已成为过去,很少有修道者遵循他们的道路。虔诚日益衰

37

---

①　卧里:伊斯兰苏菲里的一个术语,复数形式是奥里亚。指为真主亲近喜爱的人,也是有品级的人。有时也有朋友之意。——译者

微,从之者寥;贪婪日益严重,随之者众。苏菲们对沙里亚的敬畏渐行远去,他们认为淡化宗教就是最好的办法,他们拒绝区分非法与合法。

同时,他们轻视功修、斋戒和礼拜,浑浑噩噩,陷入欲望的深渊不可自拔,他们不介意涉入罪恶,也不介意向王公贵族、美色、权力折腰。

然而,他们并不满足于这些恶劣行径,他们甚至染指真境与境界的最高点,妄称他们已从人性的桎梏中解脱出来,实现了真正的抵达。他们以真主的命令而行事,他们所做的一切只是真主的决策。他们选择什么或放弃什么,真主都不会指责他们。他们妄称独一的奥妙已向他们揭示,达到彻底的无我,人性的特征从他们身上消失,他们在法纳之后以真主的永恒之光而停留。倘若有人发言,那是代他们而言;倘若有人行动,那是代他们行动。[1]

编著此书的原因

我们生活的这个时代里的磨难太多了,诸如此类的事情经常发生。我希望能够做到的是,那些否认苏菲之道的人不要出口伤人,不要随便指责或攻击。这个时代反对苏菲和否认苏菲的人太多了!

我看到苏菲的衰弱已成定势,但愿清高的真主以他慷慨的仁慈,警醒那些因轻视苏菲之道的礼仪而远离正统圣道的人。 38

世事维艰! 这个时代,这个环境里的人已经习惯于固执和偏

---

[1] 这是古筛勒对他的时代里的一部分苏菲的描述,和克拉巴兹对他的时代里的苏菲的描述极为相近,甚至更为严重。——校对者

执,他们被所拥有的一切迷惑。我期望人们能放弃所有这些陋习
39　与偏见,重新建立苏菲之道的根基,如同先贤们所行的苏菲之道
那样。①

　　基于这一目的,我把此书奉献给你们——愿真主善待你们。
我在其中提到了一些苏菲长老的经历、品德、交往、信仰、心境,以
及他们所提到的他们的心绪、提升与完美境界的方法,以便为苏菲
修道者提供有益的力量。

　　你们作证,我是试图纠正苏菲中的错误的,我对苏菲的抱怨正
是基于我对它的爱和希望。高贵的真主那里有恩惠和报偿。对于
我所说的一切,我求助于真主,我以他为满足,求他使我免遭错误,
我向他求恕、求助。他是赐恩的主、万能的主。

　　艾布·嘎希姆·阿卜杜勒·克里木·本·海瓦兹·古筛勒

　　　　　　　　　　　　伊历 438 年(公元 1046 年)

---

　　①　作者在此呼吁重归之前纯洁的苏菲,再次把苏菲稳建在伊斯兰坚固的基础之
上。——译者

绪　　论

苏菲认主独一的原则

你们要知道——愿真主仁慈你们,苏菲长老是在认主独一的正确原则之上建立他们的基础的,并以此保护他们的信仰不误入歧途。在认主独一上,他们是接近先贤和大众派的,不偏不倚。他们知道真主亘古而生、无始而存的属性。鉴于此,苏菲之道的领袖祝奈德①(愿真主仁慈他)说:"'涛黑迪'(认主独一)的独特在于它的无始而存。"苏菲人士以明白无误的证据制约他们的信仰。正如艾哈迈德·本·穆罕默德·本·侯赛因·祝莱勒②(愿真主仁慈他)说:"'涛黑迪'没有建立在明证基础之上的人,他会失足落入毁灭的深渊"。意思是说,满足于因袭,而不去寻求"涛黑迪"证据的人,他不会得到大众派所得到的拯救,他只能坠入毁灭的深渊;仔细体味苏菲人士的行为并认真思索他们在不同时期、不同情况下的言论的人,他会看到,这些人并没有放弃他们的目标,在追求真知之路上并没有停止。

---

①　祝奈德(卒于伊历296年),全名艾布·嘎希姆·祝奈德·本·穆罕默德·本·海宰兹·盖瓦勒里,逊尼派著名苏菲大师。——译者

②　艾哈迈德·本·穆罕默德·本·侯赛因·祝莱勒,著名苏菲学者,祝奈德的大弟子,陪伴过赛海利·本·阿布顿拉。——译者

认识真主

艾布·伯克尔·舍布里①说："真主在时间、空间、语言产生之前就是独一的，是显而易见的。他的本体没有界限，他的语言没有字母。"

有人问鲁伊姆·本·艾哈迈德②，真主为人类规定的第一个主命是什么，他说是认识真主，因为真主在《古兰经》中这样说过："我创造人类和精灵，只为崇拜我。"（播种者章：第56节）

伊本·阿拔斯③则认为是"只是为了认识我"。

祝奈德说："一个仆人首先需要了解的就是道理，被造者对创造者的认识，创造者是怎样创造的，了解创造者的属性，其亘古并非新生的属性。响应他的呼唤，承认顺从他的义务。一个不了解主人的人，是不会承认顺从他的义务的。"

艾布·团伊布·麦扎尔说："理智是证据，哲理有指引，认识里有作证。"理智是用来证明的；哲理是用来指引的；而认识是用来作证崇拜属性的，只有完全接受"涛黑迪"后方能具备。

有人就"涛黑迪"问祝奈德，他说："就是确认真主的独一性和唯一性。真主的唯一性体现于：他不生育，也不被生，他没有匹敌、同伴和配偶。他没有相似者，没有方位，没有形象，万物不似他，他

---

① 艾布·伯克尔·舍布里（伊历247—334年，公元861—945年），全名戴里夫·本·杰尔法·本·尤努斯·舍布里，著名苏菲大师，原籍土耳其。——译者

② 鲁伊姆·本·艾哈迈德（卒于伊历303年）著名苏菲，巴格达人，《古兰经》诵读家，法学家。——译者

③ 原名阿布顿拉·本·阿拔斯（公元619—687年），是先知穆罕默德的叔叔阿拔斯的儿子，著名圣门弟子，长期陪伴圣人，同阿里一起参加过"驼骄战役"和"遂芬战役"，传述过1660段圣训。

是全听的,全观的。”

　　有人问艾布·伯克尔·扎黑尔·艾巴迪关于认知,他说:“认知是一个名字,它的含义是内心充溢的敬畏阻止他去以物配主。”

　　真主的属性

　　艾布·哈桑·布什奈吉①(愿真主仁慈他)说:“认主独一就是:你要知道真主的本体没有相似者,他的属性不容否认。”

　　哈拉智②(侯赛因·本·曼苏尔)说:“无始是他的属性。有躯体的事物,它是能够展现的。以工具而形成的,力量可以控制它。适合时间表述的,时间会离开它。有方位的事物,人们会问:它在哪里? 可以想象的事物,想象可以超越它。清高的真主上面没有遮蔽,下面没有支撑,他没有界限,没有空间,没有前后左右,他不是个体的集合,他不存在过去,也没有否定,对他的描述就是不去描述。他的行为没有缺陷,他的创造没有时间,他清高于被造物,他与被造物没有混淆,他的行为没有漏洞。他以无始不同于人类,人类以新生不同于他。

　　如果你说他消失了,则意味着你为他的存在预置了时间;如果　43你说‘他’(阿拉伯语里语音为‘胡我’,由字母‘哈乌’和‘瓦乌’构成)那意味着哈乌和瓦乌创造了他;如果你说他在哪里,则意味着你为他的存在预置了空间。

---

　　①　艾布·哈桑·布什奈吉(卒于伊历 348 年),全名阿里·艾哈迈德·本·赛海利·布什奈吉,苏菲大师,呼罗珊人。——译者

　　②　哈拉智(伊历 244—309 年,公元 857—922 年),原名艾布·阿布顿拉·侯赛因·本·曼苏尔·哈拉智。伊斯兰著名苏菲人物,因宣称人主合一的观点被阿拔斯王朝当局处以死刑。波斯人——译者

字母是他的迹象,他的存在是真实的,对他的认识就是承认他的独一,他的独一就是他不同于被造物,他不等同人们的任何想象,他怎么能居于他自己创造的空间呢？他怎么能归回他自己创造的事物呢？猜测不能知其究竟,他的临近是他的喜悦,他的远离是他的轻视。他升高不通过攀爬,莅临不通过跨越,他是第一和最后,是表面和内里,是临近和渐远。万物不似他,他是全听的,全观的。"

优素福·本·侯赛因①说:"一个人站在埃及的左农②面前问他:'你告诉我,认主独一是什么?'左农答:'就是你要知道伟大的真主没有混淆地创造了万物,他的创造没有缺陷,万物存在的原因就是它被创造了,他的创造没有理由。除真主之外,在高高的诸天之上和深邃的诸地之下,再没有发号施令者。你绞尽脑汁地想象,但真主并不符合它。'"

祝奈德说:"认主独一是你知道并确认真主是亘古独一的,没有匹敌,没有任何物能重复他的行为。"

信仰（伊玛尼，Yiman）

艾布·阿布顿拉·本·海菲福③说:"信仰是承认真主所指出的未知事物的存在。"

---

① 优素福·本·侯赛因(卒于伊历304年),全名艾布·叶尔孤白·本·优素福·本·侯赛因·拉齐,大众派学者,逊尼派苏菲大师,著名学者左农、伊玛目罕百里、艾布·图扎布等曾求教于他。——译者

② 左农(伊历179—245年,公元796—859年),原名扫巴尼·本·易卜拉欣,逊尼派著名苏菲大师,埃及人。——译者

③ 艾布·阿布顿拉·本·海菲福(卒于伊历267年),伊玛目,法学家,苏菲大师。波斯设拉子人。——译者

艾布·阿拔斯·斯亚尔①说:"真主的恩赐有两种:一种是连续的恩赐(克拉玛提),它持续地存在你身上;另一种是分割的恩赐(伊斯提达拉吉),它会从你身上消失。所以你要说:'如果真主意欲的话,我是一个穆民。'"②

赛海利·本·阿布顿拉·图斯泰勒③说:"信士们仰望真主,视力不能及他。"

艾布·哈桑·努尔④说:"心是真主的见证,我们没有见到比穆罕默德更渴望真主的心了,于是,真主以登霄款待他,使他提前见到了天庭的机密,并与他对话。"

---

①　艾布·阿拔斯·斯亚尔(卒于伊历 342 年),全名嘎希姆·本·嘎希姆·斯亚尔,别名艾布·阿拔斯。伊玛目,圣训学家,苏菲学者。——译者

②　"克拉玛提"和"伊斯提达拉吉"有两个层面的意思,一个是普通层面的,一个术语层面的。普通层面的"克拉玛提"指真主对人的恩赐。而"伊斯提达拉吉"则有"逐渐"的意思,我们可以从下面这一圣训中理解这一层面的意思。先知穆罕默德在一段圣训中说:"如果你们看到伟大的真主给一个现世中的他所喜爱的一切,而他仍不停地违抗真主,这个人的表现就是'伊斯提达拉吉',他接着念了下面的经文:'当他们忘却自己所受的劝告的时候,我为他们开辟一切福利之门,直到他们因自己所受的赏赐而狂喜的时候,我忽然惩罚他们,而他们立刻变成沮丧的(6:44)(艾哈迈德圣训集记载)当一个人每次犯错误时,真主每次都相对地给他恩惠,就这样,他慢慢地忘记向真主悔罪,也慢慢地接近真主的惩罚,直至真主突然地惩罚他。'否认我的迹象后,我要使他们不知不觉地渐趋向毁灭。'(7:182)即真主逐渐地使人从一个等级下降到另一个等级,直至最终惩罚他。在术语层面,"克拉玛提"是圣徒所显示的奇迹;"伊斯提达拉吉"则为魔鬼所显示的奇迹。见《西域苏菲主义研究》朝中义著,中国社会科学出版社,2008 年版,第 264 页。——译者

③　赛海利·本·阿布顿拉·图斯泰勒(公元 815—896),著名苏菲大师,认主学家。著有《古兰经注释》和《爱恋者的秘密》等著作。——译者

④　艾布·哈桑·努尔(卒于伊历 295 年),全名艾哈迈德·本·穆罕默德·努尔,别名艾布·侯赛因。苏菲大师,巴格达人。——译者

44　　　艾布·奥斯曼·麦格里布①说:"我曾经从"新生"的角度信仰真主,当我到达巴格达②后,那一切从我心中消失。我给麦加的朋友写道:现在,我重新皈信了伊斯兰。"

有人询问艾布·奥斯曼·麦格里布什么是创造,他说:"创造就是前定的、神性的判断运行在形状和形象之上。"

穆罕默德·瓦西特③说:"当灵魂和躯体以真主立起时,它们并非以它们的本体所呈现,同样,人的思绪和动作立起时,它们并非以它们的本体而呈现,因为人的思绪和动作是灵魂和躯体的分支。"

给养(勒兹格,Rezige)

人的给养是真主创造的,同样,所有重要的东西都是真主创造的,所有展现的东西都是真主创造的。

艾布·赛尔德·海扎兹④说:"认为只要付出努力就能得到收获的人是妄想者;认为不付出努力就能得到收获的人,是十足的妄想者。"

穆罕默德·瓦西特说:"人们奢望的事情已被分配,特征已经

---

① 艾布·奥斯曼·麦格里布(卒于伊历 373 年),原名赛尔德·本·赛俩目·麦格里布,苏菲学者。奈萨布尔人。——译者

② 伊拉克首都,在底格里斯河岸边,曾经是阿拔斯王朝哈里发的都城,为曼苏尔哈里发所造,公元十一世纪初开始陆续被布沃海人、塞尔柱人、蒙古人、塔塔尔人、鞑靼人、奥斯曼人攻占。

③ 穆罕默德·瓦西特(卒于伊历 331 年),全名穆罕默德·本·穆萨·瓦西特,著名苏菲学者,大师,呼罗珊人。——译者

④ 艾布·赛尔德·海扎兹(卒于伊历 277 年),原名艾哈迈德·本·尔撒·海扎兹,大众派学者,逊尼派苏菲大师,巴格达人。——译者

确定，又怎能通过行为和努力来夺取呢?"①

否认真主(库夫尔,Kufuer)

有人问穆罕默德·瓦西特关于否认真主,他说:"否认与信仰、今世与后世都来自真主,归于真主,以真主而立,属于真主。来自真主的是开端,归于真主的是归宿,因为真主而存在和毁灭,属于真主的是权力和创造。"

祝奈德说:"有人询问一个学者认主独一,学者说:'认主独一就是坚定的信仰'。那人又问:'请解释它是什么。'学者说:'就是你要认识到被造物的所有动作是伟大真主的行为,如果你做到了这一点,你的确做到了认主独一。'"

一个人来到左农跟前对他说:"请你为我祈祷。"左农说:"如果你以真正的'涛黑迪'确信了未知,那祈祷就是应答的,否则,祈祷无法拯救落水的人。"

艾布·侯赛因·努尔说:"认主独一就是所有的思想都指向真主,而且,对真主的看法不同于对任何人的看法。"

有人向艾布·阿里·鲁兹巴勒②询问认主独一,他说:"以否定多神而正心,否认真主与任何外物相似。认主独一体现在一句话中,即对真主的任何想象都不符合他。真主在《古兰经》中说:"万物不似他,它是全听的,全观的。"(协商章:第 11 节)

---

① 按照伊斯兰前定的说法,人们所喜爱的寿限、财富、名誉、地位等诸多现世中的事情,真主在造化他之前就已确定,人是无法改变的,但凡人不知道真主的前定,只能一如既往地奋斗。——译者

② 艾布·阿里·鲁兹巴勒(卒于伊历 322 年),原名穆罕默德·本·艾哈迈德·本·嘎希姆·曼苏尔·舍赫尔亚尔,著名苏菲大师,埃及人。——译者

艾布·嘎希姆·奈斯尔[①]说:"乐园以真主的命令而永久,他对你的记忆、仁慈、喜爱以他的永久而永久,以他的永久而永久与以真主使他永久而永久之间的差别是多么大啊。"

一位真知者说:"清高真主的亘古属性以他的永恒而永久,这一属性不同于否认真理者的臆想。"

艾布·嘎希姆·奈斯尔说:"你在行为属性和本体属性之间徘徊,而这两点都是真主真正的属性。如果你以分离的状态臆想真主,他的行为属性就会把你的心拉回来;如果你以集合的状态臆想真主,他的本体属性就会把你拉回来。"

伊玛目艾布·伊斯哈格·伊斯菲拉尼[②](愿真主仁慈他)说:"我从巴格达来之后,就在奈萨布尔的清真寺讲授灵魂问题,我解释说它是被造的。艾布·嘎希姆·奈斯尔在远处站立着,认真地听我讲课。几天之后,他请假离开了,他对穆罕默德·法扎说:'你为我作证:我在一个人跟前重新信仰了伊斯兰。'他说的那个人就是我。"

有人对叶哈雅·本·穆阿兹[③]说:"你告诉我关于真主的情况。"叶哈雅说:"他是独一的。"又问:"他如何?"答:"万能的掌管者。"又问:"他在哪?"答:"他是观察的。"又说:"我没有问你这个问

---

① 艾布·嘎希姆·奈斯尔(卒于伊历369年),全名易卜拉欣·本·穆罕默德·奈斯尔,别名艾布·嘎希姆,苏菲大师,呼罗珊人。——译者

② 艾布·伊斯哈格·伊斯菲拉尼(卒于伊历418年),全名易卜拉欣·本·穆罕默德·本·易卜拉欣·麦海扎尼,伊玛目,苏菲学者,沙菲仪派认主学家,法学演绎家,奈萨布尔人。——译者

③ 叶哈雅·本·穆阿兹(卒于伊历258年),全名艾布·宰凯里雅·叶哈雅·本·穆阿兹·本·杰尔法·拉齐,大众派学者,苏菲长老,奈萨布尔人。——译者

题。"答:"除此之外,还有什么呢?"

伊本·沙赫[①]问祝奈德"同……在一起"(麦阿)的意思,祝奈 46
德说:"它有两个意思:同圣人们在一起的是援助和保护。真主说:
'我的确是同你俩(指穆萨圣人和他的哥哥哈伦)在一起的,我听
着,而且看着。'(塔哈章:第 46 节)同一般人在一起的是知晓。伟
大的真主说:'如果有三个人密谈,他就是第四人。'"(辩诉者章:第
7 章)伊本·沙赫尼听完之后说:"像你这样的人可以引领全民族
的人尽真主之义务。"

宝座(阿尔什,Arishi)

有人问左农经文"至仁主升上他的宝座"(塔哈章:第 5 章)的
含义,他说:"肯定他的本体,否认他的位置,他以他的本体而存在,
万物以他所意欲的意志而存在。"

有人问艾布·伯克尔·舍布里经文"至仁主升上他的宝座"的
含义,他说:"至仁主是不灭的,宝座是新生的,宝座因至仁主而
升起。"

有人问杰尔法·本·奈斯尔[②]经文"至仁主升上他的宝座"的
含义,他说:"他的知识升起,他确知万物,没有事物比他更接近于
万物。"

---

① 伊本·沙赫(伊历 297—385 年),全名欧麦尔·本·艾哈迈德·本·奥斯曼·
本·艾哈迈德·本·穆罕默德·本·安优布,圣训传述人,巴格达人。——译者
② 杰尔法·本·奈斯尔(伊历 253—348 年,公元 867—959 年),全名杰尔法·本·
穆罕默德·本·奈斯尔,别名艾布·穆罕默德,苏菲大师,巴格达人。——译者

　　杰尔法·萨迪格①说："妄称真主在某物里，或来于某物，或在某物之上，他的确以物配主了。因为如果他存在某物里，那他是一定是局限的；如果他来于某物，那他一定是新生的；如果他在某物之上，那他一定是被担负的。"

　　杰尔法·萨迪格在解释经文"然后他慢慢地接近而降低"（星宿章：第 8 节）的意思时说："谁自以为是地认为接近就是距离上的接近，那他就错了。'降低'只是意味着每当接近他，一些认知就远离他。那时，对真主而言，没有接近，也没有远离。"

47　　艾布·赛尔德·海扎兹②说："'接近'的实质是内心对万物的感知消失了，它全部转向真主。"

　　易卜拉欣·海瓦斯③说："我走向一个和恶魔搏斗的人，我在他的耳旁念宣礼词，恶魔在那个人的里面对我喊：'你让我杀了他吧，他说《古兰经》是被造的。'"

　　伊本·阿塔·鲁兹巴勒④说："伟大的真主创造文字时，便赋予了它们机密，当他后来创造人祖阿丹时，把机密教给了他，⑤但他并没有把这些机密教授给任何一个天仙。于是文字经阿丹之口

----

①　杰尔法·萨迪格（伊历 80—148 年），别名艾布·阿布顿拉，伊玛目，伟大的学者，虔诚的修士，阿里的后裔。之所以被称为"萨迪格"（诚实者），是因为从没有说过谎，也被什叶派尊为第六代伊玛目。——译者

②　艾布·赛尔德·海扎兹（卒于伊历 277 年），全名艾哈迈德·本·尔撒·海扎兹，著名苏菲大师，巴格达人。——译者

③　易卜拉欣·海瓦斯（卒于伊历 291 年），全名易卜拉欣·本·艾哈迈德·本·伊斯玛依·海瓦斯，别名艾布·伊斯哈格。著名苏菲大师，奈萨布尔人。——译者

④　伊本·阿塔·鲁兹巴勒（卒于伊历 369 年），别名艾布·阿布顿拉。沙姆地区苏菲长老。——译者

⑤　《古兰经》黄牛章中有这样的经文："他将万物的名称都教授给阿丹。"（2:31）

而形成语言与流动的艺术,就这样,真主赋予了语言以外观形象。"

伊本·阿塔·瓦斯里[①]明确地表示:"文字是被创造的。"

赛海利·本·阿布顿拉说:"文字是行为的语言而非本体的语言,因为它是被行为中的行为。"

祝奈德在回答一个叙利亚人提出的问题时说:"依赖是心的工作,认主独一是心的话语。"

哈拉智(侯赛因·本·曼苏尔)说:"认识到认主独一的真谛的人,不会再问关于真主'为什么'及'怎么样'的问题。"

穆罕默德·瓦西特说:"真主没有创造过比灵魂更高贵的事物。"

清高伟大的真主

苏菲长老们针对认主独一说:"清高伟大的真主是亘古的、无始的、独一的、睿智的、全能的、全知的、大能的、仁慈的、为所欲为的、全听的、高高在上的、讲话的、全观的、尊大的、万能的、永活的、单一的、永存的、无需求的。"

他藉知识而全知,藉能力而全能,藉意志而为所欲为,藉听力而全听,藉视力而全观,藉话语而发言,藉生命而永生,藉停留而永存。

他有两手,这是他的两个属性,他以此创造他所意欲的事物。48他有俊美的面容。

他本体的属性因他的本体而独具一格,他不是他,也不是她。

---

① 　伊本·阿塔·瓦斯里(卒于伊历 131 年),全名瓦斯里·本·阿塔,别名艾布·侯宰法。著名学者哈桑·巴士拉的学生,也是姆阿泰齐勒学派的创始人。——译者

他的本体属性不是他之外的东西，而是先天的、由始而终的特征。

他的本体是单一的，被造物中没有相似者，他也不似万物。

他没有躯体，没有内脏，没有外观，没有可见的属性。理智不能确定他，思维不能想象他。他无方位，无处所，无时间可计，对他的描述不能减少，亦不能增加。

他没有状态、体积之限制，没有结束和极限，他不受人支配，他的行为不是盲无目的，他不具备颜色和实体，帮助和援助无益于他。

被确定的万物不会超出他的能力，被创造的万物不会超出他的决断，可知的万物不会超出他的知晓。针对他的创造，不要问"怎么样"，他的创造不受责备。不要说："他在哪里？""他是如何？"他的存在没有起点，否则会有人问："那是什么时候？"他的永存不会有终点，否则会有人说："时光到头了"。也不要问："他为什么要这样做？"因为他所有的行为没有原因。

不要说："他是什么？"因为他没有性别，他以他的属性而独具一格。他的注视无须正对，他观察万物不通过类比，他创造万物不通过媒介。

他有美名和尊贵的属性，他为所欲为，人类臣服于他的判决。

他的权力只以他的意志运行，他的掌管只是他的前定。没有人知道他过去想做什么，也没有人知道他现在可以做什么和不可以做什么。

他创造了人类善恶的给养，他创造了世界上的山川河流，他为各个民族派遣了使者，尽管这不是他的必定义务。他以众使者之口教诲人类崇拜他，对此，任何人不应有抱怨和反对。他以明显的

"穆阿吉宰"(奇迹,圣兆)和明显的迹象支持先知穆罕默德。

　　他以穆罕默德圣人解除人们的借口,以他解释诚信,说明否 49
认。在穆罕默德圣人去世后,他的四大正统哈里发的品德保持着
伊斯兰的纯洁。之后,以他的"奥里亚"(圣徒、真主的朋友)和中流
砥柱的清廉者保护真理,援助正教,使人们远离迷误。他确立证
据,把人们从物欲的泥潭中拯救出来。他完成了援助伊斯兰的许
诺,他在《古兰经》中说:"以使它战胜所有的宗教,即使不信教者厌
恶也罢。"(列班章:第9节)

第一章　苏菲术语

　　须知,每一学科的学者都有其专用的术语,苏菲学科的学者也因此不同于其他学科的学者。他们对这些术语的特指含义是一致认可的,即他们使用术语的目的是使听众更容易地理解,或者彻底地明白它的含义。这些学者在他们内部之间使用这些术语,是藉此表述自己所获得的认知,或者把非同道中人拒之门外,他们所使用的术语的内涵在某些方面遂之成为含糊的,从而使他们的秘密不致在他们之外的人中间流传。而实际上,他们的术语并非是一组佶屈聱牙的词汇,也不是一种无意识的表述,而是真主直接投放在这些人心中的奥秘,他们就是心意虔诚等待接受这些奥秘的人。

　　我想先解释这些术语,以使同样走苏菲之路之人或者跟随他们的人更容易地理解他们言论的真谛。①

---

　　①　描述在某些状态下的感知,使部分苏菲踌躇不安,原因如下:当他们谈论他们的状况、内心的震动、思绪、心境、情绪、内心感受时,由于那些状态的转瞬即逝,现实中又不存在类似的境况,于是,在很多情况下,他们无法用清晰的语言描述那瞬间的闪光和感受。

　　因此,我认为行苏菲之道之人,在具备教乘知识、《古兰经》知识和通晓穆罕默德圣人的生平之后,他的描述会更细致、更确切,他会认真地对待他所说的或转述的话,这样,会对其他人更有利,祝奈德(愿真主仁慈他)就是这样的人。

1．时间（卧格特，Waqt）

在求道之人看来，时间的真谛在于将来的显示，它依附于显示的区间，显示的区间就是未来显示的时间点。譬如说："我这个月初去你那里。""去"是将要发生的动作，"月初"是显示的区间，也是

（接上页注释）有人认为，苏菲在描述时没有必要使用隐喻手法，或遮盖他的意图。因为如果他讲的是真理，那么没有任何一个有真知的人，追随《古兰经》和圣道的人会反对他。同时还因为，他谈论的某一事情，或者有理性据据的支持，或者有经典证据的支持。但是理性的证据一般来说会更好一些。

如果他们表述的是不成熟的涉及感受与境界的言论，然后，我们把它归之于真知，或者苏菲本身，或者认识真主之人，那么，这是许多有知识的人不能接受的。

如果苏菲们的言论的目的是引领人类，以人们可接受的方式向他们阐述幸福和认知的真谛的话，那为什么我们还要借助于双关或借喻呢。特别是真主的天经是《古兰经》，降示它就是为了引导和仁慈众世界的。真理之后，再无二言。

可以存在一些新的读者或听众所不能理解的术语和表述，因为任何学科、艺术、知识领域都有其专有的表达和术语，可以对这些表达和术语进行解释和说明。

但是，我们不应说："我们的话代表了我们这一道路所有人的理解，我们道路之外的人不可以听。"

对苏菲适宜的是，当有人问他时，他不说："我的意思是这样""我的意思不是这样"。这会使穆斯林误解这一道路的。他们没有真知，真知不在真主的天经里或圣人的常道中。因此，如果你说的是正确的，那你就从《古兰经》和被责成向人们阐释经典的阿拉伯圣人的描述风格来表述你获得的真知。

但是我的猜测是，苏菲们的话语在表达水平上有很大差异，完全可以这样认为，有的苏菲在无我的情况下说了、写了，之后，他重新审视他说过和写过的话，然后用最完善的语言、最高级的理解、最细致的表达来记录他说过的或写过的话，这证明他们是清醒的，意志清醒又重新指引他们。

我现在要说的是：伊玛目伊本·泰米叶的话或许能给我一个解释，他的话既不是和苏菲争辩，也没有全部否定苏菲的言论，它甚至是公正的。他说："苏菲中有无知的人，也有高贵的人，他们中有洞彻的真知者，同时也有相去甚远者。"伊本·泰米叶的学生伊本·盖姆在注解《修道者的阶梯》时，在描述苏菲本质时所使用的表达，苏菲中人士是乐于接受的，苏菲之外的人也是乐于接受的。伊本·盖姆甚至认为，如果他们没有脱离教乘范畴的话，纯洁的教乘就是感悟苏菲的奥义与体验的关键。——校对者

"去"的时间点。

我听我的导师艾布·阿里·丹嘎格(愿真主仁慈他)说:"时间就是你正所处的状态。"如果你现在在现世,那么,你的时间就是现世;如果你现在在后世,那么你的时间就是后世;如果你现在是欢乐的,那么你的时间就是欢乐;如果你是忧愁的,那么你的时间就忧愁。时间即是人的反映。

或许有人认为,时间就是人在当下的时光。有人说:"时间在两个时限之间,即过去和将来。"

有人说:"苏菲是时间之子。"意即他们忙碌于他所处时刻最应该做的事,从事那一刻他应该做的工作。因此,有人说:"苏菲不关心过去和将来的时间,他只关心目前所处的时间。"

有人说:"沉湎于逝去的时光是对即来时光的浪费。"

或许他们所指的时间是他们恰遇真主为他们安排的,而并非是他们自己选择的那一刻。他们说:某人为时间所制,即他不加选择地向为其显示的玄秘的事物妥协,而他处的是真主并没有发布命令的时刻,或者说并没有真主法定的判决。那么,他们放弃选择,是对所奉命令的浪费,是自由意志的浪费,这种行为使事情转为宿命,对于自己已有的缺点的漠然是背叛宗教的表现。

他们说:"时间是利剑。时间是真理经过的时刻,强者完成其行为的时刻。"

有人说:"剑抚之柔软,剑刃则锋利。剑身柔软者得救,剑身粗糙者丧生。"时间也是同样,顺其规则者得救,逆其规则者丧命。

诗曰:

剑锋柔软与粗砺,全在剑客意念间。

如果时间帮助了某人，那时间就属于他；如果时间打扰了某人，那时间就是怨恨他的。

我听我的导师艾布·阿里·丹嘎格说："时间是刀子，它可以把你粉碎，但不能彻底抹去。"也就是说，如果使你消失了，你在那一刻反而脱离了，但时间要做的是控制住你，而不是使你全部消失。"

诗曰：

日复一日匆匆过，心情忧伤岁月逝。

又说：

火狱居民受火刑，旧肤换去新肤烧。

同样的诗句还有：

死人未必一身轻，活人烦恼犹不停。

明智者是控制时间的人，如果他处于清醒，则行教乘之事；如果他处于虚无，则为真境法则所制。

2. 阶段（麦嘎目，Maqam）

一个人在礼仪方面所达到的崇高境界，只有通过某种行为要求、艰辛的努力才能实现。每个人在实践他所醉心的修炼之后，都能到达他所期望的境界。

从一个"阶段"到另一个"阶段"的转换，要在条件具备的情况下才能实现，否则，他只能停留在原来的"阶段"。一个没有满足感的人是不能到达"信赖阶段"的；一个不信赖的人是不能到达"顺从阶段"的；一个不忏悔的人是不能到达"悔罪阶段"的；一个不谦恭的人是不能达到"淡泊阶段"的。

阶段①有站立之意，就像"入口"有进入，"出口"有出来之意一样。因此，在"阶段"中见证真主的存在才可谓是真正的境界。否则，他达到的位置不可称之为"阶段"。这是一个正确的区别"阶段"与否的原则。

艾布·阿里·丹嘎格长老说："瓦西特来到奈萨布尔后，问艾布·奥斯曼的弟子：'你们的长老命令你们做什么？'弟子们说：'他要求我们坚持顺从，但可根据情况缩减顺从。'瓦西特遂说：'他是以十足的拜火教的礼仪教导你们，现在你们听我说，我教导你们远离这一做法，不要寻求可缩减的顺从。'"

瓦西特的意图只是想保护他们，不想使他们经历奇遇，不要因此而走弯路，或者为破坏某种礼仪而寻找借口和依据。

3. 状态（哈鲁，Hal）

"状态"在一些人看来是非刻意的、不借助其他手段和努力而经历的快乐、忧伤、欢愉、担忧、思念、恐惶、恐惧、不安等情绪。"状态"是天赋，"阶段"是人为；"状态"可以不劳而获，"阶段"则须付出努力；"阶段"之人可以知其位，"状态"之人则不知其位。

一位长老说："'状态'像闪电，如果他停留下来，则又是另一种新的'状态'。"

人们说："'状态'就像其名字一样，即它的消失和来临一样瞬

---

① 麦嘎目，原意为居住或站立的地方。——译者

间即逝。"①

诗曰：

唯盼状态常永在，岂奈状态终有时。

树荫蓊郁随时转，明月亦有圆缺日。

有人在谈到"状态"的存在与持久性时说：如果"状态"不能持久和连续的话，那仅仅是一些片断或稀有之事，经历者不能谓之进入"状态"；如果那些特征持久的话，那时才可以称作"状态"。

艾布·奥斯曼·哈伊尔②说："真主每使我处于一个'状态'，我就不喜欢那一'状态'。"他指的是喜悦的连续，喜悦是一个一般的状态。

在这种情况下应该说："声称'状态'是存在的人的这种说法是正确的，或许'状态'的存在，其意义已转变为一个人赖以生存的给养，对于'状态'的经历者来说，这是一个不持久的考验或者说灾难。如果这一考验像之前提到的那些'状态'一样能持久的话，他就会升高到一个更为玄妙的'状态'。这一种情况大多发生在升腾的界限里。"

4. 紧张（嘎比德，Qabd）与松弛（巴斯特，Bast）

这是一个人修道时在远离恐惧和希冀之后的两种状态。紧张是一个"阿勒夫"（认识真主的人）在刚进入恐惧状态的表现，而松弛则是"阿勒夫"刚进入希冀状态时的表现。

---

① "哈鲁"一词的阿拉伯字面意思还有"立即"之意。——译者

② 艾布·奥斯曼·哈伊尔（卒于伊历298年），原名赛尔德·本·伊斯玛依·哈伊尔，别名艾布·奥斯曼。苏菲大师，奈萨布尔人。——译者

可以在紧张与恐惧、松弛与希冀之间这样进行区分：恐惧是对未来之事而言，要么害怕爱慕的事物失去，要么害怕警告的事情来临。同理，希冀是对爱慕的事物在未来的希望，或者期望警告消失，或者期望所讨厌的事物不要再次发生。

紧张是时间的产物，松弛也是同样。恐惧又希冀的人，他的心牵挂着后世里的情形，紧张和松弛的人；他的时间概念是提前到来。之后，紧张与松弛的特性又因为人的状态的不同而有所差异，应该处于紧张状态的人，或许并没有进入紧张状态，因为他在其他事物中还有未完成的因素，他进入紧张状态的条件因此不齐备。而没有其他借口与因素的人，则会全部地进入紧张状态。

松弛也是如此，或许松弛者在进入这一状态后，能包容所有的存在物，对其他存在物不以为然，他在这种状态中不为任何事所动。

艾布·阿里·丹嘎格说："一个人去见艾布·伯克尔·盖哈塔，他的儿子像其他年轻人一样游手好闲、吃喝玩乐。当他遇到艾布·伯克尔·盖哈塔的儿子时，他正和他的同伴玩耍，此人为艾布·伯克尔·盖哈塔心痛不已，倍感惋惜。他心说：'这个人真不幸，因这个逆子遭受如此的考验。'当他见到艾布·伯克尔·盖哈塔后，发现艾布·伯克尔·盖哈塔好像对外面的嬉戏场面无动于衷，没有任何反应。此人非常惊奇，就说：'什么原因使你如此稳如泰山，岿然不动呢？'艾布·伯克尔·盖哈塔：'我已经从为物所动的境界中脱离出来了。'"①

---

① 意即他已完全沉浸在真主完美神性里了，真主之外的任何事物都不能影响到他。——校对者

最临近进入紧张状态之人,他的心在经历斥责、责备,或者轻视其没有教养的暗示时,他的心一定会进入紧张状态的。

或许会有其他促使他的心接近、热切地趋向紧张的因素,如温和与欢迎。这样,他会因此而松弛。总而言之,所有人的紧张取决于他的松弛,他的松弛也取决于他的紧张。

也有可能进入紧张状态的人描述不清原因,当他发现他的心紧张时,他并不知道其中必定的原因。于是,紧张者在这种情况下只能妥协,直到紧张消逝。因为如果他勉强的话,就是对状态的否定,或者说等同于在时间来到之前就忙于迎接,有人为增加紧张之嫌疑,他因此有可能被认为有失礼仪。相反,如果他顺从时间规则的话,紧张也会在短时间内消逝。对此,真主说:"真主能使人窘迫,能使人宽裕,你们只被召归于他。"(黄牛章:第245节)

松弛也许会不期而至,经历者由于疏忽而不知其因,他只感觉到激动和震荡。这时,他应该做的是保持安静,注意一个修道者应有的礼仪。这时,进入状态的人面临着一个极大的危险,他的长老应重复地、轻微地警示他。正因为此,一些人说:"松弛之门向我打开后,我重重地跌了下来,我看不见我的位置,不知身在何处。"也有人说:"当位于松弛时,你千万不要喜悦。"

一般来说,真境之人认为紧张和松弛这两种状态是他们所求护躲避的,因为除了进入者有毁灭之危外,在逐渐进入真境中的后期里还会面临一无所有及其他伤害。

祝奈德说:"对真主的恐惧攫住了我,对真主的希冀又使我放松,真境集合我,真实分离我。当恐惧控制了我时,他使我从我原来的处所消失,当希冀控制了我时,他使我返回原地。如果他以真

60　境集合我，他使我出现；当他以真实分离我时，他使我看到我之外
的景象，之后又笼罩我。在所有的这一切中，清高的真主是我的推
动者，而不是阻挡者，使我感到陌生和凄凉，而不是使我感到温暖。
当我出现时，我体会我存在的滋味。但愿他使我消失于我的处所，
使我愉悦，或者隐藏我，使我欢愉。"

5. 畏惧（海依拜，Hayba）与慰藉（乌努斯，Uns）

　　畏惧与慰藉是紧张与松弛众多等级中的一个。如果说紧张在
恐惧之上，松弛在希冀之上，那么，畏惧则是紧张中的最高等级，而
慰藉则是松弛中的最高等级。[①]

　　畏惧的真谛是隐匿，每一个畏惧者都是隐匿者。隐匿的程度
不同，其畏惧的程度也不相同。

　　慰藉的真谛是清醒，每一个慰藉者，都是清醒者。慰藉者由于
品饮的程度不同而不同。因此，有人说："最低慰藉的品位是这样
的，即使他被扔进烈火中，他的慰藉也不会受到影响和干扰。"

　　祝奈德（愿真主仁慈他）说："我曾听赛勒·塞格特[②]说，一个
修道者达到了这样的程度，即使用剑砍他的脸，他都浑然不觉。我

---

　　①　畏惧产生于紧张，紧张产生于恐惧，慰藉产生于希冀，这是因为害怕真主的人，
他知道自己在真主义务方面的缺陷。他的心会因此而紧张，之后，他会忙碌于拜主，于
是，他会有惊惧之感。而希望达到心灵愉悦者，他会忙碌于拜之中，他也因此会得到慰
藉。——校对者

　　②　赛勒·塞格特（卒于伊历 251 年），全名赛勒·本·穆夫里斯·塞格特，别名艾
布·哈桑，大众派学者，逊尼派苏菲大师。巴格达第一个谈论涛黑迪和状态的学者。
巴格达人。——译者

心中也有这样的感觉,它向我说明事情的确如此。"①

据艾哈迈德·本·穆嘎提利·阿克传述,他说:"我去见艾布·伯克尔·舍布里,看到他用镊子拔眉毛。于是我就对他说:'你这样做让我心痛。'他说:'你说什么呢? 真境向我显现,我却无力承受。你看,现在我自找疼痛,希望我能感受到疼痛。如果我能感觉到疼痛,疼痛就遮挡我;如果我不能感觉到疼痛,它就不能遮挡我,我也就无从承受真境的显现!'"

畏惧和慰藉,即使是非常重大的,由于它们含有使修道者改变的成分,所以,真知者仍把它们认为是有缺陷的。而稳定之人是超越变化的,他们在单纯的存在中消失了,没有畏惧,没有慰藉,没有 61 感觉,没有意识。

艾布·赛尔德·海扎兹的一个传说非常著名,有一次他迷失在荒野中,他吟道:

> 我迷路了,但不知道迷路的人是我,
>
> 只看到人们议论我,
>
> 我迷失在精灵②和人的世间。
>
> 我没看到一个人,
>
> 只是我一个人游荡。
>
> 我听到有人喊我,那人吟道:
>
> 不管什么原因使他停留在这里,

---

①　祝奈德在体验之后,知道完全地沉浸于状态之后,人的感觉会全部消失。——校对者

②　真主的一种创造物,由火而造,不为人所见。

他以迷失而慰藉，

如果你是真境中人，

你一定抛弃房屋和座椅。

你在无状态中与主同站时，

你无从记起精灵和人。

6. 情迷（泰瓦吉德，Tawajud）、心迷（倭吉德，Wojd）与神迷（瓦吉德，Wajid）

"情迷"[①]是一个人要求进入入迷状态，是他选择的结果，而他本人并不具备完美的入迷的条件，如果他具备完美的条件，他就是心迷者了。

"太法阿莱"型动词大多是主观上显示某种属性，而实际上并非如此。诗曰：

努力挤眼，而眼非小眼。

伤眼一只，而眼非独眼。

有人说："'情迷'（泰瓦吉德）对要求者来说是不适宜的，因为它有刻意、强求的意味，很难实现。"

有人说："'情迷'对那些一无所有的、期待着这一含义的求道

---

① 情迷是初行修道之人的刻意要求，而一旦入迷，由于定力有限，通常表现为哭泣或者大叫。而心迷者则稳如磐石，不为所动。据传，有人在艾布·伯克尔面前诵读《古兰经》，在场的很多人都哭了，而艾布·伯克尔则毫无表情，他说："我们原来也是这样的，但现在我们的心'变硬'了。"其实，这是艾布·伯克尔已经从一个境界升华到另一个境界。——译者

者来说是适宜的。

艾布·穆罕默德·祝莱勒有一个著名的传说,他说,我有一次和祝奈德在一起,伊本·麦斯鲁格①也在他那里。伊本·麦斯鲁格站了起来(意即要开始讲话),祝奈德和其他人则静坐不动。我就对祝奈德说:"先生啊,难道你没听到什么吗?"祝奈德说:"你见群山而以为都是固定的,其实群山都像行云样逝去。"(蚂蚁章:第 88 节)

62

之后他又反问我:"艾布·穆罕默德·祝莱勒啊,难道你没有听到什么吗?"于是我答道:"先生啊,如果我出席一个场合,有人在讲话,听众中如果有有名望的人,我就全神贯注,集中精力。当我独自一人时,就把神经放松下来。于是,我就'心迷'了。"

"心迷"就因这个传述而来,祝奈德听说之后,没有否认。

我的导师艾布·阿里·丹嘎格(愿真主仁慈他)说:"在公开场合认真听讲的人,是有美德的人,真主会保护他,教导他。"

"心迷"是你的心突然遭受到的感觉,在无意识、无为的状态下出现的。因此,苏菲长老们说:"'心迷'是巧合,是突然获得的结果。职责和行动越多,来自真主的玄妙越多。"

我的导师说:"迷离是不期而至的,谁没有表面的迷离,便没有秘密的迷离。不是'心迷'者身边的任何事情都能使其入迷的。譬如说,一个人努力地做好表面的宗教功课,他会享受到顺从的快乐;如果一个人醉心于思索深层的教导,他会进入'心迷'。甜美是

---

① 伊本·麦斯鲁格(卒于伊历 298 年),全名艾哈迈德·本·穆罕默德·本·麦斯鲁格。苏菲长老,伊玛目,巴格达人。——译者

身体功修的果实,而'心迷'则是领悟的结果。"

　　至于"神迷",它是超越"心迷"后的一个境界,人性特征彻底消失,所有的存在只是真主,因为在真境的光华显露之后,人性特征是无法停留的。这也是艾布·侯赛因·努尔所说的话的意思:"二十年以来,我一直在"心迷"和丢失之间,即如果我发现真主,我的心就丢失了;如果我找到我的心,就丢失了真主。"

　　正如祝奈德所说:"认主独一的学问是真主存在的广场,而真主存在又是他的知识的广场。"

　　诗曰:

　　我在即不在,即便你见我。

　　"情迷"是开端,"神迷"是结尾,而"心迷"则介于二者之间。

　　我的导师艾布·阿里·丹嘎格(愿真主仁慈他)说:"'情迷'使修道者理解;'心迷'使修道者沉入;'神迷'使修道者泯灭。"这种情况就像一个人先看到了大海,之后又在大海上航行,最后淹没在大海中。这些境界的排列顺序是这样的:先是意念,其次是获得,再次是见证,第四是"神迷",最后是泯灭。而泯灭的程度与"神迷"的程度是相同的。

　　进入"神迷"状态者会经历清醒与消失,他在清醒的状态时因真主而存在,他在消失的状态时因真主而"法纳"(浑化),这两种状态在他身上经常是交替来临的。当他处于清醒状态时,他以真主而动,他以真主而说。正如穆圣在前面提到的那段圣训中所说:"他以我而听,他以我而视。"

　　曼苏尔·本·阿布顿拉说:"一个人参加了艾布·伯克尔·舍

布里的讲座,他站起来问道:'心迷者的入迷如果是正确的话,会有征兆出现吗?'曼苏尔答:'是的,征兆是闪烁的光,如同恋人之间的思念之火,它会在人的身体上留下痕迹。'"

正如诗人伊本·穆阿泰兹所吟:

壶洒入杯如雨落,地上长出珠宝禾,

族人见之俱惊叹,洒水发光雨闪亮。

阿德①佳酿伊尔姆②,凯撒③美酒千年藏。

有人给艾布·伯克尔·杜给④说,杰海姆·杜给在聆听时进入入迷状态,把身边的一棵树连根拔起。稍后,杰海姆与艾布·伯克尔同时被人邀请。杰海姆则因急躁不安而来回走动。艾布·伯克尔是个盲人,他给人说:"当杰海姆接近我时,你们告诉我。"艾布·伯克尔当时非常虚弱,当杰海姆经过他时,有人对他说:"杰海姆来到你跟前了。"艾布·伯克尔非常有力地抓住杰海姆的腿,杰海姆竟然不能走动。杰海姆说:"长老啊! 你要忏悔,你要忏悔。"艾布·伯克尔只好放开了他。⑤

64

---

① 阿德和伊尔姆均为以前的民族,《古兰经》中提到过他们的故事,后因在大地上作恶而被真主毁灭。诗中说佳酿历史悠久,是阿德人从伊尔姆人那里继承下来的。

② 波斯国王。

③ 极言佳酿年份古老。

④ 艾布·伯克尔·杜给(卒于伊历 350 年),原名穆罕默德·本·达乌德·迪沃尔,别名艾布·伯克尔。叙利亚地区长老。——译者

⑤ 杰海姆进入入迷状态后,觉得自己达到了完美的境界,有一些得意。而实际上,杰海姆拔树及急躁不安的状况,都说明他的状态是不完美的,没有真正境界中的宁静和安然。艾布·伯克尔想使他返回正常的、平和的状态,遂用力抓住他,实际上是在帮助他。当杰海姆认识到艾布·伯克尔确实在自己之上,遂恢复正常状态。——译者

伊玛目古筛勒说："杰海姆因真主而不安,艾布·伯克尔因真主而抓住他。"后来,杰海姆知道艾布·伯克尔的境界比他高。

只有在绝对为了真主时,人才会进入"消失"的状态,而一旦进入这一状态,便失去意识、理智、理解与感觉。

艾布·阿布顿拉·土鲁安迪①的妻子说："很多人在饥荒年饿死了。艾布·阿布顿拉·土鲁安迪回到家,看到家里还有两升小麦,就生气地说:'很多人都饿死了,我们家竟然还有两升小麦!'于是,他就昏过去了,就这样一直到礼拜时间才苏醒。礼完拜后又昏了过去,之后再没醒过来。"

这个故事证明艾布·阿布顿拉·土鲁安迪在进入真境后仍坚持教乘的礼仪(指醒后接着做礼拜),这是真境之人的特征。艾布·阿布顿拉·土鲁安迪由于对其他穆斯林兄弟的怜悯而进入无意识的状态,这是进入状态的最强的、最好的特征。

7. 合一(杰木阿,Jama)与分离(发尔格,Farq)

很多人都在使用这两个词汇②。

艾布·阿里·丹嘎格说："分离是你所得到后的状态,而合一则是你被取走后的状态。分离意即一个人所获得的崇拜身份的确立,它与人性是相合的,而合一则是由真主发出的奥秘与玄妙。这是关于合一与分离的最低的状态,因为它是见证行为的。如果真

---

① 艾布·阿布顿拉·土鲁安迪(卒于伊历 353 年)原名穆罕默德·本·穆罕默德·本·哈桑·艾比·阿布顿拉,以苦行著称。图斯人。——译者

② "合一"的原词取自所有的思绪围绕真主,"分离"一词取自与真主的创造物分开。合一和分离的操纵者实际上都是真主。——校对者

主使一个人见证了他的顺从与违反的行为,那么,此人是分离的见证者;如果真主使一个人见证了他的(真主)的行为,那么,此人是合一的见证者。见证世人的行为是分离,见证真主的行为是合一。"

一个修道者必须同时具有分离与合一。没有分离,则没有人性;没有合一,则没有对真主的认知。《古兰经》文"我们只崇拜你"(开端章:第4节)指的是分离,而经文"我们只向你求助"(开端章:第5节)则指的是合一。

如果一个修道者以密谈的方式和真主交流,要么是祈求、祈祷、赞颂,要么是感谢。这时,他是位于分离状态的;如果一个修道者以他的机密聆听真主与他的交谈,用他的心聆听真主对他的密语。真主或为其解明玄妙,或向其心中发出指示,使他的心见到他,那么,他是位于合一状态的。

艾布·阿里·丹嘎格(愿真主仁慈他)说:"一个善于言辞的人在艾布·赛海利(愿真主仁慈他)跟前吟道:'我使我的视线离开你。'艾布·嘎希姆·阿巴兹也在场,艾布·赛海利长老闻后说:'第一个单词的最后一个字母应是开口符。'意即:你使我的视线离开你。而艾布·嘎希姆·阿巴兹则说:'第一个单词的最后一个字母应是合口符。'意即:我使我的视线离开你。"

道理是这样的:念成"我使……"是告知自己的情况,好像是出自一个仆人之口的叙述。而念成"你使……"好像是一个仆人在与主人对话时,极力地为自己辩解——是你专门为我指定的,而不是我极力要求的。第一种念法中有极强的抱怨,而第二种念法则有描述能力和肯定对方的恩惠之意味。

合一之合一更为复杂,人们在这一点上由于状态与境界的不

同而不同。确定自身者,也确定了其他被造物。但是,见证所有经
66　常是因为真主之故,这就是所谓的合一。如果他由于感觉被剥夺
而不见万物,完全意识不到真境中所出现的、所掌控的一切,那就
是合一之合一。

　　分离是见证真主之外的存在物,合一是以真主而见证他物,而
合一之合一则是意识的全部消失。真境中的一切,除真主之外,他
意识不到存在,这种情况也被一些人称之为"第二分离",修道者在
主命时间①内复归清醒,以使他在这一时间内完成法定的功课,那
么,他的复归清醒是依赖真主,为了真主,而不是依赖人,为了人。
修道者在这种情况下使自己观察到清高真主的行为,见证到他的
本体的开端、能力以及真主以其知识与意志对他实施的行为。

　　也有一些人基于分离与合一的词源指出真主支配所有的被造
物,他集合所有存在物,使它们变化、作为,因为他是存在物的创造
者,是他们性质的支配者。之后,真主使存在物呈现出多样化。使
一部分成为最幸福的,一部分成为最不幸的;一部分得到引导,一
部分使他们眼盲,他们因此而迷误;使一部分人和他之间有障碍,
使一部分人接近他;使一部分人得享他的仁慈,使一部分人无缘他
的仁慈;使一部分因他的协助而高贵,使一部分人屡屡受挫,无法
实现愿望;使一部分人清醒,使一部分无意识;使一部分人接近他,
使一部分人疏远他;使一部分人离他最近,使他们临近,之后给他
们饮料,使他们入醉;使一部分人离他最远,使他们退后,最终离开
他们。真主的行为千变万化,不可计数,其行为的细节无法提及,

---

　　①　做礼拜等法定宗教功课的时间。——译者

也无从解释。

有人在祝奈德面前就分离与合一吟道：

你的行为是我的秘密，

你的拯救是我的言语。

我们为玄妙而合一，

我们为玄妙而分离。

如果你的远离是对我的尊重，

你的心灵已接近了我。

那人还吟道：

67

如果他的尊严向我呈现，

那他展示了他不曾经历的境地。

你以此分离我、集合我，

数目为双，相连为一。

8．消失（法纳，Fana）与存在（拜嘎，Baqa）

有人指出，"法纳"就是可憎品性的消失，而"存在"则是可赞品性的显现。如果一个人具备其中一个品性，则意味着不可避免地失去另一种品性。可憎品性消失之后，可赞品性必然显露出来。同理，可憎品性一旦取得优势，可赞品性就会被隐藏不见。

须知，一个人是行为、品德、状态的综合体。行为是一个人选择下的动作的结果。品德是一个人的禀性、气质，但是，品德会由于人的习惯的持续而发生改变。状态使一个人返回他的初始形态，在行为改善之后，会变得清澈，就像品德一样。如果一个人勇于向自己的品德挑战，努力克服品德中的缺陷，那么，真主就会援助他改善他的品德。① 同样，如果一个人坚持纯洁他的行为，持之以恒地付出努力，真主就会清洁他的状况，使他的状态达到完满与完美。在教乘层面抛弃可憎行为的人，欲望会消失，欲望消失的人，以举意和忠诚而生；在现世中全身心淡泊的人，他的渴望会消失，渴望消失的人，以皈依的真诚而生。

治疗其品德者，他心中的忌妒、仇恨、吝啬、恼怒、自大等类似的可憎属性都会消失，随即恶德也消失了，如果没有了恶德，青春与真诚就会长存。恶德踪迹不见，真主的属性就出现了。他因为真境权柄所制而不见万物，甚至万物的影像、踪迹、痕迹、遗迹都不见，那就意味着进入"法纳"（浑化）于万物的境界。如果一个人戒除了他的可憎的行为和低贱的品性的话，那么，他就"法纳"于自身和众人之中，他感觉不到自身与众人的存在。如果他的行为、品德、状况全消失了，不可以认为这些是存在的。

如果有人说：一个人"法纳"于自身和众人中，他自身是存在的，众人是存在的。但是，他不知道众人，也不知道自己，没有感觉，没有信息。其实，他自身是存在的，众人是存在的，只不过他忽视了自己和周围的一切，感觉不到而已。

你或许见到过这样的情况，一个人去见有权势或者威严的人，由于害怕，他对自己及在场的人都是茫然的。有权势的人是什么？他又是什么？二者之间的距离太遥远了！他什么也说不出来。真

---

① 真主会帮助人完善他的品德，如谦虚、忍耐、淡泊等，因为真主喜爱高尚的事物，讨厌卑贱的事物。——校对者

主在《古兰经》中说："当她们看见他的时候,她们赞扬了他,(她们都被迷住了),以致餐刀割伤了自己的手。"(优素夫章:第31节)当她们看见优素夫圣人的那一刻,她们没有感觉到割伤手的疼痛,她们是最弱的人。她们说:"主啊! 这不是一个凡夫,而是一位高洁的天神。"(优素夫章:第31节)

这是被造物遇到另一个被造物失神下的情景,那么我们想象一下,清高的真主得以见证的那一刻又是如何呢? 如果说,由于茫然失神,感觉不到自身及同类人的存在,这又有什么惊奇的呢?

戒绝无知的人,知识留存下来;戒绝欲望的人,清洁留存下来;戒绝渴望的人,淡泊留存下来;戒绝希望的人,意志留存下来,其他所有的行为都是如此。一个人只要戒绝了所提到的品性,他就会升高到一个新的境界。

诗曰:

69

有人迷于荒野,有人迷于爱情。

戒绝后再戒绝,真主愈来愈近。

"法纳"首先从自身和自身的品性开始,以自己的存在和真主的属性为基础。之后"法纳"于真主的属性,见证真主。再之后"法纳"于见证,即因见证真主的存在而泯灭。

9. 迷离(俄亦布,Ghayba)与临在(候杜尔,Hudur)

迷离是指人的大脑功能在认知时缺席,由于忙于感觉正经历的状况而不知道周围之物情况,之后,由于思考报偿和惩罚也感觉不到自己和其他人。

　　据传,热比阿·本·海塞姆①去见伊本·麦斯欧德(愿真主喜悦他),当他经过一个铁铺时,看到火炉里通红的铁,他就突然昏厥了过去。苏醒之后,人们问他怎么回事,他说:"这使我想到了火狱里的居民在其中的情形。"

　　据阿里·本·侯赛因②传述,当他正在拜中叩头时,家中突然起火,但他并没有停止礼拜,别人问他,他说:"比这更大的火燃烧了我。"

　　感觉的消失是由于清高的真主之幔帐揭开的缘故,由于人们的情况不同,感觉消失的程度也不同。

　　铁匠艾布·哈菲赛放弃其职业的传闻非常著名。他在铁铺做工时,有人诵读《古兰经》文,艾布·哈菲赛的心随之进入状态,状态来临使他的感觉消失。他不经意地把手伸向火炉,从中取出通红的铁块,而他的手居然感觉不到疼痛和灼烧。他的学生很惊奇地问他:"师傅啊,这是怎么回事?"艾布·哈菲赛审视了一下刚才发生在自己身上的事,便决定放弃打铁的职业,就在他的铺子里开始修道。

　　我听奈萨布尔的宣礼员艾布·奈斯尔——他是一个善良的人——说:"我在奈萨布尔的艾布·阿里·丹嘎格长老的讲座上诵读《古兰经》,艾布·阿里·丹嘎格长老讲了很多关于朝觐的事,他的话感染了我。于是我就在那一年变卖了我的店铺,完成了朝觐。

---

　　① 热比阿·本·海塞姆(卒于伊历约65年),伊玛目,再传弟子,传述过一些圣训。库法人。——译者

　　② 阿里·本·侯赛因(伊历约38—95年),阿里的后裔,什叶派第四代伊玛目,虔诚于功修,被称为"修士的装饰"。——译者

艾布·阿里导师也是在那一年朝觐。他在奈萨布尔居住期间,我曾侍奉过他,他坚持诵读《古兰经》。有一次在旷野中,我看到他洗小净,之后却把手中的水壶忘在一边,我就把水壶拿上。当他回到牲畜跟前,我把壶放在他身边,他说:'你帮我把水壶取了回来,愿真主赐福你。'然后看着我,看了很长时间,好像从来没有见过我一样,他说:'我以前见过你吗? 你是谁?'我惊奇地说:'赞主清净!我已陪同你很长时间了,为了你,我放弃了我的家庭和财产,甚至放弃了自己所有的想法,但你现在却说:"我以前见过你吗?"'"

至于临在,则是因真主而临在,因为如果他意识不到他物时,他便因真主而来,好像他是莅临的。当赞念真主占据他的心时,他和他的心临在真主面前。临在的状况取决于迷离的状况,如果迷离(意识消失)是整体的,那么临在也是整体的,全神贯注,心不曾离开真主。然后,根据他的状态,真主专为他揭开幔帐。

一个人意识恢复之后,又重新感觉到了他自己和其他物体,即他从迷离中返回。那么,他现在的临在是以存在物临在,而第一种临在是以真主而临在。人们在迷离中的情况是不相同的,有的时间很短,有的则是连续的。

据传,左农曾派一个弟子到比斯塔米①那里,让他打听一下他的情况。这名弟子来到比斯塔米的家乡后,打问到了比斯塔米的家。进了家之后,比斯塔米问道:"你有何事?"弟子答:"我想见比斯塔米。"比斯塔米却说:"谁是比斯塔米? 他在哪里? 我也在找

---

①　比斯塔米(伊历 188—261 年),全名艾布·耶齐德·泰夫尔·本·尔撒·本·舍鲁萨尼·比斯塔米,逊尼派著名大师,被尊称为"认主者的权威"。——译者

他。"该弟子愤然离开,心想,这个人是个神经病。弟子回到左农那里,给他讲了他见到的一切。左农听完就哭了,边哭边说:"我的兄弟比斯塔米和去主那里的人一起走了。"

10. 清醒(赛赫卧,Sahw)与迷醉(赛克尔,Sukr)

清醒是意识在迷离之后的回归。迷醉是由于强烈的冲击而导致的意识迷离,迷醉从一方面增加了迷离的程度。迷醉者或许因迷醉的条件不齐全而处于松弛的状态,他也有可能在迷醉状态中消除对自己不利的危险,也就是因素不齐全而产生的假醉。这时,他的意识会有发生变化的可能,他的迷醉也许会增强,直到超过迷离。如果迷醉增强,迷醉者的无意识程度要甚于迷离者,也有可能迷离者的无意识程度超过迷醉者,如果迷醉者是因条件不具备而处于假醉的话。

迷离有可能因相关的愿望、惧怕和希冀在人的内心发生作用而产生,而迷醉只能发生在迷离者中间。如果一个修道者仰视到美的属性之后,就会出现心情舒畅、精神欢愉,乃至迷醉的情况。

关于迷醉产生于美的揭示这一点,诗曰:

你的清醒,我的言词。

你的迷醉,源自畅欲。

供酒饮酒,皆不厌倦。

酒在杯中,醉在心中。

诗曰:

尔等接杯饮,吾已醉如泥。

诗曰：

酒友不胜多,醉酒我一人。

我醉了又醉,醉酒独属我。

诗曰：

一次神醉,一次酒醉。

谁人忍得两次醉!

须知,清醒是根据迷醉而变化的,因真主而迷醉者,因真主而 72
清醒。谁的迷醉伴随吉兆,那么,他的清醒也会伴随正确的吉兆;
处于正确状态的,他在迷醉时会受到保护。迷醉与清醒能揭示出
分离的一个方面,当真境景象显露时,人的软弱和毁灭性会显露出
来,因为人性的特征在那一瞬间消失,甚至意识消失。

诗曰：

清晨来临星星去,迷醉清醒无分离。

真主在《古兰经》中说:"当他的主对那座山微露光华的时候,
他使那座山变成粉碎的。穆萨晕倒在地上。"(高处章:第143节)

尽管穆萨是负有使命的圣人,但他还是晕倒在地上;尽管山非
常坚固,它还是轰然倒塌,碎为齑粉。

修道者在迷醉时见证境界,在清醒中见证知识,只不过区别在
于:人在迷醉时是被动的,不是主动获得的,而在清醒时是主动的,
有行为能力的。

11. 品味(道格,Dhawq)与品饮(舍尔布,Shurb)

人们常常提到品味与品饮,以此来表达在真主显现、揭开幔帐

时的心理感受,或者突然而至的情绪。一开始是品味,之后是品饮,最后是畅饮。

道德纯洁者在品味之境,道德修炼者在品饮之境,持之以恒的修炼者在畅饮之境。

品味者没有醉,品饮者是迷醉,畅饮者则是清醒的。心爱增强的人,他的品饮是持续不断的,如果这一特征持续的话,品饮不会使他大醉,他因真主而清醒,"法纳"于每一个时刻,他不受内心情绪的影响,也不受他所处的环境的影响。意念纯洁的人,他的品饮不会受到干扰,从品饮中汲取愉悦并无法戒断时,他只以自己而存。

73　诗曰:

酒杯如乳房,不饮命不长。

诗曰:

有人对我说,你言及真主。

我对此惊奇,岂能忘记主。

畅饮爱之醇,盏盏心迷离。

甘醇未饮完,我酒兴未尽。

叶哈雅·本·穆阿兹给比斯塔米写道:"饮杯爱之酒,不再干渴。"比斯塔米在回信中说:"我为你的境界之低感到惊奇,应该是:畅饮江河者,其心愈渴。"

须知,迷离之杯只在意识消失后出现,它的出现是机密的揭示、灵魂从细节中解放出来后的衍生结果。

12. 取消（麦哈卧，Mahw）与确定（伊斯巴特，Ithbat）

取消就是勾销平常的属性，而确定则是确立崇拜的原则。戒除自己可憎的品性，以可赞的品性取而代之的人，他就是取消者与确定者。

我听我的导师艾布·阿里·丹嘎格（愿真主仁慈他）说："一个苏菲长老问一个苏菲：'你取消的是什么？确定的是什么？'那人沉默无语。长老之后说：'据我所知，时间就是取消和肯定，因为既没有取消又没有确定的人是无所事事者。'"

取消分为取消表面的缺陷、内心的疏忽和内心的疾病三种。在取消表面的缺陷时确定的是交往，在取消内心的疏忽时确定的是改善道德，在取消内心的疾病时确定的是连续。这一类的取消与确定的完成是以人性为基础的，至于真正的取消与确定，它们来自大能的真主。取消，真主可以使它隐藏或者消失。确定，真主可以使它显现或者出现。取消与确定都取决于真主的意志。真主在《古兰经》中说："真主任意地勾销和确定。"（雷霆章：第 39 节）74

有人说："阿勒夫"（认主者）心中的事物全部被取消，只剩下赞念真主，他确定的是求道者对真主的赞念。真主的取消面对每一个人，但他的确定只针对和境界相一致的人。

真主取消某人的见证，就会确定他权力的力量，真主取消某人对见证他物的确定，那么，他确定的是分离。

有人对艾布·伯克尔·舍布里（愿真主仁慈他）说："我看你怎么心神不安呢？难道真主不是和你在一起，你也和他在一起吗？"艾布·伯克尔·舍布里说："如果我和他在一起，那我就是我，但我被取消与他同在。"

剥夺比取消更严重,因为取消之后还有痕迹和影响,而剥夺则不留任何痕迹。一些人最大的目标就是真主剥夺他们的见证,并在剥夺之后不再使他们返回。

13. 遮挡(赛提尔,Satr)与显现(泰间里,Tajalh)

一般人在遮挡的状态中,特殊人在持续的"显现"状态中。

如果真主为一物显现,它必定畏惧。"假若我把这部《古兰经》降示给一座山,你必定看到那座山因畏惧真主而成为柔软的、崩溃的。"(放逐章:第21节)

遮挡者的特征可以用"见证"来描述,显现者的特征可以用"畏惧"来描述。

遮挡对一般人而言是惩罚,对特殊的人而言是仁慈,因为如果真主不为他们遮挡的话,便不会为他们揭示,使他们得见真境的景观。同理,如果真主为他们显现,也是为他们遮挡。

曼苏尔·麦格里布①传述说:"一位求道者与一位阿拉伯人邂逅,阿拉伯人热情款待这位求道者,负责招待他的是一位年轻人。当年轻人为客人忙碌时,突然昏厥了过去,求道者便询问年轻人的情况。一个人对他说:'年轻人有一个堂妹,他爱她至深,当她堂妹走进帐篷时,他看到她背后的尘土就昏了过去。'这位求道者便走到帐篷前,对那位姑娘说:'我是一个外地人,在你们这里受到了热

―――――――――

① 曼苏尔·麦格里布(卒于伊历462年,一说459年),全名艾哈迈德·本·曼苏尔·本·海莱夫·本·哈姆德·麦格里布,著名苏菲大师,奈萨布尔人。——译者

情款待,我到你这里来,是为了给那位年轻人求情,希望你能温柔地对待他,他是那么地爱你。'姑娘说:'赞主清高! 你真是一个好心肠的人。他既不能承受看见我背后的尘土,又怎能承受陪伴我呢?'"

特殊人在显现中生活如旧,遮挡是他们的考验。至于一般人,他们介于生活与飘浮之中,如果真主为他们显现,他们就无生命之征兆,如果为他们遮挡,他们则又有了重新生活的运气。

真主在《古兰经》中曾对穆萨说:"穆萨呀,你的右手里是什么?"(塔哈章:第17节)

有人解释说,真主是为了给穆萨遮挡,由于突然出现的异象,真主担心穆萨承受不了突然而至的惊奇,便有意识地缓解他的压力,这就是所谓的遮挡。

求恕是要求遮挡,饶恕是遮挡。好像他是在说,他是为见主真境的玄妙而寻求遮挡,因为在真主之光显现时,人是不能保持存在的。有这样的说法:如果真主的面目显现,真主面目的光华会烧毁看见他的人的眼。

14. 心临(穆哈达莱,Muhadara)、光临(穆卡什发, Mukashafa)与神临(穆沙海达,Mushahada)

"心临"是指心的临在,然后是"光临",它有解明的意味,最后是"神临",它是真主的临在。

当机密的天空没有乌云时,见证的太阳便会在东方升起。

祝奈德是这样说明真主临在的真谛的:真主临在与你的消失。心临者见证的是真主的迹象,光临者见证的是真主的属性,神临者见证的是真主的本体。心临者引导他的是理智，光临者使他接近的是知识，而神临者，他的认知使他消失。

在解释"神临"的真正内涵上，没有一个人能比阿慕尔·本·奥斯曼更详细的了。他是这样解释的：真主显现的光华笼罩修道者的心，没有任何遮挡和间断，就像闪电的连接一样。闪电在漆黑的夜里迅速划过，刹那间，黑夜变成了白昼。同样，修道者的心在持续见到真主的光华时，他的心就如同白昼，没有黑夜。

诗曰：

我的黑夜你的白昼，黑夜中人踽踽前行。

人们在漆黑的夜里，我却在光亮的白昼。

左农说："人们不宜在活着时见证真主的光华。"

又说："清晨来临后，无须灯烛。"

一些人错误地认为，见证指的是分离的一个方面，因为"见证"一词的阿拉伯语词源说明，这一类的词的行为体是发生在两个人之间的。这仅仅是他们的想象，因为真主一旦显现，人就会随之泯灭。

诗曰：

清晨来临时，星辉悄隐藏。

真主供琼浆，心恭来品尝。

火焰饮琼浆，亦会速飞扬。

任意一杯就可以使人的感觉消失，意识消失，不能意识到他的存在。只一杯就可使他全部消失，没有丝毫的感觉，人的特征也随之荡然无存。

诗曰：

双脚行走如寻常，无痕无迹无印象。

15.　光线（莱瓦伊哈，Lawaih）、光亮（塔瓦里阿，Tawali） 与光芒（莱瓦米阿，Lawami）

这些词的意义是接近的，它们之间几乎没有太大的差别。这些是心灵升越之人初期的一些特点，认知之光不会为他们停留太久，但是清高的真主会在每一刻为他们提供心的给养。正如真主在《古兰经》中说："他们在早晚有他们的给养。"（麦尔彦章：第11节）

每当他们心灵的天空被云彩遮挡而暗淡时，总会有揭示的"光 77线"突然为他们而显现。

稍近的光华为他们闪烁，他们在遮挡的时刻静等着"光线"的突然而至。

诗曰：

眩目闪电一瞬间，天上何处是尔家。

首先是"光线"，之后是"光亮"，最后是"光芒"。"光线"像闪电一样，刚一出现就又疏忽不见。

诗曰：

相遇时分忽别离，迎接时刻是送别。

诗曰：

登门来访不似客，像是邻人借烛火。

步履匆匆门前过,进门落座又如何。

"光芒"来自"光线",但它的消逝却不像"光线"那样迅捷,光芒的停留时间要比"光线"长些,尽管如此,仍如人们所说:"哭泣的眼泪还没有充满眼眶。"极言时间短暂。

诗曰:

泪水不及出,眼帘早噙住。

"光芒"来临时,它会使你和他物断开,以此聚合你。但白昼的光亮刚消逝,黑暗就来临了。因此,他们这些人(苏菲修道者)是处于欢乐和哭泣之间的,因为他们处于揭示和遮挡之间。

诗曰:

黑夜凄冷寒如冰,清晨阳光暖洋洋。

"光芒"是停留时间最长、最具能量、最能驱赶黑夜、最能消除怀疑的,但它同样是要消失的。它不能升至高点,也不能长驻,它稍纵即逝,它消失时如同彗星,留下一个长长的尾巴。

"光线"、"光亮"、"光芒"这些词语的意义因问题的不同而不同。有时它们如果消失,不会留下任何痕迹。如同太阳,如果落下,黑夜好像是永久的。而有时则会留下痕迹,如同疤痕,疼痛消失了,但会留下伤痕。"光芒"消失了,但它的光辉会留下痕迹,进入这一状态的人在黑暗中经历一个时期的等候后,会迎来吉庆的光辉。在光辉第二次出现之间,他在黑暗中等待,等待光辉的再次降临,如同之前的状态一样。

16．心悸（伯瓦迪，Bawadih）与外击（胡主目，Hujum）

心悸是人的心会突然失去意识，比如受到惊吓。这种情形的产生要么因为快乐，要么因为悲伤。那时，你的心遭遇到非自身所产生的力量冲击。

由于外来的力量有强有弱，人遭遇外击的情形也不相同。有的因此发生变化，有的人的力量和能力在突然而至的力量之上，这些人大都是领导人物。

诗曰：

灾难怎能及身上，伟人危急有妙方。

17．转换（泰里委尼，Talwin）与稳定（泰姆克尼，Tamkin）

转换是状态中人的特征，稳定是真境之人的特征。只要一个人在求道之途，那他就是转换之人，因为他从一个状态升高到另一个状态，从一个属性转移到另一个属性。从一个处所出来，在一个地方收获，当他到达目的地后，他便稳定了。

诗曰：

友人家中居住长，如同我家没两样。

凄凄惶惶无居所，内心狼狈又怎样。

转换之人经常在前进中，但稳定之人已到达目的地，并且取得联系，他取得联系的标志是：他全部泯灭。

有苏菲长老说："求道者的旅程在他们赢得他们的心亡后就结束了，他们赢得他们的心，他们已经到达了。"

伊玛目古筛勒说："希望以此推迟人性的制约,掌握真境的奥妙,如果这种状态对一个人是常态,那么他就是稳定之人。"

我的导师(愿真主仁慈他)说:"穆萨圣人曾是转换之人,他在聆听真主的话语后返回,他需要遮住他的脸,因为他受到了影响。我们的圣人穆罕默德曾是稳定之人,他从真主那里返回正如他前去一样,登霄之夜的神奇所见并没有影响到他。优素福圣人的故事可以证明这一点,城里的贵妇人们在看到优素福圣人惊人的容貌后,都突然惊呆了,手被刀子割伤却浑然不知。但大臣的妻子那天的表现比她们显得镇静,比她们更能经受住考验,她在那一刻就是稳定之人,因为她曾长期和优素福圣人生活在一个屋檐下。"

你要知道,一个人受到影响而发生变化:要么是外来的力量强,要么是他自身弱。一个人受到影响保持镇静只是因为:要么他自身强,要么外来的力量弱。

我的导师又说:"一些人认为稳定的持续性只发生在以下两种情况:一种是不可能的。穆圣说:'如果你们一直保持你们在我跟前所做的,天使一定和你们握手。'[①]穆圣还说过:'我有专属我的养主的时间。'[②]穆圣告诉我们特定时间的问题;另一种是可能的。它可以发生在真境之人身上,持续稳定在他们身上是可以的,因为他们已脱离了外界的影响。"

至于圣训中所说的"天使一定握你们的手",穆圣并没有指出这件事是完全不可能的。穆圣在其他圣训中也说明过天使对初行

---

① 《穆斯林圣训集》记载,忏悔篇,第 2750 段。

② 《揭示隐秘》记载,第 2 册,第 226 页。《提尔密兹圣训集》中也有近似的记载。这段圣训经常被苏菲提及。

道的人示意是真实存在的。穆圣说："因喜爱他们的行为，天使一定为求知的学生垂下他们的双翼。"[1]

至于穆圣所说的"我有一个时间"，他是依据听者的理解能力 80 而说的。其实，穆圣在任何情况下都是立于真境之中的。正确的说法是：一个人只要在超越、上升的情形中，那么，他在状态中的增强与减弱是正常的。当他在失去人的特征并到达真境之后，真主使他稳定下来，不会使他返回到之前的缺陷中。他以资质稳定在一种状态中，之后，清高的真主会无限量地赐福他。这样，他就不断地增强，此时，他是真正的转换者，因为他由于真主的赐福而不停地上升。但他在根本上是稳定的，他经常稳定在比前一个境界更高的状态中。之后，他又会超越之前的境界。就这样，他不停地超越，从一个境界升至另一个更高的境界，但他又是相对稳定的。他在不断地超越，因为真主赋予每个人的恩赐是无限的。至于在见证真主的条件具备之后，人的感觉完全消失，这对于一个物质的人来说是不可避免的，和真主的恩赐无关。当人完全感觉不到自我时，他同样也感觉不到其他所有的存在物。之后，这种感觉消失的状态一直持续，那他就泯灭了。那么对他而言，没有稳定、没有转换、没有状态、没有境界，只要他一直在这种情形中，就无欲无力，无尊无荣。这时，只有真主可以使他回到原来的情形，而他之外的任何事物都做不到。人们对他的猜测是一种情形，而他真实的情形却是另外一个样子。真主在《古兰经》中说："你以为他们是觉

---

[1]　《提尔密兹圣训集》记载，清洁篇，96 节。《奈萨仪圣训集》、《艾哈迈德圣训集》均有记载。

醒的,其实他们是酣睡的,我使他们左右翻转。"(山洞章:第 18 节)

18. 接近(古尔布,Gurb)与远离(布阿杜,Buad)

接近的第一个阶梯是接近顺从,在任何情况下坚持功修。远离就是违抗戒律,偏离顺从。远离的第一步是远离顺利,之后是远离成功。其实远离顺利就是远离成功。穆圣在圣训中已经告诉了这一切:"我的仆人以副功接近我,就像完成我为他们规定的主命那样,他就这样持续地以副功接近我,直到他爱了我,我爱了他。如果我喜爱了他,我就是他的听力和视力,他以我而看,以我而听。"①

81　　　一个仆人首先以信仰和诚实接近真主,之后以他的善功和功德。现世接近真主因为他的芳香,后世为得见真主的容颜,那是一个玄妙的时刻。

接近真主必须在远离他人的基础上才能实现,这是心的属性,而不是表里与内里的规则。

对于一般人来说,接近真主依赖知识和能力。对于信士来说,接近真主依赖玄妙和援助,之后是温存,这是专属于真主的"卧里"们的。

真主说:"我比他的命脉还近于他。"(嘎弗章:第 16 节)

又说:"我比你们更临近他。"(大事章:第 85 节)

又说:"不管你们在哪,他都与你们在一起。"(铁章:第 4 节)

----

① 《布哈里圣训集》记载,谦虚篇。这则圣训非常著名,常为苏菲人士所引用。圣训字面略有不同。

又说:"若有三人密谈,他便是第四人。"(辩论章:第7节)

为了实现接近真主,人们要持续地看守真主,而看守者应该是敬畏者,其次是洁身自爱者,再次是履行诺言者,最后是害羞者。

诗曰:

你的一个监视者看着我的心,

另一个监视者看着我的眼与舌。

我刚看了别人一眼,

你说已有两人看到了我。

我刚和别人说了一句话,

你说已有两人听到了我。

我刚偷偷地想了一想,

你说已有两个①拉住我的思绪之缰。

我的挚友话太多,

我懒得再看他们,再听他们。

不论我与他们在何地,

在做什么,

你总能看到我。

一位苏菲长老把他的一个弟子叫来,之后让他把所有的弟子都叫来。长老给每位弟子一只鸟,然后对他们说:"你们到一个没人看见的地方把鸟宰了。"于是每个人都到空旷无人的地方把鸟宰了,只有先前那个弟子又把鸟原样带回来了!长老问他为什么没

---

① 人左右肩上的天仙。——译者

82 有宰,那个弟子答道:"你让我到一个没有人看见的地方,我找不到这样的地方,每个地方都有真主的注视。"①于是长老对其他弟子们说:"这就是他比你们优秀的原因,你们只知道关注人,而他却没有忽略真主,目光短浅是接近的障碍。"

一个只看到自己的位置与呼吸的人,他是一个因此被蒙蔽了心的人。因此,有人说:"真主使你寂寞,是因为你接近了他,也就是他注视了你,你注视到了他。渴望再近距离的接近他是真主尊大的特征之一,因为真主在每个人之后,真境的确使人震惊,使人消失。"

诗曰:

与你融一体,我之大灾难。

但我不介意,灾难临我身。

接近你时刻,如同远离你。

我的宁静啊,何时能实现?

我的导师艾布·阿里·丹嘎格经常说:

你的朋友,我的敌人。

你的爱情,我的仇恨。

你的接近,我的远离。

你的和平,我的战争。

艾布·侯赛因·努尔遇到艾布·哈姆宰的一个弟子,就对他说:"你是那个谈论'接近'的艾布·哈姆宰的弟子吗?如果是他的

---

① 意即任何地方都有真主的监督,真主无时无刻不在注视着人的行为。——译者

弟子,就对他说:'艾布·侯赛因向他问候,并对他说:接近的接近
对我们而言是远离的远离。至于接近清高伟大的真主的本体,那
是不可能的,因为他是无界限、无方位、无终结、无度量的。被造物
不能连结他,任何事件不能脱离他,他伟大的独一性不接受连结与
分离。所以就他的属性而言,接近他是不可能的,但他接近众生的
本体。然而,就他的属性而言,接近他是人们必须要做的。此类的
接近是依赖知识和注视,这是许可的。真主使他意欲的人接近他,
此类的接近是恩惠,是对人的恩赐与温存。'"

19. 教乘(沙里亚,Sharia)与真乘(哈给格,Haqiqa)

教乘是坚持人性,真乘是见证神性①。所有的教乘,如果没有
真乘的支持,它是不被接受的;所有的真乘,如果没有教乘的约束,
它是不能获得的。

教乘来自真主的命令,是真主责成人去做的,真乘是解明真主
的行为;教乘是要人崇拜真主,真乘是要人见证真主;教乘因命令
而实现,真乘以真主的前定、隐藏与显现实现。

我的导师艾布·阿里·丹嘎格说:"'我们只崇拜你'(开端章:
第5节)是对教乘的保护。'我们只向你求助'(开端章:第5节)是
对真乘的肯定。"

须知,教乘是真乘,因为它是来自真主的命令,人们必须去做;
真乘是教乘,因为认识真主也是来自他的命令。

---

①　也就是用心见证,也可以表达为,教乘是对归于真主行为的认知,真乘是持续
地注视。教乘的道路,是实践所必需的事项。——校对者

20. 心慰（奈法赛，Nafas）

心慰是由于意识消失而进入的一个美妙状态，心慰者要超越和纯洁于"状态"之人，就像处于"时间"状态的人是开头，而心慰者则是结尾，处于各种"状态"的人则介于二者之间。各种状态是中介和中间地带，心慰是最后的、最高境界。"时间"属于培养心灵的人，各种"状态"属于培养性灵的人，"心慰"则属于机密和玄妙之人。

有人说："最高的功修是与真主清点心慰者。"

还说："真主创造了心，使心成为认知的矿藏。真主在心的后面创造了玄密，使之成为认主独一的处所，每个人不通过知识的指引可以获得。认主独一的指导则在一个摇摆不定的毯子上，毯子是死的，而人有责任使它稳定。"

我的导师艾布·阿里·丹嘎格说："'阿勒夫'并不能从心慰上得到平安，因为他没有被许可与它同行，而爱主者则必须有心慰，如果没有经历心慰，他会毁灭。"

21. 心语（哈瓦图尔，Khawatir）

心语是心灵接受到的话语，发话者可能是天仙或者恶魔，也有可能是自己或清高伟大的真主。

84　　如果话语来自天仙，那就是"伊勒哈姆"（神示）；如果来自自身，那就是自己的心理活动；如果来自恶魔，那就是蛊惑；如果来自真主，那就是真主的意念。

总而言之，如果心语来自天仙，可以凭话语中的知识而确证天仙的真实与真诚。因此,有人说:"任何来自外界的意念,如果它的外表不能被证实的话,那它就是虚伪的。"如果话语来自恶魔,那大部分话语应该是引诱人去犯罪或违抗;如果是自己的心理活动,那大部分念头应该是劝说人顺从私欲,以骄傲的面孔示人。

苏菲长老们一致认为:吞食非法的、以非法为生的人无法在"伊勒哈姆"和恶魔的蛊惑之间做出区别。

艾布·阿里·丹嘎格导师说:"一个人的力量和威严人人皆知时,他无法在'伊勒哈姆'和恶魔的蛊惑之间作出区别。当一个人感知到心语是来自他的心理活动后,他真诚地去克服自己的欲望,那么,他在讲述内心情形时,其真实程度与他克服欲望时的努力成正比。"

苏菲长老们还一致认为:人的灵魂是无法证实的,人心是不受欺骗的,即使你竭尽全力与你的灵魂对话,你也做不到,灵魂不应答你的对话。

祝奈德在自己的心语与恶魔的蛊惑之间作出区分时说:"你的心要求你一件事时,它会再三地、不厌其烦地要求,直到到达目的,否则,它不会罢休。因此,要持续不断地、真心地和它做斗争,否则,你会败在它的手下。至于恶魔,当他唆使你做坏事时,你拒绝听从他的蛊惑,他会以另外的坏事唆使你,因为所有的违抗对恶魔而言都是一样的,它的目的只是想唆使人去做丑事。他更换唆使的丑事,并非是想到了这一件丑事比前一件丑事的危害轻。"

有人说:"来自天仙的心语,接受的人或许会赞同,或许不赞同,然而,如果心语来自真主,那么,接受者绝不会持相反意见。"

苏菲长老们在谈论第二次心语,即来自真主的心语时问:如果心语第二次来自真主,它比第一次有力吗?

85　　祝奈德说:"第一次心语最强有力,因为心语之后,接受心语的人会去思索,当然,条件是他必须有知识。如果他放弃了第一次心语,那很显然,第二次心语的力量就弱了。"

　　伊本·阿塔说:"第二次心语是最强的,因为它由于第一次而增加了力量。"

　　艾布·阿布顿拉·海菲福说:"第一次心语和第二次心语是一样的,因为它们都来自真主,二者之间没有区别,在第二次心语还存在时,第一次心语是不会存在的。"

22. 知信(尔林姆·耶给尼,Elm al-yaqin)、目信(阿伊尼·耶给尼,Ayn al-yaqin)与心信(罕格·耶给尼,Haqq al-yaqin)

　　这些术语是关于明显的知识的。这三个词汇都在《古兰经》中出现过。真主说:"真的,假若你们有真知灼见。"(竞赛章:第5节)[①]

　　又说:"然后,你们必亲眼看见它"(竞赛章:第7节)

　　又说:"这确是无可置疑的真理。"(大事章:第95节)

　　确信是一个人对绝对的、众所周知的事物没有怀疑的认知。在描述清高的真主时可以说:知识的确认就是确认,眼睛的确认就是确认,内心的确认还是确认。

　　依照术语,"知信"是依确凿的证据为条件的,"目信"是依清晰

---

　　① 本书《古兰经》文的译文皆引自马坚先生的译本,但有些术语来自译者,因此,尽管上述三个词汇的阿拉伯语是一样的,但表达方式有异。——译者

的见证为条件的,而"心信"则是依心的见证为基础的。

"知信"属于有理智的人,"目信"属于有知识的人,"心信"属于"阿勒夫"。(认识真主的人)。

23．心得(瓦里德,Warid)

"心得"是一个人的心在无意识的情况下所接受到的好的思绪,同样,不是内心感悟的心绪也属"心得"的范围。

"心得"可能来自真主,也有可能来自知识。"心得"的范围比心语更广,因为心语特指一种对话或者对话所包含的含义,而"心得"则可以是欢乐、忧愁、紧张、松弛等的获得。

24．见证(沙赫德,Shahid)

这一词汇被人们广泛使用,如某人见证了知识,某人见证了存在,某人见证了状态等。

人们在使用这一词汇的时候,指的是人的心的临在,心的出席。他的心经常提起某事,直到好像他亲眼看到一样,即使他本人没有去。当一个人的心被赞念控制的时候,他是见证者;当他的心被知识控制的时候,他是存在的见证者。

见证的意思是临在,所有使你的心临在的也使你见证。

有人问艾布·伯克尔·舍布里关于见证:"我们从哪里见证真主呢?"舍布里答:"从真主那里。"所谓的"见证真主"其实指的是控制心灵的事物。赞念真主控制了一个人的心,那么,在他心中存在的常常是赞念真主。在现实生活中也有这样的体验,一个人经常挂念另一个人,就可以说他是所挂念的人的"见证者",意思是他的心已到了挂念的人的身上。爱情也是这样,如果一个小伙子喜爱一个姑娘,对姑娘的思念就会占据他的心。同时,一些人就见证的意义进行派生式的扩展,"见证"之所以被称为见证,是因为源自"作证"。比如:当你看到一个漂亮的人,即使他的人性特征全部消失,由于你所处的状态,你并没有仔细地看他,但这并不影响你见证他的人性消失了,也可以见证他的人性没有消失。无论如何,要么是肯定的见证,要么是否定的见证。这也是穆圣在下面这段圣训中所表达的意思:"我在登霄之夜看到我的养主有最美的形象,也是我在那一夜看到的最美的形象,但我并没有细看,我看到的是形象的设计者,产生的创造者。"①穆圣指的是认知的看见,而非视力的看见。

25．私欲(奈夫思,Nafs)

私欲一词的词源是"存在",但这里所指的私欲不是存在、形状或主题,而是指一个人的品性中的缺陷,他的品德和行为中可憎的成分。一个人品性中的缺陷可以分为两类:一类是自己实践的后果,如人的犯罪和违抗;一类是恶劣的品德。如果一个人决意治疗和戒除这一类的品德,在经过持续的努力之后,这些恶劣的品德是会消失的。

第一类缺陷,依照伊斯兰原则是应该禁止和放弃的。至于第二类,是所有恶劣品德的泛称,如果详细列出来,它可以包括自大、发怒、忌妒、仇恨、心胸狭隘、不承担责任、爽约、欺骗等。

---

① 《圣训宝藏》记载,第1册,第228页。

认为上述品性中的任何一项是好的,或者认为对他来说是应当的,从教法角度讲,这是轻微的出教。在治疗这些恶劣的品性时,忽视与放弃私欲强于忍受封斋时的饥渴与夜间拜的熬夜,尽管封斋与礼拜的行为含有抑制缺陷的积极因素,尽管从广义来看也是与私欲斗争的一个手段。

有可能私欲在这种微妙的放纵的情况下成为恶劣品德的温床,正如灵性由于它的灵妙而成为美德的温床一样。私欲与灵性是相互制约的,从而组成一个整体的人,私欲与灵性在形象上是一个妙体,正如天仙和恶魔同样拥有妙体一样。

我们可以说,眼睛是看的营地,耳朵是听的营地,鼻子是嗅的营地,嘴是品尝的营地。就这样,能看、能听、能闻、能尝构成了一个活生生的人。同理,心和灵性是美德的营地,私欲是劣德的营地,心属于这个整体(指人),私欲也属于这个整体,于是性质和名字都归于人这个整体。

26. 灵魂(鲁哈,Ruh)

大众派学者对此说法不一,有人说灵魂就是生命,有人说是实在的(不是虚构的、虚无的)、会消逝的妙体。真主就是以这种常规创造生命的,使灵魂存在于一个容器,只要灵魂存在于人的躯体内,他就是一个有生命的人。

人以生命而成为一个活人,但是灵魂是会从人这个容器中离开的,它会在人不经意间脱离开他的躯体,然后返回真主。

人就是灵魂与躯体的组合体,因为这个组合体的组成部分是相互制约。真主在复生日把人复活为一个整体,奖赏、惩罚都是针对一个整体。灵魂是被造的，声称它是无始的人，他是完全错误的。正确的传述证明它是一个玄妙的实体。

27. 秘密（申鲁，Sirr）

有可能秘密像灵魂一样是存在于人体内的一个妙体，依照一些人的说法，因为它是见证的营地，正如灵魂是爱的营地，心是认知的营地那样。

有人说："秘密是你可以掌控的，而秘密的秘密只有真主至知。"

还有一些人认为秘密是可描述的，能够定位的。依据他们的说法，我们发现，他们认为秘密比灵魂更为玄妙，而灵魂比心更高贵。

有人说："秘密是由废墟的灰尘中飘散出来的东西。"

秘密之所以是秘密，是因为它是在人与真主之间被保护和被遮盖的东西。正如有人所说："我们的秘密是臆想者还没有撕破的处女。"

还有人说："自由人的胸怀接受秘密。"

第二章　修道者的阶梯

1. 忏悔（讨白，Tawba）

真主在《古兰经》中说："你们应全体向真主悔罪，以便你们成功。"（光明章：第 31 节）

据艾奈斯·本·马立克①传述，穆圣说："有过错的人忏悔之后，就像没有过错一样。如果真主喜爱一个人，他的过错无伤于他。"②

另一段经文："真主喜爱忏悔者，喜爱清洁自身者。"（黄牛章：第 222 节）

有人问穆圣："真主的使者啊！忏悔的标志是什么?"穆圣答："后悔。"

艾奈斯·本·马立克传述，穆圣说："再没有比年轻人的忏悔更使真主喜爱的了。"③

----

① 艾奈斯·本·马立克（公元 612—712）辅士，圣门弟子，传述过 2286 段圣训，出生于麦地那，卒于巴士拉。

② 《伊本·马哲圣训集》记载，伊本·麦斯欧德传述。《提尔密兹圣训集》也有记载，艾布·赛尔德传述。苏尤蒂在《小集合》中认为此为优良圣训。这是因为真主如果喜爱某一个仆人，便会暗示他忏悔，或饶恕他的过错。——校对者

③ 苏尤蒂在《小集合》中说，这一圣训是艾布·穆兹法尔传述，圣训等级为羸弱。

忏悔是修道者的第一个必经之处，也是修道者的第一个关隘。忏悔在语言学上的意义是"返回"，说某人忏悔了，即某人回头是岸了。在教乘层面，忏悔是从可憎的行为返回到可嘉的行为。因此，穆圣说："忏悔就是后悔。"①

大众派的学者们认为，为了保证忏悔的正确性，它必须具备三个条件，即：后悔之前所干的非法的丑事；不再停留在卑贱的状态中；不再重蹈之前的罪恶。

他们认为"后悔就是忏悔"这段圣训，只是一个笼统的说法，并未包括忏悔的全部。比如穆圣曾说："朝觐就是驻阿拉法特山。"②其意为：朝觐中最主要的要素是驻阿拉法特山，因为驻阿拉法特山是最明显和最突出的标志。"忏悔就是后悔"也是如此，即忏悔最主要的条件是后悔。因此，真境之人中有人说过："后悔是可以忏悔的。"因为后悔会使其他另外两个条件自然地跟上来。一个为之前的过错后悔的人，他不可能再坚持犯罪，或决心再犯同样的罪。这就是关于忏悔的整体意义。

如果进一步解释和说明，可以说，忏悔是有一些原因、顺序和分类的。首先是警惕内心由于疏忽而沉睡，之后是看到他所处于的恶劣的状态，最后达到倾听内心深处的警示。真主使他的心听到阻止他继续滑下犯罪的声音。这一切都是圣训所说明的，真主对每个穆斯林的劝告存于他的内心。在圣训中有这样的话："人的身体里有一块肉，如果它是好的，那么人的全身就是好的；如果它

---

① 《艾哈迈德圣训集》记载，伊本·麦斯欧德传述。布哈里的《历史》也有记载。
② 《提尔密兹圣训集》记载，朝觐篇，阿卜杜·拉赫曼·本·叶阿麦尔传述。《艾布·达乌德圣训集》和《伊本·马哲圣训集》也有记载。

坏了,那么人的全身也会坏掉,真的,那块肉就是人心。"①

如果一个人用心反思他所做的坏事,认识到他所做坏事的丑陋与恶劣,他的心会生出忏悔的意念,对过去丑恶的经历深恶痛绝。这时,真主会帮助他增强忏悔的意志和决心,彻底和过去告别。

忏悔的准备工作:首先要远离狐朋狗友,这些人会使有忏悔之心的人萌发旧念,干扰他忏悔的决心,从而使他放弃忏悔。其次,完成忏悔最需要的是坚持信念,使忏悔的意念越来越强,动机越来越多,从而完成他决心要做的忏悔。在这个过程中,他的恐惧感会逐渐增强,而希冀之心也同样会逐渐增强。坚定完成忏悔的信念,这要求忏悔者多与清廉者接触,聆听他们的教诲,观察他们的言行。那时,固执于过去恶劣行为的心结就会打开,他就不会再重蹈旧辙,控制住自己去抵制欲望的蛊惑,就这样,他会脱离罪恶,坚定了不再作恶的信念,义无反顾地完成自己的意愿。坚决执行其忏悔决心的人是诚心悔过的人,而忏悔多次却半途而废者也有很多,即便如此,也不可对这些人失去信心,因为"每个期限,各有判定。"(雷霆章:第 38 节)

艾布·苏莱曼·达扎尼②传述说:"我曾去参加一位劝诫者的讲座,当我坐在那里时,他的话在我心中产生了很大的影响,当我起身离开时,我发觉心中的感动踪影皆无。于是我又返回去,继续听他讲话,他的话又在我的心中产生了很大的影响,当我走在回去

---

① 努阿曼·本·拜舍尔传述,《布哈里圣训集》和《穆斯林圣训集》均有记载。

② 艾布·苏莱曼·达扎尼(伊历 140—215 年),原名阿卜杜·拉赫曼·本·阿特叶·达扎尼,别名是艾布·苏莱曼,著名苏菲大师,伊玛目,大马士革人。——译者

的路上时,发觉已忘记了他的话。于是我再次返回去,他的话又在我心中产生了很大的影响,心中的感动一直延续到我回到家,心中违抗与犯罪的念头轰然破碎,我就这样走上了正道。"

有人把这一传闻讲给叶哈雅·本·穆阿兹,他说:"麻雀把灰鹤捉住了。"麻雀指的是劝诫者,灰鹤指的是艾布·苏莱曼·达扎尼[①]。

艾布·哈福赛·哈达德[②]传述说:"有一次我放弃了一种受谴责的行为,之后我又旧病复发,后来,那一行为放弃了我,我再没有重犯过。"

据说,艾布·阿慕尔·本·努杰德[③]去参加艾布·奥斯曼的讲座。艾布·奥斯曼的话使他深受感动,他就忏悔了。之后,他又变得不自信,每当艾布·奥斯曼看他时,他就躲躲闪闪。最后,他就干脆不去他的讲座了。有一天,艾布·奥斯曼迎面向他走来,艾布·阿慕尔赶忙绕道走开。艾布·奥斯曼赶忙追上来,对他说:"孩子啊,不要和只是为了得到你的保护才喜爱你的人待在一起,我是能够帮助你的。"艾布·阿慕尔自此坚定了改过的信念,矢志不渝地走上了修行之道。

艾布·阿里·丹嘎格说:"一个求道者忏悔了,但之后忏悔的

---

① 劝诫者身份普通,而艾布·苏莱曼·达扎尼却声名显赫,但艾布·苏莱曼·达扎尼却因普通的劝诫者而心生忏悔。这就是叶哈雅·本·穆阿兹所说的娇小的麻雀制服了高大的灰鹤。——译者

② 艾布·哈福赛·哈达德(卒于伊历 260 年)原名欧麦尔·本·穆斯里麦·哈达德,别名是艾布·哈福赛。原来的职业是铁匠,所以被称为"哈达德"。伊玛目,布哈里人。——译者

③ 艾布·阿慕尔·本·努杰德(伊历 272—365 年)原名伊斯玛依·本·努杰德·本·哈福兹·艾哈迈德·本·优素福·本·哈立德,别名是艾布·阿慕尔,苏菲大师,伊玛目,圣训学家,奈萨布尔人。——译者

念头又弱了。有一次,他在想是否再次忏悔,如果再次忏悔,自己的结局又如何呢？这时一个声音在他耳边响起:'人啊！你顺从了我,我感谢你;之后你抛弃了我,我宽限你一个时期;如果你再回归我,我接收你。'于是那个人坚定了忏悔的信念,直至成功。"

如果一个人放弃了犯罪,坚持犯罪的心结没有了,并下定决心 94 不再重蹈覆辙,那时,真诚的后悔就会出现在他的心里。他会后悔过去所做的事,为做过的所有坏事感到难过,为他的心境之低又感到心酸。那么,他的忏悔就完成了,他的悔过是真诚的。幡然改过之后,不再光顾非法的场所,不再与坏人为伍,不再昏天黑地地嬉戏取乐。他在大部分情况下是真心悔过的,他带有污点的过去会被遗忘,乃至消失。他开始以诚心悔过弥补过失,在过去的同伴身上,他会认识到他曾经的堕落,会在现在健康的心态中认识到过去的庸俗。

真诚悔过的标志还包括极力取悦他曾经伤害过的人,脱离曾经的黑暗。忏悔的第一层次就是尽可能地取悦曾经的受害者,如果他有能力的话,他应补偿受害者的损失,或者取得他们的谅解。否则,他就应该决心改过,不再侵犯他人的权利,真诚地向真主忏悔,为受害者祈福。

我的导师艾布·阿里·丹嘎格说:"忏悔分为三个层次:第一是悔悟;第二是转换;第三是回归。开端是悔悟,中间是改变,结尾是回归。"

因害怕惩罚而忏悔是悔悟者,期望得到善报而忏悔是转换者,既不为害怕惩罚又不为期望善报而忏悔是回归者。

有人说:"悔悟是信士们的一个属性。"真主在《古兰经》中说:

"你们应全体向真主悔罪。"(光明章:第31节)

转换是"卧里"们和近主者们的特征。真主在《古兰经》中说:"秘密敬畏至仁主,且带归依的心而来者。"(嘎弗章:第33节)

回归是圣人们的属性,真主说:"他确是归依真主的。"(萨德章:第44节)

95 我听祝奈德说:"忏悔有三种含义:第一是后悔;第二是决心抛弃真主所禁戒的事项;第三是补偿过去的过失。"

赛海利·本·阿布顿拉说:"忏悔是放弃拖延。"

祝奈德说:"有一天我去见赛勒·塞格特,看见他脸色都变了,我就问他你怎么了。他说:'一个年轻人来见我,询问忏悔,我对他说:"忏悔是不要忘了你之前的错误。"年轻人反驳我说:"不对,忏悔是你忘记你之前的过错。"我对赛勒·塞格特说:'我的经历和那个年轻人一致。'赛勒·塞格特就问:'你为什么这样说呢?'我说:'我曾经是冷酷的,后来转为温和的,在温和时记着冷酷还是冷酷。'赛勒·塞格特闻听无语。"

有人问赛海利·本·阿布顿拉忏悔,他说:"忏悔是不要忘记你的过错。"

有人问祝奈德忏悔,他说:"忏悔是忘记你的过错。"

艾布·奈斯尔·赛扎吉[①]说:"至于赛海利·本·阿布顿拉指

---

① 艾布·奈斯尔·阿布顿拉·图斯(卒于伊历378年,公元988年),全名是艾布·奈斯尔·阿布顿拉·本·阿里·赛扎吉,伊斯兰著名苏菲学者,著有《苏菲的光辉》,该书被认为是苏菲学科的百科全书式的作品。侯吉维里的《神秘的揭示》、艾布·阿卜杜·拉赫曼·赛莱玛的《苏菲人物录》、古筛勒的《古筛勒苏菲论集》都借鉴了他的风格。——译者

出的情况,对于不稳定的求道者来说,有时是符合的,有时是不符合的。而祝奈德所说的情况,是得真道之人的忏悔。他们忘记了之前的过错,是因为他们赞念真主,他们的心被伟大的真主占据,于是他们无暇回想以前的过错。"

有人问左农忏悔,他说:"一般人的忏悔是因为过错,而特殊人的忏悔是因为疏忽。"

艾哈迈德·努尔说:"忏悔是你针对除真主之外的一切事物。"①

阿布顿拉·泰米姆说:"为过失而忏悔、为疏忽而忏悔与为看到善行而忏悔之间的区别太大了。"

穆罕默德·瓦西特说:"真诚的忏悔者,以前的过错不会在他身上留下任何秘密的或明显的痕迹。"

叶哈雅·本·穆阿兹说:"我的主啊,我不说我悔悟了,我改过不是因为我认识到了我的恶,我放弃罪恶不是因为我认识到了我的软弱。"

左农说:"求恕而又不彻底放弃作恶,这是撒谎者的忏悔。"

有人问阿里·布什奈吉忏悔,他说:"当你回忆起之前的过错时,你心中没有快意,这就是忏悔。" 96

左农说:"真正的忏悔是:大地虽大,你却感到没有容身之地之后,你又感到精神压抑。正如真主在《古兰经》中所说:'他也允许那三个人悔过,他们留待真主的命令,感到大地虽广,他们觉得无

---

① 即忏悔是全方位的,为所有的过错而忏悔,而事实上,人几乎在所有的事情上都有过错。——译者

地自容;心境也觉得狭隘,相信除向真主悔过外,无法逃避真主的震怒。此后,他允许了他们悔过,以便他们自新。真主确是至恕的,确是至慈的。'(忏悔章:第118节)"

伊本·阿塔·鲁兹巴勒说:"忏悔分为两种:改变的忏悔和应答的忏悔。改变的忏悔是一个人因为害怕惩罚而忏悔;而应答的忏悔是一个人因为害羞而忏悔。"

有人对艾布·哈福赛说:"为什么忏悔者厌恶现世?"他说:"因为现世是一个犯错的地方。"也有人对他说:"现世是真主以忏悔而使人高贵的处所。"他于是说:"人确信他犯了过错,期望他的忏悔得到接受。"

有人说:"说谎者的忏悔流于口舌。"意即他们只是嘴上说"我向真主求恕",但并没有实际行动。

有人问艾布·哈福赛忏悔,他说:"人没有什么可忏悔的,因为忏悔是向他而去的,而不是从他而来。"[1]

有人说:"伟大的真主曾启示阿丹圣人说:'阿丹呀,你使你的后代继承辛苦与劳累,我使他们继承了忏悔。向我祈求的人,我答应他,就如同答应你一样。阿丹呀,我把忏悔者从坟墓中复生后,他们是微笑的,向我报喜,他们的祈祷是应答。'"

一个人对拉比尔·阿德维娅[2]说:"我做了许多错事和坏事,如果我现在忏悔,真主会接受并饶恕我吗?"拉比尔答道:"不,应该

---

[1] 指的是人的忏悔是真主意志的结果,如果真主不意欲某人忏悔,他就不会有忏悔的行动。——译者

[2] 拉比尔·阿德维娅:(卒于伊历185年)伊斯兰早期苦行派代表人物,神爱论的重要奠基者。巴士拉人。——译者

是如果他饶恕你,你一定会忏悔的。"

你要知道,真主的确曾说过:"真主的确喜爱悔罪者,的确喜爱清洁者。"(黄牛章:第 222 节)放弃了丑行,但又确信他的确做了坏事的人,当他忏悔时,他对忏悔是否被接受持有怀疑,特别是在爱真主的条件下,或者是他发现在他的本质与喜爱真主之间有很大的距离。那么,他现在应该做的是认识到自己所犯的罪过,他是必须要忏悔的,然后持续地拷问自己,彻底和过去告别,向真主求恕。正如一些人所说:"疼痛使人感觉到寿限。"真主在《古兰经》中说:"你说:如果你们喜爱真主,那你们当跟随我,这样,真主会喜爱你们。"(仪姆兰的家属章:第 31 节)

穆圣经常向真主求恕,他说:"忧愁笼罩着我的心,我每天向真主求恕七十次。"①

我听叶哈雅·本·穆阿兹说:"忏悔之后,作恶一次比忏悔前作恶七十次还丑恶。"

艾布·奥斯曼在解释经文"他们都归于我"时说:"经文的意思是他们会回心转意,即使他们曾不止一次地作恶。"

我听艾布·阿慕尔·艾玛提说:"大臣阿里·本·尔撒②出行时带着庞大的队伍,以至于不知内情的人询问:'这是谁呀?'一个站在街上的妇女说:'你们要问到什么时候呢? 这是一个从真主的慈爱中跌落下的人,真主以你们看到的这些浮华考验他。'阿里·

---

① 圣门弟子艾厄尔·穆赞伊尼传述,《穆斯林圣训集》记载,求恕章。《艾布·达乌德圣训集》也有记载。

② 阿里·本·尔撒(卒于伊历 334 年)全名阿里·本·尔撒·本·达乌德·本·杰扎哈,别名是艾布·哈桑,伊玛目,圣训学家。巴格达人。——译者

本·尔撒听到了她的话后,马上返回家,辞去了大臣的职务,之后去了麦加,一直住了下去。”

2. 磨炼(穆嘉海德,Mujahada)

真主在《古兰经》中说:“为我而奋斗的人,我必定指引他们我的道路,真主的确和行善者同在。”(蜘蛛章:第69节)

艾布·赛尔德·海德尔[①]传述说:“有人问穆圣最高贵的奋斗是什么?穆圣答:‘暴君面前的公正之言。’”[②]艾布·赛尔德·海德尔说完,满眼都是泪水。

艾布·阿里·丹嘎格说:“以磨炼装饰其表面的人,真主使他享受到见证的快乐。你要知道,开始不经过磨炼的人,他不会得到照亮他道路的蜡烛。”

艾布·奥斯曼·麦格里布说:“在修道这条路上,认为不经过付出和磨难便能为他敞开,或为他揭示某种事物的机密,他是错误的。”

艾布·阿里·丹嘎格说:“在开始阶段没有站着付出努力的人,他不会在结尾阶段坐下。”

又说:“行动中有吉祥。”

又说:“表面的运动催生内部的吉庆。”

赛勒·塞格特说:“年轻人啊,在你们还没有到我的年龄之前,

---

① 艾布·赛尔德·海德尔(卒于伊历74年,公元693),圣门弟子,长期陪同穆圣,参加过12次战役。传述过1170段圣训,《布哈里圣训集》收录16段,《穆斯林圣训集》收录52段。麦地那人。——译者

② 《提尔密兹圣训集》记载。

你们努力吧。你们将身体虚弱，无能无力，正如我现在身体虚弱，无能无力一样。"

那时的年轻人在功修上不像赛勒·塞格特那样勤奋。

哈桑·盖扎兹①说："苏菲修道立足于三个要素之上：只在饥饿时进食，只在瞌睡时睡觉②，只在必要时开口③。"

易卜拉欣·本·艾德海木④说："一个人只有在越过六个障碍之后才能获得清廉人品级。第一，关闭优裕之门，打开艰难之门；第二，关闭荣耀之门，打开屈辱之门；第三，关闭悠闲之门，打开勤奋之门；第四，关闭睡眠之门，打开熬夜之门；第五，关闭富裕之门，打开贫穷之门；第六，关闭希望之门，打开准备死亡之门。"

艾布·阿慕尔·努杰德说："放纵自己私欲的人，其宗教和名声为人轻视。"⑤

艾布·阿里·鲁兹巴勒说："如果一个苏菲在修道五天之后说他饿了，那你们就把他带到市场，让他挣钱糊口。你要知道，克服私欲的根本是断绝对它的向往，使它在一般情况下都排斥各种欲望。"

人的内心有两种属性阻止人心向善：一是沉湎于欲望；一是拒

---

　　①　哈桑·盖扎兹（卒于伊历271年），别名艾布·哈桑，苏菲人物。巴士拉人。——译者

　　②　勤于功修之意。

　　③　穆圣说："一个人信仰卓越的表现是放弃与自己无关的事情。"《古兰经》也这样告诫人们："他们的秘密谈话，大半是无益的。"（妇女章：第114节）

　　④　易卜拉欣·本·艾德海木（卒于伊历161年，公元778年），原名易卜拉欣·本·曼苏尔·本·宰德·本·贾比尔，别名艾布·伊斯哈格，大众派学者，逊尼派苏菲大师。巴里赫人。——译者

　　⑤　放纵私欲就是顺从私欲，同时也就放弃了顺从真主和善行。

绝顺从。当私欲为所欲为时,你应为它套上敬畏的缰绳;当你为顺从私欲而忧愁时,你就驾驭它,使它朝向相反方向;当私欲怒不可遏时,你要认真思索、仔细对待、抑制愤怒。消除它的威力的最好办法是用好的品德,用温和浇灭愤怒的火焰。当人在孤注一掷、轻率从事时,只有显示好的品德,否则,其他对策都无济于事。让注视的和观察的人看到他美的一面,在此基础上粉碎他的私欲,以屈辱的惩罚使他认识到私欲卑贱的程度和恶劣的根源,以及由此带来的丑恶的行径。一般人努力是为了谋求生计,而另外少数人的目的是改善状况。饥饿和熬夜的痛苦不算什么,而治疗品性,远离其中的丑恶却是极其艰难的。

人性的弱点中还有喜爱赞美,对别人的恭维沾沾自喜。被别人赞美一次的人,会骄傲地不见天地。它的特征是:一旦失去了别人的赞美,会在顷刻间转向懒惰和失败。

艾布·穆罕默德·穆尔台阿什[1]传述,他说:"我习惯于在一无所有的状态下完成朝觐,一路经受饥饿和磨难。我觉得只要心里乐意,就能完成自己所希望的事情。我的思想转变源于这样一件事:有一天,我的母亲让我给她拿来一罐水,我心里当时很不愿意。后来我想,朝觐也是如此,如果我顺从自己的意愿,朝觐之路上的困难都能会克服。因为如果消除了私欲,在完成沙里亚的工作方面,不会有任何困难的 。"[2]

---

[1]　艾布·穆罕默德·穆尔台阿什(卒于伊历 327 年),原名阿布顿拉·本·穆罕默德·穆尔台阿什,别名艾布·穆罕默德,逊尼派苏菲大师,奈萨布尔人。——译者

[2]　只要努力去做自己想做的事情,肯定能做成,即使有困难,因为顺从正确的意愿是有吉庆的。——译者

有一个年长的妇人说："当我年轻时,我的心是活跃的,想法很多,当我年长后,这些都消失了。"[1]100

我听左农说："真主使一个人尊贵,莫过于使他认识到他内心的低贱了;真主使一个人屈辱,莫过于使他认识不到他内心的低贱了。"

易卜拉欣·海瓦斯说："只要有使我担忧的事情,我一定要控制它。"

穆罕默德·本·法迪里[2]说："平静就是欲望后的解脱。"

我听艾布·阿里·鲁兹巴勒说："品德的缺陷有三个入口:禀性的不足、坏习惯和低劣的控制力。"我就问他:"什么是禀性不足?"他回答说:"吞吃非法。"我问:"什么是坏习惯?"他答:"非法的注视和享受。"我又问:"什么是低劣的控制力?"他答:"每当欲念升起,他总是顺从它。"

我听奈斯尔·阿巴兹说："你的欲念就是你的监狱,如果你脱离出这一监狱,你就永远解脱了。"

穆罕默德·法扎说,我听艾布·侯赛因·宛扎格[3]说："我们一开始在艾布·奥斯曼·哈伊尔的清真寺的原则是尊重向我们提出建议的人,任何人都可以向我们提出建议。向我们表示厌恶的,我们并不报复他,而是向他道歉,谦虚地给他解释。如果我们觉得

---

① 随着岁月的磨砺和自己道德的磨炼,人的心归于平静,波澜不惊。——译者

② 穆罕默德·本·法迪里(卒于伊历319年),全名艾布·阿布顿拉·本·法迪里·本·阿拔斯·本·哈夫赛·巴里赫,大众派学者,逊尼派苏菲大师,呼罗珊人。——译者

③ 艾布·侯赛因·宛扎格(卒于伊历约319年),原名穆罕默德·本·赛尔德,别名艾布·侯赛因,奈萨布尔著名长老。——译者

轻视了某个人,就为他服务,帮助他,直到心中的轻视消除。"

艾布·杰尔法说:"人的私欲都是黑暗,它的明灯是秘密,明灯的光明是真主的赐福,谁的秘密如果没有来自真主的赐福,那么他的内心就是黑暗的。"

我认为明灯的秘密,指的是一个人和他的养主之间的秘密,也是他的忠诚的处所,他以此知道所有事情的发生都是因为真主,而不是因为他,他和周围的一切都是无关的,他也没有能力控制他生命中所发生的一切。于是,他会以真主的赐福来保护他免遭私欲之害的袭击。如果他没有得到真主的赐福,他的工作不会有益于他,也不会有益于他的养主。因此,一些苏菲长老说:"没有秘密的人,他应不断地去追求。"

艾布·奥斯曼说:"一个自我赞美的人,他看不到自己的缺点;一个在任何情况下指责自己的人,才能看到自己的缺点。"

艾布·哈福赛说:"不知道自己缺点的人,他的灭亡是多么快呀!犯罪至叛教如闪电般迅速。"

艾布·苏莱曼说:"任何我自己认为是好的工作,我都要审查它。"

赛勒·塞格特说:"你们千万要提防富有的邻居、集市上的诵经家和谄媚官员的学者。"

左农说:"品德的破坏体现在六个方面:第一,为后世工作的意念薄弱;第二,身体是欲望的奴隶;第三,在有限的时间内期望太多;第四,宁愿取悦人而不取悦真主;第五,跟随私欲而不跟随圣道;第六,把他人的过错作为自己的借口,从而埋葬了很多美德。"

3. 隐居(海里卧,Khalwa)

艾布·胡莱勒传述,穆圣说:"最优秀的人,是手执马缰为主道奋斗之人,闻听号角响起,一马当先,奋勇向前,追求死难。或者是隐居在山谷里的牧羊人,他谨守拜功,完纳天课,崇拜真主,直至去世。只有他们是吉庆之人。"[1]

隐居是清洁之人的属性,独居是近主之人的特征。求道者开始时必须要远离他的同类。最后隐居,以实现修炼的完美。[2]

一个人如果确定隐居之后,他要确信,他的这种行为可以能使人们因免于他的伤害而得到平安,而不是他免于人们的伤害而得到平安。第一种想法有两个后果:轻视自己和通过他人认识到自己的品质,轻视自身者,他是谦虚的人;从自己身上看到别人特点的人,他是自大者。

有人对一个修士说:"你是一个修士。"他说:"不,我只是一个护狗者。我的内心就像一条咬人的恶狗,如果我把它放出来,它会伤害到人们;如果我看护好它,人们就安全了。"

一个人经过一位清廉的长老面前,长老赶忙把自己的衣服拉起来。那个人不满地问他:"你为什么把你的衣服拉起来,离我这么远? 难道我的衣服是肮脏的吗?"长老说:"我的衣服是秽物,我把它拉起来,是害怕弄脏你的衣服。"

---

　　① 《穆斯林圣训集》记载,艾布·胡莱勒传述,吉哈德篇。《伊本·马哲圣训集》也有记载,隐居篇。
　　② 隐居的实质是割断与人的联系,一心奔向真主,因为这是一个由精神到心,由心到灵魂,由灵魂到机密,由机密到永恒的真主的旅程。——校对者

独居有一些礼仪,它包括要获取一些知识,以消除他信仰上的迷惑,从而不受恶魔的蛊惑。还包括要获取教乘的知识,以帮助他完成宗教上的主命功课,从而使他的修炼建立在一个坚实的基础之上。独居的实质是抛弃可憎的品性,使自己的品性得到转变,而不是要远离故土。因此,有人问:"谁是认主者?"人们答:"不同于人们的人。"意即他和人们一样存在,但他因秘密而不同于人们。

艾布·阿里·丹嘎格(愿真主仁慈他)说:"你穿人们穿的衣服,你吃他们吃的食物,但你的秘密要不同于他们。"

还说:"一个人到我这里,对我说:'我从遥远的地方过来。'我对他说:'不要提及你走过了多远的路和路途上的艰苦,你离开你的心的第一步,你已经达到了你的目的。'"

据传,艾布·耶齐德(比斯塔米)说:"我在梦中看到了真主,我问他:'我如何找到你?'他说:'抛弃你的私念,你来吧。'"

艾布·奥斯曼·麦格里布说:"选择了隐居的人,应该放弃所有的念头,只保留真主;放弃所有的愿望,只记着取悦真主;阻止私欲的任何原因的要求。如果他做不到这些,那么,他的隐居只能使他陷入灾难。"

有人说:"独处的隐居最能戒绝娱乐的诱惑。"

我听穆罕默德·本·哈米德说:"一个人来拜访艾布·伯克尔·宛扎格①,当他返回时,他对艾布·伯克尔·宛扎格说:'你给我一些嘱托吧。'艾布·伯克尔·宛扎格说:'我发现今后两世的吉

① 艾布·伯克尔·宛扎格(卒于伊历240年),原名穆罕默德·本·欧麦尔·宛扎格·提尔密兹,别名艾布·伯克尔,苏菲大师,在苏菲学领域有一些著名的作品。原籍提尔密兹,居住在巴里赫。——译者

庆都在隐居和少里面,而今后两世的危害都在混杂和多里面。'"

有人问艾布·穆罕默德·祝莱勒隐居,他说:"隐居是在嘈杂的人群中,使你的秘密高洁于他人。它也意味着你要避开众人,使你的秘密与真主相连。"

有人说:"选择隐居的人,他得到的是尊贵。"

赛海利·本·阿布顿拉说:"人在隐居时只有吃合法的食物,他的隐居才是正确的;只有完成对真主的义务,他合法的饮食才是正确的。"

左农说:"我没有见到比隐居更能使人解脱的办法了。"

艾布·阿布顿拉·莱姆拉说:"让隐居成为你的情人,饥饿成为你的食物,密谈成为你的话语。你要么去死,要么走向真主。"

左农说:"以隐居而遮挡他人,不如以真主遮挡他们。"

祝奈德说:"忍受隐居的孤独比混迹于拥挤的人群中更为容易。"

麦克侯利·沙米[①]说:"如果说与人交往有福利的话,那么,隐居中则有安全。"

叶哈雅·本·穆阿兹说:"孤独是诚笃者的座友。"

艾布·阿里·丹嘎格(愿真主仁慈他)说,艾布·伯克尔·舍布里说:"人们啊! 一无所有就是一无所有。"有人就问他:"一无所有的标志是什么?"艾布·伯克尔·舍布里答道:"以与人混居而获得慰藉。"

---

①　麦克侯利·沙米(卒于伊历113年),别名艾布·阿布顿拉,著名再传弟子,叙利亚人。——译者

　　叶哈雅·本·艾比·凯希尔①说:"与人交往,就要奉承。只要奉承,就会失去自我。"

　　赛尔德·本·哈尔布②说:"我去见在库法的马立克·本·麦斯欧德③,发现他一个人在家里。于是我就问他:'你一个人不孤独吗?'他说:'我不认为一个人与真主在一起还会感到孤独。'"

　　祝奈德说:"想使其宗教安全,使他的身体和心得到休息和安静的人,就让他离开众人吧,这是一个困惑的时代,是一个智者选择孤独的时代。"

　　艾布·叶尔孤白·苏斯说:"只有强者才能忍受孤独,我们这个时代是隐居的最好时代。"

　　艾布·阿拔斯·达米安尼④传述,艾布·伯克尔·舍布里在嘱托他时说:"你要坚持孤独,使你的名字在人群中消失,独自面壁,直至死去。"

　　一个人来到舒阿布·本·哈尔布⑤跟前,舒阿布·本·哈尔布问他:"你来干什么?"他答:"为和你在一起。"舒阿布·本·哈尔布遂说:"兄弟呀,功修不是合伙干的,一个人如果不能以真主而得到慰藉的话,那他不能从任何事物中得到慰藉。"

---

　　①　叶哈雅·本·艾比·凯希尔(卒于伊历 129 年),伊玛目,学者,再传弟子。——译者

　　②　赛尔德·本·哈尔布:圣门弟子,生卒不详。——译者

　　③　马立克·本·麦斯欧德:圣门弟子,参加过多次重要战役。——译者

　　④　艾布·阿拔斯·达米安尼(卒于伊历 288 年),原名艾哈迈德·本·哈立德·达米安尼,别名艾布·阿拔斯,爱好游历。长期居住在奈萨布尔。——译者

　　⑤　舒阿布·本·哈尔布(卒于伊历 297 年),伊玛目,著名长老,奈萨布尔人,长期居住在麦加。——译者

一个人对另一个人说："你在旅途中遇到的最让你吃惊的事是什么?"那人说："黑杜尔①圣人遇见了我,他请求我陪伴他,我担心会影响我对真主的依靠,便拒绝了。"

有人问一个独居的人:"这里有使你感到快慰的事物吗?"那人答:"是的。"他伸手把《古兰经》拿来,抱在怀中,说:"就是它。"

诗曰:

天经陪伴不离身,内有良方治百病。

一个人问左农说:"隐居对我而言,什么时候是适宜的?"左农答:"当你能忍受孤独时。"

有人问穆罕默德·本·穆巴拉克②:"心药是什么?"他答:"少与人接触。"

有人说:"如果真主意欲一个人从违抗的屈辱转移到顺从的尊贵,就以忍受孤独慰藉他,以知足使他富裕,使他看到自己的缺点。谁被赐予这一切,谁就得到了两世的吉庆。"

4. 敬畏(泰格瓦,Taqwa)

真主在《古兰经》中说:"在真主跟前最尊贵的人是你们中最敬畏的人。"(寝室章:第 13 节)

艾布·赛尔德·海德尔传述,他说:"一个人来到穆圣跟前,对　　105

---

① 黑杜尔:极具传奇色彩的一位圣人,是知识的化身。也有说他不是圣人。穆萨圣人曾陪伴他,向他学习知识。《古兰经》中对此有所讲述,但未明确指出穆萨圣人跟随的就是黑杜尔圣人。——译者

② 穆罕默德·本·穆巴拉克(卒于伊历181年),伊玛目,学者,法学演绎家,呼罗珊的姆鲁人。——译者

他说：'你嘱托我吧。'穆圣对他说：'你要敬畏真主，他是所有福利的集合者；你要为主道奋斗，它是穆斯林的功修；你要赞念真主，它是你的光明。'"①

我听到一个人问穆圣："真主的使者啊，谁是穆罕默德的家属？"答曰："所有敬畏的人。敬畏聚合吉庆与福利，敬畏的真谛是以顺从真主来提防他的惩罚。"

有人说："某人用他的盾牌提防，敬畏的根源是提防否认独一的真主，其次是提防违抗和犯罪，再次是可疑的事物，最后是无聊的事情。"

我听艾布·阿里·丹嘎格（愿真主仁慈他）说："敬畏的每一内容都有解释，经文：'你们要真实地敬畏真主'（仪姆兰的家属章：第102节）中的含义是顺从而不犯罪，赞念真主而不要忘记，感谢真主而不要昧恩。"

赛海利·本·阿布顿拉说："只有真主才是援助者，只有真主的使者才是向导，只有敬畏才是川资，只有忍耐②才是工作。"

穆罕默德·凯塔尼③说："现世在磨难的基础上分配，后世在敬畏的基础上分配。"

穆罕默德·祝莱勒说："没有以敬畏和监察来确定他和真主之间关系的人，他不会达到揭示和见证的境界。"

---

① 《圣训宝藏》记载。苏尤蒂在《小集合》一书中把此段圣训定为赢弱的圣训。——校对者

② 真主以疾病、贫穷等考验人，如果人能忍耐痛苦的事实，真主会报偿他，如果他感恩，真主会更多地报偿他。——校对者

③ 穆罕默德·凯塔尼（卒于伊历322年，公元934），出生于巴格达，曾求学于祝奈德、左农等著名苏菲大师。——译者

奈斯尔·阿巴兹说："敬畏是一个人提防除真主之外的一切事物。"

赛海利·本·阿布顿拉说："想做到真正敬畏的人,他应该抛弃所有的过错。"

奈斯尔·阿巴兹说："坚持敬畏的人,他渴望尽快脱离现世,因为真主在《古兰经》中说:'今世的生活,只是嬉戏和娱乐;后世,对于敬畏的人,是更优美的。难道你们不了解吗?'(牲畜章:第32节)"

一些人说："实现了敬畏的人,真主会很容易地使他的心远离尘世。"

艾布·伯克尔·本·穆罕默德·鲁兹巴勒说："敬畏意味着真主使你远离尘世。"

左农说："敬畏是不以违抗污染其表面,不以其他特征污染其内心,在与真主相处时,处于一个敬畏的位置。"

伊本·阿塔说："敬畏有表面和内里,它的表面是遵守教法,内里是举意和真诚。"

左农在诗里说:

生活唯有善人心,敬畏赞念人轻松。

心灵宁静善充溢,襁褓婴儿无忧愁。

有人说："敬畏的人在三个方面会有所改变:对未得之事依赖,对已得之事满足,对已逝之事忍耐。"

塔莱格·本·哈比布①说:"敬畏是顺从真主,以真主之光而工作。"

艾布·哈福赛说:"敬畏只在绝对的合法里,别无其他。"

艾布·侯赛因·宰贾尼②说:"以敬畏真主挣钱的人,他无法叙述钱财散发出的芳香。"

穆罕默德·瓦西特说:"敬畏就是人提防自己的心,如同伊本·赛勒利③那样,他是一个非常敬畏的人。一次他买了四十块奶油,他的仆人从一块奶油中找出一只小老鼠。伊本·赛利勒就问他:'你从哪一块奶油中发现的?'仆人答:'我也认不清楚了。'伊本·赛利勒遂把所有的奶油都扔了。"

107 艾布·耶齐德(比斯塔米)在海麦达尼买了一些红花籽,特别喜欢。当他返回呼罗珊的比斯塔米④后,发现里面有两只蚂蚁,便返回海麦达尼,把里面的两只蚂蚁原地放回。⑤

据传,伊玛目艾布·哈尼法从不坐在放债人的树荫下。圣训说:"所有带来益处的借贷都是利息。"⑥

---

① 塔莱格·本·哈比布(卒于伊历 90—100 之间),再传弟子,著名学者,勤于功修、苦行,巴士拉人。——译者

② 艾布·侯赛因·宰贾尼(伊历 308—471 年),全名赛阿德·本·阿里·本·穆罕默德·本·阿里·本·侯赛因·宰贾尼,别名艾布·嘎希姆,苏菲大师,学者,古兰经背诵家,修士。——译者

③ 穆罕默德·赛利勒(卒于伊历 110 年,公元 729 年),著名再传弟子,伊玛目,法学家,圣训学家。以虔诚著称,善于解梦。巴士拉人。——译者

④ 呼罗珊的一个地区,在中世纪时是一个重要的商业重镇。

⑤ 比斯塔米在呼罗珊境内,海麦达尼在伊朗境内,二者相距甚远。

⑥ 《揭示隐密》记载,哈勒斯传自艾布·伍萨麦。苏尤蒂认为此段圣训是赢弱的。——校对者

据传,艾布·耶齐德(比斯塔米)在荒野中把衣服洗了,同伴对他说:"我们在这个园子的墙上插个木棍,然后把衣服挂在木棍上。"艾布·耶齐德说:"不要把木棍插在人家的墙上,那样会把墙弄坏的。"同伴说:"那我们把衣服挂在树上。"艾布·耶齐德说:"不要,衣服会把树枝压断的。"同伴说:"那我们把衣服晾在草上。"艾布·耶齐德说:"不要,衣服会挡住觅食的小虫。"同伴为难地问艾布·耶齐德:"那你说我们把衣服晾在哪呢?"艾布·耶齐德遂趴在地上,背对着太阳,衣服搭在他的背上,一面晒干之后,再翻过来晒另一面。

据传,艾布·耶齐德(比斯塔米)有一天走进清真寺,把拐杖插在地上,结果碰到了旁边一位老人的拐杖,老人趔趄了一下,赶紧抓住拐杖,之后就回家了。艾布·耶齐德跟着到了老人的家,请求他原谅,说:"由于我用力过猛,使您几乎跌倒,我给您道歉。"

据传,阿提拜·乌俩目①冬天在一堵墙前面站着,汗流如雨。有人就问他怎么了,他说:"我在这个地方违抗过真主。"那人问到底怎么回事,阿提拜·乌俩目说:"我曾在这个墙上抠下过一块土,让我的客人搓手,而我没有请求墙的主人的许可。"

易卜拉欣·本·艾德海木说:"一次,我在耶路撒冷②的一块岩石下睡了一夜,夜里的某个时间,两个天使从天而降。其中一个天使问另外一个天使说:'这人是谁?'另一个天使答:'他是易卜拉欣·本·艾德海木,真主降低了他一个品级。'那位天使就问:'为

108

---

①　阿提拜·乌俩目:伊玛目,以苦行、虔诚著称,巴士拉人。——译者
②　位于巴勒斯坦,是犹太教、基督教和伊斯兰教的共同圣地,有犹太教的哭墙,基督教的圣墓教堂,伊斯兰教的阿克萨清真寺和登霄石。

什么呢?'答曰:'他从巴士拉①买了一些枣,树上一颗枣落在他买的枣里,他没有把它还给主人。'于是,我又回到巴士拉,从那人跟前买了一些枣。然后把一粒枣放回他的枣中,然后我又回到耶路撒冷。又在岩石下过夜,夜深人静时,两个天使自天而降。一个天使对另一个天使说:'这人是谁?'另一个天使答:'他是易卜拉欣·本·艾德海木,真主不但还原了他的品级,而且还升高了他一个品级。'"

有人说:"敬畏有不同的形式,对一般人而言是放弃否认真主,对于特殊人而言是放弃违抗真主,对'卧里'们而言是放弃以行为为中介,对于圣人们而言是放弃行为的归属。"

信士们的长官欧麦尔(愿真主仁慈他)说:"领袖人物在现世是慷慨的,在后世是敬畏的。"

据艾布·艾玛麦传述,穆圣说:"谁看到漂亮的女子,第一眼就闭上眼睛,真主给他一个新的功修,他的心感觉到其中的甜美。"②

祝奈德一次和鲁伊姆·本·艾哈迈德、哈利勒、伊本·阿塔同座,祝奈德说:"真诚求救的人才能得救,真主在《古兰经》中说:'他也允许那三个人悔过,他们留待真主的命令,感到大地虽广,他们觉得无地自容;心境也觉得狭隘,相信除向真主悔过外,无法逃避真主的震怒。此后,他允许了他们悔过,以便他们自新。真主确是至恕的,确是至慈的。'(忏悔章:第118节)"

鲁伊姆说:"真正敬畏者才能得救,真主在《古兰经》中说:'真

---

① 伊拉克的一个港口城市,在阿拔斯王朝时期兴盛一时。和库法一起被认为是阿拉伯语中心,孕育出很多著名学者,包括哈桑·巴士拉、艾什阿里等学者。

② 《艾哈迈德圣训集》记载,艾布·艾玛麦传述。

主拯救敬畏者脱离苦难，并使他们获得成功，他们不遭祸患，也不忧愁。'（队伍章：第 61 节）"

哈利勒说："忠实践约的人才能得救，真主在《古兰经》中说：'他们是实践真主的誓约而且不破坏盟约的。（雷霆章：第 20 节）"

伊本·阿塔说："真正害羞的人才能得救，真主在《古兰经》中说：'难道他不知道真主是监察的吗？（血块章：第 14 节）"又说："曾蒙我最优的待遇者，将远离火狱。"（众先知章：第 101 节）

有人说："只有之前被选拔的人才能得救，真主在《古兰经》中说：'我拣选了他们，我指引他们走正道。'（牲畜章：第 87 节）"

5．虔诚（倭勒阿，Wara）

艾布·宰尔·安法尔①传述，穆圣说："一个人信仰卓越的表现是放弃与他无关的事情。"②

伊玛目古筛勒说："至于虔诚，就是放弃含糊和有嫌疑的事情。" 110

易卜拉欣·本·艾德海木也这样说："虔诚是放弃所有的嫌疑，放弃与你无关的事情就是放弃无聊的事情。"

哈里发艾布·伯克尔（愿真主仁兹他）说："我们放弃了七十种合法事物，担心其中不确定的一个而误入非法。"

七十是一种夸张的表达，极言很多。这个数词在《古兰经》中

---

①　艾布·宰尔·安法尔：属于安法尔部落，卒于伊历 32 年。圣门弟子，很早就皈信了伊斯兰，非常诚实，居住在大马士革。

②　《穆宛塔圣训集》、《提尔密兹圣训集》、《伊本·马哲圣训集》记载。提尔密兹认为此为独传圣训。

出现过三次,一次是在"真灾章"里:"你们捉住他,给他带上枷锁,然后把他投在烈火中,然后把他穿在一条七十臂长的链子上。"(真灾章:第 30—32 节)

第二次出现在"高处章"里:"穆萨从他的宗族中拣选了七十个人来赴我的约会。"(高处章:第 155 节)

第三次出现在"忏悔章"里:"即便你为他们求怒七十次,真主也不会饶恕他们。"(忏悔章:第 80 节)

穆圣对艾布·胡莱勒说:"你要虔诚,成为最虔诚拜主的人。"①

我听赛勒·塞格特说:"在他们的时代四个以虔诚著名的人物是:侯宰法·穆尔阿什、优素福·本·艾斯巴特、易卜拉欣·本·艾德海木和苏莱曼·海瓦斯。他们都非常虔诚,每当他们遇到困境时,就怀疑是不是虔诚少了。"

艾布·伯克尔·舍布里说:"虔诚就是除了真主之外,你不关注任何事情。"

伊斯哈格·本·海莱夫说:"对正义的虔诚强于对金银的虔诚;对权力的淡泊强于对金银的淡泊,为了寻求权力,你会花费金银。"

艾布·奥斯曼说:"虔诚是淡泊的第一步,正如知足是喜悦的一部分一样。"

艾布·奥斯曼说:"虔诚的报偿可以很快计算。"

---

① 《伊本·马哲圣训集》记载,艾布·胡莱勒传述。塔布拉尼和伊本·赛斯勒也有记载。

叶哈雅·本·穆阿兹说："虔诚是面临知识的顶点不加注释。"

据传,阿布顿拉·本·麦尔旺的一枚铜钱掉进一个污水井中, 111 他雇人花了十三枚金币把它打捞了上来,有人问他为什么这样做, 他说:"铜钱上面有真主的尊名。"

我听叶哈雅·本·穆阿兹说:"虔诚分为两种:表面的谦恭,它 只为真主而动;内心的虔诚,只有真主才能进入他的内心。"

叶哈雅·本·穆阿兹说:"不慎重看待虔诚的人,他不会得到 真主尊大的赏赐。"

有人说:"认真对待宗教的人,真主在复生日注视他,他有崇高 的地位。"

优努斯·本·阿比德[①]说:"虔诚是脱离所有模棱两可的事 情,在每一刻都监察自己的心。"

苏福扬·扫勒[②]说:"我没有见到比虔诚更容易的了,你有什 么不轨之念,就马上丢弃它。"

麦阿鲁夫·克尔赫[③]说:"看好你的口舌,不要轻易赞美,也不 要随便诋毁。"

拜舍尔·本·哈勒斯[④]说:"艰难的工作有三:贫穷时的慷慨、 隐居时的虔诚和暴君前的真话。"

---

① 优努斯·本·阿比德(卒于伊历 124 年),全名优努斯·本·阿比德·本·迪 纳尔,别名艾布·阿布顿拉,圣训背诵家。——译者

② 苏福扬·扫勒(伊历 97—161 年),全名苏福扬·本·赛尔德·本·麦斯鲁格· 本·哈比布·扫勒,别名艾布·阿布顿拉,大众派著名学者,泰米姆人。——译者

③ 麦阿鲁夫·克尔赫(卒于伊历 200 年,公元 815 年),别名艾布·麦哈福兹,大 众派学者,逊尼派苏菲大师,巴格达人。——译者

④ 拜舍尔·本·哈勒斯;圣门弟子,辅士,参加过多次重大战役。——译者

据传,拜舍尔·哈菲的姐姐来到艾哈迈德·本·罕百里跟前,对他说:"我在我家的院子里纺纱,'扎希里派'信众①的火炬路过我的家,火光照到我家的院子,我可否在他们的火光下纺纱?"艾哈迈德·本·罕百里问她:"真主赐你健康,你是谁?"她答:"拜舍尔·哈菲的姐姐。"艾哈麦德闻听哭了,他说:"真正的虔诚来自你们家,你不要在他们的火光下纺纱。"

阿里·安塔尔说:"我经过巴士拉的一个街道,看到一些老人闲坐,一些孩子们在玩耍,我就问:'这些老人怎么如此悠闲?'其中一个小孩说:'这些老人的虔诚少了,他们的恐惧也少了。'"

据传,马立克·本·迪纳尔②在巴士拉住了四十年,他没有吃过巴士拉的一粒干枣和青枣,一直到死。当青枣的季节过去后,他说:"巴士拉人啊,这是我的肚子,里面的东西既没有减少,也没有增多。"

有人对易卜拉欣·本·艾德海木说:"难道你不喝点'泽姆泽姆'③水吗?"他说:"如果我有一只桶的话,我会用它喝些的。"

哈勒斯·穆哈西比④如果把手伸向有嫌疑的食物,他就打他的手指头,以让它知道那是非法的。

112

---

①　扎希里学派:古代伊斯兰教法学派之一。亦称"字面派"、"直解学派"。该派主张仅以经、训的"字面"意义为立法、释法的依据。主张从文字学的角度了解经训的意义,轻视意见、创制、类比、注释、引申等任何形式的理智,认为人的理性活动易导致谬误的结论。——译者

②　马立克·本·迪纳尔(卒于伊历127年,一说130年),别名艾布·叶哈雅,著名学者,巴士拉人。——译者

③　天房卡尔白内渗渗泉流出的水。——译者

④　哈勒斯·穆哈西比(伊历170—243年),全名哈勒斯·本·艾赛德·本·阿布顿拉·穆哈西比,著名苏菲大师,学者,巴士拉人。——译者

据传,拜舍尔·哈菲①被邀请去吃饭,食物端上来后,他努力伸手去取,却无法伸出手。他一直做了三次,都没有成功。一个认识他的人说:"他的手不会伸向有嫌疑的食物,看来,主人今天不必邀请这位长老。"

有人问赛海利·本·阿布顿拉关于清洁与合法,他说:"就是其中没有违抗真主,也没有忘记真主。"

哈桑·巴士拉②来到麦加,看到哈里发阿里孩子的一个仆人,背对着克尔白向众人宣讲。哈桑·巴士拉在他面前站下,问他:"宗教的根本是什么?"答曰:"虔诚。"又问:"宗教的危害是什么?"答曰:"贪婪。"哈桑·巴士拉很是惊奇,他说:"一丁点健全的虔诚强于十分的封斋和礼拜。"

艾布·胡莱勒说:"真主明天的座友是虔诚和淡泊之人。"

赛海利·本·阿布顿拉说:"心中没有虔诚的人,即使他吃大象的头,他也不会饱。"

据传,有人为欧麦尔·本·阿卜杜勒·阿齐兹③送来战利品中的麝香,他把麝香放在鼻子下面闻了一下,说:"它的益处只是芬芳的气味罢了,我讨厌在非穆斯林面前闻到这一气味。"

---

① 拜舍尔·哈菲(伊历 152—227 年),全名拜舍尔·本·哈勒斯·本·阿卜杜·拉赫曼·本·阿塔·本·海拉克·本·玛哈尼·本·阿布顿拉·哈菲,著名苏菲大师,巴格达人。——译者

② 哈桑·巴士拉(伊历 21—110 年,公元 642—728 年),别名艾布·赛尔德,再传弟子,大众派著名学者,巴士拉人。——译者

③ 欧麦尔·本·阿卜杜勒·阿齐兹(伊历 61—99 年,公元 681—720 年),倭马亚王朝第八位哈里发,也被认为是第五位正统哈里发。他在位期间,重视文化、宗教的发展,实行开明的统治,伊斯兰得到了广泛传播,在历史上被称为"欧麦尔"二世。——译者

　　有人问艾布·奥斯曼·哈伊尔虔诚,他说:"艾布·萨利哈·哈姆杜尼①在奄奄一息的朋友身边,朋友不一会儿就去世了。艾布·萨利哈赶忙把灯吹灭了,有人问他为什么这样做,他说:'在他咽气之前,灯油还在灯座里,是属于他的,但从现在开始,它就成为遗产了,你们用其他的灯油吧。'"

　　艾布·奥斯曼·哈伊尔悄声说:"我做了一件错事,我为之哭泣了四十年。我的一个朋友来探望我,我买了一条烤鱼款待他。吃完饭之后,我从邻居家的墙上抠了一块土,让我的朋友搓搓手,而我却没有请示墙的主人。"

　　一个人在租来的房间里写东西,他想从墙上抠点土涂抹写错的字。他当时想到这房子是租来的,认为从墙上抠一点土没什么。于是他就做了,忽然,他听到一个声音在喊:"轻视土的人将会知道,明天的清算是多么漫长。"

　　艾哈迈德·本·罕百里②把一只水桶抵押在麦加的一个蔬菜商人那里,当他想把水桶赎回时,那人拿出两只水桶,对他说:"你随便拿一只吧。"罕百里说:"我记不清楚哪一只是我的水桶了,水桶我不要了,这一枚迪尔汗给你。"商人忙说:"你的桶在这,我只想检验一下你。"罕百里说:"既是这样,水桶我不要了。"说完放下水桶就走了。

　　穆罕默德·本·穆巴拉克骑着一匹价格不菲的马来礼拜,响

_____

① 艾布·萨利哈·哈姆杜尼(卒于伊历 271 年),原名哈姆杜尼·本·艾哈迈德·本·尔玛拉·盖萨尔,别名艾布·萨利哈,苏菲大师,奈萨布尔人。——译者

② 艾哈迈德·本·罕百里(伊历 164—241 年,公元 780—855 年),大众派著名学者,法学家,圣训学家。——译者

礼过后,他发现他的马跑进地方官员的田里吃庄稼去了。于是,他便放弃了那匹马。

据传,穆罕默德·本·穆巴拉克从土耳其斯坦的姆鲁①回到沙姆②,只为把借别人的一支笔还给主人。

易卜拉欣·奈何伊③租了一头牲畜,骑着往前走时鞭子从手 114
中掉了下来,奈何伊只好下来,把牲畜拴在下来的地方,自己走着回去把鞭子捡起来。有人对他说:"你应该骑着牲畜回去捡你的鞭子。"奈何伊说:"我租牲畜就是用来往前走的,而不是往回走的。"

艾布·伯克尔·丹嘎格说:"我像以色列人一样在荒野里游荡了十五天,当我找到路时,迎面走来一个士兵,他给我喝了一些水,我的心复归冷酷三十年。"④

据传,拉比尔·阿德维娅在阳光下和她长衫的裂缝说话。她的心丢失了,很长时间后她才想起来。她把长衫撕破,发现了她的心。

苏福扬·扫勒在梦中看到,他在天堂里像有两翼的鸟一样在飞,有人问他:"你为何得此赏赐?"苏福扬·扫勒回答说:"因为虔诚。"

----

① 土耳其的一座城市,后受苏联控制。穆斯林于公元 651 年解放了这座城市。

② 通常指今天的叙利亚,但古代的沙姆包括巴勒斯坦、约旦、霍姆斯、大马士革等地。

③ 易卜拉欣·奈何伊(伊历 47—96 年,公元 666—714 年),全名易卜拉欣·本·耶齐德·本·盖斯·本·艾斯乌德·奈何伊,别名艾布·伊姆兰,再传弟子,伊玛目,法学家,库法人。——译者

④ 士兵多冷酷无情,喝了他的水之后,艾布·伯克尔·丹嘎格的心又变得像以前一样冷酷。——译者

罕萨尼·本·艾比·赛纳尼①站在哈桑的弟子面前,问他们说:"什么事情对你们来说是最困难的?"他们答:"虔诚。"罕萨尼说:"虔诚对于我来说是最轻松的。"他们问:"为什么如此?"罕萨尼答:"我已经有四十年没喝过你们河里的水了。"

罕萨尼·本·艾布·赛纳尼六十年来不在床上睡觉,不吃肉、不喝冰水②。他在梦中看到了死后的情景,有人问他:"真主如何对待你?"他答:"很好,只是我被拦在天堂之外,因为我借了别人一根针,没有还给主人。"

阿卜杜勒·瓦赫德·本·宰德·乌俩目③有一个仆人,侍奉他好多年了,拜主办功却四十年了,而他最初的工作是计量员。他在梦中看到了死后的情景,有人问他:"真主待你如何?"他答:"很好,只是我被拦在天堂之外真主给我展示了我称量时没有清除的四十'盖菲兹'的尘土。"④

尔撒圣人经过一个坟墓,呼唤一个真主已使之复活的人,问他:"你是谁?"那人答:"我原来是一个搬运工,为人们搬运各种货物。有一天,我为一个人搬了一些柴火,把一根柴火弄断了,然后又把它塞到里面。自从我死后,就一直因此事而受责问。"

---

① 罕萨尼·本·艾比·赛纳尼(伊历60—180年),全名罕萨尼·本·艾比·赛纳尼·本·奥夫·本·奥夫,著名学者。——译者
② 在炎热的阿拉伯地区,喝冰水是一种奢侈和享受。——译者
③ 阿卜杜勒·瓦赫德·本·宰德·乌俩目(卒于伊历177年),别名艾布·欧拜德,哈桑巴士拉的学生,苏菲长老,巴士拉人。——译者
④ 称量之后,会有一些尘土留在秤盘里,如果不及时清理秤盘,尘土在秤盘里就会越积越多,自然会影响到真实的重量,这对前来称量的人造成了损失。——译者

艾布·赛尔德·海扎兹①在人们中间大谈虔诚。阿拔斯· 115
本·穆海台迪经过他,就说:"你坐在艾布·达瓦尼格的漂亮的屋
檐下,喝着祖拜德池塘的水,用的是假钱,却在这里高谈阔论虔诚,
你不害羞吗?"

6. 淡泊(祖海德,Zuhd)

穆圣说:"如果你们见到一个人,他被赋予现世的淡泊和缜密
的言辞,你们当接近他,真主赐予了他哲理。"②

人们对淡泊的看法是不一致的,有人说:淡泊体现在非法的事
物里,因为合法是来自真主的许可。如果真主赐给一个人合法的
钱财,他因感恩而崇拜他。之后,他完全自己做主,在拿取钱财时
不再把真主的许可放在前面。也有人说:在非法的事物里保持淡
泊是必需的,在合法的事物里淡泊是美德。如果真主使一个人钱
财窘迫,他会忍耐,喜悦真主给他的分配,对于得到的东西感到满
足。真主使这样的人成为现世中完美的人。

的确,真主责成人在现世中淡泊,他在《古兰经》中说:"你说,
现世的享受是些许的,后世对敬畏的人来说是更好的。"(妇女章:
第77节)除此之外,贬斥今世,鼓励人淡泊的经文还有很多。

也有人认为:如果一个人在顺从中花费他的钱财,在不如意时
忍耐,在困难时也不违背真主规定的法令,可以说这时他在合法钱

---

① 艾布·赛尔德·海扎兹(卒于伊历277年),原名艾哈迈德·本·尔撒·海扎
兹,别名艾布·赛尔德,苏菲大师。巴格达人。——译者

② 《圣训宝藏》记载,艾布·海拉盖传述。艾布·奈尔姆和伯伊海格也有记载,苏
优推认为此圣训是羸弱的。——校对者

财中的淡泊才是真正意义上的淡泊。

也有人认为：一个人不应该因为劳作的辛苦而放弃合法，去寻求对他来说不必要的东西。他应该尊重真主的分配，如果真主赐给他合法的钱财，他感谢真主；如果真主使他维持勉强度日的程度，他也不会极力寻求多余的钱财，这时忍耐对他来说是最好的。忍耐对穷人来说是最好的，感恩对有合法财富的人是最好的。

苏福扬·扫勒说："现实中的淡泊就是减少希望，而不是吃粗粮，穿长衫。"

赛勒·塞格特说："真主的确从他的'卧里'手中夺走了现世，保护清廉的人不受现世的伤害。从仁慈的人心中取走现世，因为真主不喜欢他们拥有现世。"

《古兰经》说："以便你们不为所失而失望，不为所得而喜悦。"（铁章：第 23 节）因此，淡泊者不应为在尘世中得到的东西而欢欣，不以失去的东西而遗憾。

艾布·奥斯曼·哈伊尔说："淡泊就是你放弃尘世，然后又不为谁得到它而介意。"

我听艾布·阿里·丹嘎格说："淡泊就是以它的形态放弃它，而不要说：我要为穷人建学校，我要修建清真寺等诸如此类的话。"

叶哈雅·本·穆阿兹说："淡泊使慷慨继承拥有，爱使慷慨继承灵魂。"

艾哈迈德·本·杰拉伊①说："淡泊就是你以消失的眼光去看

---

① 艾哈迈德·本·杰拉伊（卒于伊历 306 年），全名是艾哈迈德·本·叶哈雅·本·杰拉伊，别名艾布·阿布顿拉，大众派学者，逊尼派苏菲大师，叙利亚一带著名长老，巴格达人。——译者

尘世,以使它在你眼中变小,这样,你会很容易地避开尘世。"

穆罕默德·本·海菲福[①]说:"淡泊的标志是:失去拥有的东西时心情平静。"

又说:"淡泊就是心遗忘了外界因素,手不去取他人之物。"

有人说:"淡泊使心灵毫不费力地远离尘世。"

奈斯尔·阿巴兹说:"淡泊者是尘世中的异乡人,'阿勒夫'(认主者)是后世中的异乡人。"

有人说:"谁诚心地淡泊今世,今世会顺从地来到他跟前。"因此,也有人说:"如果礼帽从天上掉下来,肯定会落到不愿意戴它的人的头上。"

祝奈德说:"淡泊就是心从手空的地方而空。"

先贤们对淡泊的看法也不相同。苏福扬·扫勒、艾哈迈德·本·罕百里、尔撒·本·优努斯等认为:今世中的淡泊是减少希望。根据这个说法,可以看出减少希望是淡泊的标志、淡泊的条件及淡泊的实际含义。

阿布顿拉·本·穆巴拉克说:"淡泊是在信任真主的同时喜爱贫穷。"正如舍给格·巴里赫[②]和优苏福·本·艾斯巴图所说,这也是淡泊的一个标志,一个人只有在信任真主的情况下才能实践淡泊。

阿卜杜勒·瓦赫德·本·宰德说:"淡泊是舍弃为真主之外而

---

① 穆罕默德·本·海菲福(伊历276—371年,公元890—982年),别名艾布·阿布顿拉,著名苏菲大师,设拉子人。——译者

② 舍给格·巴里赫(卒于伊历194年),全名舍给格·本·易卜拉欣·艾兹迪·巴里赫,别名艾布·阿里,大众派学者,逊尼派苏菲大师,巴里赫人。——译者

忙碌的事物。"

鲁伊姆·本·艾哈迈德询问祝奈德淡泊,祝奈德说:"轻视尘世,并把尘世的影响从心中抹去。"

赛勒·塞格特说:"专注于戒除尘世欲望的淡泊者,他的生活是窘迫的;孤身专注于认主的'阿勒夫',他的生活是窘迫的。"

有人问祝奈德淡泊,他说:"手中无物,心中无欲。"

有人问戴里夫·舍布里淡泊,他说:"淡泊是手中无物,心无所属。淡泊是轻视除真主之外的一切事物。"

叶哈雅·本·穆阿兹说:"一个人只有具备以下三种特点,才能达到淡泊的实质:不为关系而工作,不为贪欲而发言,不因权力而获得荣耀。"

艾布·哈福赛说:"淡泊只能在合法的事物里,没有尘世中的合法,便没有淡泊。"

艾布·奥斯曼·哈伊尔说:"的确,真主会赐给淡泊者超过他想要的东西,给期望者他不想要的东西,给正道者他所想要的东西。"

叶哈雅·本·穆阿兹说:"淡泊者使你嗅到的是醋味和芥末味,而'阿勒夫'(认主者)让你嗅到的是麝香和龙涎香。"

118　哈桑·巴士拉说:"对尘世的淡泊使你厌恶尘世上的人及尘世中的一切。"

有人问一个人:"什么是尘世中的淡泊?"那人答:"把尘世的东西丢给拥有尘世的人。"

有人问左农:"我什么时候开始轻视尘世?"左农答:"当你轻视你自己时。"

穆罕默德·本·法德里说:"在富足时以淡泊为满足,在需求

时以够用为满足。"真主在《古兰经》中说："他们虽有急需,也愿把自己所有的让给那些有需要的教胞。"(放逐章:第9节)

穆罕默德·凯塔尼说："巴士拉人、库法人、伊拉克人、叙利亚人没有分歧的一点是:尘世中的淡泊、心灵的富有、真诚的劝诫,没有一个人会说:'这些东西不是可赞的。'"

一个人问叶哈雅·本·穆阿兹说："什么时候我可以进入'托靠'(依赖真主)的小屋,穿上淡泊的外衣和淡泊者同座?"叶哈雅·本·穆阿兹答道："秘密地训练你的意志,真主三天没给你给养,而你的'托靠'没有减弱,如果你能达到这一程度,说明你可以了。如果你没有达到这一程度,你坐在淡泊者的毯子上是无知,之后,也不能担保你不做出丑事。"

拜舍尔·哈菲说："淡泊是只在空无一物的心里居住的国王。"

穆罕默德·艾什阿斯说："谁谈论淡泊,以此劝诫他人,之后又渴望人们拥有的东西,真主会从他心中取走对后世的爱。"

有人说："如果有一个人淡泊尘世,真主会责成一个天使,在他心中种下智慧。"

有人问一个人:"你为什么要轻视尘世?"那人答:"是我里面的东西①轻视它。"

伊玛目艾哈迈德·本·罕百里说："淡泊有三种面目:第一种是放弃非法,这是一般人的淡泊;第二种是放弃合法中多余的东西,这是特殊人的淡泊;第三种是放弃一切,只为真主而忙碌,这是'阿勒夫'的淡泊。"

---

①　指人的心。——译者

　　我的导师艾布·阿里·丹嘎格说:"有人问一个人:'你为什么要轻视尘世?'那人答:'当我厌恶尘世中的大多部分时,我对其中的少部分也开始厌恶了。'"

　　叶哈雅·本·穆阿兹说:"尘世就像新娘,想得到她的人,挖空心思向给她梳头的婢女献媚;而淡泊者则对新娘冷眼相对,弄乱她的头发,撕破她的衣服;至于忙碌于真主的'阿勒夫',则对新娘视而不见。"

　　赛勒·塞格特说:"我实践了淡泊的所有事情,也得到了我想要的东西,但唯独我不能做到对人轻视,我的确做不到那一点,我也不能承受。"

　　有人说:"淡泊者考虑的只是自己,其实,他们是为了长久的福利而放弃了短暂的福利。"

　　奈斯尔·阿巴兹说:"淡泊是为淡泊者输血,使'阿勒夫'流血。"①

　　哈提木·艾塞姆②说:"淡泊者在花费其生命之前先花费其口袋,假装淡泊者在花费自己的口袋前花费自己的生命。"③

---

　　①　为其输血是为了维持其生命,保持其人性,因为他需要活下去。而阿勒夫是真主使他们的灵魂泯灭之人,即一般人需要淡泊以存活下去,而阿勒夫则不需要淡泊。这是两个不同的等级,针对不同的人。——译者

　　②　哈提木·艾塞姆(卒于伊历 237 年),别名艾布·阿卜杜·拉赫曼,大众派学者,逊尼派苏菲大师,呼罗珊巴里赫人。——译者

　　③　这也是指两个不同的等级:一个人真正淡泊者,他首先花费自己的钱财,其次是地位、名誉,直至牺牲自己的生命;而假装淡泊者则宁愿失去自己的生命也不愿失去的金钱、名誉、地位。——译者

法迪里·本·安雅德①说："真主使所有的恶都集中在一个家里，家的钥匙就是喜爱尘世；他使所有的善都集中在一个家里，家的钥匙就是淡泊。"

7. 沉默（萨麦特，Samt）

艾布·胡莱勒传述，穆圣说："谁信仰真主和末日，不要伤害他的邻居；谁信仰真主和末日，让他款待客人；谁……让他说善言或者沉默。"②

阿格拜·本·阿米尔③问穆圣："真主的使者啊，什么是得救？"穆圣说："保护舌头对你的伤害，为你的家而奔忙，为你的错误而哭泣。"④

沉默是平安的根源。人被禁止说话时，他会后悔之前的多言，但人应该在教法、禁戒与命令方面表达自己的看法，该沉默时沉默是优秀男人的风格，同样，该发言时发言也是优秀的品格。

我的导师艾布·阿里·丹嘎格说："面对真理而保持沉默者，他是无声的恶魔。沉默是聆听的礼仪，真主在《古兰经》中说：'当有人诵读古兰经时，你们要倾听，安静，或许真主会仁慈你们。'（高

---

①　法迪里·本·安雅德(伊历107—187年)，全名法迪里·本·安雅德·本·麦斯欧德·本·拜舍尔，著名苏菲大师，呼罗珊人，出生于撒马尔罕。——译者

②　《布哈里圣训集》记载，艾布·胡莱勒传述。《穆斯林圣训集》、《艾布·达乌德圣训集》也有记载。

③　阿格拜·本·阿米尔(卒于伊历58年)，全名阿格拜·本·阿米尔·本·阿比斯·本·阿慕尔·本·阿迪，圣门弟子，诵经家，法学家，学者。曾服侍过穆圣。——译者

④　《提尔密兹圣训集》记载，提尔密兹认为此为优良圣训。

120

处章:第204节)"

真主在描述精灵到穆圣跟前时说:"当他们来到了他面前的时候,他们说:'大家静听吧!'"(沙丘章:第29节)

真主说:"一切声音将为至仁主而安静下来,除足音外,你听不见什么声音。"(塔哈章:第108节)

为了不揭穿别人的谎言和秘密而保持沉默与因害怕暴君而保持沉默之间的差别是多么大呀!

诗曰:

分别时刻忽记起,缠绵之时话甜蜜。
时光似水匆匆过,唯有证据断言语。
他年你我再相遇,往昔话语无曾记。
待我开口欲言时,口开口合无从提。

诗曰:

原曾滔滔话不停,相遇时刻全无踪。

诗曰:

121　美言装饰青年,沉默胜似美言。
多少言语致祸,多言莫如沉默。

沉默分为两种:表面的沉默和内心沉默。"托靠"者的心因给养的缺乏而沉默,"阿勒夫"的心因相逢判断而沉默。前者的沉默因信仰真主所有的行为而美好,后者的沉默因接受真主的所有判断而美好。

或许沉默是因为惊惶失措。当揭示突然呈现在一个人面前时，他所有的话语在那一刻都消失了，不能言语，不能出声；感官被遮盖了，没有知觉，没有感觉。正如真主所说："那一天，真主集合众使者，他问他们：'你们所得的答复是什么？'他们将说：'我们毫无知识。'"（筵席章：第109节）

对于修道的人来说，沉默是最适宜的，也是他们最钟爱的，因为他们知道言语的害处。争强好胜，沽名钓誉，希望以措辞优美而不同于其他人等，这些都是品德上的缺点。对于修道者而言，一个重要的工作就是挑战坏习惯，清洁品德。

据说，达乌德·塔伊①曾是艾布·哈尼法的学生，他在出席艾布·哈尼法的讲座时，一言不发地坐在同道人中间。他就这样坚持了整整一年，当他的心坚强到能接受这样的锻炼时，他开始选择隐居。

我听拜舍尔·本·哈勒斯说："如果别人的话使你惊奇，你就沉默；如果别人的沉默使你惊奇，你就开口。"

赛海利·本·阿布顿拉说："当一个人决定隐居时，沉默对于 122 他来说是适宜的。忏悔时不保持沉默，他的忏悔是不正确的。"

艾布·伯克尔·法尔斯②说："谁的心如果没有沉默，他就在无意义之中，即使他没有开口说话。沉默并不仅局限于口舌，同样针对心和肢体。"

有人说："没有从沉默中获益的人，如果他开口说话，也是虚妄

---

① 达乌德·塔伊（卒于伊历165年，公元781年）别名艾布·苏莱曼，著名苏菲大师，学者，祖籍呼罗珊，出生于库法。——译者

② 艾布·伯克尔·法尔斯：生卒不详，全名穆罕默德·本·易卜拉欣·法尔斯，别名艾布·伯克尔，波斯人。——译者

之词。"

穆姆沙德·迪沃尔①说："智者因为沉默和思考而继承哲理。"

有人问艾布·伯克尔·法尔斯沉默的机密,他说："是放弃对过去和未来的忙碌。"

艾布·伯克尔·法尔斯说："如果一个人只因关系到自己的事情而说话,而不是必须要说话,那他已在沉默的边缘。"

据传,穆阿兹·本·杰伯里②说："与人少说,与真主多说,或许真主能看见你的心。"

有人问左农："谁是最能保护自己的人?"答曰："最能控制口舌的人。"

阿里·本·布卡尔③说："真主使每个事物有两道门,却使舌头有四道门:上下互斗的双唇和上下互斗的大牙。"

据传,哈里发艾布·伯克尔曾经把一块石子含在嘴里长达一年,以使自己少说话。

巴格达的艾布·哈姆宰④善于言辞,有人对他说："如果你开口,你就一定要说得很精彩。"艾布·哈姆宰闻听之后,再没有开口说话,直至死去。

戴里夫·舍布里坐在讲座上一言不发,听讲的人也没有人问

123

---

① 穆姆沙德·迪沃尔(卒于伊历 299 年),著名苏菲大师。——译者

② 穆阿兹·本·杰伯里(卒于伊历 18 年),圣门弟子,辅士,伊玛目,法学家,著名学者,参加过多次战役。——译者

③ 阿里·本·布卡尔(卒于伊历 207 年),别名艾布·哈桑,伊玛目,勤于功修、苦行,易卜拉欣·本·艾德海木的弟子,巴士拉人。——译者

④ 艾布·哈姆宰(卒于伊历 289 年),法学家,古兰经诵读学家,巴格达人。——译者

他,之后他说:"预言将因为他们的不义而实现,所以他们哑口无言。"(蚂蚁章:第85节)

有时正在讲话的人也会沉默,因为听讲的人比他更应该开口说话。

伊本·斯玛克[①]说:"谢赫·卡尔玛尼[②]和叶哈雅·本·穆阿兹关系甚好,谢赫·卡尔玛尼却不出席叶哈雅的讲座。有人问他为什么,他说:'我不去是对的。'直到有一天,谢赫·卡尔玛尼心血来潮来到叶哈雅的讲座,他悄悄坐在叶哈雅不易察觉的地方。正在讲话的叶哈雅突然闭口不语了,之后说:'这里有人比我更应该说话。'之后他颤抖了一下。谢赫·卡尔玛尼于是说:'我不是给你们说过吗,我不参加他的讲座是对的。'"

或许正在讲话的人会突然沉默,这是由于听众的缘故,或许听众中有不适合听讲的人,于是,真主保护讲话人的口舌。

苏菲之道的长老们说:"或许是因为听讲的人中有不适合听讲的精灵,因为总有一些精灵会出席这样的场合。"

我的导师艾布·阿里·嘎格说:"有一次我病倒在姆鲁,我想回到家乡奈萨布尔。在梦中,好像有一个人对我这样说:'现在你不要回奈萨布尔,因为有一些精灵到处散播你的话,他们将会出席你的座谈,为了避开他们,你最好待在这里。'"

一位智者说:"人之所以被赋予一张嘴、两个耳朵和两只眼睛,

---

① 伊本·斯玛克(卒于伊历183年),全名穆罕默德·本·赛比哈·阿杰里,别名艾布·阿拔斯,学者,精于演讲,曾任库法法官。——译者

② 谢赫·卡尔玛尼(卒于伊历300年),别名艾布·法瓦里斯,著名苏菲大师。——译者

是因为希望人多听、多看、少说。"

有人邀请易卜拉欣·本·艾德海木吃饭,易卜拉欣·本·艾德海木一坐下,他们就开始谈论别人的隐私。于是,易卜拉欣说:"别人吃饭是先吃饭再吃肉,而你们却是先吃肉!"(背谈人)他指的是这段《古兰经》文:"难道你们中有人喜欢吃他的已死的教胞的肉吗?"(寝室章:第12节)

有智者说:"沉默是宽厚之舌。"

有人说:"你要学习沉默,如同你学习讲话一样,如果话语能指导你的话,那么,沉默确能保护你。"

有人说:"舌头的廉洁是沉默。"

有人说:"舌头如野兽,如果你不能驯服它,它会伤害你。"

有人问艾布·哈福赛:"对于'卧里'来说,哪一种情况是最好的:沉默还是说话?"答曰:"如果说话的人知道话语的危险,他一定会沉默很久;如果沉默者知道沉默的危险,一定会祈求真主给他几倍于努哈圣人①的寿限,直到能开口说话。"

有人说:"普通人的沉默是舌头的沉默;'阿勒夫'的沉默是心的沉默;爱主者的沉默是心灵秘密的沉默。"

一个人说:"三十年以来,我只听见我的心说话,没有听到我的舌头说话,又过了三十年,我只听见我的舌头在说话,听不到我的心在说话。"

一个人说:"即使你的舌头沉默了,你也不能从心的话语中获救,即使你成为腐土,你也无法脱离你的精灵的言语,即使你竭尽

---

① 一位圣人,据说活了950岁。——译者

全力,你也不能让灵魂开口,因为它是秘密的守护者。"

有人说:"无知者的舌头是他死亡的钥匙。"

还有人说:"爱主者如果沉默就会灭亡,'阿勒夫'(认主者)如果沉默,就会拥有。"

法迪里·本·安雅德说:"谁如果把话语作为功修中的一部分,那么他只会在必要时开口。"

8. 恐惧(浩夫,Khawf)

真主在《古兰经》中说:"他们以恐惧和希望的心情祈祷他们的主。"(叩头章:第16节)

艾布·胡莱勒传述,穆圣说:"因为害怕真主而哭泣的人绝不会进入火狱,除非奶回流入乳房,为主道征战的灰尘与火狱的烟雾绝不会相遇在一个人身上。"[1]

艾奈斯传述,穆圣说:"如果你们知道我所知道的,你们一定笑少哭多。"[2]

恐惧是与未来相关联的,因为人们担心会遇到他不希望发生的事情,或者担心所爱的人与事物消失,这些都发生在未来。如果这些事情都发生在现在,人们是不会担心的。而对真主的恐惧,就是害怕真主在今世或在后世的惩罚,真主的确命令人们害怕他,真主在《古兰经》中说:"你们当惧怕我,如果你们是信士的话。"(伊姆兰的家属章:第175节)

---

① 《圣训宝藏》记载,艾奈斯传述。

② 《布哈里圣训集》记载,艾布·胡莱勒传述。《提尔密兹圣训集》也有记载。

又说:"你们应当只畏惧我。"(蜜蜂章:第 51 节)

真主表扬畏惧他的信士:"他们畏惧在他们上面的主宰,他们遵行他们所奉的命令。"(蜜蜂章:第 50 节)

我的导师艾布·阿里·丹嘎格说:"恐惧分为一些层次:惧怕、敬畏和畏惧。"

恐惧是信仰的条件,真主说:"你们当惧怕我,如果你们是信士的话。"(伊姆兰的家属章:第 175 节)

敬畏是知识的条件,真主说:"真主的仆人中,只有学者敬畏真主。"(创造者章:第 28 节)

畏惧是认知的条件,真主说:"真主使你们防备他自己。"(伊姆兰的家属章:第 30 节)

艾布·哈福赛说:"恐惧真主的鞭子,它使心猿意马的人集中精力。"

艾布·嘎希姆·哈克目说:"恐惧分为两种:畏惧和敬畏。畏惧的人害怕时求助于逃跑;敬畏的人害怕时求助于真主。"

有人说"畏惧"与"逃跑"①准确来说是一回事,如同"吸引"、"拉"、"扯"表达的意思是一致的。如果一个人逃跑,一定会逃到他希望的地方,正如那些顺从他们私欲的修士那样。

艾布·哈福赛说:"恐惧是心中的光明,心以此看到善与恶。"

艾布·阿里·丹嘎格说:"恐惧是你不以'或许'、'将要'一类的词解释你的心。"

---

① 两个单词在词源上都是由三个完全相同的字母组成,只是前两个字母的顺序变了一下而已。所以,在外观上看是非常相似的。——译者

大马士革的艾布·欧麦尔说："人们对自身的恐惧甚于对恶魔的恐惧。"

伊本·杰拉伊说："恐惧者是从恐惧之事中平安走来的人。"

有人说："恐惧者不是哭泣、抹眼泪的人，而是放弃了对惩罚担忧的人。"

有人对伊本·安雅德说："我们怎么看不到恐惧的人呢？"答曰："如果你们恐惧，你们一定能看到恐惧的人，只有恐惧者才会看到恐惧者，寡妇乐意看到寡妇。"

叶哈雅·本·穆阿兹说："阿丹的子孙是可怜的，如果他们害怕火狱像害怕贫穷一样，他们一定能进入天堂。"

谢赫·卡尔玛尼说："恐惧的标志是持久的忧伤。"

艾布·嘎希姆·哈克目说："如果一个人害怕一件事，他会从中逃走。谁如果害怕真主，那就逃向真主。"

有人问左农："恐惧什么时候对人来说是容易的？"答曰："把自己置于病人的位置，百般求医以求痊愈，但又担心不愈，这时，恐惧之心油然而起。"

穆阿兹·本·杰伯利说："一个信士只有在后世通过火狱的桥后，才会放下心来，不再恐惧。" 127

拜舍尔·哈菲说："恐惧只在敬畏者的心中定居。"

艾布·奥斯曼·哈伊尔说："恐惧者的缺点在他的恐惧中。"

穆罕默德·瓦西特说："恐惧是人与真主之间的'幔帐'。这个词不好理解，意思是：恐惧者期望着下一个时刻，而位于这一时刻的人又看不到未来，清廉者的善功是近主者的罪过。"

艾哈迈德·努尔说:"恐惧者是从他的主人①逃到他的养主那里的人。"

有人说:"恐惧的标志是面对未知时的为难与困惑。"

有人问祝奈德什么是恐惧,答曰:"恐惧是生命尚在时对未来惩罚的预见。"

艾布·苏莱曼·达扎尼说:"恐惧只有在心毁坏之后才会离开它"。

艾布·奥斯曼说:"真正的恐惧是在明与暗中对罪恶的畏惧。"

左农说:"只要人们还在路上,恐惧便不会从他们身上消失,一旦恐惧从他们身上消失,人们便会迷路。"

哈提木·艾塞姆说:"任何事物都有装饰,而功修的装饰便是恐惧,恐惧的标志就是减少希望。"

一个人对拜舍尔·哈菲说:"我害怕看到死亡。"拜舍尔说:"到真主那里去是一件重大的事情。"

艾布·阿里·丹嘎格说:"我去探望生病的伊玛目艾布·伯克尔·福尔克,当他看见我时,眼泪马上流了下来。我对他说:'真主会使你康复的。'他对我说:'你不要认为我害怕死亡,我只是害怕死亡之后的事情。'"

据阿伊莎②传述,她说,我对穆圣说:"真主的使者啊,经文'有所施舍,但因为将归于主而心怀恐惧者'(信士章:第60节)指的是那些喝酒、偷盗的人吗?"穆圣回答说:"不,他们是那些封斋、礼拜、施舍的人,他们害怕他们的工作不被接受。'他们是争先行善的

---

① 这里的主人有可能是金钱、地位、名誉及所有他所崇拜的东西。——译者

② 阿伊莎:卒于伊历85年,穆圣时代最精通宗教的女子,也是穆圣最喜爱的妻子,艾布·伯克尔的女儿,传述过很多圣训。

人，他们是最先获得善报的。(信士章：第 61 节)'"①

阿布顿拉·本·穆巴拉克说："使恐惧激荡并深居内心的办法是在公开与秘密中持续的督察。"

易卜拉欣·本·筛巴尼②说："如果恐惧深居人的内心，它会燃烧欲望的处所，驱逐人对尘世的渴望。"

有人说："恐惧是认识到真主判决的不可更改。"

有人说："恐惧是由真主的尊大而引起的心的震动。"③

艾布·苏莱曼·达扎尼说："一个人的心只应该被恐惧征服，如果人的心被希望征服的话，他的心会坏掉。"他对艾哈迈德说："你要恐惧，这样你才能上升，如果你失去了恐惧，你会跌落下来。"

穆罕默德·瓦西特说："恐惧和希望是心的两个缰绳，不至于使心放荡不羁，失去控制。"

又说："当真主出现在一个人的内心时，他的心既不存在恐惧，也不存在希望。"

前面的话不容易理解，它的意思是当见证真主得以实现时，人心中的秘密会掌握那一切，他不记得发生了什么。而恐惧和希望是人的感觉中的两种，感觉都不存在了，恐惧和希望何以存在呢？

哈拉智说："如果一个人害怕真主之外的事物，或把所有希望　129

---

① 《提尔密兹圣训》记载。

② 易卜拉欣·本·筛巴尼(卒于伊历 337 年)，别名艾布·伊斯哈格，苏菲长老。——译者

③ 当一个人感觉到真主注视他时，即使他当时处于最好的功修状态，他的心也会动荡不安，全身紧张。正如真主在《古兰经》中说："那些人，如果有人提到真主，他们的心便是恐惧的。(朝觐章：第 35 节)——校对者

都寄托在真主之物的事物上,恐惧就会占据他的心。他被七十道幔帐遮挡,最里面的一道幔帐是怀疑。最使人们恐惧的是他们对惩罚的担忧,以及他们对他们状况改变的害怕。"

真主说:"真主为他们显示他们未曾想到的事情。"(队伍章:第47节)

"你说:'我告诉你们在行为方面最吃亏的人,好吗? 他们就是在今世生活中徒劳无功,而认为自己是手法巧妙的人。'"(山洞章:第103—104节)

有多少令人羡慕的人,他们的真实情况并非如此。当你接近他们时,你会发现他们工作的丑恶,温和变为冷酷,存在变成不存在。

艾布·阿里·丹嘎格对此吟道:

光阴如梭多行善,真主前定心惧然。

莫为夜夜平安欺,清平夜中劫难多。

曼苏尔·本·海莱夫说:"曾经有两个人一起修道,互相陪伴了多年,之后,其中一个人离开他的同伴远行了。过了很久之后,同伴都没有他的任何消息。之后不久,同伴参加征服罗马的战役,两军对阵时,一个蒙面的罗马武士出来叫阵,向穆斯林军提出挑战。一个穆斯林士兵出来应战,结果被罗马武士杀死,又出来一个士兵,最终死于罗马武士手下,第三个士兵出来,还是死于罗马武士手下。这时修道的苏菲走了出来,两人杀得难分难解。罗马武士把面具取下来,赫然是修道时相处了多年的伙伴,两人多年未见,此次相见竟是在战场上。苏菲就问他:'你怎么在这里呢?'他的同伴答,他叛教了,之后去了罗马,在那里娶妻生子,富甲一方。苏菲说:'但是你曾会用多种读法诵读《古兰经》,现在你怎么能如此呢?'同伴答:'我现在一个字母都不记得了。'苏菲说:'你不要再为罗马人效命了,你回去吧。'同伴答:'如果我临阵逃脱,我的财富、地位都将失去。你还是回去吧,否则,我会像杀掉那三个穆斯林士兵那样杀掉你。'苏菲说:'你已经杀了三个穆斯林士兵了,现在回去也没什么不好交代的了,你走吧,我不追究你,我放你走。'同伴闻言掉头就走了,苏菲悄悄跟在他后面,把他的同伴一击而死。经过多年艰苦的修炼之后,他杀死了一个基督教徒。"

　　有人说,当关于"伊卜里斯"(恶魔)的事情发生之后,吉卜勒利天使和米卡伊利天使哭了很长时间,真主问他们说:"你们俩为何如此哭泣啊?"两天使答道:"主啊,我们不能从你的计谋上安全了。"[①]真主于是说:"事情本来如此,你们俩本来就不能安全于我的计谋。"

　　据说,赛勒·塞格特说:"我每天就这样低头看一下我的鼻子,我担心因为害怕后世的惩罚,鼻子因此变黑了。"

　　艾布·哈夫赛说:"四十年以来,我一直坚信真主以生气的目光注视着我,我的工作证明了那一点。"

　　哈提木·艾塞姆说:"不要被优越的住所蒙骗,再没有比天堂更优越的地方了,阿丹圣人不是在里面遭受到了他所经历的吗?

---

　　①　此处指的是真主在古兰经中曾说的:"你们用计吧,真主也在用计,真主是最善于用计的。"(仪姆兰的家属:第54节)

不要被功修之多所蒙骗,'伊卜里斯'在经过长久的功修之后,不也走上了违抗真主之路吗？不要被知识渊博所蒙骗,布勒阿姆[①]曾经精通真主的尊名,但后来不也走入歧途了吗？也不要被与善人相交所蒙骗,再没有人比穆圣更伟大的了,但他的亲人[②]和敌人都没有从他身上获益。"

伊本·穆巴拉克一天去见他的朋友,他对他的朋友说:"今天早上我勇敢地面对真主,向他索要了天堂。"

据说,尔撒和以色列人中的一个清廉之人一起外出,一个臭名昭著的人跟在他俩后面,他在远离两人的地方坐下,神情忧伤地向真主祈求:"主啊,你饶恕我吧!"那个清廉人也向真主祈祷:"主啊,明天不要再让我们见到这个坏人了。"真主向尔撒圣人启示说:"我听到了他们两人的祈祷,我拒绝了那个清廉的人,饶恕了那个犯罪的人。"

左农说:"我问一个学者:'你为什么被称作疯子?'他答道:'我疯的时间一长,我就成疯子了,我担心它会离开我。'"

131　　诗曰:

　　我有巨石定赠人,泥造之人怎堪负。

有人说:"对这个民族最充满希望、对自己最充满恐惧的人莫过于伊本·赛利勒了。"[③]

----

①　布勒阿姆:有人说是布勒阿姆·本·巴欧扎,以色列学者。

②　可能指穆圣的叔叔艾布·杰海利及其妻子,两人没有皈信伊斯兰,反而一直与穆圣为敌。——译者

③　穆罕默德·赛利勒(653—729)再传弟子,巴士拉人,布商,以虔诚著称,善于解梦。

据说,苏福扬·扫勒病了,一个人把他带到医生那里,对医生说:"这个人的肝被恐惧击碎了。"医生遂上前检查了一下血管,之后说:"我不知道'哈尼法'学派中还有像他这样的人。"

有人问戴里夫·舍布里:"为什么太阳在西落时颜色变黄?"舍布里答道:"因为它就要离开圆满,它因为担心归宿而变黄。信士也是如此,当他将要离开这个尘世时,他的脸色也会变,因为他担心他的归宿。而太阳升起时,总是阳光四射,信士也是如此,当他从坟中复生起时,他的脸也是光华四射的。"

据传述,艾哈迈德·本·罕百里说:"我祈求真主为我打开一扇恐惧之门,他就为我打开了,我担心我的理智不能承受,我又说:'主啊,你赐予我承受的力量吧。'于是,恐惧就稳居在我心中。"

9. 希冀(勒佳,Raja)

真主说:"凡希望会见真主者,谁都应当知道真主的限期是必定降临的。"(蜘蛛章:第5节)

阿拉伊·本·宰德传述说:"我去马立克·本·迪纳尔那里,看到舍海尔·本·胡什布也在那,当我出来时,我对舍海尔·本·胡什布说:'愿真主为我、为你增加吉庆。'"他说:"是的。我的姊姊温姆·达尔达伊告诉我,据艾布·达尔达伊传述,吉卜勒利天使对穆圣说,你的养主说:'我的仆人啊,你没有崇拜我,却对我充满期望,如果你不以任何物举伴我,我就饶恕你曾经的过错。即使你以充满天地的过错迎接我,我也会以同样的饶恕迎接你,我饶恕你,我并不介意。'"①

132　　　马立克·本·艾奈斯传述,穆圣说:"真主说:'心中有米粒般大小信仰的人都会从火狱中释放出来。'之后又说:'心中有芥子般大小信仰的人都会从火狱中释放出来。'之后又说:'以我的尊严和尊大起誓,我不会让即使信仰我一个时辰长的人等同于不信仰我的人。'"②

心中牵挂所爱的事物,他的希冀会在未来实现。

恐惧是对未来时间的感觉,希冀同样也是对未来时间的感觉。由于希冀,心得以保存和独立。

希冀和奢望之间的差别是:奢望使人懒惰,使人放弃努力和认真,而拥有希冀的人却恰恰相反,所以希冀是健康的,而奢望是病态的。

你们要多谈论希冀,谢赫·卡尔玛尼说:"希冀的标志是好的顺从。"

阿布顿拉·本·海比格③说:"希冀有三:有人做了善事,他希望被接受;有人做了坏事之后忏悔,希望能被饶恕;有人自欺欺人地做坏事,而他却说:我希望能被饶恕。知道自己做了坏事的人,应使他的恐惧超越于他的希冀。"

有人说:"希冀是慷慨者的重负。"

---

①　《圣训宝藏》记载。塔布拉尼也有记载,艾布·达尔达伊传述。

②　《布哈里圣训集》、《穆斯林圣训集》、《艾布·达乌德圣训集》中有类似这样的记载。

③　阿布顿拉·本·海比格:生卒不详,别名艾布·穆罕默德,苏菲大师,库法人。——译者

有人说:"希冀是希望以美丽的眼睛见证到真主的尊大。"

有人说:"希冀是希望心接近真主的怜悯。"

有人说:"心的快乐是因为好的归宿。"

有人说:"希冀是希望见到真主无边的仁慈。"

艾布·阿里·鲁兹巴勒说:"恐惧和希冀就像一只鸟的两翼,如果两翼平衡了,鸟的飞行就平衡了,鸟就可以安全地飞行;如果其中的一翼坏掉了,飞行就无法进行;如果两翼都没有了,小鸟也就到了死亡的边缘。"

有人问艾哈迈德·本·阿绥木·安塔克①:"一个人希冀的标志是什么?"答曰:"当他被别人的善行包围时,他想到的是感恩,希望真主在今世赐给他完全的恩惠,在后世赐给他完全的饶恕。"

艾布·阿布顿拉·本·海菲福说:"希冀是真主的恩惠存在的报喜,看到所爱的人的慷慨之后,心会愉悦。"

艾布·奥斯曼·麦格里布说:"强迫自己希冀的人,他会垮掉;强迫自己恐惧的人,他会失望。希冀与失望应交替轮流。"

伯克尔·本·赛里木·赛瓦夫说:"我们在马立克·本·艾奈斯归真的那个晚上去看他,我们对他说:'艾布·阿布顿拉啊②,你怎么认为自己呢?'他说:'我不知道怎么跟你们说,但是你们将会亲眼看到真主对你们的饶恕,对于你们的过错,真主的确原谅了你们。'他刚一说完,我们的眼中就流满了泪水。"

---

① 艾哈迈德·本·阿绥木·安塔克(伊历 140—239 年),大众派学者,逊尼派苏菲大师,伊玛目。艾布·苏莱曼·达扎尼称之为"心灵的监视者"。大马士革人。——译者

② 伯克尔·本·赛里木·赛瓦夫的别名。——译者

　　叶哈雅·本·穆阿兹说:"主啊! 我犯罪后对你的希冀几乎超过了干功后对你的希冀,因为我在干功时立足于虔诚,我如何能放弃工作呢,我是众所周知的罪人。我发现在犯罪后,我期待的是你的饶恕,你为什么不饶恕呢? 慷慨是你的属性。"

　　左农奄奄一息时,有人对他说话,他说:"你们不要打扰我,我正惊奇于真主对我如此多的温和。"

　　叶哈雅·本·穆阿兹说:"我的主啊,我心中最甜美的赏赐是对你的希冀,我口头最甜的话是对你的赞美,我最渴望的时刻是与你相遇。"

　　据传述,穆圣有一次从门里出来,看到弟子们都在大笑,穆圣说:"你们在笑吗? 如果你们知道我所知道的,你们一定笑少哭多。"①

　　穆圣在一则圣训中说:"吉卜勒利天使降临于我,他带来了真主的话:'你告诉我的仆人,我是至恕的、仁慈的。(山谷章:第 49 节)"

134　　阿伊莎传述,穆圣说:"真主笑那些他的恩惠距离他们很近,而他们却对他的恩惠绝望的人。"于是,我说:"以我的父母为牺牲,真主是笑那些人吗?"穆圣说:"以掌握我的生命的主宰起誓,他是笑那些人的。"阿伊莎说:"如果他笑我们,我们就不会有吉庆了。"②

―――――――――

　　①　《布哈里圣训集》记载。
　　②　笑是喜悦的标志,从这里我们可以知道,犯罪者的罪行不会伤害他,顺从者的顺从不会有益他,顺从真主的人,顺从的吉庆归于他自己,违抗真主的人,违抗的后果也归于他自己,如果他不绝望于真主的恩惠,他就向真主忏悔,如果他绝望,那他是无知者。

　　须知,笑是真主的行为属性之一,是他显示恩惠的标志。正如我们说:"大地以植物而笑。"真主笑那些绝望的人,是在向他们展示他的恩惠,但这些人的忍耐太有限了。

　　据说,一个拜火教徒让易卜拉欣圣人款待他,易卜拉欣圣人说:"如果你皈信伊斯兰,我就款待你。"拜火教徒不高兴地说:"如果我皈信,你给我的好处是什么呢?"拜火教徒说完就走了。真主启示易卜拉欣圣人说:"易卜拉欣啊! 你款待他只是想改变他的宗教,而我款待了他七十年,他都没有信教,你款待他一晚上又能怎么样呢?"易卜拉欣圣人遂把拜火教徒请到家里,热情地款待了他,拜火教徒不解地问他:"什么原因使你改变了想法了呢?"易卜拉欣圣人就把真主的话给他叙述了一番。拜火教徒就说:"真主这样对待我吗? 你给我讲一下伊斯兰。"就这样,他皈信了伊斯兰。

　　我听艾布·伯克尔·艾什克布说:"艾布·赛海利·赛阿鲁克[①]在梦中看到他在天堂里的种种享受,我就问他:'你是如何得到这些的?'他说:'因为我对真主善意的期待。'"

　　马立克·本·迪纳尔在梦中看到了后世的状况,有人问他:"真主如何对待你的?"他答:"我向真主呈现了我做的许多错事,但真主因我对他善意的期待而抹消了我的过错。"

　　穆圣说:"真主说:'这里有一个仆人,他善意地期待我。如果他提到我,我就和他在一起;如果他在心里提到我,我会在心里提到他;如果他在一群人中提到我,我就在更好的一群人中提到他。

────────

　　① 艾布·赛海利·赛阿鲁克(卒于伊历 369 年),全名穆罕默德·本·苏莱曼·本·穆罕默德·本·苏莱曼·本·哈伦,别名艾布·赛海利,沙菲仪派法学家,认主学家,语法学家,语言学家,苏菲大师。奈萨布尔人。——译者

他近我一寸,我近他一尺;他近我一尺,我近他一丈;他走来见我,我跑出去迎他。'"①

135　据传,伊本·穆巴拉克和一个拜火教徒决斗,两人正打得激烈,拜火教徒的礼拜时间到了,他请求暂缓决斗。伊本·穆巴里克答应了他的请求。当拜火教徒向太阳叩头时,伊本·穆巴拉克想用剑刺死他,这时,他突然听到天空中有一个声音在说:"你们应当履行诺言,诺言确是要被审问的事。"(夜行章:第 34 节)伊本·穆巴拉克把举起的剑放了下来,拜火教徒结束礼拜后,问他:"你怎么改变想法了,你不是要杀我吗?"伊本·穆巴拉克把听到的话讲述了一遍,拜火教徒说:"这样的养主真好! 他因为他的敌人而责备他的'卧里'。"拜火教徒遂皈信了伊斯兰,后来信仰非常虔诚。

有人说:"人在称呼自己是善想者时会阻止他犯罪。"

有人说:"如果真主说:'我不饶恕过错。'那么,穆斯林就根本不会犯错,正如同他说:'我不饶恕以物配主的人。'穆斯林因此绝没有人以物配主,但是真主却说了:'他为自己所意欲的人而赦宥比这差一等的罪过。'(妇女章:第 48 节)于是,穆斯林都期望他的饶恕。"

据传,易卜拉欣·本·艾德海木说:"我在等待巡游天房,过了一阵,许多人都结束了,我开始巡游天房。当时是漆黑的夜,又下着大雨。我在巡游天房时说:'主啊,你保护我吧。'我听到一个声音对我说:'易卜拉欣啊,你为自己祈求保护,所有的人都为自己祈

---

① 《布哈里圣训集》记载,艾布·胡莱勒传述。《穆斯林圣训集》的"赞念真主篇"和《提尔密兹圣训集》的"善意猜测真主篇"里也有记载。

求保护,如果我都保护了你们,那我还饶恕谁呢?'"

据传,艾布·阿拔斯·本·苏莱基①在去世前病中的夜里看到了后世里的情景,好像复生日立起了。伟大的真主询问:"学者们在哪里呢?"有人说:"他们来到了。"真主就问:"你们是如何实践你们的知识的?"学者们答:"主啊,我们做得不好,我们有罪。"真主之后又问了同样的问题,好像他不满意这样的答复,而是希望其他的答案。于是艾布·阿拔斯就说:"至于我,从来没有以物配主过,而你曾许诺要饶恕除以物配主外的所有过错。"真主于是说:"你们走吧,我饶恕你们了。"之后刚过三天,艾布·阿拔斯就去世了。

有一个嗜酒之人,把他的酒友召集在一起,他给一个仆人四个迪尔汗,让他到市场上买一些水果。仆人对主人嗜酒深恶痛绝。他经过曼苏尔·本·安玛尔②的讲座时,曼苏尔正在为一个穷人要求施舍,他说:"谁给我四个迪尔汗,我给他做四次祈祷。"仆人遂把主人给他的四个迪尔汗给了曼苏尔·本·安玛尔。曼苏尔问他:"你想让我为你做什么祈祷呢?"仆人说:"我想脱离我的主人。"曼苏尔于是为他做了祈祷。之后又问他:"还有什么呢?"仆人说:"希望真主补偿我的四个迪尔汗。"曼苏尔于是为他做了祈祷。之后问他:"剩下的是什么?"仆人说:"希望真主饶恕我的主人。"曼苏尔于是为他做了祈祷。之后问他:"剩下的是什么呢?"仆人说:"希望真主饶恕我、我的主人、你及在场的人。"曼苏尔于是为他做了祈

①　艾布·阿拔斯·本·苏莱基(卒于伊历306年),全名艾哈迈德·本·欧麦尔·本·苏莱基,别名艾布·阿拔斯,沙菲仪学派法学家,伊玛目,学者。——译者

②　曼苏尔·本·安玛尔(卒于伊历225年),全名曼苏尔·安玛尔·本·凯希尔·赛莱米,别名艾布·赛勒,大众派学者,逊尼派苏菲大师,精于劝诫。——译者

祷。仆人之后回到主人的家，主人不满地问他："你怎么这么慢呀？"仆人给他讲述了他的故事。主人问："你要求的是什么？"仆人答："我为自己要求的是自由。"主人说："你走吧，你现在自由了。"仆人说："我要求真主补偿我花去的迪尔汗。"主人说："我给你四千迪尔汗。"仆人说："至于第三个请求，是希望真主饶恕你。"主人说："我现在就向真主忏悔。"仆人说："至于第四个请求，是希望真主饶恕你、我、祈祷的那个人及当时在场的穆斯林。主人说："这不是我能做到的。"主人晚上在梦中好像听到一个人对他说："你做了你能做到的，我为什么不做我能做到的呢？我的确饶恕了你、你的仆人、曼苏尔及当时在场的人。"

据说，勒巴哈·盖斯朝了很多次觐，有一天，他在天房里的一根水管下面说："主啊，你把我若干次朝觐的报酬赐给穆圣吧，十次的报酬给穆圣的十个弟子吧，两次的报酬给我的父母，其余次数的报酬给其他的穆斯林。"他说了很多，却没有提到自己。他听到一个声音对他说："看啊，这个人多么慷慨，我一定饶恕你、你的双亲及所有念过清真言的人。"

穆罕默德·本·阿布杜勒·瓦哈布①传述，他说："我看到三个男人和一个妇人抬着尸床出殡，我把妇人替下来，帮着他们把殡床抬到了坟地，我们为他做了祈祷，然后把他下葬了。之后我问那个妇人：'亡人和你是什么关系？'她答：'我的儿子。'我又问：'难道你没有邻居吗？'她说：'是有邻居，但他们都不帮忙。'我问：'为什

---

① 穆罕默德·本·阿布杜勒·瓦哈布(伊历 108—194 年)，伊玛目，著名学者，巴士拉人。——译者

么呢?'她答:'因为我的儿子是个阴阳人。'我说:'我帮助你。'妇人之后去了我的家,我给了她一些钱、食物、衣服。那天夜里,在梦中我好像看到一个人来到我的跟前,一袭白衣,面如黑夜中的圆月。他一见我就表示感谢,我就问他:'你是谁?'他说:'我就是今天你帮着下葬的那个阴阳人,真主因为人们对我的轻视而对我仁慈有加。'"

　　我听我的导师艾布·阿里·丹嘎格说:"艾布·阿慕尔·伯克迪①经过一条平平的路,看见一伙人要把一个作恶的青年逐出他们的村落。一个老妇人在一旁哭泣,据说是年轻人的母亲。艾布·阿慕尔的仁慈之心油然而生,他决定帮助老妇人一下。他对那些人说:'看在我的面子上,这一次你们就放过他,如果他再作恶,随你们处置。'那些人就把年轻人放了。艾布·阿慕尔也高兴地走开。过了没多少天,他再次经过那个地方,听到一个老妇人的哭声从一个后院传出来,艾布·阿慕尔自言自语道:'或许那个年轻人又故罪重犯了,被驱逐出了村庄,他的母亲才因此而哭。'他就敲了门,想问一下年轻人的情况,老妇人开了门,说她儿子已经去世了。艾布·阿慕尔问其中究竟,老妇人说,儿子临近死亡时,对她说:'不要把我的死讯告诉邻居,我伤害过他们,他们会咒骂我的,也不会参加我的葬礼,你埋葬我时,这是我的一个戒指,上面有真主的尊名,你把它和我一同埋掉,埋完后,你向真主给我求情。'老妇人说:'我按照他的遗言做了,当我离开他的坟墓时,我听到他的声音说:

---

　　①　艾布·阿慕尔·伯克迪(伊历 283—350,公元 897—961 年),全名穆罕默德·本·优素福·本·叶尔孤白·本·优素福·本·奈斯尔,别名艾布·阿慕尔,伊玛目,学者,曾著有很多书籍,但大都遗失。——译者

'妈妈呀,你走吧,我已经到了尊贵的养主那里了。'"

有人说,真主启示达乌德圣人说:"你要给人说,我创造他们并非从他们身上获利,而是让他们从我这里获利。"

易卜拉欣·艾图鲁什说:"我和麦阿鲁夫·克尔赫坐在底格里斯河的岸边,一艘船从我们面前划过,上面一伙人又吃又喝,又唱又跳。我就对麦阿鲁夫说:'他们如此公开地违抗真主,难道你没有看到吗?你应该向真主祈祷,使他们遭殃。'麦阿鲁夫举起手说:'主啊,你使他们今世如此欢乐,你使他们在后世也同样欢乐吧!'我对他说:'我是想让你诅咒他们,你怎么这样说呢?'他说:'如果真主使他们后世快乐,那他会宽宥他们的。'"

艾布·阿布顿拉·侯赛因[①]说:"叶哈雅·本·艾克塞木是我的好朋友,我们两个感情笃深。叶哈雅死了,我想,如果我能在梦中看到他,会问他:'真主是怎样待你的?'结果,我就在他去世的那个晚上的梦中见到了他,我问他:'真主是怎样待你的?'他答:'真主饶恕了我,只是他斥责了我,他对我说:'叶哈雅呀,你在尘世上误解了我。'我说:'我对艾布·胡莱勒传述的圣训深信不疑,他在圣训中说,你曾经说了:'我的确以火狱惩罚有白发的人。'之后,真主对我说:'叶哈雅,我原谅你了,我的圣人说得对,只是你误会了我的意思。'"

10. 忧愁 (候兹农, Huzn)

真主在《古兰经》中说:他们说:"一切赞颂,全归真主!他祛除

---

① 艾布·阿布顿拉·侯赛因(卒于伊历 85 年),全名阿慕尔·本·哈勒斯·本·阿慕尔·本·奥斯曼·本·阿布顿拉,别名艾布·阿布顿拉,圣门弟子。——译者

我们的忧愁。"(创造者章:第 34 节)

艾布·赛尔德·海德尔传述,我听穆圣说:"穆斯林凡遭受疾病、艰难、忧愁或者疼痛,真主都会以此赦免他的罪过。"①

忧愁是脱离疏忽之后的心理表现。忧愁是修道者的一个特征,我的导师艾布·阿里·丹嘎格说:"圣训中有这样的意思:真主喜爱每一颗忧愁的心。"

《讨拉特》中有这样的说法:"如果真主喜爱一个人,就使他的心充满忧愁;如果真主恼怒一个人,就使他的心充满欢乐。"

据说,穆圣曾持久忧愁,思索不辍。

拜舍尔·本·哈勒斯说:"忧愁是国王,如果他在某一个地方,他就不喜欢与他人同住。"

有人说:"一个人的心中如果没有忧愁,他的心就会坏掉,正如一个房子,如果里面没人住,它就会腐坏。"

我的导师艾布·阿里·丹嘎格说:"一个忧愁者可以在通往真主之路上中断一个月,但一个多年忧愁的人不会如此。"

艾布·赛尔德·古莱氏说:"忧愁的哭泣使人眼盲,思念的哭泣遮挡视力,并非眼盲。真主说:'他因悲伤而两眼发白,他是压住性子的。'(优素福章:第 84 节)"

伊本·海菲福说:"忧愁能包围人的心,使它不会因欢乐而狂喜。"

一个人对拉比尔·阿德维娅说:"你的忧伤太多了。"拉比尔·

---

① 《布哈里圣训集》、《艾哈迈德圣训集》、《穆斯林圣训集》记载,艾布·胡莱勒、艾布·赛尔德·海德尔传述。

阿德娅说:"不对,你应该说:'你的忧伤太少了,如果你为提供给你呼吸的主而忧伤,那你的忧伤太少了。'"

苏福扬·本·阿伊奈[①]说:"如果你为一个民族而哭泣、忧伤的话,真主必定因你的哭泣而仁慈那个民族。"

达乌德·塔伊经常忧伤,有一次他在夜里说:"我的主啊,我是如此忧伤,以至无法入眠。"

又说:"每一刻都有不幸发生的人,他的心怎么能快乐起来呢?"

有人说:"忧愁使人难以进食,忧愁使人远离犯罪。"

一个人问另一个人:"怎样才能消除一个人的忧愁?"那人答:"让他多叹息。"

赛勒·塞格特说:"我希望我所遇见的每一个人都是忧愁的。"

一些人在谈论忧愁,他们说:"为后世忧愁是可赞的,为今世忧愁并非可赞。"而艾布·奥斯曼·哈伊尔却说:"任何情形下的忧愁对信士来说都是美德,只要其中没有致使他犯罪的因素,因为只要忧愁没有使他专门针对某一件事,那么,就会使他检查所有的事。"

有一个苏菲,他的任何一个同伴只要出行,他就会对他的同伴说:"如果你遇到一个忧愁的人,就转达我对他的问候。"

我的导师艾布·阿里·丹嘎格说,有一个人对正在落下的太阳说:"你今天升起是因为一个忧愁的人吗?"

---

① 苏福扬·本·阿伊奈(伊历 107—198 年),全名苏福扬·本·阿伊奈·本·艾比·伊姆兰·本·穆罕默德,伊玛目,著名圣训学家。——译者

哈桑·巴士拉见到任何一个人,总认为他刚经历过一场灾难。①

法迪里·本·安雅德去世后,沃克阿说:"今天,忧愁从大地上离去了。"

一个先贤说:"一个信士在他的功过簿中见到的最多的善功是他的忧愁和忧伤。"

法迪里·本·安雅德传述,先贤们说:"任何事物都有天课,而理智的天课就是忧愁。"

有一天,一个人问艾布·奥斯曼·哈伊尔什么是忧愁,他说:"一个不忧愁的人是不会询问忧愁的问题的,你先去努力使自己忧愁,然后再来问。"

11. 饥饿(朱阿,Jua)与戒欲(塔尔克舍海卧,Tark-Shahwa)

真主在《古兰经》中说:"我必以些微的恐怖和饥馑,以及资产、生命、收获等的损失,试验你们,你当向坚忍的人报喜。"(黄牛章:第155节)

你向他们报喜,他们将有很好的报偿,因为他们忍受了饥饿的痛苦。真主说:"他们虽有急需,也愿把自己所有的让给那些教胞。"(放逐者:第9节)

艾奈斯·本·马立克传述,法蒂玛给穆圣送来一块面饼,穆圣问:"法蒂玛呀,你拿来的是什么呀?"法蒂玛说:"我用面做的饼子,

---

① 因为哈桑·巴士拉是忧愁的,所以,当他以忧愁的眼光看别人时,全都是忧愁的。——译者

不给你送来一些我难以心安。"穆圣说："这是三天以来我吃的第一口食物。"①

饥饿是一些人的特点，也是修道的要素之一。修道者要逐渐适应饥饿和少食，他们认为，智慧的源泉就在饥饿中，关于他们在这方面的传闻很多。

伊本·萨里木说："饥饿只是比平常少吃一个猫耳朵的饭量。"

据说，赛海利·本·阿布顿拉半个月吃一次饭，如果进入斋月，他要见过新月之后才吃饭，他每天开斋时只喝一点水。

叶哈雅·本·穆阿兹说："如果饥饿在市场上出售的话，那些追求后世的人，到市场之后，不应该买饥饿之外的其他东西。"

赛海利·本·阿布顿拉说："当真主造化这个世界时，使罪恶和无知在饱食中，使知识与智慧在饥饿中。"

艾布·阿里·丹嘎格说："一个人来到长老跟前，发现他正在哭，就问他：'你为什么哭呀？'长老答：'我饿。'那人说：'与你一样饿的人也哭吗？'长老说：'你闭嘴，你根本不知道我因为饥饿而哭泣的含义。'"

达乌德·本·穆阿兹传述，穆何里德说："我和哈贾吉·本·法扎赛一起去叙利亚，他五十天没喝过水，也没有吃饱过。"

艾布·图扎布·奈何筛比从巴士拉的一个山谷来到麦地那，我问他吃了什么东西，他说："离开巴士拉后，到'奈巴基②'吃了一顿饭，然后在'扎特阿尔格'吃了一顿饭，之后一直到麦地那。"从巴

---

① 哈勒斯·本·艾比·乌萨麦传述，此段圣训传述系统羸弱，但此类意义的圣训很多。——校对者

② 巴士拉至麦加之间的一个地方。

士拉到麦地那，如此遥远的路程，艾布·图扎布只吃了两顿饭。

赛海利·本·阿布顿拉如果一直饥饿，他的身体就很强壮；如 142果他坚持吃饭，他的身体就会很衰弱。

艾布·奥斯曼·麦格里布说："真主培育其灵性的人，四十天不进食；真主护佑其灵性的人，八十天不进食。"

艾布·苏莱曼·达扎尼说："今世的钥匙是饱食，后世的钥匙是饥饿。"

一个人对赛海利·本·阿布顿拉说："有人一天吃一顿饭。"赛海利说："这是诚笃者的饮食。"那人又说："有人一天吃两顿饭。"赛海利说："这是信士们的饮食。"那人又说："有人一天吃三顿饭。"赛海利说："你去给他的家人说：'给他建一个饲养室。'"①

叶哈雅·本·穆阿兹说："饥饿是光明，饱食是烈火，饱食生欲望，正如烈火出自干柴一样，欲望的火焰不会消失，直到它把主人烧尽。"

艾布·奈斯尔·赛扎吉说："一个苏菲有一天来到一个长老面前，为他带来一些食物，苏菲问长老：'你多长时间没有吃东西了？'长老答：'有五天了。'苏菲说：'你的饥饿是一吝啬人的饥饿，你应该把衣服穿上，然后再忍受饥饿，而不是现在的贫穷饥饿。'"

艾布·苏莱曼·达扎尼说："对我而言，放弃一顿晚饭比放弃夜间拜更为我喜爱。"

艾布·嘎希姆·杰尔法说："艾布·海伊尔·阿斯盖拉尼多年来未能满足吃鱼的愿望，尽管他喜欢鱼的美味。后来，合法的鱼终

---

①　意即此人像牛、羊、马牲畜一样，只知道多吃。——译者

于端在他的面前,当他伸出手要拿鱼时,桌上的一个叉子扎了一下他的手指。艾布·海伊尔感慨地说:'手伸向合法的食物尚且如此,如果把手伸向非法的食物,又将怎样呢?'"

一个叫鲁斯土木·设拉子的苏菲说:"艾布·阿布顿拉·海菲福被邀请赴宴,他的一个弟子很穷,饥饿难耐,便在长老之前把手伸向食物。长老的另一个弟子认为他这样做没有礼貌,想教训他一下,便索性把食物放在那个弟子面前。这个穷弟子知道是羞辱他,便决定十五天不吃东西,作为对自己失礼的惩罚,这对自己是一个教训,也显示了自己的忏悔。"

马立克·本·迪纳尔说:"抵制住尘世欲望的人,恶魔也会从他身边逃走。"

艾布·阿里·鲁兹巴勒说:"如果一个苏菲在饿了五天之后说他饿了,你就把他拉到市场,让他挣钱糊口。"

艾布·阿里·丹嘎格在叙述一个苏菲长老的话时说:"火狱里的人,他们的欲望战胜了他们的理智,所以他们无惧作恶。"

我还听他说:"有人对一个人说:'难道你不渴望吗?'那人答:'我渴望的是我不渴望。'"

有人说:"我渴望,但我能阻止渴望。"

艾布·奈斯尔·泰玛尔①说:"一天夜里,拜舍尔·哈菲来我这里,我说:'感赞真主,你总算来了。'他给我带来的是呼罗珊的棉花。我的女儿纺成线,把线卖了之后,给我们买来了肉,放在我们

---

① 艾布·奈斯尔·泰玛尔:全名阿卜杜勒·穆里克·本·阿卜杜勒·阿齐兹·本·阿卜杜勒·穆里克·本·泽克瓦尼·本·耶齐德,别名艾布·奈斯尔,伊玛目拜舍尔·本·哈菲的父亲,呼罗珊人,后定居于巴格达。——译者。

面前。拜舍尔说：'如果我在别人跟前吃了，我就会在你们跟前吃。'①之后，他又说：'几年来，我一直想吃茄子，但一直未能如愿。'我对他说：'这些食物里面有茄子。'他说：'现在还不能吃，直到我真的想吃茄子了。'"

艾布·艾哈迈德说："艾布·阿布顿拉·海菲福让我每天夜里给他送十粒枣让他开斋。有一天，我心生怜悯，便给他拿了十五粒枣，他看了看我，说：'谁让你这么做的?'那天他还是只吃了十粒，把其他的五粒剩下了。"

艾布·图扎布·奈何筛比②说："我的心只有一次动了欲念，想吃饼子和鸡蛋。当时我正在旅途中，进了一个村庄，一伙人突然把我抓住，然后把我吊了起来。他们说：'这个人曾和贼人在一起，他也是贼。'他们把我打了七十鞭。其中有一个人认识我，那人说：'这是艾布·图扎布。'其他人一听慌忙向我道歉，然后一个人把我带到他的家，给我端来了饼子和鸡蛋。我对我的心说：'我为你挨了七十鞭，现在你吃吧。'"

12. 谦恭(胡舒阿，Khushua)与谦虚(泰瓦杜尔，Tawadua)

真主说："信士们确已成功了，他们在拜中是恭顺的。"(信士章:第1—2节)

阿布顿拉·本·麦斯欧德传述，穆圣说："心中有一星点骄傲的人，他不会进入天堂;心中有一星点信仰的人，他不会进入火

---

① 意即他不吃，因为他在别人跟前也没吃过肉。——译者

② 艾布·图扎布·奈何筛比(卒于伊历 245 年)，大众派学者，逊尼派苏菲大师，呼罗珊人。——译者

狱。"一个人对穆圣说："真主的使者啊！有人喜欢穿漂亮的衣服。"穆圣说："真主是美丽的，他喜欢美。骄傲使人远离真理，轻视他人。"①

艾奈斯·本·马立克传述，穆圣探望病人，参加殡礼，骑驴外出，响应邀请。

伊历五年，在攻打麦地那旁边的古莱宰和奈杜尔部落时，穆圣骑着一匹驴子，缰绳是草绳，鞍子也是草编的。

145　　　谦恭是顺从真理，谦虚是屈服于真理，放弃反对真理。

侯宰法说："你们的宗教，最先失去的是谦恭。"有人问他什么是谦恭，他说："谦恭是一个人的心在真主面前的站立。"

赛海利·本·阿布顿拉说："谦恭的人，恶魔不能接近他。"

有人说："一个人谦恭的标志是：当有人生他的气，反对他时，他平静地接受。"

有人说："心的谦恭使人非礼勿视。"

穆罕默德·本·阿里·提尔密兹②说："谦恭者，心中欲望之火熄灭，胸中怒气平息，心中尊严之光升起。他的欲望死了，他的心就活了，他的肢体也因此而谦恭。"

哈桑·巴士拉说："谦恭是心的持续的、必然的畏惧。"

有人问祝奈德什么是谦恭，他说："谦恭是在彻知幽玄的主的

---

① 《穆斯林圣训集》记载，阿布顿拉·本·麦斯欧德传述。《艾布·达乌德圣训集》和《提尔密兹圣训集》也有记载。

② 穆罕默德·本·阿里·提尔密兹（卒于伊历320年），全名穆罕默德·本·阿里·本·侯赛因·提尔密兹，别名艾布·阿布顿拉，大众派学者，逊尼派苏菲大师，呼罗珊地区苏菲长老，留有很多著作。——译者

面前的卑微。真主说：'至仁主的仆人是在地上谦逊而行的。'（准则章：第 63 节）"

艾布·阿里·丹嘎格说："谦逊者和恭顺者是什么人呢？他们是那些走路时不使用漂亮鞋带的人。"

人们一致认为谦恭的位置是在心里面。

一个人看见一个蓬头垢面、神情悲凄、双手抱肩的人，便对他说："人啊，谦恭是在这里——指了指他的胸膛，而不是在这里——指指他的肩。"

穆圣看到一个人在拜中把玩他的胡子，便说："如果一个人的心谦恭，他的行为也会谦恭。"①

有人说："礼拜中的谦恭就是不知左右为何人。"

146

我的导师说："或许可以这样说：谦恭是见证到真主时刻的内心的静止。"

有人说："谦恭是心在见证到真主之后的枯萎。"

有人说："谦恭是心在见证到真主之后的融化。"

有人说："谦恭是战胜恐惧的前奏。"

有人说："谦恭是真境突然揭示后的心灵的震颤。"

法迪里·本·安雅德说："最让人不愿看到的是，一个人表面的谦恭比内心多。"

艾布·苏莱曼·达扎尼说："即使所有人联合起来，想要屈辱我的心，他们也不能如愿。"

有人说："不使自己低贱的人，他人便不会抬高他。"

---

① 《提尔密兹圣训集》记载，艾布·胡莱勒传述，传述系统赢弱。

欧麦尔·本·阿卜杜勒·阿齐兹叩头时只叩在土上。①

伊本·阿拔斯传述,穆圣说:"心中有一星点骄傲的人,他不会进入天堂。"②

穆佳赫德③说:"当真主把努哈圣人的民众淹没之后,群山都很骄傲,唯独朱迪山④谦逊而立,于是,真主便使它成为努哈的方舟的停泊之处。"

147　　哈里发欧麦尔走路时很快,他说:"他离需要帮助的人最近,离骄傲最远。"

欧麦尔·本·阿卜杜勒·阿齐兹有一天夜里在写一个文件,旁边坐着一位客人。油灯扑闪了一下,几乎要灭了,客人说:"我去看一下灯吧。"哈里发说:"不要,劳烦客人是不礼貌的。"客人说:"那我去叫一个婢女来。"哈里发说:"不要,她刚刚睡下。"之后,他自己走过去,为油灯加了点油,客人说:"你是信士们的长官,你怎么自己做这些事呢?"欧麦尔·本·阿卜杜勒·阿齐兹说:"我去了,我是欧麦尔,我做完回来,还是欧麦尔。"

艾布·赛尔德·海德尔传述,穆圣曾经饲养骆驼、打扫卫生、自己补鞋、缝补衣服、挤牛奶、和仆人同席进食。如果仆人劳累,他和仆人一起推磨,他也不介意从市场自己把东西背回家。他和穷

---

① 谦恭的表现。——译者

② 《伊本·马哲圣训集》、《艾布·达吾德圣训集》记载,阿布顿拉·本·麦斯欧德传述。

③ 穆佳赫德(伊历21—104年,公元642—722年),全名穆佳赫德·本·杰布尔·麦克·麦何祖米,别名艾布·哈贾吉,伊玛目,法学家,圣训学家,古兰经注释学家。——译者

④ 位于布海塔尼地区,海拔4000米。

人、富人握手，先向他们问候。如果有人邀请，他会高兴地赴约，即使用劣质的枣子招待他，他也不会轻视邀请者。他平易近人，性格随和，与人打成一片，不矫揉造作，他微笑而不大笑，忧愁但不沮丧，谦虚但不自卑，慷慨但不浪费。心地善良，仁慈每一个穆斯林，从不因饱食而打嗝，从不取非法之物。

法迪利·本·安雅德说："真主的诵经家是谦恭和谦虚的，法官们的诵经家是自大和骄傲的。"

又说："认为自己是有价值的人，他的心里没有谦虚。"

有人问法迪里·本·安雅德什么是谦虚，他说："谦虚就是你屈从真理，顺从并接受真理。"

又说："真主启示群山说：'我要和我的一个圣人在你们中的一座山上谈话。'群山俱露骄傲之形，唯有西奈山①谦恭有加，由于它的谦虚，真主选择在它之上和穆萨圣人对话。"

有人询问祝奈德什么是谦虚，他回答说："为众人而垂翼，温和地对待他们。" 148

沃海布·本·穆南伯海②说："真主下降的经典里有这样的话：'我从阿丹圣人的脊骨中造化了人类，在这些人中，我没有发现比穆萨的心更谦虚的了。所以，我拣选了他，并与他对话。'"

伊本·穆巴拉克说："对富人傲慢，对穷人谦虚即是谦虚。"

有人问艾布·耶齐德（比斯塔米）："人在什么时候是谦虚的?"他说："当他审视自己，没有发现可以炫耀的东西，也没有对他人的

---

① 在西奈地区，苏伊士运河的西南面。

② 沃海布·本·穆南伯海（伊历 34—114 年），著名再传弟子，伊玛目，各大圣训集都载有他传述的圣训，也门人。——译者

伤害的时候。"

有人说:"谦虚是不会忌妒的恩惠,骄傲是不被仁慈的灾难。尊贵在谦虚中,在骄傲中寻找尊贵的人,他是得不到的。"

易卜拉欣·本·筛巴尼说:"荣耀在谦虚中,尊贵在敬畏中,自由在知足中。"

艾布·赛尔德·本·艾阿拉比①传述,苏福扬·扫勒说:"最尊贵的五种人是:淡泊的学者、行苏菲之道的法学家、谦虚的富人、感恩的穷人和长寿的贵人。"

叶哈雅·本·穆阿兹说:"谦虚对每一个人来说都是好的,但富人的谦虚更好;骄傲对每一个人来说都是丑陋的,但穷人的骄傲更丑。"

伊本·阿塔说:"谦虚是原封不动地接受真理。"

据说,宰德·本·萨比特②骑着马,伊本·阿拔斯慌忙走过来抓住马的缰绳。宰德·本·萨比特说:"圣叔的儿子呀,你不要这样做!"伊本·阿拔斯说:"我们被命令是要这样对待学者的。"宰德·本·萨比特赶快下马,抓住伊本·阿拔斯的手,亲吻了一下,然后说:"我们被命令是要这样对待圣人家属的。"

欧尔沃·本·祖拜尔③说:"我看到哈里发欧麦尔肩膀上扛着

---

① 艾布·赛尔德·本·艾阿拉比(卒于伊历 340 年),全名艾哈迈德·本·穆罕默德·本·宰雅德·本·拜舍尔·本·迪尔汗,别名艾布·赛尔德,伊玛目,圣训学家,苏菲,巴士拉人。——译者

② 宰德·本·萨比特(卒于伊历 45 年)圣门弟子,辅士。穆圣迁徙到麦地那时,他是个孤儿,后成为著名学者,参加了两次收集古兰经的活动。——译者

③ 欧尔沃·本·祖拜尔(卒于公元 713 年),别名艾布·阿布顿拉,再传弟子,其父是著名的圣门弟子祖拜尔,生于欧麦尔时代的末期。——译者

一个水袋，就说：'信士们的长官啊，你不应该这样做。'他说：'一个代表团很顺从地过来觐见了，我心里有点得意忘形，我想打碎心中的骄傲。所以就这样做了。'说完欧麦尔就走了，他来到一个辅士妇女的家，把水倒进她的缸中。"

据传，麦地那长官艾布·胡莱勒背了一捆柴，边走边说："给长官让开路！" 149

阿布顿拉·拉齐①说："谦虚是不加区别地看待工作。"

艾布·苏莱曼·达扎尼说："自大的人，品尝不到为人服务的甜美。"

叶哈雅·本·穆阿兹说："骄傲地对待骄傲的人是谦虚。"

一个人来到戴里夫·舍布里跟前，舍布里问他："你是谁？"那人说："我是字母'巴吾'②下面的一点。"舍布里说："你是我看到的最谦虚的人。"

伊本·阿拔斯说："喝一个人喝剩下的水是谦虚的表现。"

拜舍尔·哈菲说："给他人问候意味着要把平安留给他们。"

舒阿布·本·舍尔布说："我正在巡游天房，一个人的膝盖碰了我一下，我扭头一看，竟然是法迪里·本·安雅德。他说：'舒阿布呀，如果你认为这是朝觐间的罪恶，你就想错了。'"

一个人说："我看到一个人在巡游天房，他的前面有一个佣人

---

①　阿布顿拉·拉齐（卒于伊历 376 年），全名穆罕默德·本·阿布顿拉·本·阿卜杜勒·阿齐兹·本·沙萨尼·拉齐，别名艾布·伯克尔，圣训学家，苏菲大师。——译者

②　"巴吾"是阿拉伯语二十八个字母中的一个，下面只有一点。此人谦虚的表示，他只是微不足道的一点。——译者

为他开道。之后,我又看到这个人在巴格达桥上向行人乞讨,我感到惊奇,就问他怎么回事。他说:'我原来在人们谦虚的地方骄傲,现在我在人们展示尊严的地方展示屈辱,这是真主对我的考验与磨难。'"

有人报告哈里发欧麦尔·本·阿卜杜勒·阿齐兹,他的一个儿子用一千迪尔汗买了一个宝石,镶嵌在戒指上。欧麦尔给儿子写了这样一封信:"听说你用一千迪尔汗买了一个宝石戒指面。收到我的信后把戒指卖了,让一千人填饱肚子。如果你想戴戒指的话,买一个价值两个迪尔汗的戒指,戒指面用铁的,在上面写上:'真主怜悯有自知之明的人。'"

据说,有人给一个大臣带来一个价值一千迪尔汗的奴隶,当大臣把钱取来后,又觉得太贵了,又把钱放回钱包。那个奴隶对他说:"我的主人啊,你把我买下吧,我这里有比一千迪尔汗更贵重的东西。"大臣问:"什么?"奴隶说:"我至少能做到的是,当你让我优越于所有的奴隶时,我不会得意忘形,我会清楚地记得,我是你的奴隶。"大臣于是把他买下。

贾比尔·本·哈叶沃说:"哈里发欧麦尔·本·阿卜杜勒·阿齐兹演讲时穿的衣服价值十二个迪尔汗,当时他穿的衣服有缠巾、外衣、外套、裤子、大衣、两只靴子和一个帽子。"

穆罕默德·本·瓦斯阿发现儿子阿布顿拉走路时有狂妄之态,他把儿子叫过来对他说:"你知道你是谁吗?你母亲是我花三百迪尔汗买来的,至于你父亲我,但愿穆斯林中不要有像我这样多的人,你有什么资格可以这样骄傲地走呢?!"

哈姆杜尼·盖萨尔①说："谦虚就是你看不到任何一个人有求于你，不论是今世的事，还是宗教的事。"

艾布·宰尔和黑人比俩里吵架了，艾布·宰尔以黑皮肤斥责了比俩里，比俩里到穆圣那里告状。穆圣对艾布·宰尔说："艾布·宰尔呀，你的心里仍然有蒙昧时代的东西。"艾布·宰尔于是倒在地上，发誓说："如果比俩里不用脚踏在我的脸上，我绝不站起来。"后来，直到比俩里踏了他的脸，他才站起来。

哈桑·本·阿里②一次经过一伙正在吃饭的穷人，他们把哈桑留下来，款待了一番。哈桑和他们一起吃过饭后，把他们带到自己的家，又款待了他们一番，并给了他们一些衣服。之后，哈桑说："恩惠属于他们，因为他们得到的只是我对他们的款待，而我得到的更多。"

欧麦尔把战利品中的衣服分给圣门弟子，他让人给本·穆阿兹·本·杰伯里送过去了一件也门衣服。穆阿兹把衣服卖了，买了六个奴隶，然后把他们释放了。事情传到欧麦尔那里，欧麦尔又一次分发衣服时，派人给穆阿兹送去了另外一件衣服。穆阿兹把欧麦尔训斥了一顿，欧麦尔说："不要训我，是因为第一次你把衣服卖了。"穆阿兹说："这和你有什么关系呢？把我的棍子给我，我一定要打你的头。"欧麦尔说："我的头就在你的面前，你打吧。"穆阿

151

---

① 哈姆杜尼·盖萨尔(卒于伊历271年)，全名穆罕默德·本·艾哈迈德·本·尔玛尔·盖萨尔，别名艾布·萨利哈，大众派学者，逊尼派苏菲，法学家，奈萨布尔人。——译者

② 哈桑·本·阿里(伊历3—50，公元624—670年)，第四任哈里发阿里的儿子。——译者

兹拥抱住了欧麦尔。

13. 克制私欲(穆哈莱法图奈夫思 , Mukhalft-Nafs)

真主说:"至于怕站在主的御前受审问,并戒除私欲的人,乐园必为他的归宿。"(急掣章;第 40—41 节)

贾比尔·本·阿布顿拉[①]传述,穆圣说:"我最担心的是我的乌玛跟随私欲,期望太多;跟随私欲使人阻碍真理,期望太多使心忘记后世。你要知道,克制私欲是功修的重中之重。"[②]

一个伊斯兰长老说:"只有用克制之剑才能杀死私欲。你要知道,心中有私欲的人,人性之光会从他的心中离去。"

左农说:"功修的钥匙是思索,有益的思索的标志是克制私欲,而克制私欲就是放弃私欲和欲望。"

伊本·阿塔说:"私欲就是无礼,而人应该保持礼节。私欲就其本性来说是放纵的、违抗人的,所以人应该努力阻止恶魔的要求,而那些放开私欲的缰绳不管的人,他和私欲是罪恶的同谋。"

152　　祝奈德说:"私欲是诱人作恶的,它蛊惑人类走向死亡,顺从罪恶,它把正义与罪恶混为一谈。"

艾布·哈福赛说:"不时常检查其内心、在任何情况下都顺从它的人、不时常把它带到它讨厌的处所的人是被欺骗的人。以满意的眼光注视内心的人,其实是在杀死他的心。一个有理智的人怎

---

① 贾比尔·本·阿布顿拉(公元 607—697)辅士,圣门弟子,参加过 19 次战役,传述过 1540 段圣训,在麦地那圣寺有学术讲座。

② 伊本·阿迪的《大全》、苏优蒂的《小集合》、梅台格·赫德的《圣训宝藏》记载,贾比尔传述。

能对自己的心完全放心呢？优素福圣人难道没有说过吗：'我不称自己是清白的，人性的确是怂恿人作恶的。'（优素福章：第53节）"

祝奈德说："一天夜里，我起来做夜间拜，却没有品味到往日的甜美。我想入睡，却又不能，我想坐下来，也不能够。遂开门出去，赫然看到一个缠着斗篷的人在路上走着，当他看见我时，抬起头来说：'祝奈德啊，我们又见面了。'我说：'朋友啊，我们没有约过呀。'他说：'不，我们约过。我祈求真主为我而使你心机开动。'我说：'真主的确做了，你需要我做什么呢？'他说：'什么时候心病成为心药？'我说：'如果心反抗它的欲望时，心病就会成为心药。'于是，那人转向自己说：'心呀！你听着，我以同样的答案答复你七次了，你都不接受，现在祝奈德说了，你该接受了吧。'之后，那人走了，我不认识他是谁，也从没见过他。"

艾布·伯克尔·塔麦斯塔尼说："最大的恩惠是从私欲中脱离，因为私欲是人与真主之间最大的一个幔帐。"

赛海利·本·阿布顿拉说："人对真主的崇拜不同于克制私欲和欲望。"

有人问伊本·阿塔："什么事情是真主最易恼怒的？"答："一个人沾沾自喜探视自己的内心，更可耻的是他认为他的行为能得到真主的报偿。"①

----

① 这里或许有两层理解：其一，在审视自己的工作时，人往往对自己完成的工作沾沾自喜，觉得自己的行为很伟大，可是他忽略了真主给予他的恩惠，如果不是真主的援助，他是不可能完成那些工作的。其二，人们往往被事物的表象所迷惑，满足于表面的工作，而疏忽检查自己的心灵及内心的缺陷，而这正是大部分人的特征。对此，《古兰经》有所警示，今世的生活就是游戏和欺骗，而世人却沉湎其中不能自拔。——译者

153　　　易卜拉欣·海瓦斯说:"有一次我经过利卡姆山①,看到一棵石榴树,馋念顿起。便走近石榴树摘了一颗。我剥开石榴一尝,很酸,就把石榴扔了,继续行路。然后看到一个人,身边有一群大黄蜂,我就对他说:'愿主赐你平安。'他给我回了问候,并且喊出了我的名字,我就问他:'你怎么认识我?'他说:'认识真主的人,不存在秘密。'我于是说:'我看你是个被真主眷顾的人,你何不向真主祈祷,使你免遭黄蜂的伤害?'那人说:'我看你也是被真主眷顾的人,你何不向真主祈祷,使你免于垂涎石榴的欲望。石榴刺人的痛苦在后世,而黄蜂蜇人的痛苦只在今世。'听完他的话,我马上转身走了。"

　　　易卜拉欣·本·筛巴尼说:"我有四十年没睡在房间里或棚子里了,很长时间以来,我对小扁豆垂涎不已,但一直都没有吃上。有一次我去叙利亚,有人给我拿来一罐扁豆,我很愉快地吃完了。稍后走出房间,看到一个酒店外面悬挂着晶莹的瓶子,我以为里面装的是醋。旁边一个人对我说:'你难道看不出这是酒吗?'我说:'把它递给我。'那人拒绝了。我觉得此时应尽到我的职责,便怒然冲进酒店,把酒坛摔在地上,那人原以为我是奉官家命令砸酒坛的,等他知道我并不是官家的人之后,把我扭送到伊本·突鲁尼②那里。伊本·突鲁尼命人打了我二百板子,然后把我投入监狱。我在里面待了很长时间,直到我的导师阿布顿拉·麦格里布来营救我。他为我说情后,我才得以出狱。他看到我后问:'你做什么

---

　　①　叙利亚境内的一座山。——译者

　　②　伊本·突鲁尼:埃及一地方长官,势力强大,割据一方,巴格达哈里发对他也是束手无策。——译者

事了，以至入狱？'我说：'贪吃扁豆，挨了二百鞭。'他说：'你得救了，你在后世不会因此受到惩罚了。'"

赛勒·塞格特说："我的私欲从三十年前或四十年前就怂恿我吃蜜腌萝卜，我一直没有答应它。艾布·阿拔斯·巴格达迪的爷爷说：'人的缺点就是因为私欲的怂恿而喜悦。'"

阿萨木·本·优素福给哈提木·艾塞姆送来一些东西，哈提木接受了。有人问他："你为什么接受呢？"他说："我发现，如果我接受他的东西，其结果是我的低下和他的尊贵；如果我拒绝，我没有尊贵，他也没有低下。我选择接受他的东西，是想使他的尊贵在我的尊贵之上，我的低下在他的低下之上。"

一个人对另一个人说："我想身无牵挂地去朝觐。"那人对他 154说："首先使你的心脱离疏忽，使你的私欲脱离欲望，使你的舌头脱离妄言，然后，你任意地要求吧。"

艾布·苏莱曼·达扎尼说："忠实地度过每一个日夜，真诚地抛弃欲望的人，真主因此使他的心免遭惩罚之苦。"

真主启示达乌德圣人说："你当警告你的族人不要顺从欲望。沉湎于尘世欲望的人，他的心和我之间有屏障。"

据说一个人坐在空中，另一个人问他："你为何得此荣耀？"那人答："我放弃了欲望，真主就为我制服了风。"①

有人说："如果信士面临一千个欲望，他会因恐惧而驱赶欲望；如果恶人面临一个欲望，欲望会因恐惧而驱赶他。"

---

①　在阿拉伯语词源中"空气"和"欲望"两词的词源是一样的，由同样的字母构成，且排列顺序完全一致，发音也完全一样。——译者

有人说："不要把你的缰绳放在欲望的手中,它会把你引向黑暗。"

优素福·本·艾斯巴特①说："只有战栗的恐惧或者思念才能把欲望从心中抹掉。"

易卜拉欣·海瓦斯说："放弃欲望后没有在心中发现替代品的人,他的放弃是虚假的。"

杰尔法·本·奈斯伊尔说："祝奈德给我一个迪尔汗,让我给他买'倭兹尔'无花果(味道最好的一种无花果),我就为他买了。当天晚上开斋时,他把一粒无花果放在嘴里,然后马上又吐了出来,之后就哭了,并说:'把它拿走。'我就问他为什么? 他说:'一个声音在我里面说:你为我放弃了欲望,现在又重犯了,你不害羞吗?'"

诗曰:

受辱者皆因私欲,

逐欲者皆受羞辱。

14. 忌妒(哈赛德,Hasad)

真主说："你说:我求庇于曙光的主,免遭他所创造者的毒害;免遭黑夜笼罩时的毒害;免遭吹破坚决的主意者的毒害;免遭忌妒者忌妒时的毒害。"(曙光章:第1—5节)这一章节经文以忌妒②为

---

① 优素福·本·艾斯巴特(卒于伊历195年),别名艾布·穆罕默德,著名苏菲长老,精于劝诫和哲理,库法人。——译者

② 忌妒就是一个人期望别人的恩惠消失,不论是否他希望这一恩惠转移到他身上。忌妒是受到禁止的,因为这是陷真主于不义。

结尾。

阿布顿拉·本·麦斯欧德传述,穆圣说:"三件事是所有坏事 155
的根源,你们要防备它们:你们不要骄傲,骄傲使伊卜里斯拒绝向
阿丹圣人叩头;你们不要顺从欲望,顺从欲望使阿丹圣人吃了乐园
里禁树的果子(因而被贬至人间);你们不要忌妒,忌妒使阿丹的一
个孩子杀死了自己的兄弟。"①

有人说:"忌妒者是不信仰真主的人,因为他不满意独一真主
的判定。"

有人说:"忌妒者在今世受忧愁的折磨,在后世受惩罚的折磨。"

真主说:"你说:'我的主只禁止一切明显和隐微的丑事。'"(高
处章:第33节)有人说:"这节经文里的'隐微的丑事'就是忌妒。"

一本天经中有这样的话:"忌妒者是我(真主)的恩惠的敌人。"

有人说:"忌妒的影响先于敌人在你身上显现出来。"

艾斯麦尔②说:"我看到一个乡下人活了一百一十岁,就问他:'你
为何如此高寿?'他答道:'因为我放弃了忌妒,所以我就留了下来。'"

伊本·穆巴拉克说:"感谢真主,他没有把人们对我的忌妒置
于我的'艾米尔'③的心中。"

有人说:"在第五层天有一个天使,每一个人的工作都要经过 156
他,他有像太阳一样耀眼的光芒,他见到一个人会说:'站住,我是
忌妒天神,我要打你的脸。'那人就是忌妒者。"

---

① 《圣训宝藏》记载,伊本·麦斯欧德传述。

② 艾斯麦尔(伊历 121—216,公元 740—831 年),著名语言学家,巴士拉
人。——译者

③ 艾米尔:领导人。——译者

穆阿维叶·本·艾比·苏福扬①说："除了忌妒者，所有的人我都能使他满足，忌妒者只希望恩惠消失。"

有人说："忌妒者是残暴的不义者，他只希望除自己拥有，他人一无所有。"

哈里发欧麦尔·本·阿卜杜勒·阿齐兹说："我没有见到比忌妒者更像是被欺压的人了，他每天都在忧愁和垂头叹气中度过。"

有人说："忌妒的标志是逢人便曲意奉承，转身便恶语攻击，见到有人犯罪便幸灾乐祸。"

穆阿威叶·本·艾比·苏福扬说："在恶品性中，忌妒是最厉害的，它先于被忌妒者杀死忌妒者。"

有人说，真主启示苏莱曼圣人说："我嘱托你七件事：不要暗骂我的贤仆；不要忌妒他们……"苏莱曼说："我的主啊，这就够了。"

穆萨圣人看见一个人坐在宝座上，就非常羡慕他，就问："你做了什么工作，何以得到如此的报偿？"那人回答说："我不忌妒真主给其他人的恩惠。"

有人说："忌妒者就是看到别人顺利便闷闷不乐，看到别人受挫便幸灾乐祸。"

有人说："忌妒者恼怒没有错误的人，身无分文的吝啬者。"

有人说："不要奢望忌妒你的人的友情，他不接受你的善举。"

有人说："如果真主想惩罚一个他不想仁慈的人，就使一个人忌妒他。"

---

① 穆阿维叶·本·艾比·苏福扬（公元 602—680）圣门弟子，伊斯兰早期著名军事家、政治家，伍麦叶王朝的缔造者。——译者

诗曰：

我有妙计巧安排，忌妒之人相助来。

诗曰：

万般仇恨皆有因，唯有忌妒无缘由。

有人说："如果真主想把他对某人的恩惠让更多的人知道，便把这一消息告诉忌妒者。"

诗人伊本·穆尔泰兹①说：

157

忌妒之人，喘气如刀。

不义之人，下场更糟。

15. 背谈（厄伊卜，Ghiba）

真主说："你们不要互相背毁，难道你们中有人喜欢吃他的已死的教胞的肉吗？你们是厌恶那种行为的。"（寝室章：第12节）

艾布·胡莱勒传述，一个人原本和穆圣一起坐着，之后他站起来走了。于是有人说："这个人一点本事都没有，窝囊透了！"穆圣说："你们在吃你们兄弟的肉，你们在背谈他。"

真主启示穆萨圣人说："死之前因背谈而忏悔的人，他最后一个进入天堂；至死不因背谈而忏悔的人，他第一个进入火狱。"

---

① 伊本·穆尔泰兹（伊历247—296年，公元861—909年）别名艾布·阿拔斯，生于哈里发家族。阿拔斯王朝诗人，文学家，仅做了一天一夜的哈里发就被突厥禁卫军杀害。——译者

　　奥福·本·艾比·杰米莱①说："我在伊本·赛利勒那里，议论哈贾吉·本·优素福②如何如何。伊本·赛利勒说：'真主是公正的，他会惩罚哈贾吉的过错，正如奖赏他的功劳一样。如果你明天遇到真主，你会发现，你所犯下的最小的过错比哈贾吉最大的过错都要严重。'"

　　有人说："易卜拉欣·本·艾德海木被邀请赴宴，几个人议论一个没有来的客人，他们说：'那个人性格沉闷。'易卜拉欣·本·艾德海木说：'我曾经遇到过同样的情况，我去赴约，一些人议论一个未赴约的人，你们为何这样呢？'易卜拉欣·本·艾德海木说完便离席而去，之后三天没有吃饭。"

　　有人说："背谈的人就像弩炮手，但弩炮手射出的是石头，而背谈的人射出去的是他的善功。他把他的善功掷向各个地方，背谈一个呼罗珊人，再背谈一个土耳其人，就这样，他的善功四散而去，荡然无存。"

158　　据说，有一个人在复生日看到他的功过簿，发现里面没有他的善功，他就惊奇地问："我的礼拜、我的封斋、我的顺从都去哪了？有人对他说：'你的工作都随着你的背谈而去了。'"

　　有人说："被背毁的人，真主饶恕他一半的错误。"

---

①　奥福·本·艾比·杰米莱(伊历58—146年)别名艾布·赛海利·艾阿拉比，圣门弟子，传述过很多圣训，巴士拉人。——译者

②　哈贾吉·本·优素福(661—714年)伍麦叶王朝著名军事家、政治家，为伍麦叶王朝的稳定做出了杰出的贡献，曾任麦加、伊拉克地区的总督，以铁腕执政而著称，被称作"屠夫"。——译者

苏福扬·本·侯赛因①说:"我曾经和伊亚斯·本·穆阿威叶②在一起聊天,我议论了一个人。他就说:'今年你出征过土耳其和罗马吗?'我说:'没有。'他接着说:'土耳其和罗马人从你身上得到了平安,但你的兄弟却没有得到你的平安。'"

一个人拿到自己的功过簿后,发现其中有他没有干过的善功,他就问为什么?有人对他说:"有人背毁过你,而你却不知道,你因此增加了善功(背谈者的善功转移了他身上)。"

有人问苏福扬·扫勒圣训"真主不喜悦圣人家属中的嗜肉者"③这句话的意义,苏福扬说:"他们中背毁他人的人。"

有人在阿布顿拉·本·穆巴拉克面前提到背毁,他说:"如果我要背谈一个人的话,我一定首先选择我的双亲,因为他俩最应该得到我的善功。"

叶哈雅·本·穆阿兹说:"但愿你能具备以下三种品德:如果一个信士没有有益于你,你不要伤害他;如果他没有使你喜悦,你不要使他忧愁;如果他没有赞美你,你不要责备他。"

有人对哈桑·巴士拉说:"某人背谈你了。"哈桑·巴士拉遂让人给背谈他的人送了一盘甜点,并对他说:"听说你赠给我了一些善功,这是我对你的感谢。"

艾奈斯·本·马立克传述,穆圣说:"把害羞的外衣掷之于地

---

① 苏福扬·本·侯赛因(卒于伊历 150 年之后),古兰经背诵家,为人诚实。——译者

② 伊亚斯·本·穆阿威叶(伊历 46—122,公元 666—740 年),再传弟子,伍麦叶时期著名法官,努杰德人。——译者

③ 伯伊海格的《信仰的分支》记载,克尔白·本·乌班叶传述。

的人,没有人会背谈他。"①

祝奈德说:"我曾经坐在舒奈兹清真寺,等待参加一个殡礼,巴格达的各阶层人物都坐在那里等待。这时,我看到一个额头上有虔诚痕迹的人在向人乞讨,我心说:'如果他不这样做,对他更好。'当我回到家后,夜里我感觉心里有所触动,以至于我泣不成声,遂向真主祈求。我心情沉重,不能成眠,我就一直坐着,直到困倦不已才入睡。在梦中我见到白天那个乞讨的人,一帮人把他放在一张长桌子上,他们对我说:'这就是你背谈的那个人的所有的肉。'我突然想起白天的事,就说:'我没有背谈过他呀。'一个声音说:'难道你不是不满意他的行为吗?你快去请求他的谅解。'我正在犹豫时,又看到了他,他正喝菜叶上滴下来的水。我向他问候,他说:'祝奈德呀,你还再犯这种错误吗?'我说:'不会了。'他遂说:'愿真主饶恕我和你。'"

艾布·杰尔法·巴里赫说:"巴里赫有这样一个年轻人,他努力干功,为人虔诚,只是他不停地背谈人,经常说:'某人某人怎么了。'有一天我看到他从洗衣的两性人那里出来,我就说:'人啊,你情况如何?'他说:'就是人们中间的那些事使我到了这一田地,真主以这些两性人考验我。看看吧,我正因此为他们服务,所有的情况都改变了,你祈求真主饶恕我吧。'"

16. 知足(盖那阿,Qanaa)

真主说:"凡行善的男女信士,我誓必要使他们过一种美满的

---

① 伊本·阿迪、艾布·筛赫记载,艾奈斯传述,传述系统羸弱。

生活。"(蜜蜂章:第97节)很多经注学家都认为,经文里的现世里的"美满的生活"就是知足。

贾比尔传述,穆圣说:"知足是用之不竭的宝藏。"①

艾布·胡莱勒传述,穆圣说:"你要谦恭,你就是最崇拜真主的人;你要知足,你就是最感恩的人。人们最喜爱的是你成为信士,与邻人最好的相处是你成为穆斯林。要少笑,多笑使人心死。"②

有人说:"穷人只是以知足的尊贵复活了的死人。"

160

拜舍尔·哈菲说:"知足是只居住在信士之心的君王。"

艾布·苏莱曼·达扎尼说:"知足是满足由谦恭而生的淡泊,知足是满足的第一步,也是淡泊的第一步。"

有人说:"知足是面对清贫的平静。"

艾布·伯克尔·麦扎尔说:"智慧者以知足应对尘世之事,以贪婪和焦急对待后世之事,以知识和勤奋对待宗教之事。"

艾布·阿布顿拉·海菲福说:"知足是放弃对失去之物的留恋,对存在之物的满足。"

有人说:"经文'真主必赏赐他们佳美的给养'(朝觐章:第58节)中'给养'的意思是'知足'。"

穆罕默德·本·阿里·提尔密兹说:"知足是满足真主所分配的给养。"

有人说:"知足是以已有为满足,不奢望没有得到的。"

---

① 塔布拉尼的《圣训中集》记载,穆坎德尔·本·穆罕默德传自其父,其父传自贾比尔。苏优蒂认为是羸弱圣训。——校对者

② 《伯伊海格圣训集》记载,艾布·胡莱勒传述。

沃海布·本·穆南伯海说："尊贵与富贵出去寻找同伴,当他遇见知足时,他们就停步不前了。"

有人说："谁的知足丰溢,他的事情会充满吉庆。凡事都依赖真主的人,真主赏赐他知足。"

艾布·哈兹姆①有一次遇见一个屠夫,手里拿着一块肥肉。屠夫对他说："艾布·哈兹姆呀,你把这块肥肉拿走吧。"艾布·哈兹姆说："我没有钱。"屠夫说："没关系,我等着。"艾布·哈兹姆说:"我的内心比你更能忍耐。"②

有人问："谁是最知足的人?"答曰："帮助人最多、接受别人帮助最少的人。"

《宰逋尔》③中有这样的记载："知足者是富人,即使他是饥饿的。"

有人说："真主把五种情形放在五个位置:把尊贵放在顺从里;把屈辱放在罪恶里;把恐惧放在夜间拜里;把智慧放在空虚的肚子里;把富裕放在知足里。"

易卜拉欣·玛尔斯塔尼说："应以知足报复贪婪,犹如你用子弹报复敌人一样。"

左农说："知足者,比他人心平气和,比他人长寿。"

有人说："知足者,忙碌中有宁静,比所有人都长寿。"

---

① 艾布·哈兹姆(卒于伊历135—140年之间),赛莱麦·本·迪纳尔,别名艾布·哈兹姆,伊玛目,麦地那那长老,勤于苦行,为人诚实,传述过一些圣训。——译者

② 一个真正淡泊的人,如果使欲望微弱,忍耐强大,人就不会因此丧失尊严。——译者

③ 真主降给达乌德圣人的经典。真主在《古兰经》中说:"我以《宰逋尔》赏赐达乌德"(妇女章:163节)。古尔泰比在其古兰注释中说,《宰逋尔》包括150章,里面没有合法与非法之类的立法内容,只是一些劝诫。——译者

穆罕默德·凯塔尼说："抛弃贪婪保留知足的人，赢得的是尊贵和荣耀。"

有人说："两眼一直盯着他人手中之物的人，他总是忧愁的。"

一个人看到一个智者在喝菜叶上掉落的水滴，就说："如果你为官家做工，你就不会这样了。"智者说："如果你以此为满足，你就不需要为官家做工了。"

有人说："经文'善人们，必在恩泽中'（破裂章：第13节）指的是尘世中的知足。'恶人们，必在烈火中'（破裂章：第14节）指的是尘世的贪婪。"

有人说："经文'你怎能知道超越山径是什么事？是释放奴隶'（地方章：第13节）中的'超越'是解除内心的贪念。"

有人说："经文'先知的家属啊！真主只欲消除你们的污秽，洗净你们的罪恶'（同盟军章：第33节）中的'污秽'与'罪恶'指的是'吝啬'和'贪欲'，后面的'使你们更加清洁'（同盟军章：第33节）指的是以慷慨和舍己使他们更加清洁。"

有人说："经文'主啊，求你赦宥我，求你赏赐我一个非任何人所宜继承的国权'（萨德章：第35节）中的'国权'指的是他人所不及的知足，以真主的判决为满足。"

有人说："经文'我必定严厉地惩罚他'（蚂蚁章：第21节）中的'惩罚'指的是剥夺他的知足，以贪欲考验他。" 162

有人问比斯塔米："你是怎样达到现在的境界的？"比斯塔米答道："我把尘世所有的享受聚集在一起，之后用知足的绳索把它们捆起来，然后把它们放在真诚的弩炮里，最后把它们发射到失望的大海中，之后我就平静了。"

据萨迈拉的穆罕默德·本·法尔哈尼传述，他的舅舅阿卜杜勒·瓦哈布说:"我曾经在一个场合和祝奈德坐在一起,很多非阿拉人和混血儿围着他。这时一个人带着五百第纳尔过来了,他把钱放在祝奈德面前,说:'你把它分给穷人吧。'祝奈德问他:'你还有多余的钱吗?'那人答:'是的,我有很多。'祝奈德问他:'那你还想有更多的钱吗?'那人答:'是的。'祝奈德于是对他说:'你把钱拿走吧,你比穷人更需要钱。'祝奈德最终没有接受那些钱。"

17. 依赖(泰万库里,Tawakkul)

真主说:"谁信托真主,他将使谁满足。"(离婚章:第 3 节)

又说:"让信士们依赖真主吧。"(仪姆兰的家属章:第 160 节)

又说:"你们依赖真主吧,如果你们是信士。"(筵席章:第 33 节)

据阿布顿拉·本·麦斯欧德传述,穆圣说:"我在复生场上看到我的乌玛,他们布满了平原和山谷,我为他们的人数众多和恐惧而感到惊奇。有人问我:'你满意吗?'我说:'是的。'他说:'他们中将有七万人不通过清算而直接进入天堂,他们不受火刑,不受折磨,因为他们是依赖真主的。'"① 欧卡沙·本·穆哈斯尼·艾赛迪② 起来说:"真主的使者啊,你给我祈祷吧,让我成为他们中的一个。"穆圣说:"主啊,你使阿克沙·本·麦哈萨成为他们中的一个吧。"另外一个也站起来说:"真主的使者啊,你为我做祈祷吧,让我

---

① 《艾哈迈德圣训集》记载,伊本·麦斯欧德传述。

② 欧卡沙·本·穆哈斯尼·艾赛迪(卒于伊历 12 年,公元 653 年),圣门弟子,来自厄奈姆部落,和穆圣一起参加过所有的战役,后在艾布·伯克尔时期的平叛战役中阵亡。

也成为他们中的一员。"穆圣说："阿克沙·麦哈萨在你前面了。"

艾布·阿里·鲁兹巴勒说，我对阿慕尔·本·斯纳尼①说："你给我讲述一个关于赛海利·本·阿布顿拉的传闻吧。"阿慕尔说："赛海利·本·阿布顿拉说：'依赖者的标志有三：不乞讨；不拒绝别人的乞讨；不吝啬手中的财物。'"

艾布·穆萨·戴比利②说："有人问比斯塔米：'什么是依靠？'比斯塔米说：'你说什么？'那人说：'你的一些朋友说：即使野兽和蟒蛇在你的左右两边，你也不会动弹的。'比斯塔米说：'是的，基本上是这样。但是我想说的是，如果天堂里的居民在享受，火狱里的居民在受惩罚，这时候让你区别，你就不会问什么是依靠了。'"

赛海利·本·阿布顿拉说："最高等级的依靠是：一个人在真主面前，就像是洗涤者面前的尸体，由他任意翻转，他不想，也不动。"

哈姆杜尼·盖萨尔说："依赖就是寻求真主的保护。"

一个人对哈提木·艾塞姆说："你的饮食从何而来？"答曰："天地的宝藏都属于真主，但不信道者是不思悟的。"（伪信者章：第7节）

须知，依靠的位置在于心，表面的行为和内心的依靠并不矛盾，即单纯表面的行为不足以判定一个人内心是否有依靠，关键是人要认识到事情的安排是来自真主。如果事情是困难的，那

---

① 阿慕尔·本·斯纳尼（卒于伊历57年，公元677年），蒙昧时代和伊斯兰早期著名的演讲家和诗人，来自内志地区。

② 艾布·穆萨·戴比利：比斯塔米的仆人。——译者

是来自真主的安排；如果在他的能力之内，那是来自真主的容易。

164 艾奈斯·本·马立克传述，一个人牵着一匹骆驼来见穆圣，他对穆圣说："真主的使者啊，我把骆驼放开，然后托靠真主，可以吗?"穆圣说："你先把它拴好，然后再托靠真主。"①

易卜拉欣·海瓦斯说："对自己依赖正确的人，对他人②的依赖也是正确的。"

拜舍尔·哈菲说："一个人说他依赖清高的真主，其实他是在欺骗真主，如果他是依赖真主的话，他一定喜悦真主所做的一切。"

有人问叶哈雅·本·穆阿兹："人在什么时候是依赖的?"答曰："他乐于把真主作为他的代理者的时候。"

易卜拉欣·海瓦斯说："有一次我正在荒野中找不到路时，听到一个人在喊，我扭头一看，赫然是一个普通的乡下人。他对我说：'易卜拉欣啊！和我们住在一起的人，过一段时间，他的托靠才是正确的。你不知道吗? 当你走在旅途中，你希望前面的村子里有吃的东西，这种希望使你选择停下来。这时候，切断你对这个村子的希望就是托靠。'"

有人问伊本·阿塔托靠的真谛，他说："当你处于极度贫穷时，你没有显露受到影响的痕迹，同时非常平静地趋向真主。"

---

①　《提尔密兹圣训》记载，艾奈斯·本·马立克传述。圣训证明外在的行为工作与内心的依赖真主并不矛盾，但人们往往认为纯粹的依赖真主就是不做任何外在的条件工作。

②　这里指真主。——译者

图斯说:"托靠的条件正如艾布·图扎布所说,是把身体抛向本来的崇拜质因,使心系于真主,然后心平气和地对待生活。如果真主给予给养,就感恩;如果没有给予,就忍耐。"

左农说:"托靠就是放弃自己的安排与考虑,听从伟大真主的意志,当一个人认识到真主知晓并时刻注视他的处境时,他的托靠就会变强。"

艾布·杰尔法·法尔吉说:"我看到一个以'阿伊莎的骆驼'而出名的人正在挨鞭子,他是非常诙谐的人。我就问他:'对你而言,什么时候挨的鞭子觉得最疼?'他说:'他打我是为了让挨过我打的人看到时。'"

哈拉智对易卜拉欣·海瓦斯说:"你走了如此漫长的旅程,穿越了荒野、高山和死亡之地,你是怎么做到的?"易卜拉欣答:"我只是托靠真主,改正我原来的想法。"侯赛因说:"你毁灭了你内心的建筑,认主独一的毁灭又在哪里呢?"

图斯说:"托靠正如艾布·伯克尔·丹嘎格所说,是只保留一天的生活所需,切断对明天的担忧;也正如赛海利·本·阿布顿拉所说,听任真主随心所欲。"

伊斯哈格·奈海尔祝勒[①]说:"托靠的实质体现在易卜拉欣圣人在面临困境时对吉卜勒利天使说的那句话:'至于你,我没有任何期望。'因为易卜拉欣圣人的心是和真主在一起的,除了真主,他什么也看不见。"

---

① 伊斯哈格·奈海尔祝勒(卒于伊历330年),全名伊斯哈格·本·穆罕默德·奈海尔祝勒,别名艾布·叶尔孤白,学者,苏菲。——译者

有人问左农：“什么是托靠？”他说：“放弃一切内心向往的东西，切断一切控制内心的欲望。”一个乞讨者说：“再说一点吧。”左农说：“把自己定位于一个无依无靠的奴仆，而不是拥有一切的人。”

有人问哈姆杜尼·盖萨尔什么是托靠，他说：“如果你有一万迪尔汗的钱，而你只有一千‘迪尼克’①的宗教的话，那你是很危险的，宗教就停留在脖子部位；如果你有一万迪尔汗的债务，但你从未对偿还债务失望过，你相信在真主的怜悯下，你会偿还完时，这就是托靠。”

有人问艾布·阿布顿拉·古莱氏什么是托靠，他说：“在任何情况下都心系真主。”一个乞讨者说：“再说一点吧。”他说：“抛弃所有的指望，直至真主成为你的主人。”

赛海利·本·阿布顿拉说：“托靠是穆圣的常态，谋生是他的常道，停留在穆圣常态的人，不要丢弃他的常道。”

艾哈迈德·本·尔撒说：“托靠是没有平静的动荡，没有动荡的平静。”

有人说：“托靠就是你使少变多，使多变少。”

艾哈迈德·本·麦斯鲁格说：“托靠是屈服于已发生的判决。”

艾布·奥斯曼·赛尔德说：“托靠就是以真主而满足，并依赖于他。”

哈拉智说：“真正的托靠者是他所在的地方只要有比他更应该吃饭的人，而他就不吃的人。”

---

①　迪尔克：很小的一个货币单位。一个迪尔汗的六分之一。——译者

欧麦尔·本·斯纳尼说:"易卜拉欣·海瓦斯和我在一起,我就对他说:'给我讲你在旅途中遇见的奇闻逸事吧。'他说:'黑杜尔圣人遇见了我,他让我陪同他,我担心陪伴他时的沉默损害我的托靠,便拒绝了。'"①

有人询问赛海利·本·阿布顿拉关于托靠,他说:"使心毫无牵挂地与真主在一起。"

我的导师艾布·阿里·丹嘎格说:"托靠有三种等级:首先是托靠,之后是悦纳,之后是委托。托靠者相信真主的许诺,悦纳的人以真主的知识为满足,委托的人满足于真主的判决。托靠是开始,悦纳是中间,委托是结束。"

有人问艾布·阿里·丹嘎格托靠是什么,他说:"托靠是不贪婪的进食。"

叶哈雅·本·穆阿兹说:"穿毛衣不行苏菲之道,空谈淡泊而不实践,陪同商队只为沽名,所有这一切都是虚伪的表现。"

一个人到戴里夫·舍布里那里抱怨赡养家人的沉重负担。舍布里对他说:"你回到家看一下,看谁没有真主的给养,就把谁赶出去。"②

赛海利·本·阿布顿拉说:"行为上有缺陷,说明他遵'圣行'的过程(遵循圣人的行为)有缺陷。托靠上有缺陷的人,他的信仰

---

① 穆萨圣人曾陪同黑杜尔圣人,黑杜尔圣人要求穆萨圣人碰见他所感到奇怪的事情时不要说话,始终保持沉默,但当穆萨圣人看到黑杜尔圣人把渔民的船凿破、杀死一个小孩、把将要倒塌的一堵墙修扶起来等一系列的怪事,忍不住张口询问,结果导致两人分手。——译者

② 意思是说,每个人都有真主的给养,在你的家里就没有不在真主恩惠之下的人,你怎么不托靠真主呢?——译者

有缺陷。”

易卜拉欣·海瓦斯说：“我在去麦加的路上，看到一个风尘仆仆的人，我就问他：‘你是人还是精灵？’他说：‘是人。’我接着问他：‘去哪里？’他答：‘去麦加。’我说：‘没有干粮吗？’他说：‘是的，和我一样的人都以托靠出行。’我说：‘托靠是什么？’他说：‘从真主那里取。’”

易卜拉欣·海瓦斯是一个对托靠非常认真的人，但他经常把针线、水袋和剪刀随身携带。有人问他：“易卜拉欣啊，你为什么带着这些东西呢？而你是拒绝一切的。”易卜拉欣说：“这些东西并不影响托靠，因为真主给我们规定了一些主命工作。苏菲只有一件衣服，或许衣服破了，而他没有针线，就无法缝衣服，没有水袋，就无法洗小净。所以，如果你见到一个苏菲没有带针线、水袋的话，你可以指责他的礼拜。”

我听我的导师艾布·阿里·丹嘎格说：“托靠是信士的品质，悦纳是‘卧里’的品质，委托是见证独一者的品质，所以，托靠是一般人的品质，悦纳是特殊人的品质，而委托①是特殊之特殊人的品质。因此，我的导师说：‘托靠是圣人们的品质，悦纳是易卜拉欣圣人的品质，而委托是穆罕默德圣人的品质。’”

艾布·杰尔法·哈达德②说：“十几年来，我一直严格地托靠真主，在集市上做活。我每天都会得到佣金，但我从来没有用我挣的钱用于喝饮料，或者进澡堂，而是把这些钱施舍给舒尼兹地方的

---

①　放弃自己的意志，把自己所有的事务都交付给真主。这是特殊人中的特殊者才能达到的境界。——译者

②　艾布·杰尔法·哈达德：苏菲大师，撒马尔罕人。——译者

穷人。尽管如此,我还是现在这个样子。"

罕萨尼·本·艾比·斯纳尼说:"我在完全托靠真主的状态下朝了十四次觐。有一次,我脚上扎进一根刺,我想起自己一直是托靠真主的,就没有把刺拨出来,只是在地上搓了几下,就接着往前走了。"

艾布·哈姆宰说:"我羞于饱腹时开始行程,我坚定托靠的信念,不为饱食而积攒干粮。"①

有人问哈姆杜尼·盖萨尔托靠,他说:"我还没有达到那一等级,一个信仰不正确的人又怎么能谈论托靠呢?"

有人说:"托靠的人就像一个婴儿,除了母亲的乳房外,他不知道求助于哪里。所以托靠的人最终只会被引导到真主那里。"

一个托靠真主的人说:"我在荒漠里行走,一个驼队在我的前面,我看到前面一个人,便赶紧追上他。一看竟然是一个老妇人,手里拄着一个拐杖,步履蹒跚,我想她可能是病人。便从口袋里拿出二十个迪尔汗(银币),对她说:'你拿去吧,找个地方住下,如果有骆驼过来,你就租一匹。然后你在晚上来找我,我帮你解决问题。'老妇人用手在空中比划了一下,手里赫然是一些第纳尔(金币)。她说:'你从口袋里拿出的是银币,我从玄秘中取出的是金币。'"②

艾布·苏莱曼·达扎尼在麦加看到一个人只喝"泽姆泽姆"

---

① 即不为旅途准备过多的干粮,随遇而安,随机应变。这在苏菲看来是托靠真主的表现。实际上,这和托靠真主时完成必要的条件并不矛盾,今天很多旅人已经体验过这样的经历,不带一分钱上路,通过其他的途径,同样能抵达目的地。——译者

② 真主的恩惠不分男女,女人同样得到真主的眷顾。——译者

水,这样一直过了很多天。艾布·苏莱曼有一天对他说:"如果'泽姆泽姆'井水没有了,你怎么办呢? 你喝什么呢?"那人站起来,吻了一下艾布·苏莱曼的头,然后说:"愿真主赐福你,你使我豁然开朗,这么多天来,我一直崇拜的和依靠的是'泽姆泽姆'井。"说完就走了。①

易卜拉欣·海瓦斯说:"我在去叙利亚的路上碰到一个衣着讲究的年轻人,他对我说:'你没有同伴吗?'我说:'我饿得厉害。'他说:'如果你饿了,我陪你一起饿。'我们就这样度过了四天,后来我看见一点吃的东西,我对他说:'快去拿。'他说:'我从不通过媒介得到东西。'我说:'能否详细说明?'他说:'易卜拉欣啊,你不要虚伪,批评的人的眼光是锐利的,你这是托靠吗? 最低的托靠是当你面对贫穷时,你的内心期待的仍是糊口之资。'"

有人说:"托靠是否定怀疑,万事委托给真主。"

一群人到祝奈德这里,对他说:"我们去哪里寻求给养呢?"祝奈德说:"如果你们知道任何一个地方有,你们就去吧。"那些人说:"那我们就向真主要求给养。"祝奈德说:"如果你们知道他忘记了你们,那你们就记起他吧!"那些人说:"那我们住在家里,然后托靠真主,可以吗?"祝奈德说:"实验是怀疑。"那些人又问:"那怎么办呢? 计谋是什么呢?"祝奈德说:"放弃计谋。"②

---

① 要真正的托靠真主,就要坚信真主的给养无处不在,而不只是只在"泽姆泽姆"水一处。——译者

② 托靠真主应当是坚定不移的,不能有丝毫的犹豫,也不能采取一些途径来显示自己是托靠真主的。——译者

艾布·苏莱曼·达扎尼对艾哈迈德·本·艾比·哈瓦勒[①]说："通往后世的路有很多，你的导师知道的很多，唯独不知道托靠，我在他身上没有闻到这种气味。"

有人说："托靠是相信真主手中的，失望人们手中的。"

有人说："托靠就是在寻求给养时不去想如何得到。"

有人问哈里斯·穆哈西比："托靠之后会有贪婪跟随吗？"答曰："人在托靠的过程中有其他要求是正常的，这并不影响他的托靠，对他人的财物失望，能使他足以切断心里的贪婪。"

据说，艾哈迈德·努尔在荒野中饥饿交加，这时，一个声音对他说："你最需要什么东西呢？是赢得给养的途径，还是够用的给养？"艾哈迈德答："够用就行了。"其实，够用并没有上限，艾哈迈德·努尔就这样度过了十七天，什么东西没吃。

艾布·阿里·鲁兹巴勒说："如果一个苏菲在五天之后说：'我饿了。'你们就把他带到市场上，让他自食其力。"

艾布·图扎布看到一个苏菲把手伸向一个西瓜皮，那人已经三天没吃东西了。艾布·图扎布对他说："你这样修道是不对的，你应该到市场上去谋生。"

艾布·叶尔孤白·艾格塔阿说："有一次我在麦加饿了十天，我发现自己很虚弱，我的心对我说：'它坚持不住了。'我便离开清真寺去山谷，希望能找到一点吃的东西。我看到地上有一个被人抛弃的萝卜，便赶忙把它拿在手中。我发现我的心对此不太满意，

---

① 艾哈迈德·本·艾比·哈瓦勒（伊历164—230年），别名艾布·哈桑，大众派学者，逊尼派苏菲大师，祖籍库法，后迁往大马士革。——译者

好像一个声音对我说：'你饿了十天了，难道你最后的运气就是吃一个变色、变味的萝卜吗?'于是我把萝卜扔了，又返回到清真寺。刚坐下来，就有一个异乡人在我面前坐下，并在我面前放下一个箱子，他说：'这是你的了。'我问：'你为什么偏偏给我呢?'他说：'十几天前，我们在大海上航行，波涛汹涌，我们的船几乎要翻了，我们中的每个人都许了愿：如果真主使我逃脱此劫，我一定要施舍一样东西。我的许愿是：如果我能得救，我就把这只箱子施舍给我第一个遇见的人，而你就是我第一个遇见的人。'我说：'你把箱子打开。'那人打开箱子后，里面赫然是埃及的糕点、去皮的杏仁和糖果。我每样抓了一把，然后对他说：'剩下的给你的孩子吧，算是我给他们的礼物。'之后我对自己说：'十天之后，给养就这样来到你的面前，而你却跑到山谷去寻找。'"

艾布·伯克尔·拉齐说：有一次我和穆姆沙迪·迪沃尔谈话，说到债务的问题。他说："我曾经借给一些穷人钱，担心他们没有能力在今世偿还，于是心里为此忧愁不堪。有一天做梦，好像一个人对我说：'吝啬的人啊，你仅仅为我拿出这么一点，何至如此呢！你应该拿，我应该给予。'从此之后，我再不与蔬菜商、屠夫之类的穷人斤斤计较了。"①

搬运工布纳尼②传述，他说："我从埃及前往麦加朝觐，背了很

---

① 与穷人交往时应宽宏大度，不要为难他们，而是怜悯他们。不必为他们是否还债而担心，就是托靠真主的表现，真主是仁慈的，他不计算这些穷人的债务责任，即赦免他们的责任。——译者

② 布纳尼（卒于伊历 316 年）全名布纳尼·本·穆罕默德·本·哈姆杜尼·本·赛尔德·瓦西特，别名艾布·哈桑，伊玛目，圣训学家，伊斯兰长老。——译者

多干粮,一个妇女来到我跟前说:'布纳尼呀,你的确是一个搬运工,你背着这么多干粮,难道你认为真主不会给你给养吗?'于是,我把干粮扔了,就这样过了三天,我没有吃东西。我在路上看到有一个脚环,心想:'现在我把它拿上,见到主人后还给他,或许他会给我一些东西。'结果脚环的主人竟是那个妇女,她对我说:'你像个商人,你觉得有利可图才做了这件事。'然后她扔给我一些钱说:'你拿去吧。'我就用这些钱到了麦加。"

据传,拜纳尼想买一个服侍他的婢女,于是就向他的兄弟们求助,兄弟们为他凑了一些钱,对他说:"刚好来了一个商队,我们去挑一个合适的。"兄弟们看了一番之后,不约而同地看上了一个婢女,都说这个好,就问卖主多少钱?那人说:"这个女子不出售。"兄弟们一再纠缠,那人说:"这是属于布纳尼的,是撒马尔汗的一个妇女赠给他的。"婢女见到布纳尼后,讲述了布纳尼和那个妇女之间的故事(即上面脚环的故事)。

哈桑·罕亚特说:"我和拜舍尔·哈菲坐在一起谈话,一伙人过来给他问候,他问:'你们从哪来?'他们说:'从叙利亚来,到这里来向你们问候,之后想和你一起去朝觐。'拜舍尔说:'和我一起去可以,但我有三个条件:不拿任何东西;不向任何人乞讨;如果有人给我们,我们不接受。如果你们答应这三个条件,我就答应和你们一起去朝觐。'那些人说:'至于我们不拿东西,那是可以的;至于我们不向人乞讨,那也是可以的;至于有人给我们,我们不接受,这一点我们做不到。'拜舍尔说:'那你们背上朝觐的干粮去托靠吧。'然后拜舍尔对我说:'哈桑啊,穷人有三类:一类穷人不乞讨,即使有人施舍,他也不要,这一类穷人属于灵魂圣洁者①;一类穷人不乞讨,但如果有人施舍,他也接受,这一类穷人属于心灵洁净之人;还有一类穷人,他乞讨但他只接受自己的所需。'"

有人问哈比布·阿杰米②说:"你为什么放弃经商呢?"他答:"我看到担保人是可信任的。"③

一个人在旅途中,身上带着一块干粮。真主启示他说:"如果你吃这块干粮,就再没有其他干粮,而你就会饿死。"之后,真主委派一个天使看视他,并对天使说:"如果他吃那块干粮,你就给他更多的东西;如果他不吃,就不要给他其他东西。"那块干粮一直在那个人身上,一直到死他都没有吃一口。④

当人处于委托时刻时,都会迅速地考虑到他的目的,正如新娘快速奔向新郎一样。丢失和委托是有区别的,对真主义务的丢失是可憎的,对你的权利的委托是可嘉的。

---

① 他们的想法超越所有的世人,即不考虑世人所考虑的问题,只是一心赞念真主。

② 哈比布·阿杰米:别名艾布·穆罕默德,再传弟子,巴士拉人。——译者

③ "担保人"即真主,真主是人一生可信赖的担保人。——译者

④ 传述虽短,但给人的启发却很多,同样,"托靠"一词的字面意思虽然简单,但却蕴涵了很深刻的含义。真主在这个故事中检验主人公对"托靠"的理解,很显然,主人公对托靠的理解是肤浅的,他认为自己的给养是有限的,所以他不敢吃仅有的干粮,结果饿死。而实际上,真主的给养是无限的,真主的恩惠是无限的,对真主真正托靠的人,他会无所顾忌地花费自己跟前的给养,因为他深信真主会源源不断地赐予给他的。正如《古兰经》所说:"真主无限量地供给他所意欲的人。"(黄牛章:第212节)这一经文在《古兰经》中多次出现。现实生活中,很多富人之所以对穷人吝于施舍,就是因为他们认为他们的给养是有限的,他们害怕自己的财富因施舍而消失殆尽,所以紧紧抓住自己的财富。这样的心态显然与托靠真主相违背的,也是造成社会不公正的重要原因。——译者

阿布顿拉·本·穆巴拉克说："一个获得非法之财的人,他不会是托靠者。"

艾布·赛尔德·海扎兹说："有一次我没带干粮便进入荒野,饿得头晕眼花。这时,我远远看见前面有一个驿站,庆幸自己有救了。然后心里盘算到了驿站之后,先住下来,向那里的人求助。当我发现心里有这个想法后,便发誓不去那个驿站,除非有人把我背过去。我为自己挖了一个沙坑,把沙子一直埋到我的胸膛。半夜时分,我听到一个声音高声喊道:'驿站的人啊,真主的一个'卧里'把自己埋在沙子里,你们快去救他。'于是,一伙人来到我跟前,把我背到村子里。"

艾布·哈姆宰·胡扎萨尼①说："有一年我去朝觐,当我在路上正行走时,突然掉进一个枯井里,我的心和我搏斗,它想呼人求救,我说:'不,以真主起誓,我不能求救。'我还没有想完,就听到有两个人经过井口,其中一个人对另外一个人说:'我们把这个井口盖上吧,以免有人坠入。'于是,他们找来一些树枝,把井口填上了,我在犹豫是否向他俩呼救。平息了一下惊恐的心,我对自己说:'我应该向比他俩更接近我的人呼救。'于是我平静下来了。大约过了一个时辰,有脚步声过来,他把井口上的遮挡物拿开,把他的一只腿伸下来,好像对我说:'抓住我的腿。'于是我就抓住他的腿,他把我拉出了枯井,出了井口,赫然发现他是一只野兽。野兽不以为然,扬长而去。这时一个声音喊道:'艾布·哈姆宰啊,难道这不是更好吗?我以致人死亡的野兽拯救你脱离死亡。'我欣然向前

172

---

① 艾布·哈姆宰·胡扎萨尼(卒于伊历290年),学者,奈萨布尔人。——译者

行,吟道:

> 我的秘密使你惊恐,
>
> 而这仅仅是其中的一个。
>
> 我羞于掩藏我的思绪,
>
> 你的揭示使我领悟太多,
>
> 你的慈爱使我由显现转向隐蔽,
>
> 以玄妙理解玄妙。
>
> 你使我看到幽玄,
>
> 就像你以幽玄向我报喜,
>
> 你是幽玄的主。
>
> 见到你,我惊恐万分。
>
> 你以慈爱安慰我,
>
> 你复活了爱的人,
>
> 对你的爱使他死亡,
>
> 生死转换,多么奇妙。"

有人问易卜拉欣·本·艾德海木的仆人侯宰法·穆尔阿什:"你在你的主人那里见到的最惊奇的事情是什么?"侯宰法说:"我们去麦加,在路上有好多天没吃上东西。之后我们来到库法,住在一个破旧的清真寺里。易卜拉欣看了看我说:'侯宰法呀,我看你饿得厉害。'我说:'是的,正如你看到的那样。'他说:'我这里有笔和纸,你给我拿来。'他在纸上写道:

> 奉至仁至慈的真主之名,你是众生托靠的、众望所归的主。
>
> 我是赞颂者、感恩者、赞念者、饥饿者、因饥饿站立不稳者、赤

裸者。

以上之六,我只是他们的半个担保人,主啊,请你做另外半个
担保人。

我对你之外的人的赞美是火狱的火焰,

你援助你的仆人,不要使他因我的赞美而进入火狱。

而我这里的火狱就是乞讨,

求你不要使我进入火狱。

他把写好的纸交给我,然后对我说:'你现在出去,你的心不要
记挂真主之外的任何事物,然后把这张纸交给你碰到的第一个
人。'我很高兴地拿着纸出去了。我碰到的第一个人坐在一匹马
上,我把纸交给了他,他一看就哭了,他问我:'写这个纸的人在哪
里?'我答:'在一个破旧的清真寺里。'他给了我一个钱袋,里面有
六百金币,我拿上钱就回,路上碰见一个人,我问他:'刚才骑在马
上的那人是谁?'那人答:'是一个基督教徒。'我回到易卜拉欣那
里,把经过讲述给他。他说:'你不要动这个钱袋,过一个时辰他会
来的。'过了一个时辰,那个基督徒果然来了,他亲吻易卜拉欣的
头,然后皈信了伊斯兰。"

18. 感恩(舒克鲁,Shukr)

真主说:"如果你们感谢,我一定增加你们的福利。"(易卜拉欣
章:第 7 节)

叶哈雅·本·叶阿里传述,我和欧拜德·本·欧麦伊尔一起
去见阿伊莎(愿真主仁慈她),我对她说:"能否告诉我们,你在穆圣
那里见到的惊奇的事情是什么?"她说:"穆圣的哪个事情不令人惊

奇呢？有一天夜里，他到我这里住宿，和我躺在床上，我们紧紧地挨着，然后他说：'阿伊莎啊，你让我拜主吧！'我说：'我喜欢你离我近一些。'我让他起来，穆圣起来后洗了小净，用了很多水。然后站立礼拜，他礼拜时哭了，泪水一直流到他的胸前，然后鞠躬，鞠躬时还在哭，然后叩头，叩头时还在哭，然后抬起头，依然在哭，就这样，一直到比俩里念宣礼词。我对他说：'真主的使者啊，你怎么哭成这样，难道真主不是已经饶恕了你前前后后的一切过错了吗？'他说：'难道我不应该做一个感恩的仆人吗？我为什么不这样做呢？给我降示的《古兰经》里有这样的经文：'天地的创造，昼夜的轮流，利人航海的船舶，真主从云中降下雨水，借它使已死的大地复生，并在大地上散布各种动物与风向的改变，天地间受制的云，对于能了解的人看来，此中确有许多迹象。'（黄牛章，第164节）"①

174　　　　正因为如此，真主描述说感恩是拓宽恩典，其意是真主报偿感恩的人。因此，他称感恩的报偿是善报，恶行的报偿是恶报。有人说："真主的善报就是把多多的报酬给予干了些微工作的人。"有人说："感恩的牲畜，它长出的肉超过所获得的饲料。"

　　　或许也可以这样说：感恩的实质是赞美行善者，提及他的善行。一个人对真主的感恩就是常常提及真主的恩赐，而真主对人的感谢也是提到人所做的善行，及其人对他的顺从。真主对人的恩赐是给予他顺利，而人对真主的感谢则是心与口承认真主对他

————————

　　① 《伊本·罕巴尼圣训集》记载，阿卜杜勒·穆里克·本·艾比·苏莱曼传述。《穆斯林圣训集》也有简洁的记载，欧尔沃传自阿伊莎。

的恩惠。

感恩分为言语的感恩，即以顺从的方式承认真主的恩德；肢体的感恩，即自觉的奉献；内心的感恩，即常记禁律，执着于见证真主。

有人说："一般人的感恩是言语的感恩，拜主者的感恩是行为的感恩，而'阿勒夫'（认主者）的感恩是状态中的端正。"

艾布·伯克尔·宛扎格说："感恩就是见证帮助，谨守戒律。"

哈姆杜尼·盖萨尔说："感恩就是你认为自己在感恩里是寄生虫。"

祝奈德说："感恩是有原因的，因为感恩的人他要求额外的东西，他以他的运气与真主同在。"

艾布·奥斯曼说："感恩是认识到无法感谢。"

有人说："谢完再谢才是最完美的感谢。那是因为，你因为你的顺利而感谢，而顺利又为你带来恩惠，于是你要为新的恩惠而感谢。就这样，你须不停地感谢，永无穷尽。"

有人说："感恩者因为顺从得到更多的恩惠。"

祝奈德说："感恩就是你认为自己没有资格接受那一恩惠。"

鲁伊姆·本·艾哈迈德说："感谢要竭尽全力。"

有人说："感谢者是因为拥有，善谢者①是因为失去。"

有人说："感谢者是因为得到了帮助，善谢者因为遭到了拒绝。"

有人说："感谢者是因为利益，善谢者是因为无利。"

175

---

①　善谢者的境界高过感谢者，感谢者大多因为顺利和恩惠，而在善谢者看来，当遇到不幸、坎坷、磨难时，更应该感谢真主，因为这也是来自真主智慧的安排，是来自真主的恩惠，只是需要人细心去领悟。——译者

有人说："感谢者感谢馈赠，善谢者感谢患难。"

有人说："感谢者因得到而感谢，善谢者因再三推迟（没有得到）而感谢。"

祝奈德说："我曾在赛扎·苏格图面前玩耍，我那时仅仅七岁，有一群人在他面前谈论感谢。赛勒·塞格特就问我：'孩子呀，你说说什么是感谢？'我说：'因真主的恩惠而不反抗他。'他说：'你几乎因此得到了真主的怜悯。'至今，每当我想起赛勒·塞格特的这句话，我都会哭。"

戴里夫·舍布里说："感谢是看到施恩者，而不是只看见恩惠。"

有人说："感谢是因为保护住了已有的，捕捉到了失去的。"

艾布·奥斯曼说："一般人往往因为得到衣食的富足而感谢，特殊人因为内心的感悟而感谢。"

有人说，达乌德圣人说："主啊，你给了我很多恩惠，我怎么感谢你呢？"真主启示他说："你现在已经感谢我了。"

穆萨圣人在与真主密谈时说："主啊，你用手创造了阿丹，对他做了如此如此，他是怎么感谢你的？"真主答："他认识到一切全来自我，他的这种认识就是感谢。"

一个人的好友被官家抓了起来，好友在狱中给他写信，他回信说："你当感谢真主。"好友在狱中遭受了刑罚，又给他写信，他回信说："你当感谢真主。"监牢里后来又来了一位肚子有病的拜火教徒，就这样，挨打的好友一只脚镣，拜火教徒一只脚镣，两人被铐在一根链子上。拜火教徒夜里数次起来礼拜，这样，就需要迈过好友的头。于是好友给外面的朋友写信抱怨，朋友说："你当感谢真主。"狱里的好友生气了："你这话说到什么时候,还有比这更遭罪的吗?"外面的朋友写信说："如果把你俩的手也铐在一起,正如你们的脚铐在一起一样,你又能如何呢?"

一个人来到赛海利·本·阿布顿拉那里,对他说："一个小偷光顾了我家,把我家的东西全拿走了。"赛海利说："你当感谢真主,如果一个小偷——即恶魔到了你的心里,破坏你的信仰,你又能如何呢?"

有人说："双眼的感谢是遮盖你所看见的,双耳的感谢就是遮盖你所听见的。"

有人说："感谢就是为不应该得到赏赐而心情愉悦。"

祝奈德说："赛勒·塞格特有一天想通过一个问题使我受益,便问我:'祝奈德呀,什么是感谢?'我说:'在得到真主的恩惠后不违抗他。'他说:'你是从哪里知道的?'我说:'从你的讲座上。'"

哈桑·本·阿里经常跪着,他在跪着时说："主啊,你给了我恩惠,却没有见到我的感谢;你给予我考验,却见不到我的忍耐。而你并没有因为我的不感恩和不忍耐而剥夺对我的恩惠。主啊,你是多么地慷慨啊!"

有人说："如果你伸向索取的手短,就让你感谢的舌头变长。"

有人说："四种工作劳而无益:对聋哑人低语;给不感恩之人恩惠;在盐碱地里撒种子;太阳底下点灯。"

据说,当伊德里斯圣人被告知获得饶恕时,他竟然祈求生命。有人问他为什么会这样。他说："我以前工作是为了饶恕,现在是为了感谢。"于是,天使展开双翼,把伊德里斯圣人带上天空。

　　据说,一个圣人经过一块小石头,小石头里有水汩汩流出,这位圣人很惊奇。真主使小石头开口说话:"自从我听了'你们当警惕火狱,它的燃料是人和石头'(黄牛章:第 24 节)这一经文后,由于害怕真主,我就一直哭泣不止。"那位圣人就向真主祈祷,请求真主帮助这个小石头。真主启示圣人说他已把小石头从火狱中取了出来。那位圣人就继续赶路。若干天后他原路经过此地时,发现小石头还是像以前一样汩汩流水。他很惊奇,真主使小石头开口说话,那位圣人问小石头:"你怎么还是一直哭呀? 难道真主不是已经饶恕了你吗?"小石头说:"原来是因为忧伤和恐惧而哭,现在是因为感谢和高兴而哭。"

　　感谢的人能得到更多的恩惠,因为他是见证者。真主在《古兰经》中说:"如果你们感谢,我一定给你们增加福利。"(易卜拉欣章:第 7 节)而忍耐的人,是见证真主的考验的。真主说:"真主与坚忍者同在。"(战利品章:第 46 节)

　　一个代表团来觐见欧麦尔·本·阿卜杜勒·阿齐兹,其中一个年轻人在演讲中慷慨陈词。欧麦尔说:"骄傲!"年轻人说:"信士们的长官,如果事情以年龄而论的话,穆斯林中有比你更适合当哈里发的。"欧麦尔说:"你接着说。"年轻人说:"我们来这里,既不是贪图你的赏赐,也不是畏惧你。至于有所图的人,是你的恩惠使他们前来;至于恐惧,因为你是公正的哈里发,所以我们不怕你。"欧麦尔说:"那你们为何而来?"年轻人说:"我们为感谢而来,我们来只是向你表示感谢,然后回家。"年轻人还吟道:

　　承恩岂能语沉默,善行自有人评说。

　　　　汝之恩惠隐不语,岂非慷慨大盗客。

真主启示穆萨圣人说："你疼慈我的仆人吧,他们中有感恩者,也有昧恩者。"穆萨圣人问:"昧恩者的标志是什么?"真主说:"很少感谢我的恩赐。"

有人说:"我们赞美真主,是因为他给了我们生命,我们感谢真主,是因为他给了我们感官。"

有人说:"赞美是真主的开端,感谢是你的牺牲。"

正确的圣训说:首先被召唤进天堂的是在任何情况下都赞美真主的人。

有人说:"赞美真主是因为他的恩惠,感谢真主是因为他的所为。"

19．坚信(耶给尼,Yaqin)

真主说:"他们确信降示你的经典,和在你之前降示的经典,并且笃信后世。"(黄牛章:第 4 节)

据阿布顿拉·本·麦斯欧德传述,穆圣说:"你不要喜悦任何一个真主恼怒的人,不要赞美任何一个享受真主恩惠的人,你不要责备任何一个比你恩惠多的人。喜爱你的人的喜爱不能使真主的给养到达你,讨厌人的讨厌不能阻拦真主的给养到达你。真主的确是公正的,他使喜悦和宽慰在满足与确信里,使忧愁和烦恼在怀疑与恼怒里。"[1]

艾哈迈德·本·阿绥木·安塔克说:"真的,一点点确信到达人的内心,也会使他的心充满光明,消除他所有的怀疑,他的心也

---

① 塔布拉尼、伯伊海格、伊本·罕巴尼记载,伊本·麦斯欧德传述。

会因此对真主充满感恩和畏惧。"

据传，艾布·杰尔法·哈达德说："艾布·图扎布看见我坐在荒野里的一个池塘前面，我已经有十六天没吃没喝了。他问我说：'你坐在这里干什么?'我说：'我现在处于"认识"与"确信"的争执之间，我正在等待双方争执的结果，谁取胜，我就跟随谁。'艾布·图扎布对我说：'你会如愿以偿的。'"① 即如果"认识"取胜，他就喝水；如果"确信"取胜，他就离开。

艾布·奥斯曼·哈伊尔说："确信是不大看重明天。"

赛海利·本·阿布顿拉说："确信的开端是开悟。正如一个先贤所说：'如果幔帐升起，人的信仰会增强，其次是目睹，最后是心证。'"

艾布·阿布顿拉·海菲福说："确信就是肯定幽玄与机密。"

艾布·伯克尔·本·塔赫尔说："认识与怀疑相对立，确信就是没有怀疑。"他这里指的是可获取的认识，之后成为显而易见的东西，正如一些人获得的认识一样。一开始是努力的事情，之后就成了惯常的事情了。

穆罕默德·本·侯赛因传述，有人说："第一阶段是认识，其次

---

① 即你会在升高境界上如愿以偿的。艾布·杰尔法·哈达德已经十六天没有进食、进水了，现在即使面对池塘，他也不允许自己进水，而是等待真主的安排（因为真主有能力派一位卧里或天使把水给他送到跟前，或者通过其他途径给他供水），他希望真主通过"奇迹"坚定他的"耶给尼"。池塘就在面前，这是明显的表象"知识"；如果他坐在池塘跟前能做到视水不见，坚信真主将给他指明出路，这就是内心的"确信"（耶给尼）。艾布·杰尔法就是在等待自己将倾向于哪一种情绪：是直接饮水，还是等待真主的安排。艾布·杰尔法实际上是在给我们展示一个重大命题：是一般的"表象"使我们信任真主的安排呢，还是内心的"确信"使我们信任真主的安排呢？ ——译者

是确信,再次是坚信,第四是忠实,第五是作证,最后是顺从。而信仰就是所有这些名词的集合。"这句话指出,人的第一个任务是认识真主,而认知的获得是需要一些前提条件的,即认识角度的正确。第二是一连串的证据和说明,第三是因一连串的光亮而使认识确定下来,即到了不需要求证的境界,也是一个确信者所处的状态。第四是确认真主所传达的训息,以他的言行去响应,或者重新确定他的言行,确认实际上就是训息方面的。第五是忠实地履行真主的命令。第六是展示自己的回答,即作证。最后是顺从真主所命令的一切,抛弃他所禁止的一切。至此,也就是伊玛目艾布·伯克尔·福尔克①所说的:"口舌的叙说是多余的,心已经充满了。"

赛海利·本·阿布顿拉说:"如果心还对真主之外的人迷恋的话,应该禁止它嗅到确信的气味。"

左农说:"确信使人减少奢望,减少奢望使人淡泊,淡泊使人得到智慧,智慧使人预见惩罚。"

左农说:"确信有三个标志:鲜与俗人混杂,不为他人的赏赐而赞美,不因他人的拒绝而指责。"

确信的确信有三个标志:任何事情都注视真主,任何事情都归于真主,任何事情都求助于真主。

祝奈德说:"确信是认识在心中的稳定、不改变、不变动、不变化。"

① 艾布·伯克尔·福尔克:全名穆罕默德·本·哈桑·本·福尔克·艾斯巴哈尼,别名艾布·伯克尔,伊玛目,著名学者,认主学家,文学家,语法学家,著有很多作品。——译者

180

伊本·阿塔说:"根据人们敬畏的程度,人们可以达到相应的确信程度。敬畏的根本是抛弃禁戒的事项,抛弃禁戒是抛弃私欲。你们放弃多少私欲,就能达到多少确信。"

有人说:"确信是开悟,而开悟有三种形式:以训息而开悟,以显示的能力而开悟,以信仰的真谛而开悟。"

须知,他们所说的开悟是内心出现一种事物,这一事物一直为心所见证,心中再没有怀疑。或许他们所指的开悟接近于似梦似醒之间的一种状态。人们经常以轻梦或初入梦境来表达这一状态。

艾布·伯克尔·福尔克说:"我问艾布·奥斯曼·麦格里布:'你说的是什么呀?'他说:'我看到一些人如此如此。'我问:'你看到的磨难呢还是开悟?'他说:'是开悟。'"

181　　　阿米尔·本·阿卜杜勒·盖斯①说:"如果屏障升起,确信就会增加。"

有人说:"确信就是以信仰的力量见证。"

有人说:"确信是放弃反对。"

祝奈德说:"确信是见证幽玄后怀疑消失。"

我的导师艾布·阿里·丹嘎格针对穆圣关于尔撒圣人的话说:"如果确信增加,人一定能在空中行走。"这是指穆圣自己在登霄之夜中的状况,穆圣在叙述登霄之夜说:"我看到'布拉格'天马停下来,我独自腾空走了。"

----

① 阿米尔·本·阿卜杜勒·盖斯:卒于穆阿维叶时代末期。别名艾布·阿布顿拉,再传弟子,传述过一些圣训。——译者

有人问赛勒·塞格特关于确信,他说:"确信是胸中遭遇万般波动时的平静,它使你坚信,你的活动不会有益于你,也不能改变真主对你的判断。"

阿里·本·赛海利说:"主的临在强于确信,因为临在是稳定的,而确信是意念。"好像阿里把确信作为临在的开端,没有临在,就无法获得确信,因为临在是持久而稳定的。又好像他认为确信的获得无须临在,而临在的获得必需依赖确信。因此,艾哈迈德·努尔说:"确信是作证。"即作证中有确信,没有怀疑,因为他在不信任的人那里是看不到平静的。

艾布·伯克尔·宛扎格说:"确信是心的实质,信仰以确信而完美,真主以确信而被认知,以理智而被参悟。"

祝奈德说:"有人因确信在水上行走(显示克拉玛提),但确信最好的人是因干渴而死的人。"①

伊本拉欣·海瓦斯说:"有一次我在'提赫'②沙漠遇见一个面如银月的青年,我问他:'年轻人啊,你去哪里呀?'他答:'去麦加。'我说:'你去麦加,这么遥远的路程,怎么不带干粮、骑乘和旅费呢?'他说:'你是一个没有确信(耶给尼)的人,真主有能力保护众天地,难道他没有能力把我们送到麦加吗?'后来,我到了麦加,在巡游天房的人群中,我又一次看到了他。他吟道:

_____

　　①　真主的确赐予一些卧里"克拉玛提",但世人对他们却是忽视的。同时,卧里又有不同的等级,有时"克拉玛提"能增加确信之光,有时不能。即使有卧里显示了"克拉玛提",也不能证明他优越于其他人。——译者

　　②　位于埃及和巴勒斯坦交界处,在西奈半岛内部,伊莱和埃及之间。也是穆萨和他的宗族迷失的地方。据说,穆萨和他的宗族在此迷失了四十年而找不到出路。

眼泪尽情流,心儿忧伤死。

勿喜爱他人,唯有真主尊。

当他看见我时,他问道:'你还是那样缺少确信吗?'"

伊斯哈格·奈何尔朱勒说:"当一个人达到完美的确信时,他的苦难会成为恩惠,而他的舒适则成为苦难。"

艾布·伯克尔·宛扎格说:"确信有三种形式:确信信息①、确信证据与确信实见。"

艾布·图扎布·奈何什:"我在荒野中看到一个没有带干粮的年轻人,我心想:'如果他没有耶给尼(确信)的话,一定会饿死的。'我对他说:'年轻人啊,你去其他的地方也不带干粮吗?'他说:'老伯呀! 你抬起头,能看到除真主之外的他物吗?'于是我说:'现在你走吧,去你想去的地方。'"

艾布·赛尔德(艾哈迈德·海扎兹)说:"认识是你所运用的,确信是担负你的。"

易卜拉欣·海瓦斯说:"我自食其力,靠劳动挣取合法的生活给养。我每天去捕鱼,有一天,我把网撒下去,网住了一条鱼,我把鱼拿出来。然后又把网撒下去,又网住了一条鱼。我把渔网收好,准备回家。这时,一个声音说:'你只有打鱼才能维持生计吗,鱼在赞念我,你却杀了它。'②听了这话之后,我马上撕破了渔网,彻底

---

①　即圣人们带来的训息,比如,圣人们描述的天堂与火狱及后世复生,这些都无从看见,但有信仰的人相信圣人们所言是真实的。——校对者

②　世界上万物都在以不同的形式赞颂真主,而鱼只是其中一种,《古兰经》中说:"七层天和大地,以及万有,都赞颂他超绝万物,无一物不赞颂他超绝万物。但你们不了解他们的赞颂。"(夜行章:第44节)

放弃了打鱼。"

20. 忍耐（赛布尔，Sabr）

183

真主说："你当忍耐①，你的忍耐只依赖真主的佑助。"（蜜蜂章：第 128 节）

阿伊莎传述，穆圣说："忍耐在最初受到打击的时刻。"②

艾奈斯·本·马立克传述，穆圣说："忍耐在打击时开始。"

忍耐有一些分类：可承受的忍耐和不可承受的忍耐。可承受的忍耐又分为两类：忍耐真主所命令的和忍耐真主所禁止的；而不可承受的忍耐则是由真主的判决而生出的艰难与冷酷。

祝奈德说："对信士们而言，从今世到后世的旅程是很容易的，而回到真主的御前是艰难的；从自己到真主的旅程是十分艰难的，而与真主相处时的忍耐则是最艰难的。"

有人问祝奈德什么是忍耐，他说："忍耐是吞咽苦果时面不变色。"

哈里发阿里说："忍耐于信仰，如同头颅在躯体中的地位。"

艾布·嘎希姆·哈克目说："经文'你当忍耐'指的是功修，而经文'你的忍耐只赖真主的佑助'指的是崇拜地位。从属于你的等级上升到等级以你而存的人，意味着他从功修阶段转移到了崇拜阶段。"因此，穆圣说："我以你而生，以你而亡。"

184

---

① 忍耐就是在灾难降临或恩惠失去时，控制自己的情绪，坦然接受。这在沙里亚里是可嘉的，也是对信士的要求。

② 《布哈里圣训集》记载，艾奈斯·本·马立克传述。《穆斯林圣训集》、《艾布·达乌德圣训集》、《提尔密兹圣训集》、《奈萨仪圣训集》均有记载。

有人问艾布·苏莱曼忍耐,他说:"以真主起誓,我们喜爱的尚且不能忍耐,何以忍耐我们讨厌的呢?"

左农说:"忍耐就是远离分歧,在吞咽苦难时平静,在面临贫困时显示富有。"

伊本·阿塔说:"忍耐就是以很好的礼仪面对困难。"

有人说:"忍耐就是面临困境时平淡,不抱怨。"

艾布·奥斯曼·哈伊尔说:"最优秀的忍耐者,是使自己习惯于向丑恶发动攻击的人。"

有人说:"忍耐是面临困难时表现出的一个良好心态,正如健康的体态一样。"

功修中最好的报偿就是对忍耐的报偿,再没有比忍耐的报酬更多的了。

真主说:"我誓必要以坚忍者所行的最大善功报偿他们。"(蜜蜂章:第96节)

阿慕尔·本·奥斯曼①说:"忍耐就是与真主在一起的坚定,以宽阔的心胸迎接真主的考验。"

易卜拉欣·海瓦斯说:"忍耐就是天经、圣训教条之上的坚定。"

叶哈雅·本·穆阿兹说:"爱主者的忍耐难于淡泊者的忍耐。他们怎么能忍受呢?"

诗曰:

众人忍耐皆轻松,吾之爱恋最难忍。

---

①　阿慕尔·本·奥斯曼:哈里发奥斯曼的儿子,再传弟子。——译者

　　鲁伊姆说："忍耐就是抛弃抱怨。"

　　左农说："忍耐就是向真主求助。"

　　我的导师艾布·阿里·丹嘎格说，忍耐对他而言如同他的名　185
字（须臾不分离之意）。

　　伊本·阿塔吟道：

　　我的忍耐为使你喜悦，我情愿为此受到伤害。

　　你的喜悦是我的满足，除此之外我别无他求。

　　艾布·阿布顿拉·海菲福说："忍耐分为三种：忍耐者、坚忍者
和至忍者。"

　　哈里发阿里说："忍耐是不会迷路的骑乘。"

　　阿里·本·阿布顿拉·巴士拉传述，一个人在戴里夫·舍布
里面前说："对忍耐者来说，哪一种忍耐最艰难？是前往真主时的
忍耐吗？"[1]答曰："不是。"又问："是为真主时的忍耐吗？"[2]答曰：
"不是。"又问："是与真主相处时的忍耐吗？"[3]答曰："不是。"又问：
"那到底是什么呢？"答曰："被真主疏远后的忍耐。"舍布里说到这
句话后大叫一声，灵魂几乎出窍。[4]

　　艾布·穆罕默德（艾哈迈德·祝莱勒）说："忍耐是不在恩惠与
磨难间区别，并且保持心态平静，而初等的忍耐者是在面临磨难保
持平静时，感觉到了磨难的沉重与压力。"对此有人吟道：

---

　　①　指在克服恶劣品德与学习可嘉品德的过程中的忍耐。——校对者
　　②　人的心经历来自真主的考验时的反应与忍耐。——校对者
　　③　承认无法无力，唯有真主时的忍耐。——校对者
　　④　舍布里不能忍受真主的疏远，也不能承受听到这样的话，遂几乎晕厥过
去。——译者

忍耐时不看忍耐,我把忍耐藏一边。

或许心痛来报怨,眼泪泄密不知晓。

我的导师艾布·阿里·丹嘎格说:"忍耐的人赢得两世的吉庆,因为他们赢得了与真主同在的尊贵。"真主在《古兰经》中说:"的确,真主是与忍耐者同在的。"(战利品章:第46节)有人在注解经文"你们当忍耐、当坚忍、当戒备、当敬畏真主,以便你们成功"(仪姆兰家属章:第200节)时说:"忍耐不同于坚忍,坚忍不同于缄默。"

186　　　　有人说:"你们忍耐对真主的顺从,以你们的心坚忍地面对磨难,保守你们渴望见证真主的秘密。"

有人说:"你们要为真主而忍耐,以真主而坚忍,与真主同在时缄默。"

有人说:"真主在启示达乌德圣人时说:'你要效仿我的品德,我的品德中有坚忍。'"

有人说:"吞咽忍耐,如果因此而死,你是烈士;如果因此而生,你是尊贵的。"

有人说:"为真主而忍耐是困难;以真主而忍耐是生存;通往真主的忍耐是磨难;与真主的忍耐是践约;远离真主的忍耐是苛刻。"

有人说:"不为真主的忍耐是可憎的;为真主忍耐的任何事情都是可嘉的。"

诗曰:

四面八方皆是情,如何忍耐爱多重。

莫道男人善计谋，到头却为爱玩弄。

有人说："忍耐对追求的人来说是胜利的标志，对磨难的人来说是欢喜的标志。"

有人说："至忍就是忍耐之后的忍耐，一个忍耐在另一个忍耐中，于是，他无法脱离忍耐。"

诗曰：

忍耐者以忍求人，爱恋者以忍求忍。

据说，戴里夫·舍布里住在医院里有一段时间了，一帮好友去探望他，戴里夫问他们："你们是谁啊？"好友们答："是你的好朋友啊，是专门来看望你的。"戴里夫拿起石子就砸向他们，把他们全都赶走了，边赶边说："真是骗子，如果你们是我的好友的话，你们一定会忍耐我的磨难的。"

真主说："你应当忍受你的主的判决，因为你确是在我的眷顾之下的。"（山岳章：第 48 节）

一个人说："我在麦加曾经见到一个苏菲在巡游天房，他从口袋里拿出一张纸，看了看，然后接着往前走，第二天同样如此。我观察了他好几天，他每天都是如此，把纸拿出来，念完后再装进去。有一天，他刚把念完的纸装回去，不大一会儿就倒在地上死了。我从他的口袋里掏出那张纸，上面赫然是一段《古兰经》文：'你应当忍受你的主的判决，因为你确是在我的眷顾之下的。'"（山岳章：第 48 节）

一个人说:我在印度①见到一个独眼人,人称他是"坚忍者"。我就打探他的情况,有人对我说:"此人年轻时,他的一个朋友远行,他去送别,他的一只眼睛泪流不止,而另一只眼睛却没有泪。他就对那只不流泪的眼睛说:'我的朋友马上就要走了,你怎么不流泪呢?我必使你今世不能再见。'就闭上了那只眼睛。六十年过去了,他没有睁开过那只眼睛。"

有人说,经文"你好好地忍耐吧"(天梯章:第5节)中的"好好地忍耐",指的是面临磨难的人,而他周围的人却不知道他面临磨难。

哈里发欧麦尔(愿真主仁慈他)说:"如果忍耐和感谢是两匹骆驼的话,我不介意骑其中的任何一个。"

伊本·舍布莱麦②如果遭遇磨难,他就说:"乌云总会散去的。"

穆圣在圣训中说:"忍耐与宽容是信仰的一部分。"③

有人问赛勒·塞格特忍耐,他就开始大谈忍耐。这时,一只蝎子爬到他的脚上,狠狠地蜇了他一下,而他纹丝不动,安静如初。有人问他:"你为什么不把蝎子赶走呢?"他说:"我羞于真主看见我在谈论忍耐时,自己却没有忍耐。"

有人说:"贫穷的忍耐者,在复生日,他们是真主的座友。"

188　真主启示他的一个圣人说:"我给我的一个仆人降下了磨难,

---

① 位于南亚的一个次大陆,和西藏之间横亘着喜马拉雅山。

② 伊本·舍布莱麦(卒于伊历144年),全名阿布顿拉·本·舍布莱麦·本·图法利·本·罕萨尼·蒙齐尔,再传弟子,法学家,伊玛目,曾任库法法官。——译者

③ 艾布·叶阿里记载,贾比尔传述。伯伊海格也有记载。

他就向我祈求免去他的磨难，我还没有答应，他又开始抱怨，我对他说：'我的仆人啊！你正在我的仁慈之上，我怎么仁慈你呢？'"

伊本·阿伊奈在解释经文"我曾以他们中的一部分人为表率，当他们忍受艰难，确信我的迹象的时候，奉我的命令去引导众人"（叩头章：第 24 节）时说："当人们明白事情的真谛后，真主使他们成为表率。"

我的导师艾布·阿里·丹嘎格说："忍耐的界限是不反对前定，至于在面临磨难时，只要不抱怨，就不算违背忍耐。"

真主在安尤布圣人的故事中说："我确已发现他是坚忍的。那仆人真优美！"（萨德章：第 44 节）尽管安尤布圣人曾经说过："痼疾确已伤害我。"（众先知章：第 83 节）这句话体现了一些弱者在面对磨难时的叹息，而叹息并不危害真正的忍耐。有时会有人说："我认为你是一个忍耐的人。"而并没有说："你是一个坚忍的人。"因为他所有的状况并不全在忍耐之下，而是有时在磨难中体味到快乐，而他在体味那一快乐时并不在忍耐的状态中。

我的导师艾布·阿里·丹嘎格说："忍耐的实质是：以何种方式遭遇磨难，以何种方式离开磨难。正如安尤布圣人那样，他在磨难结束时说：'痼疾确已伤害我，你是至恕的，你是至慈的。'安尤布圣人保持了优美的对话礼节，他在结束时说'你是至恕的，你是至慈的'，而没有直接说'你仁慈我吧'。"

须知，忍耐分为两种：拜主者的忍耐和爱主者的忍耐。拜主者的忍耐是最易接受的，而爱主者的忍耐是最易拒绝的。

诗曰：

分离之日方明白,你的忍耐是谎言。

189　　对此,我的导师艾布·阿里·丹嘎格说:"叶尔孤白圣人一开始对自己说要忍耐:'好好地忍耐。'但过了不长时间,他又说:'哀哉优素福。'"(优素福章:第84节)

21. 监督①(穆扎给布,Muraqaba)

真主说:"真主是监视万物的。"(同盟军章:第52节)

吉卜勒利天使以人的形象来到穆圣跟前,对他说:"穆罕默德,什么是信仰?"穆圣答:"信仰是信真主、信天使、信经典、信使者和信善恶的前定。"天使说:"你说的对。"我们对此都感到惊奇,他自己提问问题,然后自己回答。那人又问:"什么是伊斯兰?"穆圣答:"伊斯兰是完成礼拜、缴纳天课、封'莱麦丹'月份的斋、朝觐。"那人说:"你说的对。"又问:"什么是至善?"穆圣答:"至善就是你崇拜真主,就像你看到他一样,即使你看不到他,他确是看到你的。"那人说:"你说的对。"②

我的导师说:"穆圣所说的'即使你看不到他,他确是看到你的',这句话指的是监督。"

一个人知道真主是注视着他的,他的这种持久的"知道"就是真主对他的监督。这是他所有为善的根本,人只有在经过自检之后才能达到这一品级。如果一个人经常检查以前做的事,他就会

---

①　其语言意义是"注视"、"监视",而术语意义是持续地用心注视真主。人时刻关注自己的行为,并认为真主对自己的一举一动了如指掌。

②　《布哈里圣训集》记载。

改善他当下的行为,就会坚持正道。而他与真主之间最好的状态就是检查内心,与真主保持同步。真主注视着他大大小小的一切事物。于是,他会知道真主是他的监管者,是他的心的监管者。真主能看见他的行为,知道他的行为,能听到他说的话。而忽视所有这一切的人,他会距离目标越来越远,如此发展下去,又何谈接近真主呢?

艾哈迈德·祝莱勒说:"不以虔诚和监督来处理他和真主之间关系的人,不会达开悟和见证的境界。"

艾布·阿里·丹嘎格说:"有一天,国王的大臣站在他前面,国 190 王看了一下旁边站着的侍卫,他感觉到侍卫发出了一个声音或做了一个动作。于是,他看了一下他的大臣,想看看他有什么反应。大臣担心国王看他可能就是怀疑他,于是他也同样侧头看了一下。从那天之后,大臣见到国王,总要往旁边看一下。时间长了,国王以为那是大臣的习惯。人与人之间的监督尚且如此,真主与人之间的监督又将如何呢?"

一个苏菲说:"有一个长官,他对一个侍卫的偏爱超过了其他的侍卫,但这个侍卫却不是侍卫中最聪明和最漂亮的。于是,其他侍卫对此有些议论。长官想在这些人面前证明一下这个侍卫是多么的优秀,他的服侍是多么与众不同。有一天,他骑马往前走,那个侍卫在后面跟着,在接近一个雪山时,长官朝山顶的雪望了望,然后低下头。那个侍卫马上打马离开了。旁边的人谁也不知道这个侍卫为什么走了。过了一会儿,侍卫回来了,还带来了一些雪。长官问他:'你怎么知道我想要雪?'侍卫说:'因为你看了看雪,而长官不会无所谓地看什么东西,他的注视肯定有目的。'长官于是对其他侍卫说：'我之所以只亲近他，让他服侍我，是因为他的心只为我一个人忙碌，而他的忙碌就是时刻照顾我，注视着我的所有行动。'"

一个人说："谁在心中注视真主，真主就会保护他的身体。"

有人问艾布·侯赛因·本·赫德[①]："牧羊人什么时候因面临危险而阻止他的羊吃草？"答曰："当他得知有人正在监视他时。"

伊本·欧麦尔[②]在旅途中看到一个牧羊人正在放羊，就问他："你卖给我们一只羊可以吗？"牧羊人说："这些羊不是我的。"伊本·欧麦尔说："那你就给你的主人说，一只羊让狼叼走了，不就行了吗？"牧羊人反问道："真主在哪里呢？"伊本·欧麦尔怔住了，他重复这句话很长时间："真主在哪里呢？"

191　　祝奈德说："真正实践了监督的人，他只害怕他在真主那里的吉庆丢失，而不害怕真主之外的任何人。"[③]

一个长老对他的一个学生的偏爱超过其他学生，其他学生对此有些不悦。长老说："我将为你们做一个证明。"于是，他让每一个学生拿一只鸟，并叮嘱他们说："你们到一个没人看得见的地方把鸟宰了。"于是每个人都到空旷没人的地方把鸟宰了，只有那个学生没有宰，把小鸟原样带回来了。长老问他："你为什么没有宰小鸟？"学生答："你让我到一个没有人看见的地方宰鸟，我找不到

---

①　艾布·侯赛因·本·赫德：波斯著名学者，长老。——译者

②　伊本·欧麦尔（伊历73年，公元692年），哈里发欧麦尔的儿子，著名学者。——译者

③　一个人小心监督真主的判例是为了安全于惩罚，也或许是为了赢得更多的报酬，也或许是为了揭开与真主之间的幔帐，也或许是为了成为真主所喜爱的人。倘若到达这一程度，一个人肯定不会疏忽，不会错过真主的赐福。

这样的地方。"①于是长老对其他弟子们说:"这就是我偏爱他的缘故。"

左农说:"监督的特征是喜爱真主所喜爱的,尊重真主所尊重的,轻视真主所轻视的。"

易卜拉欣·奈斯尔说:"对真主的希冀促使你顺从,对他的畏惧促使你远离罪恶,而对真主的注视则使你趋向正道。"

有人问杰尔法·奈斯尔什么是监督,他说:"监督就是每一刻都注视真主并保守这一秘密。"

艾哈迈德·祝莱勒说:"苏菲之道建立在两个基础之上:使你自己的心时刻关注真主;知道真主是监督你的行为的。"

阿布顿拉·穆尔台阿什说:"监督就是每一刻都关注未知并保守这一秘密。"

有人问伊本·阿塔:"最贵的顺从是什么?"答曰:"持续地注视真主。"

易卜拉欣·海瓦斯说:"关注产生监督,监督使人在公开和秘密中敬畏真主。"

艾布·奥斯曼·麦格里布说:"在修道之路上,修道者最应该坚守的是检查、监督和以知识支配他的行为。"

艾布·哈福赛对艾布·奥斯曼说:"当你在众人面前时,你一定劝诫你的心,劝诫你自身,不要被众人的环绕所蒙骗,他们监督的是你的表面,而真主监督的是你的内心。"

艾布·赛尔德·海扎兹说:"一个长老对他说:'你当检查你内

---

① 意即任何地方都有真主的监督,真主无时无刻不在注视着人的行为。——译者

心的秘密。有一天,我走在荒野里,突然觉得后面有个声音,我非常害怕,想看却又不敢看,我觉得一个东西站在我的肩上,然后又离开了。我检视了一下内心的秘密,发现自己竟然是一个庞大的野兽。'"

穆罕默德·瓦西特说:"最好的顺从是看好自己的时间,这样人就不会探视其他的人,不会监督真主之外的人,不与他人的时间比较。"

22. 喜悦(勒达,Rida)

真主说:"真主喜悦他们,他们也喜悦他。这确是伟大的成功。"(筵席章:第119节)

贾比尔传述,穆圣说:"天堂里的居民正在坐着,天堂门突然被华丽的光芒照耀,他们纷纷抬起头,伟大的真主莅临。真主说:'天堂里的人们啊,你们向我索求吧!'他们说:'我们向你要求喜悦。'真主说:'我的喜悦已使你们入居天堂,使你们受到我的款待。现在是索要的时刻,你们索要吧。'人们说:'我们想要更多的赏赐。'真主说:'为他们拿来用宝石装饰的仙马,马鞭是绿色的与红色的宝石。'仙马被牵来之后,他们坐上去,仙马四蹄如飞,疾如闪电。真主命令树木结出果实,带来双目圆润的仙女。仙女们说:'我们温柔无比,我们长生不老,我们是尊贵的信士们的妻子。'真主还命令麝香盒为他们散发出奇香。仙马把他们带到了'阿德尼'乐园,它是位于天堂中间的一个乐园。天使们对他们说:'真主啊,他们到了。'真主说:'欢迎诚实的人,欢迎顺从的人。'之后真主说:'你们带着礼品回到你们的住所吧。'回去之后,他们的视力才恢复正

常,互相得以看见。"穆圣说:"这就是真主所说的'那是至仁主所赐的宴飨。'"(奉绥来特章:第 32 节)①

伊拉克人和呼罗珊人对喜悦的认识不一致,喜悦是一种"阶段"呢? 还是"状态"呢? 呼罗珊人说:"喜悦是'阶段',是托靠的最终结果。"意思是说喜悦是人可以获得的,可以达到的。伊拉克人说:"喜悦是'状态',不是人可以获得的,它像其他状态一样,是突兀地来到人的心上的。"实际上,可以把这两种意思综合起来。也就是说喜悦的开始阶段是可以获得的,即它是"阶段"的一种,而喜悦末期的"状态"是不可以获得的。

一伙人在谈论喜悦,每个人都表达的是关于他的情况及他的生活情况,众说纷纭。正如他们的生活参差不齐那样,他们对喜悦的认识也不一样。

正如知识有一定的条件那样,喜悦真主也有其必要条件,即不反对真主的前定。

我听我的导师艾布·阿里·丹嘎格说:"喜悦并不是你感觉不到苦难,而是愉快地接受真主的判决。"

须知,人的义务就是要悦纳真主的决定,并不是每一个判决都是人所接受的,或者必须悦纳的,比如犯罪及穆斯林的祸患。 194

一位长老说:"喜悦是真主一道重要的门,其意是:认真地对待悦纳的人,他一定会受到最热烈的欢迎,在最近的地方被款待。"

阿卜杜勒·瓦赫德·本·宰德说:"喜悦是真主一道最重要的

---

① 《圣训宝藏》记载,伊本·奈佳尔传述。《圣训集和》中也有记载,比扎尔传述,但传述人中的法迪里·本·尔撒是一个信任程度较低的人。

门,是现世的乐园。"

你要知道,只有在真主喜爱某个人之后,他才能实现喜爱真主,因为真主在《古兰经》中说:"他喜爱他们,他们也喜爱他。"(筵席章:第119节)

艾布·阿里·丹嘎格传述,一个学生对他的导师说:"一个人能知道真主是否喜爱他吗?"导师说:"不能,他怎么能知道呢?喜爱是机密。"学生说:"真主是知道的。"导师问:"如何知道的?"学生答:"如果我发现我的心喜悦真主,那我就知道他是喜爱我的。"导师说:"你说得太好了。"

穆萨圣人在祈祷时说:"主啊!指导我你喜爱的工作吧。"真主说:"你不能承受。"于是,穆萨圣人虔诚地叩了头。真主启示他说:"伊本·伊姆兰(穆萨)啊,我的喜悦是你对我的判决的喜悦。"

阿卜杜·拉赫曼·达扎尼说:"谁忘记欲望,谁就是喜悦的人。"

易卜拉欣·奈斯尔·阿巴兹说:"愿意达到喜悦境界的人,让他坚持取真主的喜悦吧。"

艾布·阿布顿拉·海菲福说:"喜悦分为二种:以真主而喜悦和为真主而喜悦。以真主而喜悦是管理者;为真主而喜悦是接受他的判断。"

我听我的导师艾布·阿里·丹嘎格说:"修道者的路是最漫长的,就像体育锻炼一样。而特殊人的路是最近的,但很不好走,这条路就是你的工作为真主的喜悦而做,你喜悦真主的判断。"

鲁伊姆·艾哈迈德说:"喜悦就是即便真主把火狱放在左边,他不会要求真主把火狱转到右边。"

艾布·伯克尔·本·塔赫尔说："喜悦是抛出心中的厌恶,直至心中只剩下快乐。"

穆罕默德·瓦西特说："你当尽可能地利用喜悦,而不要让喜悦利用你。否则,你就体味不到喜悦的甜美,也看不到你所期望的真境。"你要知道,瓦西特所说的的确是一件大事,其中有对人轻微的提醒。内心的宁静是他与真主之间的一个遮挡,如果他享受喜悦,他会发现他的心是宁静的,是快乐的,他的这一状态使他不能见证真主。瓦西特还说："你们不要沉湎于顺从的甜美,它是致命的毒药。"

艾布·阿布顿拉·海菲福说："喜悦是平静地接受真主的判决,心悦诚服地接受、选择真主所喜悦的。"

有人问拉比尔·阿德维娅："一个人什么时候是喜悦的?"答曰："苦难使他喜悦,正如幸福使他那样喜悦时。"

戴里夫·舍布里一次在祝奈德面前说："无法无力,唯凭真主。"① 祝奈德说："你这是一句心胸狭隘的话,心胸狭隘使人放弃对真主前定的喜悦。"戴里夫·舍布里一时沉默无语。

艾布·苏莱曼说："喜悦是不向真主要求天堂,也不要求免遭火狱。"

左农说："喜悦的三个标志是:在真主判定之前放弃选择,在判定之后丢弃痛苦,在磨难时充溢的是爱。"

有人对侯赛因·本·阿里说,艾布·宰尔说："贫穷比富贵更为我喜爱;疾病比健康更为我喜爱。"侯赛因听后说："愿真主仁慈

---

① 穆斯林一般在无可奈何、无能为力时说的一句话。——译者

艾布·宰尔,而我想要说的是:'依赖真主为他做好的选择的人,不会放弃真主的选择。'"

196　　法德里·本·安雅德对拜舍尔·哈菲说:"喜悦胜于今世的淡泊,因为喜悦的人不期望他的品级之上的东西。"

有人问艾布·奥斯曼圣训"我祈求你判决之后的喜悦"的含义,他说:"因为穆圣在判决之前是喜悦的,坚定于喜悦的,在判决之后,他也是喜悦的。"

艾布·苏莱曼说:"我希望自己能了解一些喜悦,这样,即使我被投进了火狱,我也是喜悦的。"

艾布·欧麦尔说:"喜悦是消除对真主已经完成的判决的恐惧。"

祝奈德说:"喜悦是放弃选择。"

伊本·阿塔说:"喜悦是用心注视真主对自己的亘古判定,放弃抱怨。"

鲁伊姆·艾哈迈德说:"喜悦是快乐地接受真主的判定。"

哈勒斯·穆哈西比说:"喜悦是真主命令运行下的平静。"

艾哈迈德·努尔说:"喜悦是真主的决定经过时内心产生的快乐。"

艾哈迈德·祝莱勒说:"不以自己的能力而喜悦的人,真主使他升高在他的目的之上。"

艾布·图扎布说:"为今世而喜悦的人,他的心中得不到一点点的喜悦。"

阿拔斯·本·阿卜杜勒·穆塔里布传述,穆圣说:"乐意以真主为养主的人,他能体味到信仰的滋味。"①

哈里发欧麦尔在给艾布·穆撒·艾什阿里的信中写道:一切皆在喜悦里,如果你能做到的话,你就喜悦吧。否则,你就忍耐。

阿提拜·乌俩目有一次从晚上说到天亮:"主啊! 如果你惩罚我,我是爱你的;如果你仁慈我,那我也是爱你的。"

我的导师艾布·阿里·丹嘎格说:"人是瓷瓶,但当瓷瓶碰到真主的判定时,它并没有碰碎的危险。"

我的导师艾布·阿里·丹嘎格说:"一个人生他的仆人的气,仆人就找主人的朋友说情,主人原谅了他。仆人开始哭起来,说情的那个朋友对他说:'你为什么哭呀? 你的主人不是已原谅了你吗?'主人也哭了,主人说:'他寻求我的喜悦,而他自己做不到,我为他而哭。'"

23. 精神崇拜(欧布迪叶,Ubudiyya)

真主说:"你应当崇拜你的主,直到那无疑的消息来临。"(石谷章:第 99 节)

艾布·赛尔德·海德尔传述,穆圣说:"除真主之蔽荫外再无蔽荫之日,真主使七种人在其蔽荫下乘凉。一、公正的伊玛目;二、在拜主中长大的青年;三、心系清真寺的人;四、为真主而相互友爱和聚散的两个人;五、才貌双全的女人挑逗他时,他说:'我是怕真主的人。'六、暗地里施济,以致左手不知道右手曾施济的人;七、秘

————————

① 《穆斯林圣训集》、《提尔密兹圣训集》、《艾哈迈德圣训集》记载。

密地赞念真主双眼流泪的人。"①

　　我听我的导师艾布·阿里·丹嘎格说："精神崇拜(欧布迪叶)比身体崇拜(尔巴代)更全面。因为首先是身体崇拜,其次是精神崇拜,最后是心灵崇拜。身体崇拜是属于一般信士的,精神崇拜是属于特殊人的,而心灵崇拜是属于特殊中的特殊人的。身体崇拜是属于有'证信'知识的人,精神崇拜属于有'知信'知识的人,心灵崇拜属于有'心信'知识的人。"

198　　　又说:"身体崇拜属于艰苦训练的人,精神崇拜属于遭受磨难的人,心灵崇拜属于见证真境的人。没有为真主收心的人,是处于身体崇拜阶段的人;全身心奉献给真主的人,是处于精神崇拜阶段的人;为真主不惜生命的人,是处于心灵崇拜阶段的人。"

　　有人说:"精神崇拜是履行对真主的顺从,以严格的眼光看待他的成绩,谨慎地看待他的善行。"

　　有人说:"精神崇拜是当前定出现时放弃选择。"

　　有人说:"精神崇拜是放弃你的能力,接受给予你的能力和援助。"

　　有人说:"精神崇拜是拥抱你被命令的,远离你被禁戒的。"

　　有人问艾布·阿布顿拉·海菲福:"精神崇拜什么时候是正确的?"他答:"把所有的事情交付给真主,忍耐他给予的考验。"

　　赛海利·本·阿布顿拉说:"一个人只有在不惧怕下面四种状况时,他的崇拜才是正确的:饥饿、赤裸、贫穷与屈辱。"

　　有人说:"精神崇拜是把你的一切交给真主,让真主承担你的

---

① 《布哈里圣训集》、《穆斯林圣训集》、《提尔密兹圣训集》、《奈萨仪圣训集》记载。

一切。"

有人说："精神崇拜的标志是放弃计划和安排,见证真主的安排。"

左农说："精神崇拜是你在任何情况下都崇拜真主,就像是他在任何情况下都是你的养主与主宰那样。"

艾哈迈德·祝莱勒说："恩惠的奴仆有很多,恩惠的施与者(真主)的奴仆却很少。"

我的导师艾布·阿里·丹嘎格说："你是俘虏你的人的奴隶。如果你是你自己的俘虏,那你是你自己的奴隶;如果你是尘世的俘虏,那你是尘世的奴隶。"

穆圣说："迪尔汗(银币)的奴隶是沮丧的,第纳尔(金币)的奴隶是沮丧的,服饰的奴隶是沮丧的。"[①]

伊斯玛依·本·努杰德说："一个人在精神崇拜上不能迈出一步,除非他见证到自己行为中的沽名和精神上的自负。"

阿布顿拉·本·穆纳兹里[②]说："一个拜主者不应该寻求仆人,如果他为自己寻求仆人,他就跃出了'欧布迪叶'的范围,丢失了应有的礼仪。"

赛海利·本·阿布顿拉说："一个人独处时看不到豪华、奢侈的痕迹,群处时看不到富裕的痕迹,这时,他的精神崇拜才算正确。"

---

① 《布哈里圣训集》记载,为主道征战篇。

② 阿布顿拉·本·穆纳兹里(卒于伊历329年,公元941年),别名艾布·穆罕默德,学者,奈萨布尔人。——译者

有人说:"精神崇拜就是见证神性独一。"①

我的导师艾布·阿里·丹嘎格说:"我听易卜拉欣·奈斯尔·阿巴兹说:'拜主者的价值体现于被拜者,正如学生因知识才高贵一样。'"

艾布·哈福赛说:"精神崇拜是一个人的装饰,丢弃了它的人,是丢弃了他最好的装饰。"

艾布·阿布顿拉·奈巴基②说:"身体崇拜的根源在于三种事情:不反对真主的任何判定;不向他隐瞒任何事情;不向他之外的任何人祈求。"

伊本·阿塔说:"精神崇拜体现于四件事情之中:践约;守法;为得到而喜悦;为失去而忍耐。"

阿慕尔·本·奥斯曼·麦克说:"再没有比麦加虔诚拜主的人多的地方了,再没有比易卜拉欣·本·叶哈雅·麦兹尼③拜主用功、更坚持不辍的人了,没有人比他更严格遵守真主的命令,比他更严以律己、宽以待人的了。"

我的导师艾布·阿里·丹嘎格说:"就崇拜来说,再没有比精神崇拜更高贵的了,对于信士来说,没有比'仆人'这一称号更高贵的了,因为清高的真主在登霄之夜以'仆人'描述过穆圣,而登霄是

---

①　见证神性是一个人持久地崇拜的重要因素,因为一个人如果持久地看到真主的伟大,自己就会因此体味到卑贱。卑贱是人的本性中的东西,不是因为注视真主的伟大才显现出来。

②　艾布·阿布顿拉·奈巴基:生卒不详,赛尔德·本·拜尔德,别名艾布·阿布顿拉,苏菲大师,精于劝诫。——译者

③　易卜拉欣·本·叶哈雅·麦兹尼(卒于伊历 264 年),全名伊斯玛依·本·叶哈雅·伊斯玛依·本·阿幕尔,别名艾布·易卜拉欣,学者,法学演绎家。——译者

尘世上最高贵的时刻了。"

真主说："赞美真主，超绝万物，他在一夜之间，使他的仆人，从禁寺到达远寺。"（夜行章：第1节）

又说："他把他所应启示的启示他的仆人。"（星宿章：第10节）

在上述两段经文中，真主都以"仆人"称呼穆圣，如果有比"仆人"一词更高贵的词的话，真主一定用它来称呼穆圣。

诗曰：

我之生与死，皆在爱人手，

我对她痴爱，远近人皆知。

若要称呼我，称我乃她仆。

这是我尊名，我以此为荣。

有人说："精神崇拜只是两件事，安于贫穷和自强不息。做到了这两点，就尽到了'仆人'的责任。"

穆罕默德·瓦西特说："你们要警惕接受馈赠的喜悦，它是清洁之人的障碍。"

艾布·阿里·祖兹贾尼[①]说："悦纳是精神崇拜之院，忍耐是门，托付是屋（把所有事务的处理权委托给真主）。嘈杂声起于门外，惊慌不安在院中，安静与闲适在屋内。"

我的导师艾布·阿里·丹嘎格说："正如'鲁布宾叶'（养育众世界的属性）是真主的一个属性，它不消失。'欧布迪叶'（精神崇拜）是人无法割开的一个特征。"

---

① 艾布·阿里·祖兹贾尼：哈桑·本·阿里·祖兹贾尼，别名艾布·阿里，奈萨布尔地区著名苏菲大师，写有多部著名作品。——译者

诗曰：

如果你们问我，我是他的仆人。

如果他们问他，他是我的主人。

易卜拉欣·奈斯尔·阿巴兹说："要求宽恕与原谅的崇拜强于要求报偿与报酬的崇拜。"

又说："精神崇拜是在见证被崇拜者时不见自己的崇拜。"

祝奈德说："精神崇拜是放弃忙碌和无谓的忙碌。"

24. 意愿（伊扎代，Irada）

真主说："早晚祈祷主，欲蒙其喜悦的人，你不要驱逐他们。你对于他们的被清算，毫无责任；他们对于你的被清算，也毫无责任。你何必驱逐他们，以至你变成不义的人。"（牲畜章：第52节）

据艾奈斯·本·马立克传述，穆圣说："如果真主意欲给予某人福利，就使用他。"有人问穆圣："真主怎么使用他呀？"穆圣答："在他去世之前使他完成良善的工作。"[1]

意愿[2]是求道者的起点，是求道者走向真主的第一站，之所以把这样的特性称为"意愿"，是因为意愿是任何事情的开端，人不会无目的地有所为。

对于追求真主的人（求道者）而言，其行动及开始前的想法

---

[1] 《提尔密兹圣训集》记载，艾奈斯·本·马立克传述，为健全圣训。

[2] 就是所有的行为皆为真主，是信仰完美的体现。放弃选择，放弃对自己意愿的甄别，只依赖真主的意愿。——校对者

被称为"意愿",这是因为二者都具有前瞻性。按照阿拉伯语派生规则,"穆勒德"(字面为"意欲的人",即主动求道者)是指那些有意愿的人,正如"学者"一词派生于"知识"一样。因为"穆勒德"也是一个派生名词,但对于求道的苏菲这一类人而言,"穆勒德"恰恰指没有"意愿"的人,[①]没有戒除自己意愿的人,他不是"穆勒德",同理,从词法派生的角度讲,没有意愿的人,他不是"意愿者"。

很多人都谈论过"意愿"(伊扎代),每个人都有自己的理解。大部分苏菲长老认为,"意愿"就是抛弃习惯的东西,人们习惯于放纵疏忽,跟随私欲,直到不可避免地走向死亡。而"穆勒德"则杜绝了所有这一切,他对"习惯"的放弃是他的"意愿"正确的体现与证明,他的这一状态就被称作"意愿",即脱离习惯。那么,放弃"习惯"就是"意愿"的一个特征,而"意愿"的实质则是追求真主时心的勤勉。因此,有人说:"'意愿'是以勤奋消除恐惧。"

一个苏菲说:"我曾经独自在荒野中,感到非常的寂寞。于是,我就说:'人啊,你和我说话吧。精灵啊,你和我说话吧。'一个声音对我说:'你意欲如何?'我答:'我意欲真主。'又说:'你何时意欲真主?'"其意是,你在寂寞时就叫嚷着让人、精灵与你说话,你什么时候才能成为真主的"穆勒德"呢?

"穆勒德"是白昼与黑夜都不懈怠的人,从表面上看,他具备奋斗者的特征,从内心看,他具备苦修者的特征。远离床铺、沉湎功修、承受磨难、历经艰辛、修身养性、无惧困难、坦然面对恐惧、不为

---

① 人不为自己选择,也不考虑自己的意愿,只考虑真主的意愿。——校对者

形势所动。

　　诗曰：

　　我把黑夜付于主，不惧豺狼与猛虎。

　　心中尽是思念情，赞主之人谁可胜。

　　我的导师艾布·阿里·丹嘎格说："'意愿'是内心的痛苦，被蜇咬后的疼痛，是心的爱恋与波动，又像是内心燃起的火。"他曾说："我在年轻的初期，曾焚烧在'意愿'里，我对自己说：'我这是怎么了，意愿的含义是什么呢？'"

　　优素福·本·侯赛因说："艾布·赛莱曼·达扎尼和艾哈迈德·本·哈瓦勒之间有一个协议，即艾哈迈德不得违抗艾布·赛莱曼·达扎尼所命令的事。有一天，艾哈迈德去找艾布·赛莱曼，艾布·赛莱曼正在做讲座。艾哈迈德就问他：'火炉已经燃起了，你让我做什么呢？'艾布·赛莱曼没有回答。艾哈迈德接连问了几次。艾布·赛莱曼就说：'你去吧，坐在火炉上。'好像他对艾哈迈德的询问不耐烦了。艾布·赛莱曼说完又继续讲。直到过了一阵才想起来，他赶紧对其他人说：'你们快去把艾哈迈德找回来，他在火炉上，因为他不会违背我。'于是人们赶忙过去，艾哈迈德赫然坐在火炉上，但毫发未伤。"

　　有人说："'穆勒德'的特征还有：喜爱副功，真诚地劝诫他人，独居时温和，忍受磨难，宁愿人负我而不愿负人，别人注视他时害羞，为所爱的人全力以赴，历经苦难而在所不惜，满足于寂寞和贫穷，在追求真主的路上永不懈怠。"

　　艾布·伯克尔·宛扎格说："影响'穆勒德'修道的三个因素

是:结婚、记录圣训和远行①。"有人问他:"你为什么不记录圣训呢?"他答曰:"我的'意愿'阻止我那样做。"

哈提木·艾塞姆说:"如果你看到一个'穆勒德'想改变他的所求,你可以确定,他已显示出他的怯懦。"

穆罕默德·凯塔尼说:"判断'穆勒德'的事项有三:睡眠少;饮食少;只在必需时说话。"

祝奈德说:"如果真主意欲给一个人福利,就使他成为苏菲,阻止他与诵经家②为伴。"

艾布·阿里·丹嘎格说:"'意愿'的终点是在指示下找到真主。"我问道:"怎样理解'意愿'(伊扎代)呢?"他答:"就是你不经指示而找到真主。"

又说:"一个'穆勒德'只有二十年以来左肩上的天使没有记录过他的缺点,才称得上是一个真正的'穆勒德'。"③

艾布·奥斯曼·哈伊尔说:"当'穆勒德'学到一个知识,那一

---

①　这也是其他苏菲人士的一个看法。他们并非反对这几件事情,而是这几件事情的确需要很多时间。比如结婚,结婚之后的琐事会占用很多时间,使"穆勒德"无暇修道。至于记录圣训,这是一个专门的学科,考证圣训系统是一个非常细致的专业问题,需要耗费大量的时间。远行也是如此,一是耗费时间,二是使人疏远修道。而实际上,远行不是修道者的障碍或缺陷,恰恰相反,很多苏菲大师把远行作为修道的一个媒介,认为是修道过程中重要的一环。安萨里曾把"远行"作为一个章节,专门谈论远行,特别谈到了苏菲远行时的礼仪,指出哪些是应当做的事情,哪些是不应当做的事情。综上所述,艾尔·伯克尔·宛扎格只是担心这三件事情会影响"穆勒德"的修道,因为这三件事情都需要很多时间,这样"穆勒德"有可能因此忽视自己的内心。其实,不仅仅是上述三件事情,任何事情都有两面性,关键在于个人如何平衡。——译者

②　指的是把诵读《古兰经》作为谋生途径的诵经家。——译者

③　每个人身上有两个天使,左肩上的天使记录过错,右肩上的天使记录善功。二十年以来没有记录过他的缺点,即二十年以来都没有出现过过错。——译者

知识就成为他心中的一切,他尽力实践它,直到生命的最后一刻,这一知识一直有益于他。当他谈论这一知识时,有益于他人。而当一个'穆勒德'学到一种知识,却没有实践它,那么他的这一知识如同他记住的传闻,不几天便遗忘了。"

艾布·奥斯曼还说:"'意愿'不正确的人,他所经历的岁月只能使他与所期望的目标越来越远。"

穆罕默德·瓦西特说:"'穆勒德'的第一步就是以真主的意愿消除他的'意愿'。"

叶哈雅·本·穆阿兹说:"对于'穆勒德'来说,最严重的事情莫过于与非同道中人交往。"

优素福·本·侯赛因说:"一个'穆勒德'专注于庸俗之事和营生,他是不会成功的。"

有人问祝奈德:"以前的传闻对'穆勒德'的作用是什么?"祝奈德答:"它是真主的军队,他以此强大'穆勒德'的心。"有人问:"你有证据吗?"祝奈德说:"是的,真主在《古兰经》中说:'不然,我向你讲述众使者的消息,以此来稳定你的心。'"(呼德章:第120节)

祝奈德说:"一个真正的'穆勒德',他不需要学者的知识。"

"穆勒德"(主动求道者)与"穆扎德"(被动求道者)的区别是:每一个"穆勒德"从本质上来说都是"穆扎德"(即被真主选择的人),如果真主没有意欲使他成为一个"穆勒德"的话,那他无论如何不会成为一个"穆勒德"。即一个人只有在真主意欲的情况下才能成为一个"穆勒德"。所有的"穆扎德"(被选择的人)都是"穆勒德",因为如果真主意欲使一个人成为"穆勒德"的话,一定会使他有这样的"意愿"。尽管如此,仍有人在"穆扎德"和"穆扎德"之间做出区别,他们认为"穆勒德"是开始,而"穆扎德"是终结。"穆勒德"要付出艰辛的努力,经历种种困苦与磨难。而"穆扎德"则无须经历困苦,可以不费力地达到目的地。"穆勒德"气喘吁吁,"穆扎德"悠然轻松。求道者们的道路各不相同,这是真主的常道,大部分求道者都需要努力修行,经过各种磨难之后才能达到目的地。很多求道者在他们的初期都会领悟一些重大的含义,他们能达到很多体力锻炼者所不能达到的境界,只不过他们中的大部分人都要经历一系列艰辛的磨练,以使他们具备体力锻炼者所缺乏的一些素质。[①]

艾布·阿里·丹嘎格说:"'穆勒德'是主动的,'穆扎勒'是被动的。穆萨圣人就是一个'穆勒德'。他说:'主啊,你开启我的心胸吧。'(塔哈章:第 25 节)穆圣则是'穆扎德'。真主说:'难道我没有为你而开拓你的胸襟吗?我卸下了你的重任,即使你的背担负过重,也提高了你的声望。'"(开拓章:第1—4节)

同样,穆萨圣人说:"主啊,让我看吧,我向你仰望。"真主说:"你绝不能看到我。"(高处章:第 143 节)而真主对我们的穆圣说:"难道你没有看见你的主怎样伸展阴影吗?假若他意欲,他必定使阴影成为静止的。"(准则章:第 45 节)经文中的"难道你没有看见你的主"及"怎样伸展阴影"的含义是"遮挡"和"状况的改善"。

---

① 这并不是说藉此消除他们可憎的品德和行为,而是说他们需要在磨炼中学习各种礼仪。

有人询问祝奈德"穆勒德"和"穆扎德"的区别,他说:"'穆勒德'受惠于知识。'穆扎德'受惠于真主的关照;'穆勒德'行走,'穆扎德'飞翔,行走者什么时候能追上飞翔的人呢?"

据传,左农派一个人到比斯塔米那里,他叮嘱那人说:"你对他说:'你要睡到什么时候呢? 驼队已经出发了。'"比斯塔米对来人说:"你去对左农说:'一个人睡了整整一夜,在驼队出发前他就醒了。'"左农听到此话后说:"祝贺他,我们还没有达到这一境界。"①

25．端正(伊斯提嘎麦,Istiqama)

真主说:"凡说过'我们的主是真主',然后遵循正道者,众天神将来临他们,说:'你们不要恐惧,不要忧愁,你们应当为你们被预许的乐园而高兴。'"(奉绥来特章:第 30 节)

据扫巴尼传述,穆圣说:"你们当端正,你们决不能计算完尽。你们要知道,你们的宗教中最好的就是礼拜。只有信士才能常带小净。"②

端正是事物完美的一个阶梯,由于端正,福利和规则得以实现,行为不端正的人,他的追求和努力不会有结果。真主说:"你们不要像那个妇人,她把纺织得很结实的线又分拆成若干缕;你们以

---

① 这是在说明"穆勒德"与"穆扎德"之间的区别。"穆勒德"要时刻注意出发的时间,而"穆扎德"则不需要这样,他可以充足地休息,又不会耽误行程,因为他会基于真主的意愿自然醒来。——译者

② 《艾哈迈德圣训集》记载,扫巴尼传述。伊本·马哲、哈克目、伯伊海格、塔布拉尼都有记载。

盟誓为互相欺诈的手段,因为这一族比那一族还要富庶。真主只以此事考验你们。复活日,他必为你们阐明你们所争论的是非。"(蜜蜂章:第92节)品行不端正的人,他的道德境界不会升高,他的行为也不会建立在正确的基础之上。一般人的端正体现于初期的规则,而"阿勒夫"(认主者)的端正则体现于后期的礼仪。位于初期之人的端正的特征是他们的行为不能有一刻的欺诈;位于中期之人的端正的特征是他们的克己修炼不能有一刻的停滞;位于后期之人的端正的特征是他们持续前行时不能遇到障碍。

我的导师艾布·阿里·丹嘎格说:"端正有三个阶梯:首先是矫正,之后是立正,最后是端正。矫正是对精神的教导而言,立正是对心灵的修养而言,而端正则针对接近玄秘而言。"

哈里发艾布·伯克尔在解释经文"然后他们端正"中的"端正"一词时说:"其意为:'他们没有以物配主'。"而欧麦尔则认为是"他们没有偏离正道"。艾布·伯克尔的解释倾向于信仰的原则;欧麦尔的解释则倾向于词的本身意义,不做其他的阐释。

伊本·阿塔说:"端正是把心只交付给真主。"

艾布·阿里·祖兹贾尼说:"你首先要做端正的人,而不要首先寻求尊严。如果你的心趋向于寻求尊严的话,真主会要求你首先要端正。"

阿里·舍布伟说:"我在梦中见到穆圣,我对他说:'你给我讲述一下你的事情,你曾经说:"呼德章"使我白了头[1],那么什么原

---

① 　《古兰经》"呼德章"中记载有真主派遣一些使者教化他们民族的故事,由于这些民族拒绝接受真主的宗教,真主以严厉的刑罚毁灭了他们。穆罕默德因此而惧怕,担心自己的民族因为罪行而受到同样的惩罚。——译者

因使你因此而白头？是圣人们的故事？还是灭亡的民族？'穆圣说：'不是这些，是真主的话：你要端正，正如你被命令的那样。'"（呼德章：第112节）

有人说："只有大人物才能承受端正，因为端正意味着脱离陈规旧俗，真诚地站立在伟大真主的阙前。"因此，穆圣说："你们要端正，你们决不能计算完尽。"

穆罕默德·瓦西特说："善人以此而完美，因丢失它而成为恶人的一个品质便是端正。"

据传，戴里夫·舍布里说："端正是见证时间的立起。"

有人说："言语上的端正是放弃背谈，行为上的端正是放弃异端，工作上的端正是没有时期，境界上的端正是没有幔帐。"

艾布·伯克尔·福尔克说："'端正'一词中的字母'斯尼'指的是'要求'。即要求真主端正他们的信仰，之后，使他们履行信约，遵守法度。"

207　你要知道，端正使尊严常在。真主说："假如他们遵循正道，我必赏赐他们丰富的雨水。"（精灵章：第16节）真主没有说"赛嘎纳"，而是说"艾斯嘎伊纳"①。这其中就有"经常"、"连续不断"的意思。

祝奈德说："我在荒野里遇到一个'穆勒德'，他坐在一棵树下。我问他：'你为什么坐在这里？'他答：'我丢了一件东西。'之后我离开他走了，当我朝觐结束返回这里时，发现一个青年坐在离那棵树

---

① 二者之间的区别不是太大。"赛嘎纳"是给人水喝，而"艾斯嘎伊纳"则是使人在任何时刻都可以喝到水，有供水不断的意思。而"赛嘎纳"则没有这一层含义。——译者

较近的位置。我问他为什么坐在这里？他答：'我在这里找到了我想要的东西，所以我就坐在这里。'"祝奈德说："我不知道这俩人中哪一个更高贵，一个因丢失而坚守那一位置，另一个因达到目的而坚守那一位置。"

26.　忠诚（伊合俩苏，Ikhlas）

真主说："真的，应受诚笃的顺服者，只有真主。舍真主而以偶像为保护者的人说：'我们崇拜他们，只为他们能使我们亲近真主。'真主将判决他们所争论的是非。真主必定不引导说谎者、孤恩者。"（队伍章：第3节）

据艾奈斯·本·马立克传述，穆圣说："三件事情不会被穆斯林轻视：为真主忠诚地工作，劝告执政者，团结穆斯林大众。"①

忠诚是所顺从的意愿仅归于真主，他期望以顺从来接近真主，而不是顺从同类的人。同样，他的顺从不是为了赢得他人的赞美，或者他人的喜爱，或者除顺从真主之外其他的一切。

可以这样说："忠诚是使人的行为变得纯洁，所有的行为不是为人而做，而是为真主而做。" 208

有人问穆圣："忠诚是什么？"穆圣答："我曾问吉卜勒利天使，忠诚是什么？他说，他也曾就这一问题问过真主，真主说：'这是我的秘密，我把它放在我所喜爱的仆人心中。'"

艾布·阿里·丹嘎格说："忠诚是不为人的赞美而工作，诚实

---

① 《艾哈迈德圣训集》记载，艾布·伯克莱传述。伊本·罕巴尼和伊本·哈杰尔都认为此为健全圣训。

是不介意别人的注视与议论。忠诚者没有沽名钓誉,诚实者没有洋洋自得。"

左农说:"忠诚只有通过诚实和忍耐才能完成,而诚实只有通过忠诚和坚持才能完成。"

艾布·叶尔孤白·苏斯说:"什么时候能在一个人的行为中发现忠诚,那他的忠诚就应该抛弃。"①

左农说:"忠诚的标志有三:普通人对他的赞美和诋毁是均衡的,在工作时忘记注视工作②,在后世忘记索取现世工作的报酬。"

艾布·奥斯曼·麦格里布说:"一般人的忠诚是内心期待这一状态,而特殊人的忠诚则不是如此。忠诚为他们而来,他们就显示出顺从,而他们又远离顺从。你在他们身上看不到顺从,他们也不为顺从做准备,这就是特殊人的忠诚。"③

艾布·伯克尔·丹嘎格说:"忠诚者的缺点是其忠诚为人所见,如果真主意欲使他的忠诚纯粹的话,就使他的忠诚不为人看到。这样,他就是'被动的忠诚者',而不是'主动的忠诚者'。"

赛海利·本·阿布顿拉说:"只有忠诚者才知道沽名钓誉的

---

① 一个忠诚者不宜让人看到他的忠诚,如果被人轻易看到,那他的忠诚则是不完美的,甚至被称为"造作"或者"沽名钓誉"。——校对者

② 不去关注工作的益处与害处,也不关注别人对其工作的赞美,即纯粹的工作。——译者

③ 特殊人的忠诚已成为他们自身的一部分。他们的忠诚是非常自然的,没有刻意和造作之嫌,真正做到了化忠诚于无形的境界,这就是前面所说的看不到顺从的原因。一般人的忠诚是可见的,原因在于,他们的忠诚还没有成为他们自身的一部分,他们必须以辛苦的修炼来维持忠诚的存在,即时刻提醒自己要顺从。——译者

实质。"

艾布·赛尔德·海扎兹说："'阿勒夫'（认主者）的沽名钓誉强于'穆勒德'（求道者）的忠诚。"①

左农说："忠诚是阻止敌人腐蚀他。"

艾布·奥斯曼·哈伊尔说："忠诚是人由于持续地注视真主而忘记了同类。"

侯宰法·穆尔阿什说："忠诚是一个人的表面与内心的行为相一致。"

有人说："真主所希望的忠诚是诚实。"

有人说："忠诚是不看工作成绩。"

赛勒·塞格特说："谁以自己没有的善行装饰自己，谁就失去真主的仁慈。"

法里德·本·安雅德说："为他人而放弃工作是沽名钓誉，为他人工作是以物配主，而忠诚是真主使你远离上述两项。"

祝奈德说："忠诚是真主和人之间的一个秘密，天使不会记载下来，恶魔无法破坏它，私欲不会倾向他。"

鲁伊姆·本·艾哈迈德说："忠诚是一个人做了工作之后，他不期望以此获得今后两世的报偿，也不期望左右两肩天使赐予他好运。"

有人对赛海利·本·阿布顿拉说："对私欲最不利的是什么？"

---

① "穆勒德"初期的目标就是以忠诚消除内心的沽名钓誉，或许及至到达这一目标后，内心产生满足感和愉悦感，这就是缺陷；而"阿勒夫"则专注于崇拜真主，以高贵的工作顺从真主，倘若他因此有愉悦感，则是沽名钓誉，即意念里出现了真主之物的事物。所以，二者相比较，"阿勒夫"的沽名钓誉强于"穆勒德"的忠诚。——译者

赛海利答:"忠诚,因为它不能从忠诚中得到任何好处。"

有人说:"忠诚就是不让真主之外的人看到你的工作。"

210   一个人说:"一个主麻日,我在礼拜前去见赛海利·本·阿布顿拉,我在他的家门口看到一条蛇,我犹豫了一下,把抬起的脚放下来。他说:'进来呀,如果一个人害怕地上的一个东西,那他的信仰还没有达到完美。'①之后他又问我:'你想去圣寺做聚礼拜吗?'我说:'从这里到圣寺有一昼夜的路程,我们怎么去呢?'他拉住我的手,只一会儿②我们就到了麦地那的圣寺,我们进去做了聚礼拜。之后我们出来,他看着往外走的人群说:'念作证词(万物非主,唯有真主)的人很多,他们中的忠诚者很少。'"

麦克侯利说:"一个人只要忠诚四十天,智慧之泉就会由他的心充溢到他的口。"

优素福·本·侯赛因说:"尘世中最高贵的事物就是忠诚,我付出了多少努力,想把沽名钓誉从我心中去掉,但它好像以另一种颜色长了出来。"

艾布·赛莱曼·达扎尼说:"如果一个人忠诚,很多蛊惑和沽名钓誉都会离他而去。"

27. 诚实(随迪格,Sidq)

真主说:"信道的人们啊!你们当敬畏真主,你们当与诚实者

---

①   真正的畏惧是畏惧真主,而不畏惧真主之外的任何人和物,若畏惧真主之外的事物,则意味着信仰的不完美。——译者

②   这是赛海利·本·阿布顿拉显示的一个克拉玛提,大地为他卷起,他瞬间就到了麦地那。赛海利的目的是增强他的信仰,教育他,告诫他什么是忠诚。——译者

同在。"(忏悔章:第 119 节)

穆圣说:"一个人只要诚实,并坚持诚实,真主就会以'诚实者'记录他;如果一个人欺骗,并坚持欺骗,真主就会就以'骗子'记录他[①]。"

诚实是事情之根基,事情因诚实而完美,因诚实而显露规则。诚实是通往圣品的一个品级。

真主说:"凡服从真主和使者的人,都与真主所佑的众先知,忠信的人,诚笃的人,善良的人同在。这等人,是很好的伙伴。"(妇女章:第 69 节)

"萨迪格"(诚实者)是诚实者的一个称号,而"笋迪格"是比较名词,即非常诚实的人。诚实多的人被冠以"笋迪格",如同喝酒多的人被称作"浑米勒"一样,都是使用的张大名词的词型,其中有夸张的意味。最低等级的诚实是内心与表面一致。"萨迪格"(诚实者)是指言语诚实的人,而"笋迪格"是指所有的言语和行为都诚实的人。

艾哈迈德·本·海杜鲁[②]说:"期望与真主同在的人,他应坚持诚实,因为真主是与诚实者同在的。"[③]

祝奈德说:"'萨迪格'(诚实者)一天要改变四十次,沽名者四十年都在一种状态。"

艾布·赛莱曼·达扎尼说:"如果'萨迪格'想描述他内心的感

---

① 《艾布·达乌德圣训集》记载,阿布顿拉·本·麦斯欧德传述。《提尔密兹圣训集》的"诚实与欺骗篇"也有记载。

② 艾哈迈德·本·海杜鲁(卒于伊历 240 年)别名艾布·哈米德,大众派学者,逊尼派苏菲大师,呼罗珊人。——译者

③ 真主与诚实者同在,意味着真主援助他们,保护他们。因为诚实的人相信真主,履行对他的义务。

受,舌头却说不出。"①

有人说:"诚实是面临生命危险时直言真理。"

有人说:"诚实是保护言语的秘密。"

有人说:"诚实能阻止由信口开河而产生的非法。"

阿卜杜勒·瓦赫德·宰德说:"诚实是以工作完成与真主的信约。"

赛海利·本·阿布顿拉说:"谄媚的人,体味不到自己的诚实,也体味不到他人的诚实。"

艾布·赛尔德·古莱氏说:"'萨迪格'是为自己准备死亡的人,他不会因他的秘密被揭示而害羞。"②

真主说:"你们期望死亡吧,如果你们是诚实的。"(黄牛章:第94节)

我的导师艾布·阿里·丹嘎格说:"艾布·阿里·赛格菲有一天在众人面前慷慨陈词,阿布顿拉·穆纳兹里对他说:'艾布·阿里呀,你应为死亡做准备,死亡对每一个人都是必然的。'艾布·阿里说:'阿布顿拉呀,你应为死亡做准备,死亡对每一个人是必然的。'阿布顿拉把头枕在胳膊上,说:'我已经死了。'③艾布·阿里

212

---

①　即证实者一旦达到这一状态,语言对他而言是匮乏的,无法描述他的感觉。——译者

②　这是表里如一的人,甚至内心比表面好,所以他不介意自己的秘密被人知道。而表里不一的人,羞于让人知道他的秘密。——译者

③　阿布顿拉是诚实的,他说的这句话是针对经文"你们期望死亡吧,如果你们是诚实的",阿布顿拉说他死了,意味着他是诚实的。因为不诚实的人是不想死的,真主在"聚礼"章讽刺了那些嘴上称想死的不信道者。证据确凿,艾布·阿里于是一言不发。——译者

无言以对,他无法与阿布顿拉相提并论,因为艾布·阿里做的都是今世的工作,而阿里布顿拉却专心拜主。

艾哈迈德·本·穆罕默德·迪沃尔有一次在众人面前谈论爱及其他的话题,一个老妇人叫了一声。艾布·阿拔斯对她说:"你去死吧!"老妇人站了起来,朝前走了几步,之后看了一下阿拔斯说:"我要死了。"说完之后倒地而亡。①

穆罕默德·瓦西特说:"诚实是正确的信仰与举意。"

阿布杜·瓦赫德看到他的一个学生瘦而憔悴,就问他:"孩子呀,你在连续封斋吗?"年轻人答:"我没有连续封斋。"又问:"你连续做夜间拜吗?"年轻人答:"没有。"又问:"那你怎么这样瘦弱呢?"年轻人答:"我经常有私欲,又要经常隐藏它。"阿布杜·瓦赫德对他说:"你不要这样说,你真直率。"年轻人站起来走了两步,然后说:"主啊! 如果我是诚实的,你就取走我的性命吧。"年轻人说完就倒地而死了。

艾布·阿慕尔·宰贾吉②说:"我的母亲去世之后,我继承了一所院子,我以五十第纳尔的价格把它卖了。之后我去朝觐,我刚走到巴比伦城③时,碰到了一个向导,他问我:'你带的什么东西?'我心说:'诚实是最好的。'于是我就对他说:'五十第纳尔。'那人说:'你把钱袋子递给我。'我就顺从地把钱袋子递给他,他数了一

---

① 老妇人大叫一声,假装进入了法纳状态。艾布·阿拔斯厌恶这样的行为,就说:如果你是诚实的,你就死吧。老妇人祈求真主不要让她当众出丑,也感觉到艾布·阿拔斯的祈祷会被应答,就说:我要死了。结果没走几步就死了。——译者

② 艾布·阿慕尔·宰贾吉(卒于伊历348年,公元959年),全名穆罕默德·本·易卜拉欣·宰贾吉,别名艾布·阿幕尔,学者,苏菲,奈萨布尔人。——译者

③ 幼发拉底河畔上的一个古城。

下,不多不少,正是五十第纳尔。他对我说:'把你的钱袋拿走吧,你的诚实感动了我。'之后他从马上跳下来,对我说:'你骑上。'我说:'我不想骑。'他说:'你一定要骑。'他一再要求我骑,我只好从命,他说:'你前面走,我在后面跟着你。'一年之后,他追上了我,之后一直陪伴我,直到他去世。"

易卜拉欣·海瓦斯说:"一个'萨迪格'(诚实者)只有他在履行主命,或者为真主而做善功时,你才能见到他的诚实。"

祝奈德说:"真正的诚实是:当只有说谎才能保全生命时保持诚实。"

213　有人说:"三种事情是不会错的:诚实的甜美、对真主的畏惧和脸上顺主的光亮①。"

真主启示达乌德圣人说:"达乌德呀,内心诚实对我的人,会在表面上诚实地对待他人。"

据说,易卜拉欣·本·道哈和易卜拉欣·本·赛提拜进入荒野,伊本·赛提拜对易卜拉欣说:"你把多余的东西都扔了吧。"易卜拉欣于是把一些行李扔掉了,只留下一枚金币。伊本·赛提拜接着说:"易卜拉欣! 不要让我费神,把你多余的东西扔了吧。"易卜拉欣只好把仅有的一枚金币也扔了。之后他又说:"易卜拉欣呀,把多余的东西扔了吧。"易卜拉欣这才想起身上还有一根鞋带,于是易卜拉欣把鞋带也扔了。当易卜拉欣在路上需要一根鞋带时,发现面前赫然就有一根鞋带。伊本·赛提拜就说:"真主就这样对待诚实的人。"

---

①　有人说,经常做夜间拜的人,脸上是光亮的。——译者

左农说："诚实是真主的宝剑,把它放在任何东西上面,都能应声切断。"

赛海利·本·阿布顿拉说:"'笋迪格'(至诚者)的第一个背叛就是经常谈论自己①。"

有人问法塔赫·穆苏里什么是诚实,他把手伸进熊熊的火炉中,从中取出烧红的铁块,然后放在他的手掌上说:"这就是诚实。"②

优素福·本·艾斯巴特说:"真的,对我而言,诚实地对待真主度过一夜胜过我拿着武器为主道奋斗。"

艾布·阿里·丹嘎格说:"诚实是外表与内心一致,或者内心与外表一致。"

有人询问哈勒斯·穆哈西比诚实的特征,他说:"'萨迪格'(诚实者)是这样的人:为改善自己的内心而不介意别人的评价,他不喜欢人们看到他的善功,即使一点点。他不厌恶别人探寻他的缺点,如果他讨厌别人探寻他的缺点,那证明他喜欢别人赞美他,而这不是'笋迪格'(至诚者)的品德。" 214

有人说:"没有履行连续的主命的人,他的定时的主命(礼拜、斋戒、天课、朝觐等)也不被接受。什么是'连续的主命'呢? 是诚实。"

有人说:"如果诚实地向真主要求,真主会给你一面镜子,你会从中看到今世与后世的所有奇观。"

---

① 　笋迪格'(至诚者)就是在任何时候、任何事情上诚实的人,倘若他经常谈论自己,他的诚实就会因自大而减少。——译者

② 　一个卧里倘若向一个人显示克拉玛提,他就诚实地向真主求援,真主会援助他完成他想要的动作,真主是无所不能的。——译者

有人说："你要诚实,或许你会担心它对你不利,而实际上它是有利于你的;放弃说谎,或许你认为它有利于你,而实际上它是有害于你的。"

有人说："所有的事情都有益处,只有和说谎者为友没有益处(今后两世都没有益处)。"

有人说："说谎者的标志是敢于发誓,却不敢以《古兰经》发誓。"

伊本·赛利勒说："双关语能使聪明人避免说谎。"①

有人说："诚实的商人不会贫穷。"②

28. 害羞（哈雅, Haya）

真主说："他难道不知道真主是注视着的吗?"(血块章:第14节)

穆圣说："害羞是信仰的一部分。"③

穆圣有一天对圣门弟子说："你们应为真主而真正的害羞。"圣门弟子说："真主的使者啊,我们会害羞的。"穆圣说："害羞不是这

---

① 穆阿兹曾·本·杰伯里被欧麦尔任命为某地的官员,从任上返回后,他的妻子问他:"像其他官员那样,你给家人带来了什么礼物呢?"而实际上穆阿兹什么都没带。他便说:"有人在监督我。"妻子说:"你在穆圣和艾布·伯克尔时期就担任要职,不曾被人监督,难道欧麦尔会派人监督你吗?"穆阿兹的妻子之后把此事说给其他的女人,欧麦尔听到后心有不快,便让人把穆阿兹叫来,质问他说:"我给你派了监督员吗?"穆阿兹说:"那只不过我在妻子面前找的一个借口而已,难道真主不在监督着我吗?"

阿米尔·舍扎赫利·舍阿比若有人找,而他不愿出去,他就画个圈,对仆女说:"你把手指向这里,说:'他不在这里。'"——译者

② 一个人若诚信经商,人们就会放心地与他交往,与他交易。与他交易的人多了,他的利润就多了。所以,诚实的商人不会贫穷,现实中这样的例子太多了! ——译者

③ 《提尔密兹圣训集》记载,艾布·胡莱勒传述,为健全、优良圣训。

样的。为真主而真正害羞的人,让他保护他头脑所理解的及肚子里所包括的,让他常记死亡和灾难。意欲后世的人,让他放弃尘世215的享受。谁做到这些,就是为真主而真正的害羞。"①

一位智者说:"你们以与知羞者同座来复活害羞吧。"

伊本·阿塔说:"最大的知识是畏惧与害羞,如果失去了畏惧,害羞的裨益也不会保存。"

左农说:"害羞是心存畏惧的同时,又渴望回归真主。"

有人说:"爱的特征是表达,害羞的特征是沉默,害怕的特征是不安。"

艾布·奥斯曼说:"谈论害羞而不以所谈之事羞于真主的人,他的害羞是虚伪。"

哈桑·哈达德见到阿布顿拉·穆纳兹里,问他:"你从哪里来?"答曰:"从艾布·嘎希姆的讲座而来。"哈桑·哈达德问:"他在谈什么呢?"答曰:"害羞。"哈桑·哈达德说:"真奇怪呀!一个不羞于真主的人怎么谈论害羞呢?"

赛勒·塞格特说:"害羞和怜悯会敲心灵之门,如果发现其中有淡泊和谦恭,它俩就会驻足,否则会扬长而去。"

艾哈迈德·祝莱勒说:"第一世纪(伊历)的人们以宗教而交往,及至宗教成为恭顺的奴隶;第二世纪的人们以践约而交往,及至践约离他们而去;第三世纪的人们以忠勇而交往,及至忠勇离他们而去;第四世纪的人们以害羞而交往,及至害羞离他们而去;之

---

① 《提尔密兹圣训》记载,鼓励和警醒篇。塔布拉尼也有记载,阿伊莎传述。

后，人们以希冀和畏惧与火狱交往。"①

　　有人说："经文中'她确已向往他，他也向往她，要不是他看见他的主的明证'（优素福章：第24节）中的'明证'是大臣的妻子把衣服掷在屋子角落里的一个偶像的头上，优素福问她：'你此举何意？'大臣的妻子说：'我羞于让它被看到。'优素福圣人则说：'我更羞于让真主看到。'"

　　有人说："经文'她俩中的一个害羞地向他走来'（故事章：第25节），她为穆萨而感到害羞，因为她想邀请他到她家做客，而又担心他会拒绝。这是待客者的一种害羞，也是慷慨者的害羞。"

　　艾布·赛莱曼·达扎尼说："真主对一个人说：'我的仆人呀！你为我而害羞，我使人们忘记你的缺点②，使大地忘记你的过错，我从仙牌上抹消你的过失，在复生日，我不讨论你的清算。'"

　　据说，有一个人在清真寺外面做礼拜，有人问他："你为什么不进去在寺里面做礼拜呢？"那人答："我羞于进他的清真寺礼拜，而我确曾违抗过他。"

　　有人说："害羞之人的标志是不看令人害羞的地方。"

　　一个人说："一天夜里，我们经过一个狮子的窝，赫然发现旁边睡着一个人，而他的马就在他的头上方吃草。我们把他摇醒，问他：'你睡在这样一个令人恐怖的地方，你不害怕吗？你不知道狮

---

　　①　前四个世纪的人们以美德建设宗教，而之后的人包括今天的人们，基于对后世的希冀和恐惧而建设自己的宗教，出于一种狭隘的、现实的心态。二者高低上下，一目了然。——译者

　　②　以免遭他人的羞辱。——校对者

子是一个凶猛的动物吗?'他抬起头说:'我羞于真主看到我害怕他之外的东西。'之后,倒头又睡下了。"

真主启示尔撒圣人说:"你先劝告自己吧,如果你能劝告自己,再劝告他人。否则,你为劝告他人而害羞吧。"

有人说:害羞有多种:

犯罪时的害羞。如阿丹圣人,有声音时他说:"你要逃离我吗?"他答:"不,而是因你而害羞。"

能力不足的害羞。如天使,他们说:"清高的主啊! 我们没有尽到崇拜之责。"

尊大的害羞。如伊斯扎菲利天使,为来自真主的害羞覆盖了他的翅翼。

尊贵的害羞。如我们的圣人,他羞于对他的弟子们说:"你们出去吧。"因此真主说:"信士们啊! 你们不要进先知的家,除非邀请你们去吃饭的时候,你们不要进去等饭熟,当请你去的时候才进去,既吃之后就当告退,不要留恋闲话,因为那会使先知感到为难,他不好意思辞退你们。"(同盟军章:第 53 节)

谦恭的害羞。如哈里发阿里,由于他和穆圣的姻亲,他羞于向穆圣询问关于"精水"①的律例,便询问米格达德·本·艾斯乌德。②

自卑的害羞。如穆萨圣人。他说:"即使大地上的一切向我展开,我也羞于向我的养主祈求。"伟大的真主对他说:"穆萨,你任意

---

① 男子性冲动时溢出的液体,并非精液。——校对者
② 全名为米格达德·本·艾斯沃德·肯迪(公元 587—653 年),圣门弟子,最早皈信伊斯兰的七个人中的一个。——校对者

地向我索求吧，甚至是你和面的盐和你的羊吃的饲料。"

赐福的害羞。即清高的真主的害羞。仆人在复生日通过"随拉提桥"后，真主把盖柜定论的功过簿交给他，他打开一看，里面赫然写着："你做了如此如此，我羞于向你展示你的过失，你走吧，我确已饶恕了你。"

我的导师艾布·阿里·丹嘎格说，叶哈雅·本·穆阿兹说："清高的真主为一个犯错的仆人而害羞。"

法迪里·本·安雅迪说："不幸的标志有五：心的冷酷；眼睛的呆滞；少羞；渴慕今世；多奢望。"

一本天经中有这样的话："我的仆人对我是不公平的，他向我乞求，我羞于拒绝他；他反抗我，我却为他害羞。"

叶哈雅·本·穆阿兹说："顺从真主时害羞的人，真主在他犯错时为他害羞。"

艾布·阿里·丹嘎格说："你要知道，害羞是溶化。"

还有人说："害羞是仰望真主时内心的溶化。"

有人说："害羞是因为真主的尊大而产生的心的收缩。"

218　　有人说："如果有人劝告他人，他身上的两个天使会这样对他说：你以你劝告他人的劝告你自己，否则，你就因为真主而害羞吧，他是注视着你的。"

有人询问祝奈德关于害羞，他说："审视真主的恩典与自己的缺点，从而产生一种可称之为'羞愧'的情绪。"

穆罕默德·瓦西特说："没有因他的着装而害羞的人，它会超越戒律或者爽约。"

也有人说:"害羞的人会流汗,其中有恩惠①。只要人的内心中还有某种东西,他就会远离害羞。"

艾布·阿里·丹嘎格说:"害羞就是在伟大真主面前放弃索求。"

艾布·阿里·宛扎格说:"或许我为真主礼了两拜,我因此而得到平安,而我的地位仅仅等同于因害羞而放弃偷盗的人。"

29．自由(侯勒叶,Hurriyya)

真主说:"他们虽有急需,也愿意把自己所有的让给那些教胞。"(放逐章:第9节)其含义为:他们不为自己考虑,不介意他们所失去的,并以此为满足。

据伊本·阿拔斯传述,穆圣说:"你们当以自已拥有的为满足,你们都将走向漆黑的坟墓,所有的事情都将走向终结。"②

自由的界定是一个人不成为被造物的奴隶,不因诱惑而追逐存在物。真正自由的标志是不在存在物中间做区别,对他而言,他所遇到的一切都是一样的。

哈勒斯对穆圣说:"我对今世不屑一顾,对我而言,石头和金子没有区别。"

我的导师艾布·阿里·丹嘎格说:"人进入今世之后,对于今世他是自由的;从今世到后世的道路上,他也是自由的。"还说"在

---

①　害羞的人因极度的害羞而心溶化,那时,所有多余的东西都从他的心上、身体上离开,其中就包括汗水。——译者

②　伊本·俩里的《美德》记载,伊本·麦斯欧德传述。

今世自由的人,在后世中也是自由的。"①

　　你要知道,自由的实质是崇拜的完美。如果你为真主做到了真正的崇拜,那么,你会脱离欲望的诱惑而实现真正的自由。至于那些为松懈的崇拜寻找借口,未能完成劝善戒恶之责而错误地认为能得到平安的人,他们是自欺欺人者的代表,那是偏离宗教的行为。

　　清高的真主对他的圣人说:"你当崇拜你的养主,直至确切的消息来临你。"(石块章:第99节)大部分的经注学家都认为,确切的消息指"寿限"。一些人指出,自由是一个人不让其心成为被造物的奴隶,不成为今世的与后世诱惑的奴隶。他就是他自己,个人就是个人,尘世的迅疾消失、欲望的诱惑、死亡的推迟、祈求、目的、愿望、运气等等都不能使他为之所动。

　　有人问戴里夫·舍布里:"难道你不知道真主是普慈的主吗?"答曰:"不然,我知道,但自从认识到他的普慈之后,我再没有祈求过他的仁慈。自由的地位是最高贵的。"

　　艾布·阿拔斯·斯亚尔曾经说过:"如果说没有诵念《古兰经》的礼拜是正确的话,那下面的诗句也是正确的:

　　　时光不可逆转,万物行将消失。

　　　唯希望你看到,我眼中之自由。

220　　苏非大师哈拉智在谈论自由时说:"意欲自由的人,让他完美崇拜。"

---

　　① 今世的自由是指今世不为物欲所累,不贪慕今世的享受,一心顺主;后世的自由是指崇拜真主不为贪慕后世的报偿。——译者

有人对祝奈德说:"有一个人,他的今世之财只剩下一粒宝石了。"祝奈德说:"清廉的干功者,一个银币都没有。"

还说:"如果你没有达到自由之真境,那说明你的崇拜还没有完美。"

拜舍尔·哈菲说:"想要体味自由之芳香的人,让他暂停他的崇拜,首先清洁他与伟大真主之间的秘密。"

哈拉智(侯赛因·本·曼苏尔)说:"如果一个人完美了崇拜的各项要求,他会成为一个自由的人,而不为崇拜所累。他的崇拜没有辛苦,没有劳累,那是圣人们和诚笃者的品级。即那时他成为一个被动的承担者,他的心没有劳累,即使他忙碌于沙里亚所规定的各种功修。"

法学家曼苏尔吟道:

人神两界无自由,生活艰苦在心头。

须知,大部分的自由体现于为穷人服务①。

我听导师艾布·阿里·丹嘎格说:"真主启示达乌德圣人说:'若你看到追求我的人,你就做他的仆人。'"

穆圣说:"大众的领袖是服务他们的人。"②

叶哈雅·本·穆阿兹说:"醉心于今世的人,为他们服务的是婢女和奴隶;醉心于后世的人,为他们服务的是自由人和清廉人。"

---

①　体现自己的谦卑、卑微、渺小,为穷人服务,利于消除自己的自大和骄傲。——译者

②　阿杰鲁尼、海推布、艾布·奈尔姆、塔布拉尼记载,这是一段非常羸弱的圣训。——校对者

易卜拉欣·本·艾德海木说："高贵的自由者,其心先于身体离开今世。"

又说:"你只可陪伴高贵的自由者,在他面前静静聆听,不可说话。"

30．赞念(啧克尔,Dhikr)

伟大的真主说:"信士们啊,你们应当常常记念真主,你们应当朝夕赞颂他超绝万物。"(同盟军章:第41—42节)

穆圣说:"我来告诉你们什么是最优秀的工作、最纯洁的工作和最能提高你们品级的工作,它比金银的赏赐更贵重,同样也比你们手刃敌人或死于敌人剑下更高贵。"人们问:"真主的使者啊! 那是什么呀?"使者说:"是赞念真主。"[①]

又说:"只要有一个人说:'真主! 真主! 末日便不会到来。'"[②]

又说:"除非大地上没有人说:真主! 真主! 末日才会来临。"[③]

赞念是通往真主之路的一个重要关口,甚至可以说它是一个重要的桥梁。只有凭不懈的赞念,否则,任何人不能抵达真主。

赞念分为两种:口舌的赞念与心的赞念。口舌的赞念能使人抵达心的持续的赞念,并影响到心的赞念。如果一个人用心和口舌同时赞念,那么他的行为可以用完美来描述。

---

① 《圣训宝藏》记载。《伯伊海格圣训集》也有记载,伊本·欧麦尔传述。
② 《穆斯林圣训集》记载,艾奈斯·本·马立克传述。
③ 《提尔密兹圣训集》记载,艾奈斯·本·马立克传述。

我听我的导师艾布·阿里·丹嘎格说："赞念是'委俩也提'
（卧里地位）在人们之间的散播。被给予赞念的人，他被给予了散
播的便利；被剥夺了赞念的人，意味着他被剥夺了'委俩也提'。"

据传，戴里夫·舍布里开始修道时，每天睡在一个地洞里。他
背着一包棍子，如果他觉得自己稍有疏忽，就拿棍子抽打自己，直 222
到把棍子打断。有时天还未黑，包里的棍子就全折了，他就用手脚
打墙。

有人说："赞念真主是求道者的利剑，他们用它来击杀敌人，抵
御他们的错误。如果一个人遭遇磨难，而他的心却为害怕真主而
颤抖，那么所有讨厌的事物都会避开他。"

有人问穆罕默德·瓦西特赞念，他说："由于极度的恐惧和爱，
走出漫不经心，走向见证。"

左农说："真正做到赞念真主的人[①]，他会在赞念时忘记一切，
真主为他保护一切，万物在他那里都是没有区别的。"

有人对艾布·奥斯曼说："我们赞念真主，但我们并没有体验
到赞念的甜美。"艾布·奥斯曼说："你们赞美真主时要想到，他把
对他的顺从当成你们肢体的装饰。"[②]

穆圣在一段圣训中说："如果你们看到乐园，你们就惬意地在
其中享受。"有人问："这个乐园是什么？"穆圣回答说："是赞念的场

---

①　即投入的、完美的赞念。——译者

②　即把赞念作为你们的装饰，犹如肢体是你们的装饰一样。倘若你们感谢真主
给予你们的装饰，真主就把你们升高到赞念的最高境界，这也是经文"倘若你们感谢，
我必增加对你们的恩惠。"（易卜拉欣章：第 7 节）所说的意义。

合（麦吉里斯）。"①

　　贾比尔传述：穆圣向我们走来，他说："众人啊！你们要在天堂的花园中惬意地享受。"我们就问道："真主的使者啊！什么是天堂的花园？"穆圣答："是赞念的场合（麦吉里斯），你们要早晚多多地赞念真主。希望知道他在真主跟前的地位的人，就让他审视真主在他那里的地位；他给予真主如何的地位，真主就给他如何的地位。"②

223　　戴里夫·舍布里说："难道真主没有说过吗：我和赞念我的人同座。众人啊！你们与真主同座得到的益处是什么呢？"

　　戴里夫·舍布里吟道：

　　　我记着你，一刻也不会忘记，
　　　口头的记忆最为容易。
　　　由于爱，我曾经毫无知觉地死去，
　　　此刻，我的心因忧愁而跳动。
　　　当我意识到你的存在，
　　　我作证你无处不在。
　　　我与他交流，无须语言，
　　　我看到他，无须肉眼。

　　赞念不是暂时的，而是一个人在任何时候都要赞念真主，要么依据主命的规定（法尔则），要么依据可嘉的规定（曼杜布）。礼拜可以说是最贵的宗教功修了，但它却不可以在任何时间进行，而赞

---

①　《提尔密兹圣训集》记载，艾奈斯·本·马立克传述，为优良圣训。

②　《提尔密兹圣训集》记载，艾布·胡莱勒传述。

念却可以在任何时间进行。真主在《古兰经》中说:"他们站着,坐着,躺着赞念真主,并思索天地的创造。"(仪姆兰的家属:第191节)

我听艾布·伯克尔·福尔克说:"赞念真主的礼仪是站着,向真主祈求的礼仪是坐着。"

艾布·阿卜杜·拉赫曼长老问艾布·阿里·丹嘎格:"赞念和思悟哪个更为完美?"艾布·阿里反问说:"长老的看法如何?"艾布·阿卜杜·拉赫曼长老说:"在我看来,赞念比思悟更完美,因为清高的真主以赞念被描述而非思悟,真主被描述的当然要比人所特有的①要完美。"艾布·阿里认为艾布·阿卜杜·拉赫曼说得很好。

穆罕默德·凯塔尼说:"如果赞念不是一个法定主命的话,我不会像其他人那样因为他的伟大而赞念他的。他们在赞念真主,但他们的嘴,即使忏悔一千次也洗不干净。"

我听到艾布·阿里·丹嘎格曾经在别人面前吟道:

我一赞念你,

我的心、秘密和精神便阻止我,

好像你的监视者对我说,

你不要赞念②。

赞念的一个特征是:赞念与赞念是相对的。真主说:"故你们应当记念我,你们记念我,我就记念你们。"(黄牛章:第152节)

---

①　指思悟,人以思悟见长。真主创造了万物并为万物赞念,而思悟是获得原来不曾有的认知的途径,所以思悟与真主的属性是对立,因为真主是全知的,不需要通过思悟获取认知。——译者

②　认为自己还不够资格。——译者

224　　　　圣训中有这样的记载,吉卜勒利天使对穆圣说,真主说:"我给予了你的民族其他民族不曾得到的恩惠。"穆圣问吉卜勒利天使:"那是什么呀?"吉卜勒利天使答:"你们赞念我,我就记着你们。"①真主没有对其他民族说过这样的话。

有人说:"取命天使在取'赞念者'的性命时必须获得真主的命令。"②

经典中有这样的记载,穆萨圣人问:"我的养主啊!你住在哪里?"真主启示他说:"在信士的心里。"其意思是在赞念者的心里,真主无方位,无处所,他只是在确定赞念及赞念的位置。

苏福扬·扫勒询问左农什么是赞念,左农说:"赞念是赞念者隐藏赞念。"之后,他吟道:

赞念已从吾心忘,赞念仅在舌尖流。③

赛海利·本·阿布顿拉说:"每一天,清高的真主都会喊道:'我的仆人啊,你们没有公平地对待我,我记着你,而你却忘了我;我呼喊你到我这里,你却去了他人那里;我解除了你的患难,而你却固执地停滞在错误里。阿丹之孙啊!明天你来见我时,你将说什么呢?'"

艾布·赛莱曼·达扎尼说:"天堂里有一片平地,如果赞念者

---

①　喜爱真主的人,自然会一心赞主,一心赞主的人,真主就喜爱他。——译者

②　取命天使取得真主的许可后,方可取其性命,这是对他的礼遇和尊重。——译者

③　舌头忙于赞念,心好像忘记了,其实是无暇想起。当一个人多多的,又是专注于赞念的话,他好像觉得忘记了赞念,这是赞念者的一个极高的境界。——译者

开始赞念,天使们就开始在上面种树①,有时天使也会停下来,有人问他:'你为什么停下了?'停下的天使答:'赞念者疲倦了。'"

有人说:"你们要寻找三件事务中的甜美:礼拜、赞念和诵读《古兰经》。如果你们找到了,那是你们的福分,否则就是甜美的大门为你们关闭了。"

艾布·艾斯乌德说:"我曾经和易卜拉欣·海瓦斯一起旅行,我们来到一个有很多蛇的地方,他把水壶放下,然后坐下来,我也坐下来。当夜幕降临,阵阵凉风袭来时,蛇开始爬出来。我惊恐地大声喊他,他说:'赞念真主!'于是我开始赞念真主,蛇复回洞中。之后蛇又出来了,我又大声喊他,他又说了同样的话。就这样一直持续到第二天黎明,天亮后,他站起来出发,我也站起来,赫然发现他坐的地方就有一只巨蟒,盘成一团。我说:'我昨天晚上怎么没有感觉到呀。'他说:'我知道它的存在,好久没有度过像昨晚那么美好的夜晚了。'"②

有人说:"没有体验过疏忽的寂苦的人,不会体验到赞念的慰藉。"

赛勒·塞格特说:"在真主降示的某部经典里有这样的话:'一个沉迷于赞念我的人,他会爱我,如果他爱我,我就会爱他。'"

赛勒·塞格特还说,真主启示达乌德圣人说:"你们以我而欢欣吧,以赞念我而享受我的恩典吧。"

艾哈迈德·努尔说:"每个人都将面临惩罚,对'阿勒夫'(认主

---

① 对赞念者的报偿。——译者

② 真诚的赞念能抵挡灾难,因为赞念的人是依赖真主的,真主是唯一的利与害的施与者。——译者

者)的惩罚是禁止他赞念真主。"

《因支利》(新约)中这样的话:"你当在生气时记起我,我在生气时记起你。你当以我对你的援助而满足,我对你的援助胜于你对自己的援助。"

有人对扎赫布说:"你封斋了吗?"他答:"我以对真主的赞念而封斋,如果我记起的是他之外的人,我就马上开斋。"

赞念在一个人的心中一旦稳固,如果恶魔接近他的心,心就和恶魔搏斗,如同一个人和接近他的恶魔搏斗一样。恶魔都聚在一起,互相询问:"这个恶魔怎么了?"其中一个恶魔说:"他招惹了一个人。"

赛海利·本·阿布顿拉说:"据我所知,再没有比忘记真主更丑恶的罪行了。"

有人说:"秘密赞念真主的人,天使不会上报,因为他没有看到。赞念是一个人和真主之间的秘密。"

一个人说:"有人告诉我说从林中有一个'赞念者',我就去找他。我找到他时,他在坐着,突然一只巨大的野兽冲上来,从他身上咬下一块就跑,他和我都晕了过去。当我苏醒过来之后,就问他:'这是怎么回事啊?'他说:'前定如此! 每过一段时期,它就过来咬我一口,正如你所看到的那样。'"①

阿布顿拉·祝莱勒说:"我们中有一个人,他经常说:'真主啊,真主啊!'有一天,一棵树砸在他的脑袋上,血流如注,血流在地上

---

① 专心赞念真主的人,真主保护他不受任何伤害,过一段时间,真主会通过一些方式提醒他。故事中的主人公,真主以野兽提醒他。圣人、卧里在赞念真主的过程中都会遇到灾难、病痛等各种考验,忍耐考验继而赞念的人,其报偿必定丰厚。——译者

之后,地上出现这样的字眼:真主啊,真主啊!"

31. 侠义(夫特沃,Futuwwa)

真主说:"他们是几个青年①,他们信仰他们的主,而我给他们增加正道。"(山洞章:第 13 节)

穆圣说:"只要一个人一直解决穆斯林兄弟的需求,真主就会一直解决他的需求。"②

侠义(夫特沃)的本意是一个人经常为他人的事着想。

艾布·阿里·丹嘎格说:"除了我们的穆圣之外没有完美的人。在复生日,每个人都忙着说:'救救我,救救我吧!'而我们的圣人则说的是:'救救我的乌玛,救救我的乌玛!'"

祝奈德说:"侠义在叙利亚,诚实在呼罗珊,能言善辩在伊拉克。"

法迪里·本·安雅德说:"侠义是宽容他人的过失。"

有人说:"侠义是不认为自己对他人有恩惠。"

艾布·伯克尔·宛扎格说:"'法塔'(侠义的青年)是不与任何人为敌的人。"

穆罕默德·本·阿里·提尔密兹说:"'侠义'是为了真主而不惜与自己争吵。"

有人说:"'法塔'是不与任何人争吵的人。"

---

①　其阿拉伯语词源为"法塔",它通常指勇敢、侠义、面对危急挺身而出、乐于助人、品德高尚的年轻人,而不是泛指所有的年轻人,因此它不同于表达"年轻人"的另一个词汇"沙布"。——译者

②　《塔布拉尼圣训集》记载,艾布·胡莱勒、宰德·本·萨比特传述。

227　　我的导师艾布·阿里·丹嘎格说:"我听奈斯尔·阿巴兹说:
'山洞人'①之所以被称为'年轻人'②是因为他们没有任何牵挂地
信仰真主。"

　　有人说:"'法塔'(侠义的年轻人)是打碎偶像的人。真主在
《古兰经》中说:'他把偶像打碎了,只留下一个最大的,以便他们转
回来问他。他们说:'谁对我们的神灵做了这件事呢? 他确是不义
的人。'他们说:'我们曾经听见一个青年,名叫易卜拉欣的,诽谤他
们。'"(众先知章:第60节)

　　每个人的偶像是他自己,反对自己私欲的人,便是真正的"法
塔"(侠义的青年)。

　　有人询问祝奈德什么是侠义,他说:"侠义是你不喝斥穷人,也
不敌视富人。"

　　奈斯尔·阿巴兹说:"豪侠(穆鲁艾)是侠义的一个分支,其意
为远离今世和后世,并以此保持自己的尊严。"

　　穆罕默德·本·阿里说:"侠义是你对熟人和陌生人一视
同仁。"

　　有人问艾哈迈德·本·罕百里:"什么是侠义?"答曰:"因为害
怕而放弃你喜欢的事物。"

　　有人说:"侠义是不加区别地对待在你跟前吃饭的穆斯林和非

---

　　①　《古兰经》在山洞章提到的那些年轻人,其数目不详,他们为了躲避迫害,跑到
一个山洞,在其中度过了309年。——译者

　　②　正如前面的注释指出的那样,"法塔"是一个荣誉的称号,只有极少数的年轻人
才可以担此称呼,这些年轻人为了信仰,离开亲人,抛弃世上所有的一切,所以他们被
称为"法塔"。——译者

穆斯林。"

　　一位学者说:"一个拜火教徒要求易卜拉欣圣人款待他,易卜拉欣说:'可以,但有一个条件,你要信仰伊斯兰教。'拜火教徒扬长而去。真主启示易卜拉欣圣人说:'五十年来,我一直赐给他给养,他都没有改变信仰,而你款待他一次,就要求他改变信仰吗?'一天易卜拉欣跟在那个拜火教徒的后面,追上他之后,向他道歉,并表示愿意诚意地邀请他。拜火教徒问他什么原因使他改变了态度,易卜拉欣如实作答,拜火教徒遂改信了伊斯兰教。"

　　祝奈德说:"侠义是弃恶行善。"

　　赛海利·本·阿布顿拉说:"侠义是遵循圣道。"　　　　　　228

　　有人说:"侠义是践约和遵守法度。"

　　有人说:"侠义是你给了别人恩惠,但你却不认为那是恩惠。"

　　有人说:"侠义是不呵斥向你走来的乞讨者。"

　　有人说:"侠义是不阻止有求而来的人。"

　　有人说:"侠义是不积攒钱财,也不寻找托词。"

　　有人说:"侠义是昭示真主的恩惠,隐藏困难与磨难。"

　　有人说:"侠义是邀请了十个客人,不为来了九个或十一个而面有改色。"

　　有人说:"侠义是一视同仁地款待你喜爱的和不喜爱的人。"

　　艾哈迈德·本·海杜鲁是一个以侠义而著称的人。有一天,他对他的妻子说:"我想款待一个四海为家的'法塔'。"他的妻子说:"你做不到'法塔'的待客之道。"艾哈迈德说:"一定能做到。"妻子说:"既然如此,你就准备宰羊、宰牛、杀驴,从某人家门口一直摆到我们家门口。"艾哈迈德不解地问:"至于羊和牛,我知道它们的用处,而杀驴又作何用呢?"妻子答:"你请一个'法塔'到你家做客,至少要让这一地区的狗也得到好处吧。"

一个人设宴招待客人,其中有一位来自设拉子[①]的苏菲长老。大家边听音乐边吃饭,全都酣然入睡。设拉子的长老就问请客的主人:"这是什么原因呢?"主人答:"我也不知道这是为何,招待你们的所有食物我都仔细盘问了,唯独没有问茄子的由来。"众人醒来之后,询问买茄子的人究竟,那人说:"我也没做什么,只不过我从一块菜地里偷了一些茄子,然后把它卖了。"众人把他带到菜地主人那里,以便让他发落,菜地的主人说:"你们还给我一千个茄子就可以了,我把那一块地送给他(偷茄子的人)了,同时还有两头牛,一头驴及一些种地的工具,以使他不故伎重犯。"[②]

一个男子娶了一个女人,在入洞房之前,女人生出天花。于是男子大叫一声:"哎呀,我的眼睛好痛。"之后说:"我的眼睛瞎了。"女人和他圆了房,二十年之后,女人去世了。男子睁开双眼,有人问他这是怎么回事,他说:"其实我并没有瞎,我只是装瞎,害怕她因天花而闷闷不乐。"那人说:"你超越了侠义。"[③]

左农说:"喜爱器皿的人,应该拥有巴格达的水壶。"有人问:"那是为何呢?"左农说:"我因被诬陷叛教而被带到哈里发那里。我看到一个人手中有一个精致的瓷器,上面缠着丝巾。我就说:

---

① 伊朗西南部的一个省份。——译者

② 不合法的食物不但对人的身体有影响,对心也有影响。仆人并没有因偷盗受到惩罚,反而得到很多馈赠,反映了主人的侠义。——译者

③ 这与本书第四章讲述的哈提木·艾塞姆的故事极为相似。哈提木并不是聋子,一个女人在他面前放了一个屁,为了不致女人难堪,他佯称自己聋了,之后遂被称为"聋子哈提木"。——译者

'君王们的水壶果然与众不同!'那人说:'不,这是属于普通人的。'
于是我就拿起那只水壶,喝了一口。然后对随行的人说:'给他十
枚金币。'那人并没有接钱,他说:'你是俘虏,如果我要你的钱,那
不是侠义者所为。'"

有人说:"侠义者不会赚朋友的钱。"

我的一个朋友说:"有一个侠义的商人叫艾哈迈德·本·赛海
利,我从他那里买了一块布,他只收了本钱,我就对他说:'你不要
利润了吗?'他说:'至于本钱,我就接住了,我不认为那是对你的恩
惠,因为我从来没有那样想过;至于利润,我就不要了,因为赚朋友
的钱不是侠义之行。'"

一个被称为"侠义者"的人从奈萨布尔到尼撒①,一个人热情
款待他,作陪的是一帮崇尚侠义的年轻人。筵席结束后,走出来一
个女仆,给人倒水洗手。奈萨布尔人把伸出的手缩回来,他说:"女
人给男人倒水(证明他注视了女仆),这不是侠义之行。"陪客中的
一个年轻人说:"我与这家主人交往多年,从来没见过他的女仆为
男人倒水洗手(证明他没有注视过女仆)。"②

曼苏尔·麦格里布说:"一个人想试验一下奈萨尔布的努哈,

---

① 很多地方都有这个地名,但奈萨布尔的这个尼撒最为著名。

② 故事非常有趣,是来自奈萨布尔和尼撒之间的两个以"法塔"(侠义)著称的年
轻人之间的一个比较:来自奈萨布尔的客人初次登门,认为女人给男人倒水洗手不是
侠义之为,那么说明他肯定注视了倒水的人,否则他不会知道倒水的人的性别。而陪
客的另一位年轻人,尽管多年来经常到主人家做客,却说他见过女人给人倒水,这说
明当主人家的女仆给他倒水时,他从没有抬头看过,所以他没有见过女仆给人倒水。
不注视倒水的女仆,是对主人的尊重,很显然,尼撒的年轻人的境界要高于奈萨布尔的
年轻人。——译者

看他是不是一个真正的侠义君子，就卖给他一个穿着男装的女仆，努哈并不知情，就欣然买了下来。女仆长得很俊美，但努哈一直把她作为一个男仆对待。好几个月过去了，有人问女仆：'你的主人知道你是女的吗？'女仆答：'不知道，他从没有碰过我，他一直以为我是个男仆。'"

一个地痞要求努哈把服侍他的男仆送给当权者，努哈拒绝了，地痞就打了他一千鞭子，努哈仍拒绝交出他的仆人。那天夜里，努哈梦遗了，而天气又非常寒冷，天亮之后，努哈坚持用冷水洗大净①。有人对他说："你这是以生命做冒险！"他说："我为了一个人而忍受了一千鞭子，我羞于不能为真主而忍受刺骨的凉水。"

一伙侠义君子去拜访另一个侠义君子，那个侠义君子对他的仆人说："给客人端来食物。"仆人并没有端来，主人之后又说了两三次，来的人面面相觑，他们议论说："一个君子怎么可以使用这样不听话的仆人呢？仆人终于端来食物，主人问他怎么这样慢，仆人答："食物上面有只蚂蚁，把有蚂蚁的食物端给侠义的客人们是不礼貌的，而为了客人把蚂蚁扔掉是不侠义的，我站在那里等了一会儿，直到蚂蚁爬走。"来的人说："你做得太对了，像你这样的人才配服侍侠义君子。"

一个朝觐者在麦地那住了一宿，他以为他的钱袋被偷了，出来之后，看到杰尔法·萨迪格身上有一个同样的钱袋，就一把抓住他说："你拿了我的钱袋。"杰尔法·萨迪格问他："里面有多少钱？"那

---

① 按照伊斯兰教法，梦遗、分娩和夫妻交接是洗大净的条件，以保持身体清洁。——译者

人说："一千金币。"杰尔法把那人领回家,给他数了一千金币。那人回到住处之后,发现他的钱袋就在屋中,而他却认为被偷了！于是这位朝觐者赶紧找到杰尔法,向他道歉,并把一千金币还给他,杰尔法拒绝接受,他说："从我手中出去的东西,我决不收回！"朝觐者问其他人："这位是谁啊？"有人对他说："他是杰尔法·萨迪格。"

舍给格·巴里赫询问杰尔法·本·穆罕默德什么是侠义,杰尔法·本·穆罕默德反问道："你怎么认为呢？"舍给格说："有人赏赐我们,我们就感谢；没人赏赐我们,我们就忍耐。"杰尔法·本·穆罕默德说："我们那里的狗和你的做法一样！"舍给格就说："圣人的后裔啊,那你们的侠义是什么呢？"杰尔法·本·穆罕默德说："有人赏赐我们,我们不接受；没人赏赐我们,我们感谢。"

阿布顿拉·穆尔台阿什说："我们和艾布·哈福赛去探望一个病人,同行的还有一些人。艾布·哈发赛对病人说：'你想痊愈吗？'病人说：'是的。'艾布·哈福赛遂对同来的人说：'你们替他承担吧！'病人霎时站了起来,和艾布·哈福赛一起出去了,而我们却都卧床不起,成了被探望的病人。"

32．洞察（菲扎塞，Firasa）

真主说："对于明察者,此中确有许多迹象。"（石谷章：第75节）经文中的"明察"指的是洞察和洞见。

穆圣说："你们要警惕信士的洞察,他以真主之光而视。"[1]

---

[1]　《提尔密兹圣训集》记载,艾布·赛尔德·海德尔传述。《伊本·马哲圣训集》、哈克目也有记载。

洞察①是抵达内心的想法,人对内心不可隐藏和否定的想法做出判断。'洞察'(菲扎塞)派生于猛兽的'捕捉'一词,它并不是和内心的捕捉能力相对应的,而是和信仰的强弱相对应的,信仰越强烈,他的洞察力也就越敏锐。

艾布·赛尔德·海扎兹说:"以真主之光为洞察之光的人,他的知识源自于真主,不会遗忘,也不会疏忽,源自这一知识的洞察只是通过其口传达真主的判断。以真主之光的注视,指的是真主特定的一种光。"

穆罕默德·瓦西特说:"洞察是在心中闪耀的光亮,它是稳定在内心的揭示秘密的知识,从一个未知穿越到另一个未知,直至看见真主意欲使之见证的境界。那时他以人的心灵而言。"

艾布·哈桑·戴莱米传述说:"有人对我说,一个黑人能看透别人的秘密,于是我去安塔克叶找他②,我在安塔克叶一直等到他从利卡姆山中出来。他带了一些东西出售,我当时很饿,已经两天没吃东西了。我问他说:'你想卖多少钱?'我的意思想说,我能买下他手中的东西。他说:'你先坐着,等我卖完了,再给你一些钱,你去买吃的。'他说完就扔下我走了,而他好像认为我在和他讨价还价。我再次走到他身边,对他说:'如果你想卖这些东西的话,你对我说,你想要多少钱?'于是,他说:'你已经饿了两天了,你先坐

---

①　其中有观察、肯定之意。有可能是通过事情的前因后果进行判断的普通洞察,也有可能是真主赐予了他这一能力,他通过内心的光来判断,而人们通常指的是后一种。

②　土耳其的一座城市,塞鲁苏斯于公元前 300 年修建,公元六世纪毁于地震,后成为罗马帝国的第三大城市。穆斯林公元 638 年解放了这一城市,1098 年被十字军占领,1268 年被耶布里斯占领,最终落入土耳其人之手。

着,等我卖完,我给你钱,你去买一些吃的。'我只好坐下等他,卖完之后,他给了我一些钱就走了,我在后面跟着他,他扭头看了一下我说:'如果你是有困难的人,真主的确为你降下了给养,否则就是你和真主之间有遮挡。'"

穆罕默德·凯塔尼说:"洞察揭示真信,窥见玄秘,它是信仰的一个境界。"

伊玛目沙菲仪和穆罕默德·本·哈桑在圣寺里,过来一个人,穆罕默德·本·哈桑说:"我看他是一个木匠。"沙菲仪说:"我看他是一个铁匠。"于是俩人问进来的那个人,他到底是干什么的。那人说:"我曾经是一个铁匠,现在是一个木匠。"

艾布·赛尔德·海扎兹说:"推理的人是经常观察秘密且从来不错过秘密的人,什么事都瞒不过他。这也证实了真主在《古兰经》中说过的话:'他们中能推理的人,必然知道如何应付。'"(妇女章:第83节)

细察之人知道征兆与标志,也知道人心的波动与变化。因此真主说:"对于明察的人其中有很多迹象。"也就是说,他们区别朋友与敌人的标志。而洞察者,他们以真主之光而视,那是闪烁在心底的光亮,它能洞彻机密,也是信仰的一个特征。这些人他们有幸成为圣洁的人。真主说:"你们当成为圣洁之人。"(仪姆兰的家属:第79节)即在品德和眼光上成为效仿真主的哲人,他们探究人们的情况,观察他们,关注他们。

奈萨布尔很有声望的苏菲长老艾布·嘎希姆·穆纳迪生病了。艾布·哈桑·布什奈吉和哈桑·罕达迪去探望他,他俩在路上买了半个迪尔汗的苹果,两人拿着苹果来到艾布·嘎希姆的家。他俩刚一坐下,艾布·嘎希姆就说:"这是什么不义呢?"艾布·哈桑俩人闻言便离开了,俩人出来后说:"我们做了什么不合适的事了吗?"俩人想了一阵,艾布·哈桑说:"或许是我们没有付苹果的钱!"于是俩人找到卖苹果的人,赶紧把钱付给他,然后回到艾布·嘎希姆的家。艾布·嘎希姆看到俩人说:"有人能这么快放弃不义吗? 你们到底做了什么,你们告诉我。"俩人于是把发生的事说了一遍。艾布·嘎希姆听完之后说:"是啊! 你们俩都依赖另外一个人去付苹果钱,而卖苹果的人又羞于向你俩要,只是希望不要有人再次赊苹果。我就是你们还钱的一个因素,我从你俩身上看到了那一切。"就是这个艾布·嘎希姆·穆纳迪,每天都去市场,只要他手中有半个迪尔汗的东西,他都会卖掉,用以施舍,然后回家继续他的心灵功修。

哈拉智说:"真主一旦占据一个人的心,就把他所有的机密放置其中,于是此人因此知晓真主的秘密。"

有人被问及洞察,他说:"那是在天界走动的苏菲的纯洁的灵魂①,它领悟了一些玄秘的含义,它以见证的口吻谈及创造的秘密而不是依照猜测或想象。"

宰克里雅·舍合台尼②和一个女人有暧昧关系,他后来为之忏悔,成为艾布·奥斯曼·哈伊尔的"穆勒德"(求道的学生)。有一天,当他站在导师面前时,他竟然想起了和那个女人之间的事情。艾布·奥斯曼对他说:"你不为你的想法而害羞吗?"

伊玛目古筛勒说:"我去艾布·阿里·丹嘎格长老那里学习不

---

①　沉醉于赞主、仰视真主之美的人,他们以心中之光看到真主"麦莱库提"世界里的景象。——译者

②　舍合台尼:距奈萨布尔很近的一个城市。

久，他让我来'麦图莱兹'清真寺①举办讲座。讲座还没开始，我因
为一件事要去尼撒，就请求他允许我，他同意了。当时我和他一起
走在前往讲座的路上，正走着的时候，我心里突然冒出一个想法：234
但愿他能替我完成讲座。他旋即看了我一眼说：'你不在的这段时
间，我会替你完成讲座的。'刚往前走了几步，我又想起来他现在还
在生病，对他来说，每周要替我两天是困难的，但愿他能减至每周
一天。他又看了我一眼说：'如果我不能一周替你两天的话，我就
替你一天。'我和他又向前走了几步，我又有第三个想法，他看看
我，说的和我想的一模一样。"

谢赫·卡尔玛尼洞察力惊人，从不出错。他说："不注视非法
且能控制住自己的欲望、坚持自检、修身养性、追随圣道、习惯于享
受合法食物的人，他的洞察力不会出错。"

有人问艾布·侯赛因·努尔："洞察者的敏锐从何而来？"他
答："从真主的这句话来：'我把我的精神吹进他的体内。'（石谷章：
第29节）幸运的拥有那一道光亮的人，他是完美的，他的见识是坚
实的，他的洞察是真实的。你没有看到吗，真主怎样责成天使向被
吹入精神的人叩头：'当我把他塑成，而把我的精神吹向他的塑像
的时候，你们应当对他俯首叩头。'"（石谷章：第29节）

艾布·阿里·丹嘎格说："艾布·侯赛因·努尔的这番关于吹
入精神的话有一些含混和模糊，他的话不是对声称'灵魂是无始
的'的说法的迎合和肯定，也没有向心智低弱的人说明其中的道
理。正确的认识应该是：真主吹入的精神不是无始的，而是新生

---

①　在奈萨布尔辖区内。

的。因为它与人的肉体之间有一个连接和分离的过程,即它是受到影响和变化的,这就是'新生'的特征。真主专使信士具备光亮和明鉴,以使他们洞察。而明鉴和光亮实质上是认知,它和穆圣的'他以真主之光而视'里面的含义是一致的,即真主特赐一些人知识和明鉴。知识和明鉴被称作光亮而不是'奇巧之术',这一层意思和吹入精神并不相悖,吹入的对象应该是人。"

235　　　哈拉智说:"洞察者能在第一时间作出判断,而不需要分析、猜测、想象之类的媒介。"①

有人说:"'穆勒德'的猜测会变成现实,而'阿勒夫'的洞察会变成真实。"

艾哈迈德·本·阿绥木说:"如果你们与诚实人同坐,你们就当诚实,他们是心的监察者,他们能进入和离开你们的心,而你们却不知晓。"

艾布·杰尔法·罕达德说:"洞察是第一瞬间无疑惑的思绪,如果伴有疑惑或不确定,那就是个人的想法与心语。"

据传述,艾布·阿布顿拉·拉齐说:"伊本·阿巴勒给了我一件衣服,之后,我看到戴里夫·舍布里头戴一顶精致的帽子,非常适合伊本·阿巴勒送给我的那件衣服,我希望那顶帽子也能属于我。舍布里起身离开后,我就跟在他的后面。他有个习惯,如果我在后面跟着他,他会掉头看我。他走进家之后,我也跟着进去了。他对我说:'把那件衣服脱掉。'我只好把衣服脱下来,他把我脱下

---

① 洞察是真主以天性的方式植入一个人的内心的,它是信仰完美的结果,而不是勤奋努力的结果。

的衣服揉成一团，又把他的帽子掷在上面，之后吩咐仆人把火拿来，把衣服和帽子都烧了。"[1]

艾布·哈福赛·奈萨布尔说："任何人不要鼓吹洞察，但是应该防备他人的洞察，因为穆圣曾经说过：'你们应当提防信士的洞察。'应当提防洞察的人，怎么可以妄谈洞察呢？"

艾哈迈德·本·麦斯鲁格说："我看到一位生病的苏菲长老，心生怜悯，遂把他邀请到家。他来了之后，我看到他衣衫褴褛，我就心想：这样的长老有什么过人之处呢？他旋即说：'艾哈迈德呀，丢开你那些肮脏的想法，真主的确有隐藏的恩惠。'"

宰比迪说："我曾经和一帮苏菲在巴格达的一个清真寺里，好几天我们都没吃东西，我就去易卜拉欣·海瓦斯那里，想跟他要点吃的。他看到我之后说：'你来求我帮助解决困难，真主知道还是不知道？'我答：'真主知道。'于是他说：'那么你要沉默，不要对人说。'我只好回去，刚过了一会儿，我们就有吃的了，而且多得吃不完。"[2]

赛海利·本·阿布顿拉有一天在清真寺里，看到一只鸽子由于炎热和劳累跌落下来。于是，他说："谢赫·卡尔玛尼将在一个时辰后因真主的意欲归真。"众人记了下来，后来果如他所说的那样。

---

　　① 戴里夫·舍布里这样做是保护艾布·阿布顿拉的宗教，因为执着于服饰的修道者，是不会成功的。据传述，艾哈迈德·本·艾比·哈瓦勒把所有的书都扔进海里，说："我研读你是为了认知真主，我认知了真主之后，就不再需要你了。"据说，伊玛目艾哈迈德·本·罕百里也曾埋过书。其目的都是使自己重视目的，而不是媒介。——译者

　　② 既然真主知道你来的目的，也就知道你们的困难，那么，真主会解决你们的困难的。——译者

　　艾布·阿布顿拉·土鲁安迪前往图斯——那时他正是声誉卓著的学者,到达姆鲁后,他对一个弟子说:"你去买些食物。"弟子只买了足够两个人吃的食物。艾布·阿布顿拉又说:"你再去多买点。"弟子只好再次出去,他故意买了够十多个人吃的食物,好像他并未把长老的话当真。艾布·阿布顿拉和弟子背着食物来到山顶,弟子赫然发现十几个人,他们被贼人绑住了,已经好几天没吃东西了。一见到俩人过来,这帮人都气喘吁吁地要吃的。艾布·阿布顿拉对弟子说:"快把食物分给他们。"①

　　伊玛目古筛勒说:"有一天,我去导师艾布·阿里·丹嘎格那里,后来说到艾布·阿卜杜·拉赫曼长老,传闻说他对穷人多有照顾。我的导师依照往常说了一些关于艾布·阿卜杜·拉赫曼的话,好像对关于艾布·阿卜杜·拉赫曼的传闻不置可否,那天如果他闭口不说就更好了。他对我说:'你现在去他那里,你会发现他坐在他的书房里,在他的书桌中间有一个四方形的、红色的书,里面有哈拉智的诗句,你把那本书拿过来,什么都不要跟他说,然后你到我这里来。'当时已是中午,我来到艾布·阿布杜·拉赫曼的家,正如我的导师所说,他就在他的书房里,那本书正在书桌的中间放着。我坐下来后,艾布·阿卜杜·拉赫曼开始说话,他说:'有一个人否认一个学者传闻中的行为。据说,有一天,他一个人在家的时候,他像入迷的人那样转起来,有人问他怎么回事,他说:"一个问题困扰了我很久,我终于想通了其中的含义,我无法抑制我的

———————————

　　①　艾布·阿布顿拉知道这些被绑的人的状况,知道他们饥饿难耐。这就是洞察。——译者

快乐，只有使自己转起来。"那人就对他说："这和他们的情况一样。"'我想到我的导师给我的描述，又想到艾布·阿卜杜·拉赫曼长老刚才的话，我踌躇了，我心想：我该怎么办呢？我想了又想，觉得该说实话。我就对艾布·阿卜杜·拉赫曼长老说：'我的导师艾布·阿里给我描述了你的这本书的状况，让我不经您的许可给他拿过去。我害怕您，又不能违背他，您说我该怎么办呢？'艾布·阿卜杜·拉赫曼长老从那本书中抽出有哈拉智诗句的那一张递给我，对我说：'你把这个拿给他，对他说我正在看那本书，我要把其中的诗句转引到我的书中。'我接过那张纸就出去了。"[1]

据哈桑·罕达德传述，他说："我曾经在艾布·嘎希姆·穆纳迪那里，他那儿有一帮穷人。他对我说：'你去给他们带点吃的东西过来。'我很高兴他让我为穷人做些事，而他知道我也是个穷人。我背了个筐就出去了，当我走到一条商道的时候，看到一位衣着华丽的老人，我向他问候之后，对他说：'在某个地方有一帮穷人，你能给他们一些东西吃吗？'老人遂命他的仆人给我拿来了一些肉、干粮和葡萄。我背着这些东西就返回了。当我来到艾布·嘎希姆的家门口时，他从门里喊我，让我把拿的所有东西送回原处。我只好返回原处，向那位老人表示歉意，并对他说：'等我走回去时那帮穷人不见了，或许他们去了其他地方。'说完我把食物还给了那位老人。之后我去了市场，我用挣的钱买了一些食物，当我背着食物到门口时，艾布·嘎希姆在门里说：'进来吧！'我把发生的经历讲给他听，他说：'是啊，我知道他是一位爱施舍的权贵。如果你要帮

---

① 　两位长老都洞悉对方的想法，作为学生的伊玛目古筛勒倒是很为难。——译者

助穷人，就依照现在的做法，而不是前面的那种。'"

艾布·侯赛因·盖扎菲说："我去探望艾布·海伊尔·台纳提①，当我向他告别时，他出来送我，一直走到清真寺的门口。他对我说：'艾布·侯赛因啊！我知道你身上没带钱，你把这两个苹果拿上吧。'我接过苹果放进我的口袋。我一直赶路，三天没吃任何东西，饥饿难耐之下，我拿出口袋里的一个苹果吃了。吃完一个之后，我想接着吃第二个，手伸进口袋里，里面竟然还是两个苹果，就这样我吃掉第二个苹果，口袋里依然还有两个苹果。我到达穆苏里②城门口时，心想：这两个苹果损害了我对真主的托靠，因为它俩已变成了我身上拥有的东西。我从口袋里掏出两个苹果正准备扔掉之时，看到一个风尘仆仆的穷人，他对我说：'我想吃苹果。'于是我把两个苹果都给了他。走了一段路后，我才恍然大悟，艾布·海伊里长老是要把这两个苹果送给那个人的，而我只是苹果一路上的同伴而已。当我转脸向那人望去时，他已不见踪影。"③

祝奈德的一个弟子，有一次在祝奈德面前谈论人内心的想法，祝奈德就问他："你说的这些是什么呢？"那位弟子对祝奈德说："你随便想一件事情。"祝奈德说："好，我想了。"弟子对他说："你心里想的是如此如此。"祝奈德说："不是。"弟子又说："你再想一次。"祝奈德照他说的做了。弟子对他说："你想的如此如此。"祝奈德说：

---

①　艾布·海伊尔·台纳提（卒于伊历347年，一说349年），学者。经常入迷进入状态，有一些克拉玛提，马格里布人。——译者

②　伊拉克的一个城市。

③　传述说明艾布·海伊尔已经洞悉穆苏里城的那个穷人的心思，但他不在本地，这时艾布·侯赛因说他要去这个地方，艾布·海伊尔就让他带上，但没有给说明，而是让他自己体味。——译者

"不是。"弟子又说："你再想一次。"祝奈德又照他说的做了。弟子说："这的确是一件令人惊奇的事，你是非常诚实的，我了解我的心。"祝奈德对他说："你第一次、第二次和第三次都说对了，但我想测试你一下：你的心是在改变的吗？"

易卜拉欣·然给病了，有人给他送来了药，他接过药说："今天在麦加发生了一件事，我不吃，也不喝，直到我知道在那里发生了什么。"过了几天，消息传来，古尔塔巴率领他的军队那天冲进麦加，杀了很多人。①

据艾奈斯·本·马立克传述，他说："有一次，我去见奥斯曼（愿主喜悦他）。在路上看到一个漂亮女人，我便禁不住多看了几眼。见到奥斯曼之后，他说：'我看到你的眼中有"奸淫"的迹象。'于是我就问他：'难道是真主在穆圣之后启示了你不成？他说：'不，只是观察、明鉴和真实的洞察。'"

艾哈迈德·海扎兹说："我在麦地那的圣寺里看到一个苏菲，身上的衣服有两个洞，在向人乞讨。我心想：这种人是人们的负担。他看了看我说：'你们要知道，真主是知道你们内心的，你们当提防他。'（黄牛章：第235节）我暗自地向真主求饶。那人又说：'他接受仆人的忏悔，饶恕他们的过错。'"（协商章：第25节）

据传，易卜拉欣·海瓦斯说："我曾经在巴格达的一个清真寺和我一起的是一帮苏菲。这时，一个面容英俊、气味芳香、长发飘飘的年轻人走过来。我对一起的人说：'我认为他是个犹太人。'他

---

①　圣门弟子泰勒哈的儿子阿布顿拉率领支持者据守麦加，不向穆阿维叶效忠，穆阿维叶的军队后攻克麦加。传述应该指的是这一事件。——译者

们全都不能接受。之后我和那个美青年都出去了，然后他又一个人回来了。他问那些人：'刚才那个老人说了我什么？'那些人都羞于回答。年轻人一再央求，有人对他说：'他说你是个犹太徒。'年轻人来到我跟前，紧紧抓住我的手，皈依了伊斯兰。有人问他其中原因，年轻人说：'我在我们的一部经典里看到，至诚的人，他的洞察力不会出错。我决定测试一下穆斯林，然后我仔细地观察他们，心想：如果有至诚的人的话，应该在这一群人里面，因为他们会诵念真主的语言。我就这样穿上他们常穿的衣服，当他（易卜拉欣·海瓦斯）看到我之后，他彻底看穿了我，于是我认识到，他就是至诚的人。'年轻人后来成为一位苏菲大师。"

艾哈迈德·祝莱勒问："你们中有这样的人吗？如果真主想在他的天界里发生一件事，他在发生之前使一个人知道。"有人回答说："我们中没有这样的人。"艾哈迈德说："你们为在真主那里什么也发现不到的心哭泣吧。"

艾布·穆萨·戴莱米说："我向阿卜杜·拉赫曼·本·叶哈雅询问什么是托靠，他说：'如果你把你的手伸进蟒蛇的嘴里，直至手腕，而你由于真主而不感到丝毫的惧怕，这就是托靠。'听完他的解释之后，我又去艾布·耶齐德（比斯塔米）那里问关于托靠。我敲他的门，他在门里说：'阿卜杜·拉赫曼的回答不能使你满足吗？'我说：'请你开门。'他说：'你不是来探望我的[①]，我只能在门后头给你说答案。'他始终没有为我开门，我只好悻悻离开。一年之后我又去他家，他说：'欢迎你，你这次是来探望我的。'我在他那里住

---

① 　意即你不是来探望我的，而是来问我问题的。——译者

了一个月,在这期间,只要我心里有什么念头,在我未开口之前,他总能准确地告诉我想的是什么。在分别时,我说:'能否赠以良言?'他说:'我的母亲曾给我讲,她怀我时,如果送给她的是合法的食物,她就伸手去取,如果食物有怀疑,她就缩回她的手。'"①

易卜拉欣·海瓦斯说:"我踏上行程,经历了很大的磨难。我来到麦加时,心中有些得意。突然,一个老妇人喊我:'易卜拉欣啊,我与你同路,但我没有和你说话,因为我不想打扰你,丢开你刚才不适宜的想法吧。'"②

据传,阿里·本·艾比·伯克尔·费尔干纳③每年都要去朝觐,他经过奈萨布尔时,没有去探望艾布·奥斯曼·哈伊尔。他说:"有一次我去见他,向他问候,但他并没有回复问候。我心想:一个穆斯林来拜访他,给他问候,他竟然不回答。艾布·奥斯曼则径直说:'这样的人也配朝觐吗? 他撇下自己的母亲不尽孝道。'听了他的话,我径直返回家中,尽心照料我的母亲,直到她去世。后来,我又一次来见艾布·奥斯曼,他看到我之后,热情地迎住,让我坐下。之后我就一直陪伴他,直到他去世。"

---

① 鼓励艾布·穆萨·戴莱米吃合法的食物,合法食物纯洁人的心,使人洞见秘密。——译者
② 易卜拉欣·海瓦斯为自己的忍耐和"状态"感到骄傲,老妇人洞察了他的骄傲,提醒他不要这样。并说她与易卜拉欣同路,有同样的经历,但她并没有因此骄傲。她与易卜拉欣之间是有障碍的,易卜拉欣看不到她,倘若她开口说话,必定易卜拉欣的心态。苏菲远行并遭受路途上的磨难,是修道的过程,也是进入"状态"的媒介。——译者
③ 阿里·本·艾比·伯克尔·费尔干纳(卒于伊历331年),别名艾布·伯克尔,苏菲长老。——译者

海伊尔·奈萨吉①说:"有一次我正在家里坐着,突然心里一动:祝奈德应该在门口。随即我又否定了这念头,但这一念头再三在我的心中涌起,于是我走出家门,祝奈德赫然站立在门口。他看见我说:'你为什么不在第一次念头时出来呢?'"

穆罕默德·本·侯赛因·比斯塔米说:"我去见艾布·奥斯曼·麦格里布。心想:或许他想要我的什么东西。艾布·奥斯曼一见我就说:'如果我拿了人们某一东西,他们一定不会善罢甘休,他们定会加倍要回。'"

一个苏菲说:"有一次我在巴格达,突然冒出这样一个念头:阿布顿拉·穆尔台阿什会给我拿来十五个迪尔汗,让我用于购买水袋和鞋,以备旅途所需。正在这时有人敲门,我打开门,门外赫然是阿布顿拉·穆尔台阿什,他手里拿着一个钱袋,对我说:'这个你拿去。'我对他说:'我的朋友,我不想拿。'他说:'你为什么要为难我呢?你想要多少呢?'我答:'十五枚迪尔汗足矣。'他说:'这正是十五枚迪尔汗。'"

一个人说:"经文'一个人原是死的,但我使他复活'(牲畜章:第122节)中的死亡是指思维的死亡,真主以洞察之光使他复活,使他拥有显现和见证之光,而不像有些人昏昏噩噩,浑然不觉。"

有人说:"洞察正确的体现在于,人因此升高到见证。"

241　　艾哈迈德·本·麦斯鲁格说:"有一个老人来到我们中间,给我们讲关于洞察之类的东西。他语言流畅,声音甜美,有条有理。

---

① 海伊尔·奈萨吉(卒于伊历322年),别名艾布·哈桑,著名苏菲,专注于苦行,巴格达人。——译者

他在谈话时说:'不管你们有什么样的想法你们都告诉我。'我当时心想:他是个犹太徒。这个想法很强烈,没有消失的势头。我把这个想法说给了艾哈迈德·祝莱勒。他感到非常惊奇,你何以有如此的想法! 我说:'我一定要告诉给那个老人。'我遂对老人说:'你给我们说,让我们把想法都告诉你。我的第一个念头就是你是犹太徒。'他低下头,沉默不语,之后抬起头。他说:'你说对了,我作证万物非主,唯有真主。我作证穆罕默德是真主的使者。'之后他说:'我接触了所有的宗教,我对自己说:"如果哪一宗教的信徒中有真实的验证,我就跟随他们。就这样,我和你们混在一起,以测验你们,你们的确是跟随真理的。"'"

祝奈德传述,赛勒·塞格特曾对他说:"你要劝喻人们。"祝奈德说:"我羞于劝喻人们,我认为自己不够资格,因此一度轻视自己。有一天夜里,我在梦中看到穆圣,那是聚礼日的夜里。穆圣对我说:'劝喻人们!'我一下子惊醒了,天还未亮,我就到了赛勒·塞格特的家,我用力敲他的门,他一见我就说:'为什么听到有人说才相信我呢? 你明天就在清真寺为众人宣讲吧。'"就这样,祝奈德要为众人宣讲的消息不胫而走。

一个化过妆的基督教青年人站在祝奈德的面前,对他说:"长老啊!'你们当提防信士的洞察,信士以真主之光而视。'这段圣训是什么意思呢?"祝奈德低头沉思,之后抬头说:"你皈信伊斯兰吧,你皈信的时刻到了。"那个年轻人马上就皈信了。

33. 品德(胡鲁格,Khuluq)

真主说:"你确是具备一种伟大的品格。"(笔章:第 4 节)

　　艾奈斯·本·马立克传述,有人问穆圣:"什么信士的信仰最优越?"穆圣说:"你们中品德最好的人。"[1]

　　良好的品德胜于一个人的副功。良好的品德是男人最有价值的内涵的体现,一个人因品德被隐藏,因品德被见证。

242　　我的导师艾布·阿里·丹嘎格(愿真主仁慈他)说:"真主确使穆罕默德圣人异于常人,之后又因为他的品德给予他任何人不曾有过的赞美。他说:'你确是具备一种伟大的品格。'"

　　穆罕默德·瓦西特说:"真主以'伟大的品格'来描述穆圣,是因为穆圣心系人神两界,只以真主为满足。"

　　又说:"由于对真主深邃的认知,'伟大的品格'不制人,也不为人所制。"

　　哈拉智说:"美德是在你确知真主以后,他人的无礼不会影响你。"

　　艾哈迈德·海扎兹说:"美德是除真主之外别无他念。"

　　穆罕默德·凯塔尼说:"苏菲是美德,谁增加了美德,谁就增加了'泰算悟夫'(苏菲修行)。"

　　据传,伊本·欧麦尔(哈里发欧麦尔之子)说:"如果你们听到我对一个奴隶说:'愿真主羞辱你。'你们作证,他自由了。"[2]

　　法迪里·本·安雅德说:"倘若一个人做了所有的善行,但他却恶劣地对待他的一只鸡,那么他不是一个行善者。"

　　据说,伊本·欧麦尔如果看到他的一个奴隶恭敬地做礼拜,就

---

[1]　《伊本·马哲圣训集》记载,艾奈斯·马立克传述。

[2]　意即如果他对奴隶出言不逊,就把奴隶释放,作为不敬的代价。——译者

会释放他。其他奴隶渐渐了解伊本·欧麦尔的这一想法,便假装恭敬地做礼拜,伊本·欧麦尔还是把他们都释放了。有人告诉了他这件事,他说:"谁为真主而欺骗我们,我们就乐于让他欺骗。"

哈勒斯·穆哈西比说:"我们丢失了三件事物:践约时的兄弟情谊;守信时的善言;宽宏时的微笑。"

阿布顿拉·本·穆罕默德·拉齐说:"美德就是看轻你曾有的顺从;看重在真主那里的地位。"

有人问艾哈奈夫·本·盖斯①:"你跟谁学的美德?"答曰:"从盖斯·本·阿绥木那里。"又问:"他的品德达到什么境界?"答曰:"有一次他坐在家中时,一个女仆端着铁板烤肉过来,铁板失手掉下来,正巧砸在他的小儿子的头上,竟然把小儿子砸死了。女仆惊恐万状,盖斯·本·阿绥木对她说:'不要害怕,你自由了,我为真主的喜悦释放你。'

谢赫·卡尔玛尼说:"美德的标志是不去伤害人与承受伤害。"

穆圣说:"你们用金钱绝不能取得人们的喜悦,但你们可以用笑容和美德。"②

有人问左农:"什么样的人烦恼最多?"答曰:"品德最差的人。"

沃海布·本·穆南伯海说:"只要一个人模仿一种品德四十天,真主就会使那一品德成为他的本性。"

哈桑·巴士拉说:"经文'清洁你的衣服'(盖被的人:第4节)的意思,就是改善你的品德。"

---

① 艾哈奈夫·本·盖斯(卒于伊历67年)全名艾哈奈夫·本·盖斯·本·穆阿维叶·本·哈斯尼,圣门弟子,部落长老,学者。——译者

② 比扎尔、艾布·奈尔姆、哈克目、伯伊海格均有记载,艾布·胡莱勒传述。

有一个苏菲,他有一只羊,他看到这只羊只有三条腿,就问是谁干的,一个仆人说是他干的。苏菲就问他为什么这样做,仆人直接回答说:"为了使你伤心。"苏菲说:"我不为羊的遭遇而伤心,我只是为你的所作所为而伤心。你走吧,你现在自由了。"

有人问易卜拉欣·本·艾德海木:"你在这个尘世中快乐过吗?"答曰:"是的,但仅两次而已:一次是:有一天,我正坐着,一个人过来尿在我的身上;另外一次是:我正坐着,一个人过来打了我一耳光。"①

据说,乌沃斯·盖尔尼②如果遇到小孩向他掷石子,便会说:"如果你们必须用石子掷我的话,请用小石子,这样不会打伤我的腿,否则我就不能站着礼拜了。"

244 　　一个人追着艾哈奈夫·本·盖斯破口大骂。快接近村口时,艾哈奈夫对他说:"年轻人啊! 如果你还没有解气,没有骂够的话,请你小点声,不要让我村里的混账人听见。否则他们会打你的。"

有人问哈提木·艾塞姆:"每个人都有可能伤害另外一个人吗?"答曰:"是的,除了他自己之外。"

据传,哈里发阿里(愿主喜悦他)使唤一个仆人,仆人不理不睬,阿里又喊了二三次,仆人依然不作声。阿里于是向他走过去,那仆人却更加放肆了,竟然躺下了。阿里说:"哎,你没听到我喊你吗?"仆人说:"我听见了。"阿里遂问道:"那你为什么不回答我呢?"

---

① 这是易卜拉欣·本·艾德海木克制愤怒的表现,他因成功地克制了愤怒而感到快乐。——校对者

② 乌沃斯·盖尔尼(卒于伊历 37 年),最有影响和地位的再传弟子之一,出生于也门,后迁往库法,全力支持阿里。——译者

仆人就说："你没有惩罚过我们，我们就变懒了。"阿里说："你走吧，你现在自由了，我为取真主的喜悦而释放你。"

麦阿鲁夫·克尔赫到底格里斯河边洗小净，他把《古兰经》和衣服放在一边。这时来了一个妇人，拿起《古兰经》和衣服就跑，麦阿鲁夫跟在她后面说："大姐啊！我是麦阿鲁夫·克尔赫，不会伤害你的。你有儿子会读《古兰经》吗?"妇人答："没有。"又问："那你丈夫呢?"答曰："也不会读。"麦阿鲁夫说："那你把《古兰经》还给我，把衣服拿走吧。"

有个人大摇大摆地进入艾布·阿卜杜·拉赫曼长老的家，把看到的东西能拿走的全拿走了。长老说："我经过市场时看到我的长袍正被叫卖，我赶紧避开了，再没多看一眼。"

艾哈迈德·祝莱勒说："我去圣城麦加朝觐，回来后先去探望祝奈德，以免他来看我而劳累。我见了他之后给他道了色兰，之后我就回家了。早上在清真寺做晨礼时，发现他就在我后面的一排站着。我对他说：'我昨天之所以先去看你，就是不想劳烦你过来。'祝奈德说：'你来看我是你的美意，我来看你是应该的。'"

有人问艾布·哈夫赛什么是美德，他说："美德就是真主在经文里为穆圣所选择的事项：'你要原谅，要劝导，要避开愚人。'"（高处章，第 199 节）

有人说："美德就是你要接近众人，但在人们之间又是陌生的。"①

---

① 与众人保持好的交往，以众人所喜爱的与他们交往，但内心又与他们不同，这就是所说的陌生。——译者

有人说:"美德是不吵闹地、平静地接受他人不好的表现和真主的判决。"

艾布·宰尔·安法尔拿一个水瓶给他的骆驼喂水,这时一个人快速飞跑过来,把水瓶撞到地上,结果水瓶碎了。艾布·宰尔·安法尔坐在地上,然后又躺下。有人问他为什么这样做,他说:"是穆圣让我们这样做的,如果一个人生气了,就坐下来,怒气就会消失;如果怒气仍不能消失,就躺下来。"

据说在《新约》中有这样的话:"三种品德只有在三种情况下才可以确定:发怒时的宽容、战争时的勇敢和患难时的兄弟。"

穆萨圣人说:"我的主啊,我向你祈求,不要让人们议论我没有的品德。"真主启示他说:"你还没有为我做那些,我怎么为你做呢?"

叶哈雅·本·宰雅德有一个桀骜不驯的仆人,有人问他为什么一直留下他。他说:"为了以他而学习宽容。"①

有人说:"经文'他博施你们表里的恩惠'(鲁格曼章:第 20 节)中的'表面'指的是人类外表的平等,内里指的是品德的纯洁。"

法迪里·本·安雅德说:"我宁愿让一个品德好的恶人陪伴我,也不愿让一个品德差的'阿比德'(拜主之人)陪伴我。"

246　　有人说:"美德就是以好的忍耐承受不幸。"

据传,易卜拉欣·本·艾德海木走在一个荒野里,迎面走来一个士兵。士兵问他:"哪里有住家?"易卜拉欣指了指附近的坟

---

① 意即为什么留下他,继续使用他,而不卖掉或者释放掉,而使用他会有许多麻烦和不愉快。——校对者

墓①，士兵很生气，就打了他的头。士兵往前走了一阵，有人对他说，刚才那人是呼罗珊的苦行者易卜拉欣·本·艾德海木。士兵慌忙赶过来向易卜拉欣·本·艾德海木道歉。易卜拉欣说："当你打我时，我向真主为你祈祷了天堂。"士兵问："为什么呢？"易卜拉欣说："我因你而得到了奖赏（指因忍耐而得到真主的赏赐），我从你那里得到了好处，我怎么好意思你从我这里一无所得呢？"

据传，一个人邀请赛尔德·本·伊斯玛仪吃饭，当赛尔德来到那人家门口时，那人说："老师啊，现在还不是你进来的时候，我现在后悔请你了。"赛尔德只好转身离开。他刚回到家，那人又过来了，对赛尔德说："老师啊，我后悔没有让你进去，我现在向你道歉，你一个时辰后一定到我家。"一个时辰后赛尔德起身赴约，当来到那个人的家门口时，那个人又说了和第一次一样的话，之后那人又如此三番地折腾了三次，而赛尔德就这样在他家和那人的家之间来来往往走个不停。好几次之后，那人对赛尔德说："老师啊，我只想考验你一下。"然后开始向赛尔德道歉，并极尽赞美之词。而赛尔德却说："你不要赞美我像狗一样的品德了。狗就是这样，如果你叫它，它就过来；如果你呵斥它，它就走开。"

据说，赛尔德有一次在炎热的中午经过一条街，有人把一篮子沙子扔到他身上，随行的弟子很生气，就大声呵斥扔沙子的人。赛尔德说："你们什么都不要说了，一个应该被投掷到火狱里的人，现在都被减轻到投掷沙子，他没有理由生气。"

一个穷人住在杰尔法·本·罕祖莱那里，杰尔法无微不至地

---

① 坟墓是后世里的第一个住所。——译者

招待他，服侍他。穷人说："如果你不是个犹太人就太好了。"杰尔法说："你在接受我的服侍时，不要攻击我的信仰，为你自己祈求饶恕，为我祈求指引吧。"

　　艾布·阿布顿拉是一个裁缝，他有个拜火教的主顾，艾布·阿布顿拉给他做衣服，那人却一直付的是假币，艾布·阿布顿拉每次都佯装不知，若无其事地把假币收下。有一天，艾布·阿布顿拉因事外出，那位拜火教主顾又来了，把假币付给艾布·阿布顿拉的一个工人，工人发现是假币后拒收，那人只好付了真币，取上衣服走了。艾布·阿布顿拉回来之后，就问工人，那个主顾的衣服哪去了，工人把经过叙述了一遍。艾布·阿布顿拉听完后说："你做的真不好，他一年以来一直都是这样，而我一直都忍着。我把他付的假币都扔到井里，以免坑害到其他人。"

　　有人说："恶劣的品德会使人心胸狭窄，因为他的心只容纳利己的事情。就像一个狭窄的空间，他不能够容纳过多的东西。"

　　有人说："美德是他人和你站在同一排时，你脸色不变。"①

　　有人说："劣德就是你的眼光关注你之外的恶人。"

　　有人问穆圣沮丧，穆圣说："那是劣德。"

　　艾布·胡莱勒传述，他对穆圣说："真主的使者啊！你给多神教徒做惩罚他们的祈祷吧。"穆圣说："真主派遣我只是为了仁慈众生，而不是惩罚他们。"②

---

①　地位在自己之上和之下的所有人，即保持不亢不卑的态度。——译者
②　《穆斯林圣训集》记载，艾布·胡莱勒传述。

34. 慷慨（朱迪与赛哈，Jud，Sakha）

真主说："他们虽有急需，也愿把自己所有的让给那些教胞。"（放逐者章：第 9 节）

阿依莎传述，穆圣说："慷慨者接近真主、接近众人、接近天堂、远离火狱；吝啬的人远离真主、远离众人、远离天堂、接近火狱。慷慨的愚人强于吝啬的拜主者。"①

艾布·阿里·丹嘎格认为，"赛哈"与"朱迪"（均为慷慨）是没有区别的。但真主没有以"赛哈"被描述，因为"赛哈"会有某些时期停顿，而真主的慷慨却没有停顿。"朱迪"的含义是为别人付出并不为难。

"赛哈"在一些人看来是最低一级的慷慨，其次是"朱迪"，再次 248 是"伊撒尔"（舍己为人）。给别人一部分，给自己留一部分的人是属于"赛哈"；给别人施舍一大部分，给自己留一小部分的人，是属于"朱迪"；而只为自己保留生活所需，其余全部施舍的人属于"伊撒尔"。

我听老师艾布·阿里·丹嘎格说，艾斯玛·本·哈勒杰②说："我不喜欢拒绝任何一个有求于我的人，如果他是一个富有的人，我的行为保全了他的名声；如果他是一个可憎的人，则保全了自己的名声。"

---

① 《提尔密兹圣训集》记载，阿依莎传述。伯伊海格的《信仰的分支》也有记载，贾比尔传述。塔布拉尼也有记载，阿依莎传述。

② 艾斯玛·本·哈勒杰：卒于伊历 66 年（公元 686 年）库法人，再传弟子，以慷慨而著称。

据说，穆万勒格·尔吉利①对待他的朋友极其慷慨，他把一千迪尔汗放在他们那里，对他们说："你们保存好，我回来时再取走。"走后不久，他让人带话给这些人说："那些钱属于你们了。"

一个来自蒙拜杰②地区的人碰见了一位来自麦地那的人，蒙拜杰人问麦地那人："你来自麦地那吗？你们那里一个叫哈克目·本·穆塔里布的人到我们这里，他使我们成为富有的人。"麦地那人说："怎么可能呢，他除了一件羊毛衣服（苏菲穿的毛衣）外一无所有。"蒙拜杰人说："他并不是以钱使我们富有，而是他教我们慷慨和高贵，我们这里的人在他来之后，互相拜访，就这样，我们成了富有的人。"

艾布·阿里·丹嘎格说："海里利·本·艾哈迈德③的一个仆人向哈里发告发一些人行苏菲之道，他认为这些人的行为是叛教，应当诛杀。哈里发遂决定处决这些苏菲。祝奈德因为从事法学而得以幸免，他当时是艾布·扫勒学派的法官。而什哈姆、勒嘎姆、艾布·侯赛因·努尔等其他人则被抓了起来，被判处死刑。行刑的皮垫子④摆放在他们面前，砍头之刑不可避免。艾布·侯赛因第一个走了出来，刽子手很惊奇地问他：'你为什么如此着急呢？

---

① 穆万勒格·尔吉利:别名艾布·穆阿太麦尔,再传弟子,伊玛目,传述过一些圣训,巴士拉人。——译者

② 叙利亚阿勒颇省的一个地区,位于阿勒颇的东北部。

③ 海里利·本·艾哈迈德(约718—791)阿拔斯王朝著名语言学家、巴士拉语言学派的创始人之一。阿拉伯音韵学的创始人,第一部字典的编纂者。他创造的静符、动符、长音、叠音等符号至今仍在使用,在阿拉伯语语法、语音、音律等多个领域做出了杰出的贡献。——译者

④ 砍头后,血流在皮垫子上,不会流在地上。——译者

你为什么提前站出来？'艾布·侯赛因说：'我想让我的兄弟多活一会儿。'刽子手愕然无语，他犹豫了，不知如何是好。后来他把这一事情报告给了哈里发。哈里发命法官重审，以更彻底地了解他们的情况。法官问了艾布·侯赛因几个法学问题，艾布·侯赛因全部回答正确，然后他对法官说：'真主确有一些仆人，如果他们站立，他们则为真主站立，如果他们发言，则为真主而言。'艾布·侯赛因还引用了一些经训证据，甚至把法官说哭了。法官给哈里发反映说：'如果这些人是不信教的人的话，那么大地上再没有穆斯林了。'"

阿里·本·法迪里在街区的小卖铺买了一些东西，一个人对他说："如果你去市场，你可以少花些钱。"阿里说："这些小卖铺开在我们街上，不就是想有利可图吗？"

据说，有人给杰布莱·本·苏哈姆赠送了个女仆，杰布莱当时正和他的朋友在一起。他说："你们今天都在这里，如果我一个人据为己有，那太不应该了。我不想把她送给你们中某一个人，你们人人都有份，但是这个女仆又无法分割。"当时在场的共有八十人，杰布莱后来给每个人赠送了一个女仆或男仆。

有一天，欧拜顿拉·本·艾布·伯克莱赶路时口渴了，便向一户人家求口水喝。家里的妇人把水壶从门后递出来，自己则站在门后。妇人说："你站一边，让你的随从把水接过去。我是一个阿拉伯妇女，我的仆人几天前死了①。"欧拜顿拉一行人喝完水后，他

---

① 妇人解释的原因是按照阿拉伯人的礼仪，妇人不宜出来给陌生人拿水，但家里没有人，她只好如此，以便不让人产生误解。——译者

对随从说:"给她一万迪尔汗。"妇人说:"赞主清净！你在嘲笑我吗?"欧拜顿拉说:"给她拿两万迪尔汗。"妇人说:"我祈求真主赐你健康！"欧拜顿拉说:"给她拿三万迪尔汗。"直到此时妇人才打开门,她说:"你不要说了。"随从把三万迪尔汗给她送去,她接受了。晚上还没到,向妇人求婚的人便络绎不绝。①

有人说:"'朱迪'是对第一个念头的响应。"②

艾布·哈桑·布什奈吉的弟子说,艾布·哈桑蹲在一个僻静的地方方便,他喊一个弟子过去,他对弟子说:"你把我的长袍脱下来,送给某人。"弟子说:"再忍耐一下,等你方便完了回来再脱不行吗?"艾布·哈桑说:"不行,我不能保证,等我方便完了,我施舍长衫的念头会不会改变。"

有人问盖斯·本·赛阿德·尔巴代③:"你见过比你更慷慨的人吗?"盖斯说:"是的。有一次,我们借宿在一个荒野人家,主妇先招待了我们,之后男的回来了,主妇对丈夫说家里来客人了,男人便牵出去一只骆驼宰了,说:'你们尽情地吃吧！'第二天,男主人又宰了一只骆驼,说'你们尽情地吃吧！'我们对他说:'昨天宰的那只骆驼,我们只吃了一点点。'男主人说:'我从不用过夜的肉招待客人。'因为一直下雨,我们就在他家住了三天,男的每天宰一只骆

250

---

① 欧拜顿拉是慷慨之人,他是真心要帮助她,而妇人认为是在嘲笑她,给别人一点水喝怎能接受如此多的钱呢,这不是阿拉伯妇女的行为。所以,欧拜顿拉一再给她,她一再拒绝,直到她认为欧拜顿拉是诚心的,她才接受。——译者

② 意念坚定的表现,也是人的慷慨之心坚定的体现。现实中有很多人在第一时间会产生恻隐之心,不一会儿就烟消云散了,慷慨的行动也化为乌有。——译者

③ 盖斯·本·赛阿德·尔巴代:圣门弟子,出生于慷慨世家,其父是著名圣门弟子赛阿德·尔巴代,深为穆圣喜爱。卒于穆阿维叶执政的末期。——译者

驼。我们离开时，男的不在家，我们留下了一百金币，以表谢意。我们对他妻子说：'这几天打扰了，现在我们告辞了。'中午时刻，我们已走出好远，突然听到后面有人喊我们：'可恶的赶路人啊！你们站住！你们竟然给我待客钱！'他追上我们之后，对我们说：'把你们的钱拿去，否则，我用箭射你们。'我们只好把钱收起来，那人转身离开，他吟道：'如果我接受你们的馈赠，我的待客之名何处寻。'"

艾哈迈德·本·阿塔·鲁兹巴勒①去他的一个弟子的家，发现弟子不在家，家里的门锁着。一个苏菲对此表示不屑：一个苏菲，竟然把家里的门锁上。他很生气地说："你们把锁砸了吧。"于是众人就把锁砸了，那人又让人把屋里所有的东西都拿走，拿到市场上卖掉。然后一帮人住在那个弟子空荡荡的家中。弟子回来后，什么都没有说，他的妻子在他之后进屋，她看到这番情况后，把身上的一个布袋扔在地上，说："各位兄弟，这也是我们家财产的一部分，你们也拿去卖了吧。"丈夫说："你为什么要这样呢？我们不就一无所有了吗？"他的妻子说："你闭嘴，这位长老如此信任我们，依赖我们，我们还有必要保留任何东西吗？"

拜舍尔·本·哈勒斯说："看吝啬的人一眼就能使你的心坚硬。"

据说，盖斯·本·赛阿德·尔巴代病了，他的朋友都不来探望他。于是他就询问原因。有人对他说："因为他们都有你的债务，他们羞于前来。"盖斯·本·赛阿德说："愿真主使阻止朋友们探望

---

①　艾哈迈德·本·阿塔·鲁兹巴勒(卒于伊历369年)，别名艾布·阿布顿拉，注重苦行和修炼，沙姆地区苏菲长老。传述过一些圣训，但其中有漏洞。——译者

的钱财蒙羞!"之后,他命一个人大声宣示:"欠有盖斯·本·赛阿德债务的人,他的债务免除了。"盖斯为了使更多的人看望他,不惜免除了所有人的债务。

有人对阿布顿拉·本·杰尔法说:"你在施舍时大把出钱,在讲话时谨言慎微。"他说:"我慷慨于金钱,吝啬于理智。"

据说,阿布顿拉·本·杰尔法出门远行,晚上借宿在一个椰枣园里,里面有一个在这儿干活的黑人青年。有人给他送来了食物,正在这时,一只狗跑过来,怯怯地接近青年,青年给他扔了一块饼子,狗不客气地吃了,青年又扔了两块,狗也接着吃了。阿布顿拉看着他说:"年轻人啊! 你今天的食物有多少?"青年说:"你没有看到吗? 就三块饼子。"阿布顿拉说:"那你为什么还要喂这只狗呢?"青年说:"这个地方也是属于狗的,它饿着肚子从远远的地方跑来,我不忍心拒绝它。"阿布顿拉说:"那你今天怎么过呢?"青年说:"我今天就忍一忍。"阿布顿拉感慨地说:"还有比这更慷慨的吗? 这位青年比我慷慨得多!"阿布顿拉把黑人青年、庄园及其中的一切全都买下来,解除了青年的奴隶身份,并把庄园送给了他。

有一个人敲他朋友家的门,朋友出来之后,问他:"你来做什么?"那人说:"我来想借你四百迪尔汗。"朋友返身进屋,为他取了四百迪尔汗。那人走了之后,朋友哭着进屋,他的妻子说:"是不是因为借给了他钱你觉得难受?"朋友说:"我不是为此哭泣,我哭泣是因为我竟然没有关心过他的情况,直到他穷困到来我这里借钱。"

穆特莱夫·本·舍海尔[①]说："如果你们中有人有求于我,就让他给我写信说明,我的确不愿看到他脸上屈辱的表情。"

一个人想让阿布顿拉·本·阿拔斯难堪,他到这个地区的头面人物那里对他们说："阿布顿拉·本·阿拔斯说,今天宴请你们。"就这样,他带着很多人到阿布顿拉·本·阿拔斯的家,以至于院子里挤满了人。阿布顿拉·本·阿拔斯很惊奇,就问:"这是怎么回事?"有人把原因给他说了,他赶紧吩咐下人马上购买水果与食物,无声无息地化解了这一难堪。众人吃完饭走了之后,他问家里的仆人们:"每天都这样可以吗?"仆人们都说没意见,于是,他就说:"那就让这么多人每天在我们家吃吧。"

艾布·赛海利·赛阿鲁克有一天在家中的院子里洗小净,进来一个人,想要一些东西。艾布·赛海利左右环视,没有发现有什么东西可以给他,遂对他说:"你等一下,等我洗完小净再说。"他洗完小净之后,对那人说:"你把这个铜壶拿走吧。"那人拿上就走了。过了好一会儿,直到确信那人走远了。艾布·赛海利开始大声喊:"有人把铜壶拿走了!"家人赶紧出门追,追出好远也没追上。艾布·赛海利之所以这样做,是因为家人指责他施舍得太多了。

艾布·赛海利在一个冬天把他的长袍施舍给了一个人,他只好穿着妻子的长袍去给学生上课,因为他再也没有其他的长袍了。从波斯来了一个代表团,其中有各色人等,包括法学家、认主学家、语法学家等。军队将领艾布·哈桑命令他去迎接代表团,艾布·

---

① 穆特莱夫·本·舍海尔(卒于伊历 86 年),别名艾布·舍海尔,伊玛目,有地位的学者,巴士拉人,传述过一些圣训。——译者

252　赛海利在妻子的长袍外面套上他的披甲就走了。将军对他说："你穿着这样不伦不类的衣服，代表团会轻视我们的。"艾布·赛海利不以为然，他和代表团见面之后，在辩论中战胜了所有学科的学者。

阿布杜·拉赫曼·赛莱玛传述，艾布·赛海利从来没有用手给过任何一个人东西，而是放在地上就走，让需要的人自己去拣。他曾说："在我看来，尘世不值一提，不应当因此让一个人遭受伸手乞讨的耻辱。"因为穆圣说过："出手施舍强于伸手乞讨①。"

艾布·穆尔塞德是一个慷慨的人，一个诗人给他写了赞美诗，他对诗人说："我没东西可以给你，但你可以把我带到法官那里，声称我会给你一万迪尔汗。法官确认之后，会把我关起来，而我的家人是不会让我成为囚犯的。"诗人照他的话做了，艾布·穆尔塞得的家人为了让他尽快从监狱出来，很快给了诗人一万迪尔汗。

一个人向哈桑·本·阿里乞讨，哈桑给了他五千迪尔汗和五百第纳尔，对他说："你去找一个搬运工过来，把这些钱运走。"那人叫来一个搬运工。哈桑把他的斗篷又给了搬运工，说："这是你的工钱。"

一个妇女向莱伊斯·本·赛阿德索要一碟蜂蜜，莱伊斯让人给她送去一皮袋。有人问他为什么，他说："她只索要她需要的量，但我们应该以我们的经济能力而施舍。"

艾布·伊斯哈格说："我在库法的艾什阿斯清真寺里做了聚礼，我想找人借点钱。礼拜结束后，每个人面前都放有一套衣服和

---

① 　《穆斯林圣训集》记载，艾布·艾玛麦传述。《提尔密兹圣训集》也有记载。

一双鞋。我问这是怎么回事？有人说：'艾什阿斯从麦加回来，他让人把这些东西分给这个寺里的所有人。'"艾布·伊斯哈格说："我不是你们这个清真寺的人，我来这里想找人借点钱。"寺里的人说："来者有份。"

据说，伊玛目沙菲仪（愿真主喜悦他）临近死亡时，嘱托家人说："我死之后，你们让某人给我净身。"那人当时不在，闻讯赶来后，他让沙菲仪的家人把记事本拿出来。发现伊玛目沙菲仪欠别人七万迪尔汗的债务，就替沙菲仪偿还了这些债务，并说："我愿意为沙菲仪洗尸。"

有人说，伊玛目沙菲仪从萨那①回到麦加，身上带有一万第纳尔。有人对他说："你何不用这些钱买一个绝色的女仆？"结果沙菲仪在麦加郊外搭了一个帐篷，把金币倒在地上，每一个走进帐篷的人都可以拿走一枚金币。中午时分，一万第纳尔散尽！伊玛目沙菲仪站起来拍拍衣服，身上空空如也。

赛勒·塞格特出来做节日拜，迎面碰上一位大人物，赛勒·塞格特只说了问候语的一半，而且表情严肃，对方见状，只好勉强露出笑容。有人对他说："他可是一位大人物。"赛勒·塞格特说："我知道，但是依据可靠的传述，如果两个穆斯林相遇，一百个仁慈在他们两个之间分配，其中九十九份归笑容更灿烂的人，我原想让其中的大部分归于那位大人物。"②

哈里发阿里（愿真主喜悦他）有一天哭了，有人问他什么原因，

---

① 也门首都。
② 说明赛勒·塞格特具有慷慨之心，他想藉此把大部分报酬都归于对方。——译者

他说:"已经七天没有客人来我家了,我担心真主因此而轻视我。"

据传述,艾奈斯·本·马立克说:"家的天课就是把其中一间房专属于客人。"

有人说,经文"关于易卜拉欣的受优待的宾客的故事,已来临你了吗?"(播种者章:第24节)中,易卜拉欣圣人亲自款待客人。还有人说,尊贵者的客人也是尊贵的。

易卜拉欣·本·祝奈德说:"对于尊贵的人来说,如果他是领导,他应该做到以下四件事:在他的坐席上为他的父亲让座,为客人服务,为自己的导师服务,询问他不知晓的事情。

伊本·阿拔斯在解释经文"你们聚餐或分食,对于你们都是无罪的"(光明章:第61节)时说:"当时圣门弟子们如果没有客人同他们一起进餐,他们便局促不安,于是真主便许可他们那样做。"①

阿布顿拉·本·阿米尔款待一个人,极尽宾主之礼,但当客人离开时,仆人并没有给客人打招呼。有人对阿布顿拉·本·阿米尔说了此事,他说:"噢,我的仆人不介意哪位客人走了。"②

阿布顿拉·本·巴库③说:"著名诗人穆台南比④曾写过这样的诗句:

---

① 指圣门弟子十分好客,如果吃饭时没有客人,他们便觉得很不安。于是真主下降经文,安慰他们不必有心理负担。——译者

② 家人客人太多,来来往往,日久天长,仆人们就不介意哪位客人走了。说明主人是热情好客的人。——译者

③ 阿布顿拉·本·巴库(卒于伊历428年),全名穆罕默德·本·阿布顿拉·欧拜顿拉·巴库,别名艾布·阿布顿拉,伊玛目,圣训学家,苏菲长老,设拉子人。——译者

④ 穆台南比(公元915—965年)艾布·团伊布·艾哈迈德·本·侯赛因·穆台南比,库法人,阿拔斯时期著名诗人。

主人留客情切切，奈何客人去意决。"

阿布顿拉·本·穆巴拉克说："慷慨施舍于人，强于慷慨为己花费。"

一个人说：我在一个寒冷的冬天去见拜舍尔·本·哈勒斯，看见他没穿衣服，冻得瑟瑟发抖，就对他说："艾布·奈斯尔（拜舍尔·本·哈勒斯）呀，人们在这种天气都是加衣服，而你却脱去衣服，这是为什么呢?"他说："我想起许多穷人及他们在这种天气里所遭受的痛苦，我没有东西可帮助他们，于是我想和他们经历同样的寒冷。"

艾布·阿里·丹嘎格说："真正的慷慨不是富人给穷人施舍，而是穷人给富人施舍。"

35. 忌恨（额伊莱[①]，Ghayra）

真主说："你说，我的主只禁止一切明显的和隐微的丑事。"（高处章：第33节）

穆圣说："没有人比真主更憎恶丑事，因此他禁止一切明显的和隐微的丑事。"[②]

又说："真主的确是憎恶丑事的，信士也是憎恶丑事的，真主憎恶信士做他所禁止的丑事。"[③]

255

---

① "额伊莱"一词还有忌妒、义愤等意。出现在本小题中的内容包括以上各种意思，为了表达的一致性。译者取了与《古兰经》文和圣训中相一致的意思，即忌恨。——译者

② 《布哈里圣训集》记载，阿伊莎传述。《穆斯林圣训集》、《艾哈迈德圣训集》、《提尔密兹圣训集》也有记载。

③ 《布哈里圣训集》记载，艾布·胡莱勒传述。《穆斯林圣训集》和《提尔密兹圣训集》的"嫉恶"篇也有记载。

忌妒就是厌恶他人的参与。如果用忌妒来描述清高的真主的话,那它的意思则是:真主不乐意在仆人的服从这一点上与他人共享。

有人在赛扎·苏格图面前说到"当你诵读《古兰经》的时候,我在你和不信后世者之间安置一道隐微的屏障"(夜行章:第45节)这一经文时,赛勒·塞格特对他的弟子们说:"你们知道这道屏障是什么吗?这道屏障是忌恨。再没有比真主更忌恨的了,他没有使不信道者成为理解伊斯兰教的真理的人。"

艾布·阿里·丹嘎格说:"功修懒惰的人,他们是那些以沉重的、失败的步伐与真主相联系的人,他们选择远离真主,使自己落后于近主之位,所以,他们落后了。"

诗曰:

我是你情人,痴心不曾移。

获得你真爱,并未用诡计。

对此,有人说:"这是无法痊愈的病人,不能实现愿望的追求者。"①

阿拔斯·祖兹尼说:"我在刚开始修道时,开端很好,我清楚地知道在我与我的导师之间有哪些差距,还有多远能超越我的导师。有一天夜里,我梦见自己好像从一个高山上降落下来,而我曾想爬到山顶,我非常伤心。一个人对我说:'阿拔斯啊! 真主并没有意欲你达到你所期望的境地,但是他为你开启了哲理之门。'就这样,

---

① 功修落后是无法治愈的疾病,诗人期望这一疾病能痊愈,达到他希望的目标。——译者

真主给我启示了哲理之门。"①

艾布·阿里·丹嘎格长老说:"有一位长老,从事修道很长时 256
间,且达到了很高的境界。有一段时间,他没有在苏菲中间出现。
过了一阵,他又出现了,但不是他应该出现的时间。有人问他原
因,他说:'噢,遇到屏障了。'"②

艾布·阿里如果在座谈场合遇到打乱进程的事情,他就会说:
"这是来自真主的忌恨。他不希望本应该在心灵纯洁的时刻进行
的座谈会在如此的时刻下进行。"

诗曰:

美人欲来访,共叙爱之意。

抬头望明镜,美容阻脚步。

有一个人被问道:"你想见到真主吗?"答:"不想。"又问:"为什
么呢?"答:"我不想使那一美丽遇见像我这么差的人。"

诗曰:

我妒我眼睛,得见你美容。

狠心闭眼帘,睁眼仰视你。

完美之尊大,我无力承受

你视若无事,恨你是折磨。③

––––––––––––––––––––

① 意思是让人满足于真主为你定好的位置,即使他知道上面还有更高的位置。
因为真主知道什么位置最适合他,他能承受什么位置。——校对者

② 这里有两种可能:一种是他的状况出现缺陷;另一种可能是他已升至更高的境
界。——译者

③ 诗人忌妒自己的眼睛(心眼)得见真主之容颜,自己也想睁眼仰视,却发自自己
无力承受。诗歌描述了信士的心见证真主尊容时的心理状态。——译者

有人问戴里夫·舍布里:"你什么时候休息?"他答:"没有赞念真主的时候。"①

一个游牧骑士来向穆圣宣誓效忠,他请求问话,穆圣便允许了他。游牧人说:"愿真主使你长寿,你来自哪里?"穆圣答:"一个古莱氏人。"一个圣门弟子斥责那个游牧人说:"你真无理! 你难道不知道吗? 他是我们的圣人!"艾布·阿里·丹嘎格在提到这则圣训时说:"穆圣用'一个古莱氏人'并非出于忌妒,因为他有向每一个人声称他的身份的义务。穆圣的回答完全合理,因为那人问的是:'你来自哪里?'假若那人问:'你是谁?'穆圣应当回答:'我是圣人。'之后,真主又借那位圣门弟子之口说明了穆圣的身份。"

有人说:"忌妒是修道者初期的特征,真正进入独一境界之人是不会忌妒的。在发生的所有事情中,他既没有选择权,也没有决定权。清高的真主是最应该做出判断的。"

赛尔德·本·赛俩目·麦格里布说:"忌妒是教乘之人所为,而真乘之人则不会忌妒。"

戴里夫·舍布里说:"忌恨有两种:人与人之间的忌恨和真主对人心的忌恨。人与人之间的忌恨是看到别人拥有与自己同样或更好的运气。"

又说:"真主对人的忌恨是:仆人的心忙碌于真主之外的人。"

所以应该说:忌恨是这样的两种:真主对人的忌恨,即真主把他置于所有人对他的忌恨之外;人对真主的"忌恨",是他把所有的

---

① 　戴里夫喜爱真主到了这样的地步:他希望他的所爱只属于他一个人,不希望看到其他人赞念他,所以当有人赞念真主时,他就无法入眠。这就是忌妒,但这是可嘉的忌妒。——译者

精力都奉献给了真主。所以不要说："我忌恨真主。"而要说："我为真主而忌恨。"因为说忌恨真主是无知的表现，或许会导致人放弃信仰，而为真主而忌恨则导致对真主义务的尊崇，净化他为真主所做的工作。你们要知道，真主和他的"奥里亚"的常道是：如果"奥里亚"让他人居于心中，或关注他物，或醉心于他物，真主就会扰乱他们，为此而不悦，然后使他们心归原处。阿丹圣人曾认为他会永久地居住在乐园，结果真主把他逐出乐园。还有易卜拉欣圣人，当伊斯玛仪圣人对父亲宰他的提法感到满意时，真主消除了他心中的这个念头："他俩既已顺服真主，而他使他的儿子侧卧着。我喊叫说：易卜拉欣啊！'"（列班者：第 103 节）就这样，真主以献牲完成了对他的考验。

穆罕默德·本·罕萨尼说："有一次，我在黎巴嫩的一个山上转悠，突然走过来一个年轻人，全身都是火。他一见到我，转身就走，我在后面追着他，我说：'给我一句劝言。'他说：'你要小心，他（指真主）是忌妒的，他不喜欢看到他的仆人心里有其他人存在。'"

奈斯尔·阿巴兹说："真主是忌妒的，他没有把通向他的路指示他之外的任何人。"

据说，真主启示他的一位圣人说："某人对我有需求，我对他同样有需求。如果他解决我的需求，我就解决他的需求。"那位圣人不解地问："我的真主啊！你怎么还会有需求呢？"真主说："我之外的人在他的心里，让他虚空其心，我就满足他的需求。"

比斯塔米在梦中见到一帮仙女，梦醒之后他在街上看到一群漂亮的女人，便禁不住了几眼。结果几天不能进入之前的状态。之后，他又在梦中看到了一帮仙女，比斯塔米这次没有看她们，而是对她们说:"你们是障碍。"

拉比尔·阿德维亚病了,有人问她怎么病了,她说:"我的心看了一眼天堂,我的养主斥责了我,我无法回到之前的状态。"

赛勒·塞格特说:"我去见一个朋友,想和他共处一段时间。在经过一个山村时,看到一帮残疾人,其中有瞎眼的,也有生病的。我问他们怎么在这里,他们说这里有个人,每年出来一次,他给病人祈祷,病人就会痊愈。我决定和他们一起等那人的出现,那人出来之后,为这帮残疾人做祈祷,结果他们全都痊愈了。之后,那人转身离去,我在后面跟着他,追上他之后,我说:'我有内疾,你看如何治疗呢?'他说:'赛勒·塞格特,你走吧,他(指真主)是忌妒的,不要让他之外的人在你的心中。否则你会失去他的眷顾。'"

艾布·阿里·丹嘎格说:"有的人忌妒达到这样的程度,他看不得有人心不在焉地赞念,如果他看到,他就无法忍受。"

艾布·阿里·丹嘎格说:"有一个乡下人来到圣寺,在里面撒尿,圣门弟子很生气,要把他赶出去。穆圣说:'乡下人只是没有礼节,但是你们却应当为此害羞,当你们看到人不知羞的事情时,你们难以忍受。同样,一个人在了解了真主的能力和伟大之后,他看不得有人心不在焉地赞念真主,不以禁条顺从真主。'"[①]

据传,戴里夫·舍布里的儿子艾布·哈桑去世了,孩子的妈妈为此伤痛不已,竟然把头发全剪了。戴里夫·舍布里于是也起身如厕,把胡子剪光了。吊唁的人都惊奇地问他:"你这是为何呀?"

---

① 意即你们禁止撒尿的人,却为什么没有禁止那些不守对真主礼节的人呢?——译者

戴里夫说："和我的妻子保持一致。"一个人又问："请告诉我们,你为什么要这样做呢?"戴里夫说："我的妻子知道你们是心不在焉地来吊唁的。"来的人哗然："愿真主赐福你,你为了抗议人们赞念真主时的心不在焉,竟然剪掉了胡子!"①

艾哈迈德·努尔听到一个人在念宣礼词时,他说："真是死人的声音。"当他听到狗在吠叫时,他说："我响应你,你真吉祥!"有人说："这人叛教了。'穆安津'(念宣礼词的人)念到'作证词'时,他竟然说:'死人的声音。'当他听到狗叫时,他竟然念'应答词'"。有人问他为什么这样说,艾哈迈德说："至于念'宣礼词'的人,他心不在焉,至于吠叫的狗,难道真主在《古兰经》中不曾这样说过?'万物都在赞颂他。'"(夜行章:第44节)

戴里夫·舍布里在念宣礼时,当他念到"作证词"时,他说："如果不是你命令我的话,我不会在提到你的时候提到他人。"②

一个人听另一个人说："真主多伟大!"他就说："我喜欢你这样说。"

艾布·哈桑·海兹法尼说："'万物非主'来自内心,'穆罕默德是真主的使者'来自口中。如果一个人从表面来看这句话,或许他会轻视它,但如果他想到真主能力之后的忌妒的严重性,他就不会那样认为了。"

36. 贤品(委俩也提,Wilaya)

真主说："真的,真主的奥里亚(朋友)们,将来没有恐惧,也不

① 吊唁也是一个赞念真主的场合。——译者
② 作证词中真主的尊名与穆圣的名字是连在一起的。——译者

259

忧愁。"(优努斯章:第 62 节)

　　据阿依莎传述,穆圣说:"伟大的真主说:'谁伤害我的卧里[1],他的确向我宣战了。我的仆人以副功接近我,就像完成我为他规定的主命那样,他持续地以副功接近我,直至我喜爱了他。在我所做的事情中,我从来没有像取走我的这个仆人的生命这样犹豫过,因为他讨厌死亡,而我不想伤害他,但他必须经历死亡。'"[2]

　　"卧里"有两个意义,一个是被动的定义,即清高的真主承担他的事情。真主在《古兰经》中说:"我的保佑者确是真主,他降示经典,眷顾善人。"(高处章:第 196 节)这样的人,他一刻也不必劳累自己,因为真主关照着他。第二种是主动的意义,即他自己承担着崇拜真主和顺从真主的工作,他的崇拜基于承担。崇拜之中没有反抗。两种描述都是必需的,因为只有这样,"卧里"才能最大限度地、完美地完成对真主的义务,而真主也会在困难与容易中持续地看护他。

　　"卧里"的条件是他应该是被看护的,正如圣人是被保护的那样。不被真主看护的"卧里"是骗人的"卧里"。

　　比斯塔米去见一个被称之为"卧里"的人,他来到清真寺门口,站在那里等他出来。人称"卧里"之人出来时,把一口痰吐到清真寺里。比斯塔米没有向他问候就转身走开了,他说:"这种人连起

---

　　① 奥里亚的单数形式。——译者
　　② 《艾哈迈德圣训集》记载,阿依莎传述。提尔密兹、艾布·奈尔姆、塔布拉尼也有记载。

码的礼仪都不具备,他怎么能忠实地保守真主的秘密呢?"[1]

　　人们对"卧里"的看法存在分歧。针对"卧里"可以知道自己是"卧里"吗? 有人认为不可以。"卧里"应该以谦卑的眼光看待自己,如果在他身上显示了"克拉玛提"(贤兆),他担心那是欺骗,他总是感到恐惧,害怕失去真主的关爱,担心他的结局不同于他现在的状况。这些人把"好的结局"作为"卧里"的一个条件。

　　有人认为"卧里"可以知道他的身份。"好的结局"并非是在当下的一个必须条件。

　　除此之外,还有人认为"卧里"有另外一个条件,即"卧里"一定要有"克拉玛提"。"克拉玛提"是真主对他的定位的肯定,是他最终结局的保证。因此,"克拉玛提"对于"卧里"是必需的。即使他不担心他的结局,但保留现在的恐惧、敬畏、尊崇之心对他而言是更好的、更完美的。一点点的敬畏和恐惧比内心很多的担心更有引导性。

　　当穆圣指出进入乐园的十大圣门弟子时,这十个人毫无怀疑是相信穆圣的,他们也知道了他们的结局是平安和美好的。之后,也没有人指责和怀疑他们。所以说,正确认识圣品的条件是见证"穆阿吉宰"(奇迹),而正确认识"卧里"的途径则是通过"克拉玛提"。如果看到一个人显示了"克拉玛提",就不可以把他与其他人相提并论了;如果看到的是真实的,则应认识到,他是真实的"卧里"。

　　还有人认为"卧里"可以在当下知道他在未来的结局,这也是他的"克拉玛提"的一个显示和证明。

---

[1]　小处见大,显示所谓"克拉玛提"的人并非是真正的卧里。——译者

　　"奥里亚"有"克拉玛提"的说法是正确的,有很多传闻可以证明这一点。艾布·阿里·丹嘎格也持这一观点。

　　易卜拉欣·本·艾德海木对一个人说:"你希望成为真正的'卧里'吗?"那人说愿意。易卜拉欣对他说:"你不要奢望今世和后世的东西,全心全意为真主,把你的脸面向真主,以便他能面对你、眷顾你。"

　　叶哈雅·本·穆阿兹在描述"奥里亚"们的品性时说:"他们是在忍耐之后具备温和、磨炼之后拥抱精神的人,就这样他们达到了'委俩也提'的品级。"

　　比斯塔米说:"'奥里亚'是真主的新娘,只有新郎才能见到新娘,她们被屏障遮挡着,今世和后世之人都无人能见到他们。"

　　艾布·伯克尔·赛伊达俩尼是一个心底善良的人,他说:"我曾去修缮艾布·伯克尔·塔麦斯塔在哈伊尔墓园①的坟,我做了一个牌子,把他的名字刻在牌子上。牌子立起没多久就被偷走了,而其他坟上的牌子并没有丢失。"他对此很惊奇,有一天去问艾布·阿里·丹嘎格长老。长老对他说:"那个长老希望在今世上隐藏,而你却做个牌子,想让他的坟墓出名。真主不想使他出名,所以隐藏他的坟墓,正如长老隐藏他自己一样。"

262　　赛尔德·本·赛俩目说:"'卧里'也有可能是一个名人,但他不会是一个被诱惑的人。"

　　奈斯尔·阿巴兹说:"'奥里亚'在很多情况下不是趋之若鹜的

---

　　①　哈伊尔:莱赫米(古代阿拉伯人部族之一)元首们在伊拉克的都城,在库法南部5公里处。穆斯林将领哈立德·本·瓦利德公元633年和平解放这一地区。

人，他们只是默默无闻的人，"

又说："'奥里亚'的终点是圣人们的起点。"①

赛海利·本·阿布顿拉说："'卧里'是其行为一贯自然的人。"②

叶哈雅·本·穆阿兹说："'卧里'不沽名钓誉，不阳奉阴违。而拥有这样品德的人是多么地少啊。"

艾布·阿里·焦兹贾尼说："'卧里'是在当下消失，在见证真主时永在的人。真主掌管他的事物，他一直享受被动的掌管之光。他对自身一无所知，也不对真主之外的人做确定的评判。"

比斯塔米说："'奥里亚'由于受真主关照的不同而分为四种，每一类都有他们的名字。即最先的、最后的、表面的和内里的。在具备了四个名字之后而进入'法纳'的人，他是完的、彻底的'卧里'。有幸赢得'表面的'名字的'卧里'，他可以看到真主大能的奇迹；有幸赢得'内里的'名字的'卧里'，他可在密室中见到真主的光；有幸赢得'最先的'名字的'卧里'，他忙碌于之前的事务；有幸

---

①　二者之间的差距是显而易见的，奥里亚辛苦所达到的境界，在圣人们那里只是起点。——译者

②　在有些人看来，卧里并非经常显示克拉玛提，而是保持自己的行为一贯如一。一个传述可以证明这一点：一个人跟一个著名的长老修道，几十年过去了，他没有见过长老显示过克拉玛提，甚至是一次。失望之余，决定离开。长老问他原因，他说："我跟了你几十年，没有见过你显示过一次克拉玛提，我想另寻高明。"长老微笑着问他："这几十年中，你见过我口出污言秽语吗？"那人说没有。又问："你见过我非法的事情吗？"那人说没有。长老问了很多事情，答案都是否定的。长老说："那你还想要什么呢？"传述说明这恰恰是一个修道者的最高境界，一切归于自然，所有的言行都轻松自然，却又与沙里亚一致，平淡的修为中处处体现伊斯兰的精神。这也是很多卧里不为人所知的原因。——译者

赢得'最后的'名字的'卧里',他和他的未来相连。除了真主以仁慈而眷顾,每个人都以他的能力而显露。"

这就是比斯塔米所指出的"卧里"的四种分类。他们无前路可以彷徨,无后路可以犹豫。①他们是居于"真境"之人,他们被抹除了人的特征。真主说:"你认为他们是醒的,其实他们是酣睡的。"(山洞章:第18节)

263　　叶哈雅·本·穆阿兹说:"'卧里'是真主在大地上的芳香。诚笃人嗅到它,香味就会进入他们的内心,他们因此思念他们的主人(指真主),从而更勤奋地拜主。"

有人问穆罕默德·瓦西特:"'卧里'怎样为其'委俩也提'(贤品)提供营养?"答曰:"开始时以其功修,中间时隐其礼仪,之后恢复他以前的特征、属性与品质,最后把其礼拜之体味消融到他的每一时间里。"

有人说:"'卧里'的特征有三:以真主而忙碌;迎向真主;全心全意为真主。"

艾哈迈德·海扎兹说:"如果真主意欲眷顾一个人,就为他打开'赞念'之门,如果他能从中感受到快乐,就为他打开'亲近'之门,之后把他升高到'亲善'之席坐上,然后再使他坐在'独一'之椅上,最后为他升起屏障,使他进入'独一'宫,为他揭示真主的伟大与尊贵。他的心一旦注视到真主的伟大与尊贵,他就成为没有意识的存在,那时,他是一个'消失的时间',真主维持着他,他与他自

----

①　真主为他们安排好了一切。——译者

己的'表述'①是无干的。"

阿斯克尔·奈何筛比说："如果一个人的心习惯于远离真主，他自然地与真主的'奥里亚'无缘相遇。"

有人说："'卧里'的特征中不应该有害怕，因为害怕是对未来发生的、他所讨厌的事情的一个想法，或者是他所喜爱的事物的消失。'卧里'是时间之子，他没有可以害怕的未来，同时，他没有恐惧和希冀，因为希冀是等待所喜爱的事物成为己有，或者所讨厌的事物的消失。这些都是在时间世界里的第二反应。同样，'卧里'没有忧愁，因为忧愁来自对时间的忧虑，如果一个人身处喜悦之光和顺从的愉快中，他怎么可能会忧愁呢？真主说：'真的，真主的朋友（奥里亚）既不恐惧也不忧愁。'"（优努斯章：第62节）

37. 祈祷（杜瓦，Dua）

264

真主说："你们要虔诚地，秘密地祈祷你们的主，他确是不喜欢过分者。"（高处章：第55节）

又说："你们向我祈祷，我应答你们。"（赦宥章：第60节）

---

①　进入法纳状态后非正常的言论。比斯塔米、哈拉智等人皆有这方面的言论，哈拉智因此被当权者处死。很多学者为苏菲状态中的言论委婉地辩护过。其中包括安萨里，他说："或许苏菲在进入境界后因惊愕而快语所致，于是他说'我是真主'，即使之后的虚幻情形还没有清晰地向他显现，但他迫不及待地迎上去，结果消亡。"艾布·奈斯尔·图斯说："苏菲在陶醉状态时是不省人事的，因此他所说的一些话是应该受到原谅的。"祝奈德也强调了这一点，苏菲在陶醉昏迷时不是表达的他自己，而是表达他所见证到的，也就是真主。正统苏菲如阿卜杜勒·嘎迪尔·吉拉尼所说："只以苏菲在清醒状态下所说的话作判断，至于入迷状态下的言语，是不能作为判断依据的。"希望更多了解这一情况的读者，请参阅《伊斯兰苏菲概论》一书。——译者

　　穆圣说:"祈祷是功修之魂。"①

　　祈祷是解决需求的钥匙,受难者的慰藉,危急者的避难所,有心愿的人的所求。

　　真主责备了那些放弃向他祈祷的人,他说:"他们紧握双手。"(忏悔章:第 67 节)有人认为经文里的"紧握双手"之意是不肯伸手向真主祈祷。

　　赛海利·本·阿布顿拉说:"真主创造了众生,他对众生说:'你们和我密谈,如果你们做不到,你们就注视我;如果你们做不到,你们就听我的话;如果你们做不到,你们就站在我的门口;如果你们做不到,就把你们的需求交给我。"

　　赛海利·本·阿布顿拉还说:"最容易被接纳的祈祷是当下的祈祷,当下的祈祷是祈求者不这样就无法度过,他必须向真主祈祷,否则他就无能为力。"

　　艾布·阿布顿拉·麦卡尼斯说:"有一次我在祝奈德那里坐着,来了一个妇女,她对祝奈德说:'你向真主为我祈祷吧,我的儿子丢了。'祝奈德说:'你回去吧,你要忍耐。'那妇女就走了,一会儿就回来了,对祝奈德说了和之前同样的话。祝奈德对她说:'你回去吧,你要忍耐。'妇女就走了。一会儿又回来了,又说了同样的话,就这样,来来往往好几次,最后一次,祝奈德对她说:'你要忍耐。'妇女说:'我已无法忍耐。'祝奈德说:'如果你说的是真实的,那你回去吧,你的儿子已经回来了。'妇女走了,不一会儿又来了,这回是向祝奈德表示感谢的。有人问祝奈德:'你是怎么知道她的

------

① 《提尔密兹圣训集》记载,艾奈斯·本·马立克传述。

儿子回来了?’祝奈德说:真主说过:‘还是那答应受难者的祈祷,而解除其灾害,且以你们为大地的代治者呢? 除真主外,难道还有应受崇拜的吗? 你们很少觉悟。’”(蚂蚁章:第62节)

是向真主祈祷更为优越,还是沉默、满足于当前的处境更为优越呢? 人们对此有分歧。

有人认为祈祷本身就是功修(尔巴代)。穆圣说:“祈祷是功修之魂。”因此完成一件功修要比放弃一件功修更好。同时应答祈祷也是真主的一个义务,如果他不应答仆人的祈祷,不使他的恩惠惠及仆人,他又怎么尽养主之责呢,而祈祷是显示人的困难与无奈。因此艾布·哈兹姆·艾阿莱吉说:“对于人类来说,解除祈祷比解除应答更难于接受。”

一些人说:对正在进行的真主的判决表示沉默是更好的,对真主于自己的选择表示满足是最应该的。所以穆罕默德·瓦西特说:“选择前定中为你定好的胜于对当下处境的否定。”①

穆圣有这样的关于真主的话:“因赞念我而受到恩赐的人强于因祈求我而受到恩赐的人。”

另一些人认为,祈祷的人应该用口舌,喜悦真主判定的人应该用心。而二者倘若兼备,则为更好。应该说,人所处的环境与时刻是不同的。有时,祈祷胜于缄默,因为祈祷是仆人的一个礼节。而

---

① 向真主祈祷,其中有改变当下处境的意味。在某些人看来,也有否定的意味。而祈祷前的处境,不论是任何状况,都是真主的前定。——译者

有时,沉默比祈祷好,因为缄默也是一种礼节①。哪一种更应该呢?这一切显示在他所处的时间里,时间的学问只能在时间里获得。如果他感觉到他的心有偏向"祈祷"的指示,那祈祷于他是最应该的;如果他感觉到他的心有"缄默"的指示,那缄默于他是最应该的。同样,一个人在祈祷时,不应该忽略真主的见证与全知。然后,他注意检查自己那时的感觉,如果他发觉在那时,心的舒展在增加,那么向真主祈祷于他是最应该的;如果他发觉他的心有一种被收紧和被拒绝的感觉,那么他放弃祈祷是最合适的;如果他既感觉不到舒展,也感觉不到排斥,那么他可以选择祈祷,也可以选择缄默;如果在祈祷时,主要的目的是学习与了解功修方面的知识,那么祈祷是最合适的。因为祈祷本身也是功修;如果祈祷时,他的主要目的是认知和静悟,那么保持缄默是最合适的。对于信士来说,他们有自己的"奈绥布"②。对于真主来说,有他的权利。认识到两个方面的人,祈祷是最合适的,而只认识到自己的"奈绥布"的人,沉默是最合适的。

　　据传,一个人向真主祈祷,真主是喜爱他的。真主对吉卜勒利天使说:"你推迟解决他的需求,我乐于再次听到他的声音。"还有一个人向真主祈祷,真主是厌恶他的。真主对吉卜勒利天使说:"你赶紧解决他的需求,我不想再听到他的声音。"

　　叶哈雅·本·赛尔德(愿真主仁慈他)在梦中见到了真主,他

---

　　① 作为仆人,遇到困难向真主祈求,是视真主为依赖者的礼节。满足于当前的处境,对真主的判决表示沉默,体现了对真主判决的尊重与认可,也是作为仆人的礼节。——译者

　　② 幸运、份额、真主的恩赐等意。——译者

说："主啊,我向你祈祷了无数次,而你却不应答我!"真主说："叶哈 266
雅呀,因为我还想再听到你的声音。"①

穆圣说："以掌握我生命的主起誓,一个人坚定地向真主祈祷,
如果真主是生他的气的,就拒绝应答。那人继续祈祷,于是真主对
天使们说:'我的这个仆人拒绝向我之外的人祈求,我就答应了他
的祈祷。'"②

哈桑传述自艾奈斯·本·马立克,他说："穆圣时代有一个商
人,经营叙利亚至麦地那之间的商业,来回在两地之间贩卖商品。
因为他对真主极度依赖,他不带随从和保镖,只身带领驼队。一
次,他在叙利亚到麦地那的路上,正行走间,一个骑马的贼人突然
闪将出来,贼人大声喊道:'停下!'商人停了下来,他对贼人说:'这
些东西全归你了,你放我走吧。'贼人说:'东西自然归我,但我想要
的是你的性命。'商人说:'你不要杀害我,你放我走吧。'贼人回答
了同样的话。商人于是对贼人说:'那好,你看着我,让我洗个小
净,然后做礼拜,再向真主祈祷。'贼人说:'你想做就做吧!'商人于
是洗小净,之后礼了四拜,然后把手伸向天空。他说:'慈爱的主
啊,慈爱的主啊,拥有高大的阿尔什(宝座)的主啊,创造的主啊,毁
灭的主啊,为所欲为的主啊,我以你充斥于阿尔什任一空间的你的
容颜的光芒向你祈求,我以你的创造了众生和宇宙的能力向你祈
求,以你包容万物的仁慈向你祈求。万物非主,只有你! 救助的
主,请你搭救我(连说三次)。'他刚一做完祈祷,就出现了一个骑马

① 如果真主满足了他,他就不会再次祈祷了,真主也听不到他祈祷的声音
了。——译者
② 伊布·逊尼、哈克目记载。艾布·筛赫也有记载,艾布·胡莱勒传述。

的武士,身穿绿色的衣服,手拿一个发光的长矛。贼人看到来了一个武士,便向武士策马过来,当他接近武士时,武士一下就把他刺下马来。武士来到商人身旁,对他说:'你站起来吧,我把他杀了。'商人说:'你是谁? 我从没有杀过人,我也不想杀他。'武士说:'我是第三层天的天使,当你刚一祈祷时,我们就听到天庭的大门噼啪作响,我们都说肯定出事了。你又祈祷,天门大开,火星窜出,就像来自火狱的火星。你又祈祷,吉卜勒利天使就降临到我们那里,他喊道:这个受难的人是谁? 我就请求真主,允许我杀掉这个贼人。你要知道,一个人不管是遇到任何为难、困难或不幸,只要他做你的这个祈祷,真主都会援助他,解除他的危难。'商人最终平安地回到了麦地那,赚了不少钱。他到穆圣那里,把他的经历讲给穆圣听,同时把他做的祈祷的内容也说给了穆圣。穆圣对他说:'真主是在通过你教授他的美名,如果以这些名字祈求他,他就会应答;如果要求恩惠,他就赐你恩惠。'"

祈祷的礼仪包括:真心真意,全心全意,不可三心二意。

据传述,穆圣说:"真主的确不应答心不在焉者的祈祷。"[1]

祈祷的条件:所用饮食必须是合法所得。

穆圣对赛阿德说:"合法地挣取钱财,真主会应答你的祈祷。"[2]

有人说:"祈祷是解决需求的钥匙,是咀嚼合法食物的牙齿。"

叶哈雅·本·穆阿兹曾说:"我的主啊! 我是有罪的人,我怎

---

① 《提尔密兹圣训集》记载,艾布·胡莱勒传述。

② 《圣训补遗》记载。

么开口向你祈祷呢？你是慷慨的主,我怎么不能向你祈祷呢?"

　　据说,穆萨圣人遇见一个谦恭地向真主祈祷的人,穆萨圣人说:"我的主啊！如果他的需求在我的能力之内,我就解决他的需求。"真主启示他说:"我比你更仁爱他,他是在向我祈祷,但是他有羊群,他的心在他的羊群,否则我怎能不应答他呢？我不能应答一个祈求我时而他的心在别处的人的祈祷。"穆萨圣人给那人说了这一情况,他放下杂念,再次向真主祈祷,结果他的困难得到了解决。

　　有人对杰尔法·萨迪格说:"我们向真主祈祷,但他并没有应答我们,这是怎么回事呢?"杰尔法说:"那是因为你们向你们不了解的人祈祷。"①

　　艾布·阿里·丹嘎格说:"叶尔孤白·本·莱伊斯得了一个医生都束手无策的病。医生们对他说:'在你的辖区内有一个叫赛海利·本·阿布顿拉的清廉人,如果他为你祈祷的话,或许真主会应答他,你的病可能因此而痊愈。'叶尔孤白就让人把赛海利叫来,对他说:'请你为我祈祷。'赛海利说:'你的辖区内有被欺压的人,我为你做的祈祷怎么会被真主接受呢?'叶尔孤白于是释放了所有被关押的人,赛海利在祈祷时:'主啊！你使他见到顺从的高贵吧,正如你使他看到违抗的屈辱那样。'真主解除了叶尔孤白的病疾,他康复了。他给了赛海利很多钱,赛海利拒绝接受。有人问他:'你为什么不接呢？你可以把钱分给穷人。'赛海利看了一眼沙漠里的沙子,沙子突然变成了珍珠,他对那些人说:'被赐予如此多珍珠的人,他还需要叶尔孤白的钱吗?'"

---

　　①　不认识真主,就不知道祈祷的礼仪,祈祷得不到应答就显得正常。——译者

　　萨利哈·麦勒①经常说："谁一直接近门，门就会为他打开。"拉比尔·阿德维娅对他说："你要说到什么时候呢？这门关到什么时候才开呢？"萨利哈说："老人无知、妇女学识渊博时。"

　　赛勒·塞格特说："我去听麦阿鲁夫·克尔赫的讲座，一个人走向他：'麦阿鲁夫啊，你向真主祈祷，使我被偷的钱袋返回吧，里面有一千第纳尔呢。'麦阿鲁夫沉默不语，那人再三央求，麦阿鲁夫还是沉默不语。他再次开口后，麦阿鲁夫说：'主啊！我说什么呢？说你讲述的那些圣人和清廉的人，你使他的钱袋返回吧！'那人还在催：'你为我祈祷吧！'麦阿鲁夫说：'主啊！你为他选择吧！'"②

　　据传述，莱伊斯说："我原来看到阿格拜·本·纳菲阿是盲人，之后看到他双目如常。我就问他：'你的视力是如何恢复的？'他说：'我在梦中听到一个人对我说："你说：临近祈祷的主啊！应答祈祷的主啊！任意慈爱的主啊！你恢复我的视力吧！"我就照他教的说了，真主就这样让我的视力恢复如常。'"

　　艾布·阿里·丹嘎格长老说："当我从姆鲁返回奈萨布尔时，我的眼睛疼得厉害，好几天都无法入睡。早上起来之后，我听到有人对我说'难道真主不能使他的仆人满足吗？'（队伍章：第36节）我精神为之一振，眼垢随之马上掉落，疼痛消失，之后再也没有眼疼过。"

269

---

　　①　萨利哈·麦勒（卒于伊历172年，一说176年），全名艾布·拜舍尔·本·拜希尔·嘎斯，再传弟子，为人谦恭，苦行，巴士拉人。——译者

　　②　麦阿鲁夫·克尔赫不介意那人丢了多少钱，也不介意他如何请求，他只知道真主是所有事务的安排者，所以他祈求真主的安排，而不是祈求归回那人的钱袋。——译者

穆罕默德·本·海兹麦①传述，他说："伊玛目艾哈迈德去世时，我在亚历山大。夜里入睡后，我在梦中看到伊玛目艾哈迈德骄傲地行走，我就问他：'艾哈迈德啊，这是哪一种人的走路方式呢？'他说：'平安宫'里的人们的走路方式。'我又问他：'真主如何待你的？'他答：'他饶恕了我的过错，并赐给了我一双金鞋，还对我说：艾哈迈德啊，这就是你所诵读的《古兰经》中的许诺，《古兰经》是我的言语，我是不会爽约的。之后又说：艾哈迈德啊，你现在以你听说的苏福杨·扫勒的祈祷词向我祈祷吧，你曾经在尘世中用那些祷词向我祈祷过。'我说：'掌握万物的主、万能的主，求你饶恕我所有的过错吧，你什么也不要问我。'真主说：'艾哈迈德啊，这是天堂，你进去吧。'我就进了天堂。"

一个人趴在克尔白的墙上说："主啊！你没有配偶，没有收贿的大臣，如果我顺从了你，那是因你的恩惠，赞颂属于你；如果我违抗了你，那是因我的无知，你于我是有推辞的；如果你的推辞是确定的，我则无确定的借口。那么剩下的只是你饶恕我。"这时，他听到一个声音说："这是一个从火狱中释放的青年。"

有人说："祈祷的益处是显示你目前的困难，否则，真主是为所欲为的。"

有人说："普通人以语言祈祷，苦行者以行为祈祷，'阿勒夫'（认主者）以'状态'祈祷。"

---

① 穆罕默德·本·海兹麦（伊历 223—311 年）全名穆罕默德·本·伊斯哈格·本·海兹麦·本·穆安伊尔·萨利哈·伯克尔，沙菲仪派法学家，伊玛目，古兰经背诵家，伊斯兰长老。有 140 多部作品，其中著名的《海兹麦圣训集》。奈萨布尔人。——译者

有人说："最好的祈祷是烦恼积压后的激动。"

有人说："如果你为需求而祈求真主，那就考虑最低的需求，然后再向真主祈求，或许你的祈祷就在那一天被真主应答。"

有人说："初修道者，他们以舌头的杜瓦祈祷而出发，而真乘之人，他们的舌头是静止不动的。"

有人请求穆罕默德·瓦西特为他做祈祷，他说："我担心如果我祈求了，真主会对我说：'如果你向我索求在我这里的属于你的东西，那你冤枉我了；如果你向我索求我这里的不属于你的东西，那你错怪我了；如果你乐于接受你目前的处境，那我在剩余的时光里不再对你施加不利。'"

阿布顿拉·本·穆纳兹里说："我有五十年没有祈祷过了，我也不想任何人为我祈祷。"①

有人说："祈祷是犯错人的平安。"

有人说："祈祷是相互交流，只要你保持交流，剩下的事情肯定是令人满意的。"

有人说："犯错人的言语是他们的眼泪。"

艾布·阿里·丹嘎格说："如果犯错的人哭泣，真主就会和他交流。"

诗曰：

眼泪表其心忧，叹气泄露秘密。

---

①　祈祷是人自身的选择性行为，如果他对任何事情都是接受的，他就不需要向真主祈祷。阿布顿拉·本·穆纳兹里对真主所有的安排都是满意的，所以他不向真主祈求改变他的处境。——译者

有人说:"祈祷就是放弃过错。"

有人说:"祈祷是思念爱人时的倾诉。"

有人说:"祈祷中的知足强于得到的恩赐。"

穆罕默德·凯塔尼说:"真主在为一个信士打开忏悔之门的同时,一定会为他打开饶恕之门。"

有人说:"祈祷使人近主,恩赐使人远主,立于门前强于携恩赐而离去。"

有人说:"祈祷是以害羞的话语面对真主。"

有人说:"祈祷的条件是知足地对待真主的决定。"

有人说:"你以错误挡住了祈祷之路,你怎么还能等待祈祷的应答呢?"

一个人对另外一个人说:"请你为我祈祷。"那人说:"在你和他(真主)之间不要设置中介。"

阿布顿拉·拉赫曼·本·艾哈迈德的父亲说:"一个女人来到泰格·本·麦何莱德跟前对他说:'我的儿子被罗马人俘虏,我所有的财产只有一个小院子。但我不能卖掉它,请你指点我,用什么东西可以赎回我的儿子。我为他日夜难眠,寝食难安。'泰格·本·麦何莱德说:'好,你先回去吧,如果真主意欲的话,他的问题会解决的。'泰格低下头,悄悄做了祈祷。过了一段时间,女人和她的儿子一起过来,对泰格感谢不已。她说:'我的儿子平安回来了,他有话要和你说。'年轻人说:'我和其他一帮俘虏归一个罗马长官管制。有一个监管我们的人,他每天把我们带到沙漠里去做活,然后再把我们押回原地,我们每个人身上都戴着镣铐。日落时分,我们和监管一同返回,我腿上的镣铐突然开了,滑落到地上。——年轻人描述的时间正是他的妈妈来到泰格·本·麦何莱德这儿的时间！也是泰格为他做祈祷的时间！——监管朝我走来，对我大声呵斥，他指责我打开了镣铐，我说是它自己开的。监管不知如何是好，便把此事告诉了罗马长官。长官命人找来铁匠，重新给我戴上镣铐，我刚走一步，镣铐就开了，掉在地上。他们全都惊慌不已，他们只好把神父叫来，神父问我有没有母亲，我说有，她孤单一人在家。神父说："你母亲的祈祷被主接受了。"他们对我说："真主释放了你，我们不能再把你拘禁起来。"他们给了我一些干粮，把我送到穆斯林军营那边，我就这样回来了。'"

38. 贫穷（法格鲁，Faqr）

真主说："（施舍）应归那些贫民，他们献身于主道，不能到远方去谋生，不明他们的真相的人，以为他们是富足的，因为他们不肯向人乞讨。你从他们的仪表可以认识他们，他们不会喋喋不休地向人乞讨。你们所施舍的任何美物，确是真主所知道的。"（黄牛章：第273节）

艾布·胡莱勒传述，穆圣说："穷人早于富人进入天堂五百年零半天。"[①]

阿布顿拉·本·麦斯欧德传述，穆圣说："穷人并非是为一顿饭、两顿饭，一颗枣、两颗枣而忙碌的人。"有人问："真主的使者啊，那谁是穷人？"穆圣说："生活不能满足，又羞于向人乞讨的人，他不

---

① 《提尔密兹圣训集》记载，为健全、优良圣训。

被人理解，但有人给他施舍。"①

圣训里"羞于向人乞讨"的意思是，他是羞于让真主看到他向人乞讨，而不是为人而害羞。

贫穷是"奥里亚"（真主的密友）的标志，是清廉者的装饰。真主在特殊人当中拣选了虔诚的人、圣人、贫穷者，使他们成为仆人中的纯洁者，他的机密的处所。因为他们的吉祥，真主为他们提供给养，忍耐的穷人在复生日与真主同座。因此，穆圣在一段圣训中说："万事有钥匙，天堂的钥匙是喜爱穷人，忍耐的穷人在复生日与真主同座。"②

据说，一个人为易卜拉欣·本·艾德海木送来了一万迪尔汗，易卜拉欣拒绝接受，他说："你想用一万迪尔汗把我的名字从穷人的名册中抹去吗？我是不会同意的。"

穆阿兹·奈赛菲说："真主不会灭亡一个民族，即使他们多么地不义和骄横，直到他们轻视穷人，使他们屈辱时。"

有人说："如果一个穷人只是想到穆斯林如何富足，他们的货物价格便宜，这对他来说足够了。因为他需要买东西，而富人需要卖东西。这是一般的穷人，而特殊的穷人又是什么样呢？"

有人向叶哈雅·本·穆阿兹询问贫穷，他说："贫穷的实质是只以真主为满足，而不寻求任何媒介。"

易卜拉欣·盖萨尔说："贫穷使人知足，如果一个人真正忍耐贫穷的话。"

---

① 《艾哈迈德圣训集》记载。伊本·拉里也有记载，伊本·欧麦尔传述。
② 《圣训宝藏》记载。

一个祖兹尼的穷人在伊历三百九十五年来到艾布·阿里·丹嘎格这里，手里拿着一双鞋子和帽子。一个人问他："你多少钱买的这双鞋子？"（有开玩笑之意）那人则严肃地说："我以今世为代价买了它，有些人则以后世为代价来买它，我没有卖。"①

艾布·阿里·丹嘎格说，一个穷人在讲座上站起来说："我很饿，已经三天没吃东西了。"一个长老对他嚷道："你说谎，贫穷是真主的机密，他不会把他的机密放在口舌不严的人那里的。"

哈姆杜尼·盖萨尔说："伊卜里斯如果和他的同伙相遇，再没有以下三件事更使他们高兴的了：信士们互相残杀，一个人不信主而死，一个人心中害怕贫穷。"

祝奈德说："穷人们啊，你们因真主而为人所知，你们为真主而受到优待。当你们独处时，你们怎么面对真主呢？你们想一想吧！"

有人问祝奈德："是向真主索求更好呢，还是以真主为满足更好呢？"祝奈德说："如果向真主索求是正确的，以真主为满足同样也是正确的；如果以真主为满足是正确的，以真主而富裕就是完美的。所以，不要说哪一个更好，因为二者是两种状况，互为一体，互不相离，一方的完美离不开另一方。"

有人问鲁伊姆·本·艾哈迈德穷人的特征。他说："把心寄托给真主的判定。"

有人说："穷人的标志有三：保守机密，完成主命，守护贫穷。"

---

① 这个穷人满足目前的状况，心平气和地接受，并没有想改变的念头。即以贫穷坚守宗教。有人希望他改变现状，他没有答应。——译者

有人问艾哈迈德·本·尔撒·海扎兹:"你为什么弃富人于不顾,而对穷人热情相迎呢?"他答:"原因有三:因为富人不是顺利之人,而穷人手中都是美物,穷人是以贫穷接受考验的人。"

真主启示穆萨圣人说:"如果你碰到穷人,你要向富人乞讨那样向他们乞讨,如果你没有那样做,那你就把我教授给你的所有知识置于土下。"①

艾布·达尔达伊②说:"对于我而言,宁愿从楼上掉下来摔死,也强于和富人同座,因为我听穆圣说:'你们不要与死人同座。'有人问穆圣:'谁是死人?'穆圣答:'富人。'"

有人对热比阿·本·海塞姆说:"物价涨了!"他说:"真主使我们富裕比使我们贫穷更容易。真主只使他的'奥里亚'贫穷。"③

易卜拉欣·本·艾德海木说:"我们要求的是贫穷,迎接我们的是富裕;人们要求的是富裕,迎接他们的却是贫穷。"

有人问叶哈雅·本·穆阿兹:"什么是贫穷?"答曰:"害怕贫穷。"又问:"什么是富裕?"答曰:"因真主而平安。" 274

伊本·克里尼说:"真正的贫穷者,让他们小心提防富裕吧!富裕会危害他的贫穷;同样,富裕者也要提防贫穷,因为贫穷会危害他的富裕。"

有人问艾布·哈夫赛:"穷人为何在真主面前居于前列呢?"答

───────────────

①　向穷人乞讨是不轻视穷人,不在穷人面前流露出自大。这并非是针对穆萨个人而言,而是让他以此教导以色列人。——译者

②　艾布·达尔达伊(卒于伊历 32 年),麦地那人,辅士,曾任大马士革法官。——译者

③　人想富容易,想穷难。真主并没有想使所有的人贫穷,因为不是所有的人都是真主的"奥里亚"。所以不必怕物价上涨。——译者

曰：“只是因为贫穷。”

真主启示穆萨圣人说：“你想在复生日拥有所有人那样的善功吗？”穆萨圣人说：“是的。”真主说：“那你就探望病人，捉穷人衣服上的虱子。”穆萨圣人于是每月七天都穿梭于穷人之间，为他们捉虱子，探望他们中的病人。

赛海利·本·阿布顿拉说：“五种情况对人而言尤为可贵：穷人显示富有；饥饿者显示饱腹；忧愁者显示欢乐；两人之间有仇恨，其中一人向对方显示他的友爱；一个白天封斋、夜间礼拜的人显示强壮。”

拜舍尔·本·哈勒斯说：“最高贵的状态是忍耐从贫穷到贫穷。”

左农说：“真主恼怒一个人的标志是为他的贫穷而担忧。”①

戴里夫·舍布里说：“贫穷最低的标志是：假如全世界为他所有，他会在一天之内花费殆尽，之后他会想：如果他留有其中一天的饮食，他就不认为自己是贫穷的人。”

我听我的导师艾布·阿里·丹嘎格说：“人们在谈论是贫穷高贵还是富有高贵。我的看法是：最高贵的人是真主给了他所有的需求之后又保护他的人。”

有人问艾哈迈德·本·杰拉伊什么是贫穷，他先是沉默，然后跑了出去，过了一会儿又回来了。他说：“我身上还有一些钱，我羞于在谈论贫穷时，钱还在我身上。于是我就出去了，把钱施舍出去后，再回来谈论贫穷。”

275

---

① 担心他会成为一个穷人，或者不希望他成为一个穷人，因为穷人是受真主恩赐的人。——译者

易卜拉欣·本·穆宛莱德①说："我问易卜拉欣·杰拉伊:穷人在什么时候才可以称之为'穷人'。"答曰:"当他一无所有时。"我又问:"怎么是这样呢?"伊本·杰拉伊说:"如果他还拥有什么东西,他就不是穷人;如果他没有,他就是穷人。"

有人说:"穷人的正确表现是只以使他贫穷者为满足。"②

阿布顿拉·本·穆巴拉克说:"在贫穷时显示富有胜于在贫穷时显示贫穷。"

一个埃及人说:"有一次我在麦加,我的前面有一个年轻人,另外一个人拿着钱袋向他走来,来人把钱袋放在年轻人面前说:'我不需要这些钱,你拿去吧!'年轻人说:'那你把它分给穷人吧!'到了晚饭时刻,我看见那个送钱的人在乞讨,我就说:'如果你为自己留一些钱就好了。'他说:'但我不知道我能活到这个时候呀。'"

艾布·哈芙赛说:"一个人与真主之间最好的求助媒介就是他在任何情况下都坚持贫穷,遵循圣道,赚取合法的给养。"

阿布顿拉·穆尔台阿什说:"一个穷人,其想法不应超出贫穷。"

艾哈迈德·鲁兹巴勒说:"有四个人在他们的时代里卓尔不群:第一个人不接受亲友的施舍,也不接受权贵的馈赠,他是优素福·本·艾斯巴特。他从父亲那里继承了十万迪尔汗,他一个迪尔汗也没留,全部施舍给了穷人,而他自己则以制椰枣纸为生。第二个人既接受亲友的施舍,又接受权贵的馈赠,他是艾布·伊斯哈

---

① 易卜拉欣·本·穆宛莱德(卒于伊历342年),学者,苏菲。——译者
② 指真主。——译者

格·法扎尔①。他把从亲友那里接受的钱分给那些无法动弹的残疾人和穷人；把从权贵那里接受的钱分给塔尔苏斯②城市的居民。第三个人，接受亲友的施舍而不接受权贵的馈赠，他是阿布顿拉·本·穆巴拉克。他把等量的钱奖赏给亲友。第四个人，只接受权贵的馈赠，而不接受亲友的施舍，他是穆罕莱德·本·侯赛因③。他说'权贵们不需要帮助，而亲友们需要帮助。'"

276　　　　艾布·阿里·丹嘎格在解释一则圣训时说："面对富人因其富有而卑躬屈膝的人，他宗教的三分之一消失了。因为一个人凭其心、言语和思想而被确认；如果他以其思想和言语而向富人表示谦恭，他宗教的另外三分之一就消失了；如果他以其心向富人表示谦恭，他全部的宗教就消失了。"

穷人最起码应坚持的四件事情是：引导他的知识、阻止他犯罪的虔诚、担负他的确信和慰藉他的赞念。

有人说："期望穷人的荣耀的人，让他死为穷人；期望成为穷人，想以此躲避真主的义务的人，让他死为富人。"

阿里·穆赞伊尼说："通往真主的道路多如星辰，如果还有一条路的话，那只能是贫穷之路，它是最正确的路。"

有人问戴里夫·舍布里贫穷的实质，他说："不以真主之外的任何事物为满足。"

---

① 艾布·伊斯哈格·法扎尔（卒于伊历188年），著名伊玛目，伊斯兰战士，叙利亚人。——译者

② 土耳其的一座城市，曾为都城。公元788年，阿拔斯王朝哈里发麦蒙解放了这座城市，并葬于此。

③ 穆罕莱德·本·侯赛因（卒于伊历191年，一说196年），别名艾布·穆罕默德·艾兹迪，著名伊玛目，巴士拉人。

曼苏尔·本·海莱夫·麦格里布传述,木柴商艾布·赛海利对我说:"贫穷是穷困与屈辱。"我则说:"不对,是贫困与高贵。"他又说:"贫困与泥土。"我对他说:"不对,是贫困与宝座(阿尔什)。"

艾布·阿里·丹嘎格说:"有人问我圣训'贫穷几乎导致不信教'[①]的意思,我说:'事情的坏处以其好处而定,当他坚持最好的一面时,最坏的一面就离他最遥远,就像是信仰,与信仰的高贵相对称的是悖信(库夫尔)。贫穷的严重(指几乎因此而不信教)恰恰说明了贫穷高贵的属性。"

祝奈德说:"如果你遇到穷人,你要待之以温和,不要待之以知识。温和使他感到安慰,而知识则使他冷酷。"我不解地问:"艾布·嘎希姆啊(指祝奈德),难道知识能使人冷酷吗?"他答:"是的。如果一个穷人,他真的很穷的话,你给他知识,他就会融化,就像铅融化在火里一样。"[②]

穆兹法尔·古尔麦希尼[③]说:"穷人是不向真主诉说需求的人。"

这个表达有一些模糊,穆兹法尔·古尔麦希尼只是想表达的是消除需求,否决自己的选择(为脱离贫穷而向真主祈求的选择),满足真主的既定判定。

艾布·阿布顿拉·本·海菲福说:"贫穷是不囤积财富,不为财富所累。"

---

① 《艾哈迈德·本·穆尼阿圣训集》、《卧里的装饰》、《塔布拉尼圣训中集》记载。

② 如果不是坚守贫穷的人,那么他每天期望的是如何挣钱的知识和工作。倘若你给予他这样的知识,他会极力追逐渴慕的东西,原形毕露,失去他原本的本性,即祝奈德所指的"融化"之意。这样,你不是在帮助他,而是害了他。——译者

③ 穆兹法尔·古尔麦希尼:隐居山林的苏菲大师。——译者

艾布·哈芙赛说:"当一个穷人喜欢给予他人胜于向他人索取时,他的贫穷才是受人尊敬的贫穷;慷慨不是富有者给予穷人,而是穷人给予富人。"

艾哈迈德·本·杰拉伊说:"如果不是因为谦虚是一种美德的话,穷人走路时一定会飞起来了。"

优素福·本·艾斯巴特说:"四十年以来,我未曾拥有过两件长衫。"

一个人说:"我好像看到复生日来临了,有人说:'你们让马立克·本·迪纳尔和穆罕默德·本·瓦斯阿现在进入天堂,我想看看他俩谁先进入天堂。'结果是穆罕默德·本·瓦斯阿先进了天堂,我就问什么原因,那人对我说:'穆罕默德·本·瓦斯阿在今世时只有一件长衫,而马立克·本·迪纳尔有两件。'"

穆罕默德·麦苏赫说:"穷人是从不为自己的需求而寻求解决办法的人。"

有人问赛海利·本·阿布顿拉:"穷人什么时候可以心平气和?"答曰:"当他不考虑脱离贫穷时。"

有人在叶哈雅·本·穆阿兹面前提到贫穷和富有,他说:"在后世里,一个人被衡量不是以贫穷或富有,而是忍耐和感恩。"

据说,真主在启示一个圣人时说:"如果你想知道我对你的喜悦程度,你就先看看穷人是怎样喜悦你的。"

艾哈迈德·本·奈斯尔·宰嘎格①说:"贫穷但没有敬畏的

---

① 艾哈迈德·本·奈斯尔·宰嘎格(卒于伊历291年),著名学者,埃及人。——译者

人,会吞噬纯粹的非法。"

有人说:"在艾布·苏福杨·扫勒的坐席里,穷人就像大臣们 ₂₇₈ 一样。"

艾布·伯克尔·本·塔赫尔说:"穷人是没有欲望的人,如果必须有,不要超过他的需求。"

伊本·阿塔吟道:

> 有人问节日,装扮何衣裳。
>
> 我为爱畅饮,其余皆等闲。
>
> 贫穷与忍耐,华服我身穿。
>
> 锦衣华服下,痴爱满心间。
>
> 相会心爱人,不必为衣忧。
>
> 圣典相遇时,衣服尽褪日。
>
> 今世我祈祷,他日能相见。
>
> 如若心无爱,节日无缘见。

有人问埃及的艾布·伯克尔关于贫穷的问题,他说:"穷人是没有财富也不奢求财富的人。"

左农说:"贫穷但与各色人等交往的人,比清高但羡人财富的人更为我喜爱。"

艾布·阿布顿拉·哈苏尔说:"二十年来,铁匠艾布·杰尔法每天工作,挣一个第纳尔,把它花费给穷人。他封斋,夜间出去把施舍的钱放在穷人的门外。"

艾哈迈德·努尔说:"在困窘时保持沉默,在宽裕时慷慨施舍是穷人的品性。"

穆罕默德·本·阿里·凯塔尼说:"我在麦加见到一个衣衫褴褛的青年,他不和我们搭讪,也不和我们同座。我对他心生同情,就拿出二百迪尔汗向他走去,把钱放在他的枕边,我对他说:'这是真主赐给我的钱,你拿去花吧!'他生气地看了我一眼,然后给我讲述了他的故事。他说:'我用十万第纳尔买了这样一个不会损失的位子①,你想用这些钱毁掉我吗?'他说完站起来,把钱扔在地上。我只好弯下腰捡钱,我从来没有见到像今天这样的高贵,我也从没有经历过今天这样的屈辱。"

279　　　　艾布·阿布顿拉·本·海菲福说:"四十年以来,我没有出'开斋捐'的能力,我接受很多人的施舍。"

有人问穆罕默德·杜格关于穷人与真主相处时的不当表现。他说:"他们从真正的贫穷堕落到追求知识(谋求财富的知识)。"

海伊尔·奈萨吉说:"我走进清真寺,看到一个穷人。他一见到我,就朝我贴上来,说:'长老呀,帮帮我吧,我遭受巨大的苦恼。'我问他:'你的苦恼是什么?'他说:'我的贫穷没有了,我的身体更健康了。'我再一看他,他已得到了很多施舍。"②

穆罕默德·本·欧麦尔·宛扎格说:"今世和后世的穷人真好啊!"人们问他为什么,他说:"君王在现世上不要求他们上缴赋税,真主在后世不清算他们。"③

---

①　把自己的十万第纳尔施舍出去,使自己成为与真主同座的穷人。前面圣训提到,在复生日,穷人与真主同座。——译者

②　乞讨人的话证明他厌恶富有,渴望贫穷。但是正因为他心胸开阔,摆正了他与真主的关系,所以真主继续给他恩惠。——译者

③　指不清算他们财产的去处,因为他们没有财产。——译者

39．苏菲修行（泰算悟夫，Tasawwuf）

清洁是每个人都赞颂的，它相反于污浊，而污浊是可憎的。

据耶齐德·本·艾比·宰雅德说："穆圣很生气地向我们走来，脸色都变了，他说：'清洁消失了，留下的是污浊。今天，死对于穆斯林是珍贵的。'"①

这一类人（指苏菲）被冠以清洁之名。有人说："某某苏菲"、"苏菲团体"。行此道者被称为"穆泰算悟夫"（苏菲修行者），隶属于苏菲团体的人被称为"穆泰算威法"（苏菲中人）。从名字上来看，这一词并非来自阿拉伯语的类比或派生，好像它只是一个称号。也有人说：某某人是苏菲，或者他行苏菲之道，因为他穿羊毛衣了。也有人说：某人是苏菲，他穿长衫了。这只是一种说法，人们对这一种说法并不信服；还有人说："苏菲"一词来源于曾居住在圣寺的"凉棚宿客"②中的"逊法"而不是"羊毛"一词；有人说，他派生于"清洁"一词，"苏菲"是"清洁"（逊法伊）的大派生的结果；还有人说，它派生于"逊夫"（站排），意义上可以理解，但不符合阿拉伯语的派生规则。

无论如何，苏菲是最需要确定其词源和词型的一个名称，人们都在谈论苏菲及其意义。什么是苏菲呢？每个人有每个人的见解。下面，我们引述一些说法。

---

① 《圣训宝藏》记载。达尔盖特尼也有记载，贾比尔传述。
② 迁徙麦地那早期，一些圣门弟子无处安身，就居住在圣寺旁边的一个草棚里，靠辅士们的施舍度日。这些人安于贫穷，一心赞主，勤于功修。所以有人认为"苏菲"派生于他们。——译者

有人问艾哈迈德·祝莱勒苏菲修行,他说:"苏菲修行是步入每一个美德,步出每一个劣德。"

有人问祝奈德关于苏菲修行,他说:"消退你的污浊,复活你的清洁。"

有人问哈拉智什么是苏菲,他说:"它是统一的整体,任何人不接受它,它也不接受任何人。"

艾布·哈姆宰·巴格达迪说:"一个真正的苏菲的标志是富裕后贫穷,荣耀后屈辱,显名后蛰隐;一个假的苏菲的标志是贫穷后富有,屈辱后荣耀,无名后扬名。"

有人问阿慕尔·本·奥斯曼什么是苏菲,他说:"苏菲是这样的人,他所处的每一时刻对他都是最合适的。"

穆罕默德·本·阿里·盖萨布说:"泰算悟夫是美德,它在一个尊贵的时刻,出现在高贵的民众里的高贵的人身上。"

苏姆农尼·本·哈姆宰说:"泰算悟夫是你什么都不拥有,任何事物也不拥有你。"

鲁伊姆·本·艾哈迈德说:"泰算悟夫是把自己的愿望全部说给真主。"

祝奈德说:"泰算悟夫是与真主相处时,没有任何目的。"①

鲁伊姆·本艾哈迈德说:"泰算悟夫建立在三种品德之上:坚守贫穷、慷慨施舍和放弃选择。"

麦阿鲁夫·克尔赫说:"泰算悟夫是索取真知,绝望于他人手

---

① 这或许是说在崇拜真主时应剥离功利目的,就像拉比尔·阿德维亚所说的那样,崇拜真主既不为进入天堂,也不为避免火狱。无念无欲,认为所有的一切都是来自真主的恩惠。——译者

中之物。"

哈姆杜尼·盖萨尔说："倘若你决定陪伴一个人，你就去陪伴苏菲吧。你会发现，他们中的低下者会为别人的错误寻找借口，他们中的高贵者做了好事，他们也不极力夸赞。"

艾布·赛尔德海扎兹说："苏菲之人是这样的，他们得到真主的恩赐时，他们就心神宁静；他们被禁止注视真主之物的事物时，他们就不视万物。然后有人在玄妙的机密处呼唤他们：真的，你们为我哭泣吧！"

祝奈德说："苏菲是不可调和的一场激烈冲突。"

又说，"苏菲是一个家庭的成员，家庭之外的人不会走近他们。"

苏菲是和众人一起时的赞念，是聆听时的入迷（指聆听《古兰经》），是跟随圣道的工作。

苏菲就像一块土地，所有丑陋的人都践踏它，但只有俊美的人才能走出来。

苏菲就像土地，行善与作恶的人均行走其上；它像云彩，遮蔽所存在的一切；它像雨水，滋润大地上的一切。

祝奈德还说："如果一个苏菲关注他的外表，那么他的内里已经朽坏。"

赛海利·本·阿布顿拉说："苏菲是认为其生命和财产于他人是合法的人。"

艾哈迈德·努尔说："苏菲的特征是贫困时缄默，富有时慷慨施舍。"

穆罕默德·本·阿里·凯塔尼说："苏菲是美德，谁增加了美德,谁就增加了清洁。"

艾哈迈德·本·穆罕默德·鲁兹巴德说:"苏菲是站立在所爱的人的门前,即使是遭到驱赶。"

又说:"苏菲是久远的浑浊之后的临近与清洁。"

有人说:"最丑陋的人莫过于吝啬的苏菲。"

有人说:"苏菲是放弃无聊,拥有一颗善良的心的人。"

戴里夫·舍布里说:"苏菲是与真主同坐时心无所想。"

有人说:"苏菲是指引人们走向真主的人,众生皆向真主行进。"

282　戴里夫·舍布里说:"苏菲是为与真主相连而割断与众人联系的人。正如真主所言:'我为自己而挑选你'(塔哈章:第41节),即使他与他人断绝。"

又说:"苏菲是真主房间里的儿童。"①

又说:"苏菲是燃烧的闪电。"

又说:"苏菲是受真主保护的不为人所见的人。"

鲁伊姆·本·艾哈迈德说:"苏菲只要以善良为根本,他们就不会分崩离析;如果他们成为统一的,则其善不存。"

艾哈迈德·祝莱勒说:"'泰算悟夫'就是监察内心,坚守礼仪。"

阿里·麦兹尼说:"'泰算悟夫'是听从真主的领导。"

阿斯克尔·奈何筛比说:"任何事物不能使苏菲污浊,苏菲却

---

①　一无所有又无能为力,把自己的事情托付给家长,这是儿童的特征,苏菲也是如此。——译者

可以清洁任何事物。"

有人说:"苏菲不为欲望而求,不为变化而悲喜。"

有人问左农苏菲是什么样的人,他答:"他们为真主而舍弃任何事物,真主为他们而舍弃任何事物。"

穆罕默德·瓦西特说:"有一些人,他们一开始有一些指示,之后有一些行动,最后只剩下忧愁。"

有人问艾哈迈德·努尔什么是苏菲,他答:"苏菲聆听教诲,但更依赖机缘。"

艾布·奈斯尔·图斯问阿里·哈苏里:"你认为苏菲是什么人呢?"答曰:"苏菲是大地不载、天空不蔽的人。"阿里·哈苏里的回答指的是苏菲处于"法纳"时的状态。

有人说:"苏菲如果碰见两件好事,他会择更优者而行之。"

有人问戴里夫·舍布里:"'苏菲'这一名字缘何而来,他们为何被称为苏菲?"答曰:"是因为其他的人,即苏菲之外的人。他们因苏菲而生存,如果不是这一原因的话,他们就不会有这一名字。"

有人问艾哈迈德·杰拉伊:"苏菲的含义是什么?"他答:"如果以知识的条件去界定,我们不知道它的含义是什么。但是,我们知道苏菲是摒弃一切外在因素的穷人,他与真主同在,却无空间,但清高的真主不阻止他去认识任何一个空间,这样的人就被称为苏菲。"

艾布·叶尔孤白·穆扎比里说:"泰算悟夫是一种人性特征在其中散失的状态。"

　　艾布·哈桑·赛鲁尼①说:"苏菲依赖感悟和神示而不是诵经。"

　　艾布·阿里·丹嘎格说:"关于苏菲,最适当的描述是有人这样说:苏菲只是适合一部分人的道路,真主以他们的精神去清洁污浊与垃圾。"

　　艾布·阿里有一天这样说:"有一个人穷得只剩下'鲁哈'(灵魂),他的灵魂被置于苏菲大门之外的狗跟前,狗对他的'鲁哈'不屑一顾。"

　　艾布·赛海里·赛阿鲁克(愿真主仁慈他)说:"'泰算悟夫'是避开'障碍'。"

　　阿里·哈苏里说:"苏菲之人,没有了,就不存在。有了,他就存在。"其意是苏菲如果克服他的缺点,缺点绝不会重犯;如果他沉迷于真主,他的消失则不同于众人的消失,今世的变化影响不了他。

　　有人说:"苏菲是由于真主显现而对外界充耳不闻的人。"

　　有人说:"苏菲是被神性支配征服,因崇拜行为而被隐蔽的人。"

　　有人说:"苏菲不会变化,即使改变也不会浑浊。"

40. 礼仪(艾代卜,Adab)

　　真主说:"眼未邪视,也未过分"(星宿章:第17节)即保持礼节,是穆圣在真主莅临时的表现。

---

　　①　艾布·哈桑·赛鲁尼:苏菲,勤于苦行,居住在麦加附近。——译者

真主说:"信道的人们啊！你们当为自身和家属而预防那以人 284
和石为燃料的火刑,主持火刑的,是许多残忍而严厉的天使,他们
不违抗真主的命令,他们执行自己所奉的训令。"(禁戒章:第 6 节)
伊本·阿拔斯在注释这节经文时说:"其意为教授他们宗教,教导
他们礼节。"

据阿依莎传述,穆圣说:"父亲对儿子的义务是:给他取好的名
字,好好地哺育他,好好地教导他。"①

赛尔德·本·穆塞伊布②说:"认识不到对真主的义务的人,
不会以真主的禁戒与命令指导自己。"

据传述,穆圣说:"伟大的真主教导了我,所以,我的教导是最
好的。"③

礼仪的实质是具备善的品质。一个有教养和礼仪的人,其实
就是一个集合了诸多良好品质的人。

我的导师艾布·阿里·丹嘎格说:"一个人因为顺从而进入乐
园,因为顺从时的礼仪而抵达真主。"

我还听他说:"一个人在礼拜时想把手伸向鼻子,后来他止住
了。"其实,我的导师说的是他自己。我的导师坐着时从不依靠任
何东西。有一天在一次聚会中,我想把一个靠枕放在他的背后,他
斜了一下身子,离开了靠枕。我原以为他可能不放心靠枕,担心上
面有拜毯,但他直接说:"我不想用靠枕。"后来我观察了一阵,我的

---

① 伯伊海格的《信仰的分支》记载。
② 赛尔德·本·穆塞伊布(伊历 14—94 年),别名艾布·穆罕默德,再传弟
子。——译者
③ 《记录的礼仪》记载,伊本·麦斯欧德传述。

导师的确从不用靠枕。

杰俩杰里·巴士拉说:"承认独一的主宰必然产生信仰。没有信仰的人,不会认主独一;信仰必然产生教法,没有教法的人没有信仰,也没有认主独一;教法必然产生礼仪,没有礼仪的人,没有教法,没有信仰,也没有认主独一。"

285　　伊本·阿塔说:"礼仪就是择优而行。"有人问:"这是什么意思呢?"答曰:"在秘密和公开中依礼与真主交往,如果你做到这一点,你就是知礼的人。"之后他吟道:

> 你如开口,索然无味。
> 你如缄默,其美皆来。

阿布顿拉·祝莱勒说:"二十年来,我从来不在坐时把腿伸出来,即使在我独居时。以美好的礼仪与真主相处是最应当的。"

我的导师艾布·阿里·丹嘎格说:"无礼地与权贵相伴的人,他的无知会把他送向死亡。"

有人问伊本·赛利勒:"最接近真主的礼仪是什么?"答曰:"认识到他对众生的养育,做顺从他的工作,在顺利时赞美他,在坎坷时忍耐。"

叶哈雅·本·穆阿兹说:"一个'阿勒夫'(认主者)如果丢弃他与真主之间的礼仪,他的归宿只有毁灭。"

我的导师说:"放弃礼仪会招人驱赶,在地毯上无礼的人会被逐出门外,在门外无礼的人,会被当作牲畜对待。"

有人对哈桑·巴士拉说:"很多人都在谈论礼仪,那么,对人前后都有益的礼仪是什么呢?"答曰:"理解宗教,淡泊今世,了解你对真主的义务。"

叶哈雅·本·穆阿兹说："以真主的礼仪培养自身的人,他会成为真主喜爱的人。"

赛海利·本·阿布顿拉说："一些人在真主的事情上向真主求救,在真主的礼仪上为真主而忍耐。"

据传述,阿布顿拉·本·穆巴拉克说："少的礼仪比多的知识更为我们需要,当我们失去教导者时,我们方去寻求礼仪。"

有人说："三种人们没有异议的品行是:避开多疑的人、好的礼仪和阻止伤害。"艾布·阿布顿拉对此吟道:

　　人若结婚,装饰有三:
　　知礼、贤德、避多疑之人。

艾布·哈夫赛来到巴格达,祝奈德对他说："你的朋友给你教导了君王之礼仪。"艾布·哈夫赛说："外表的知礼是内心知礼的标志。"

阿布顿拉·本·穆巴拉克说："'阿勒夫'(认主者)的礼仪就像是蓦然醒悟者的忏悔一样。"

曼苏尔·本·海莱夫叙述说,一个人对另一个人说："唉,礼仪糟糕的人啊!"那人说："我不是礼仪糟糕的人。"又问:"那谁教导的你?"答曰:"是苏菲教导的我。"

艾布·奈斯尔·图斯说:"人们在礼仪上分为三个等级:一类是世俗之人,他们中大部分人的礼仪是能言善辩、记住很多知识、君王们的名字及阿拉伯人的诗歌;一类是宗教之人,他们中大部分人的礼仪是锻炼心智、修身养性、遵守法度、抛弃欲望;一类是特殊人，他们中大部分人的礼仪是清洁心灵、关注玄秘、履行盟约、守时、清心寡欲，在祈求、礼拜和临近真主时保持优良的礼仪。"

据传述，赛海利·本·阿布顿拉说："使自己屈从于礼仪的人，他是在真诚地崇拜真主。"

有人说："完美的礼仪只体现在圣人和诚笃者身上。"

阿布顿拉·本·穆巴拉克说："很多人都在谈论礼仪，我认为，礼仪就是认识自己。"

戴里夫·舍布里说："涉及真主时信口雌黄是无礼的表现。"

左农说："'阿勒夫'（认主者）的礼仪在诸礼仪之上，因为他的认知对象是教导所有人的人。"

有人说，真主这样说过："与我的尊名与属性同在的人，我使他坚守礼仪；我为他揭示我的本体的人，他面临的是毁灭。你在二者之间选择吧！是礼仪还是毁灭。"

287　　有一天，伊本·阿塔在与他的朋友同坐时把双腿放开，他说："在与有礼仪的人同坐时，放弃礼仪就是礼仪。"他为此引证了穆圣的做法。穆圣在与艾布·伯克尔和欧麦尔一起时，奥斯曼进来了，穆圣赶忙把大腿盖上，然后说："天使为之害羞的人，难道我不为他而害羞吗？"穆圣强调了奥斯曼的害羞。他与艾布·伯克尔、欧麦尔之间的情形是为纯净。

诗曰：

我矜持害羞，见人无言语。

若遇尊贵人，本真颜面现。

我言无顾忌，话多心欢喜。

祝奈德说："如果两人之间的爱是真实的，可不拘礼节。"

艾布·奥斯曼·哈伊尔说："如果两人之间的爱是真实的，则更应保持礼节。"

艾哈迈德·努尔说："不学习时间礼仪的人，他的时间是为人厌恶的。"

左农说："一个'穆勒德'（求道者）若放弃了礼仪，他就回到了原地。"

艾布·阿里·丹嘎格在读到经文"安优布，当时他曾呼吁他的主说：'痼疾却已伤害我，你是最仁慈的。'"（众先知章：第 83 节）时说："安优布没有说'你仁慈我吧'，而是说'你是最仁慈的'"，这是他注重对话礼仪的体现。

同样，尔撒在与真主对话时说："如果你惩罚他们，那么，他们是你的奴仆。"（筵席章：第 118 章）"如果我说了，那你一定知道。"（筵席章：第 116 节）尔撒这里并没有直接说："我没有说。"也体现了他在真主莅临时应保持的礼仪。

祝奈德说："一个善人在主麻日来到我跟前对我说：'你让一个穷人到我家，我款待他，我会因此而欢乐。'我左右看了看，旁边赫然有一个穷人，衣衫褴褛，穷困不堪。我就把他喊过来，之后对他说：'你和这人走吧，为他带去欣慰。'刚过了一会儿，那个善人就回来了。他对我说：'艾布·嘎希姆（祝奈德）啊！那人进了我家后，只吃了一口就出来了。'我对他说：'或许你说了什么不合适的话了。'善人说：'我什么也没说呀。'我左右看了看，去吃饭的那个穷人就在我旁边坐着，我问他：'你怎么没有让他高兴到底呢？'穷人说：'长老啊！我从库法来到巴格达，什么东西都没吃。我不愿因为我的穷困在你面前显示出无礼,当你叫我过去时,我很高兴地就去了,我期望邀请我的人有比乐园更高的报酬。当我坐下来刚吃了一口时,他对我说:你吃吧,这比得到一万迪尔汗更让我高兴。我一听这话,知道他请客的目的是龌龊的,于是我就离席而去。'闻听此言,我对那个善人说:'难道刚才我没说吗? 肯定是你待他不好。'那善人赶忙表示忏悔,之后请求穷人再度和他回去。"

41. 远行的律例(艾哈卡目·赛法尔,Akhkam-Safar)

真主说:"真主使你们在陆地和海洋上旅行。"(优努斯章:第22节)

伊本·欧麦尔传述,穆圣每当骑上坐骑准备外出时,都要赞主三次,然后说:"赞颂真主,超绝万物! 他为我们制服此物,我们对于它本是无能的。我们必定归于我们的主。"(金饰章:第13—14节)然后又说:"主啊,我们在这次旅途中向你祈求恭顺、敬畏,你所喜悦的工作,使我们的旅行顺利。主啊! 你是我们旅途的主人,亲人与财产的掌护者。主啊! 我向你祈求,免遭旅途中的磨难、归宿的悲伤及亲人与财产的损失。"

而当穆圣从旅途中返回时,还念同样的祷词,并且加上这样的话:"我是悔悟者,忏悔者,我们赞颂我们的主。"①

289　　　苏菲对于旅行有很多说法,因此,我在这本书中,把旅行作为独立的一个标题,以显示它在苏菲跟前的重要性。苏菲在这一问题上的观点是不同的,有的苏菲把居家置于旅行之上,所以不外出旅行,但也把它看作是一种途径。他们中大部分是安于居家的,如

---

① 《穆斯林圣训集》记载。《提尔密兹圣训集》、《艾布·达乌德圣训集》也有记载。

祝奈德、赛海利·本·阿布顿拉、比斯塔米、艾布·哈夫赛等。而有的苏菲则乐于外出旅行，到各地游历，如艾布·阿布顿拉·麦格里布、易卜拉欣·本·艾德海木等。也有很多苏菲，年轻时经常外出旅行，而年老时则居家不出，如赛尔德·本·伊斯玛仪、戴里夫·舍布里等。尽管如此，他们每人都有自己的见解。

须知，旅行分为两种：一种是空间的旅行，即从一个地方到另一个地方；另一种是心灵的旅行，即从一个品性上升到另一个品性。所以，你看到很多人是以"身体"去旅行，只有很少人用"心灵"去旅行。

我的导师艾布·阿里·丹嘎格说："在奈萨布尔的一个乡村，有一位苏菲长老，他对此有精辟的认识。一个人问他：'长者啊！你旅行过吗？'老人反问：'是地上的旅行还是天上的旅行？ 如果是地上的旅行，那我没有；如果是天上的旅行，我倒有过。'"

还说："有一天我在姆鲁时，一个穷人到我跟前，他对我说：'我走了很远的路（意即为了见到长老）。'我对他说：'如果你丢失你自己的心，一步足矣！'"

由于苏菲的经历不同，关于他们的旅行的传闻也不同。

艾哈奈夫·海麦达尼说："我曾经一个人在荒野中，累得筋疲力尽。于是我把手伸向天空说：'我的养主啊！我已疲惫至极，而我是应邀前往的！'这时，我心中一个声音说：'谁邀请你了？'我说：'担负着很多寄生虫①的王国。'这时，后面突然一个人喊我，我扭

---

① 大地上的每个生物，都是寄生在大地的真主的创作物，所以都是寄生虫。——译者

头一看,赫然是一个骑着骆驼的游牧人,他对我说:'唉,外乡人呀,你去哪里?'我说是去尊贵的麦加。他又问:'谁邀请的你?'我回答说不知道,他说,难道不是说:'"凡能旅行到天房的人"的主吗?'我说:'邀请我的是担负着寄生虫的广袤的王国。'那人又说:'寄生虫,你可以照看我的骆驼吗?'我说可以,他从骆驼上跳下来,然后对我说:'你骑着走吧。'"

一个穷人对穆罕默德·凯塔尼说:"你嘱托我吧。"穆罕默德·凯塔尼说:"你每天成为清真寺的客人①,直至你死亡。"

阿里·哈斯尔说:"打坐一次强于一千个证据。"他所指的"打坐一次"是有见证意味的打坐,以我的生命起誓,它的确强于没有实证的一千个证据。

穆罕默德·本·伊斯玛仪·法尔阿尼说:"我、艾布·伯克尔·宰嘎格和穆罕默德·凯塔尼,我们外出了近二十年光景,我们没有和其他任何人同行过。有一次,我们到了一个地方,里面有一个老人,我们向他问候之后,就坐在他旁边过夜。之后,我们去了清真寺,穆罕默德·凯塔尼从夜初礼拜一直到夜末,封印了整本《古兰经》;宰嘎格面朝天房方向静坐默悟;我也是面朝天房沉思。晨礼时分,我们在暗淡的光线下做了礼拜,这时,我们赫然发现一个人睡在我们旁边,我们认为他比我们高贵。"

有人问鲁伊姆·本·艾哈迈德旅行的礼仪,答曰:"不要让远行者的意念超前了他的脚,心到哪里,哪里就是他的家。"

马立克·本·迪纳尔说,真主启示穆萨圣人说:"穿上两只铁

鞋,拿上一根铁拐杖,然后在大地上行走,追寻迹象和教训,直至鞋破棍折。"

穆罕默德·本·伊斯玛仪经常外出旅行,陪伴他的是他的同伴,他穿着戒衣①,如果他开戒了,他就再一次受戒。但是,他的戒衣不曾脏,指甲不见长,头发也不见长。他的同伴夜间走在他的后面,如果哪一个人偏离了道路,他就会说:"某人往右,某人往左。"291 他的手从不伸向别人伸向的地方,他的食物从根本上说就是一些植物,他把植物找来,放在嘴里就吃了。有时,他的同伴对他说:"站起来。"他会问:"去哪儿呢?"好像他不是主人。

据传,艾布·阿里·勒巴特说:"阿布顿拉·麦鲁兹外出时,从不带干粮和牲畜。我决定陪同他远行,他问我:'你更乐意咱们两个谁是艾米尔呢(领导)?'我说:'那当然是你了。'他就说:'那你应该服从我。'我说:'是的。'他于是拿来一只口袋,装上干粮,背在他的肩上,我说:'你把口袋给我吧,我来背上。'他说:'我是艾米尔,你应当服从我。'有一天夜里下雨了,他在我的头上举着一件衣服,站了一宿,为我遮挡雨水。我当时心里说:'即便我死了,也希望没有说过"你是阿米尔"那句话。'雨停之后,他对我说:'如果日后你陪同其他人,你就像看到的这样陪同他。'"

一个年轻人去见艾哈迈德·本·穆罕默德·鲁兹巴勒,当他要出来时,他请求长老给他说一句有益于他的话。艾哈迈德·鲁兹巴勒对他说:"年轻人啊,他们(苏菲中人)不为约定的时间而相

----

①　朝觐时穿的白色的衣服,通常是两块白布。所有的男性朝觐者都是同样的装束。——译者

聚,也不为约定的时间而分离。"①

　　艾布·阿布顿拉·奈绥布尼说:"我外出旅行了三十年,从没有补过一次补丁,没有去过一个有认识我的人的地方,也没有丢弃过任何一个为我担负行李的人。"

　　须知,人们如果齐全了苦修的条件之后,如果他们想增加内容的话,他们就增加旅行。以磨炼他们的心,直至使他们的心脱离常规,使它不为人所知,也使他们与真主同在时没有关系,没有中介,他们在旅途中不会放弃任何心中的感悟。他们说:"对于一般人来说,旅行中有宽松的许可,对我们而言,则没有宽松的许可。"

　　艾布·奈斯尔·阿巴兹说:"有一次,我在旅途中精疲力竭,我几乎都绝望了。这时,我看到了月亮,而当时是白天。我看到月亮上写着:'真主将帮你们抵御他们。'(黄牛章:第137节)我精神为之一振,继续前行,真主的启示,使我看到了这一景观。"

292　　艾布·叶尔孤白·苏斯说:"旅行者在旅途中需要四种事物:引导他的知识、阻止他犯罪的敬畏、克制他的感情以及保护他的品德。"

　　有人说:"旅行之所以称为'旅行',是因为旅行能显露出男人的品格②。"

　　据说易卜拉欣·海瓦斯在旅途中除了针线和水壶之外,从不带任何东西。至于针线,是用来缝破裂的衣服,以遮住羞体;至于水壶,是用来洗小净的。除此之外,他看不到其他与旅行有关系的

---

　　①　意即何时心动,何时行动,不为外出而苛求自己。这指的是同等关系的兄弟或朋友,倘若是师生关系,则应当请示长老。——译者
　　②　"旅行"一词的阿拉伯语源有:显露、显示和暴露之意。——译者

东西。

艾布·阿布顿拉·拉齐传述说:"我赤着脚从图尔苏斯城出来,陪同我的是我的同伴。我们来到叙利亚的一个村庄,一个穷人给我送来一双鞋,我拒绝接受。我的同伴对我说:'你把它穿上吧,你这样太累了,因为我的原因,才有人给你送了这双鞋。'我吃惊地对他说:'你说什么呢? 这和你有什么关系呢?'同伴说:'为了和你保持一致,尽到陪同的义务,我把我的鞋也脱掉了。'"①

有一次,易卜拉欣·海瓦斯出行,同行的有三个人,后来他们到了一个荒凉小村的清真寺,决定在寺里留宿一夜。清真寺没有门,特别寒冷。天亮的时候,他们看到一个人站在门口,就问他为什么这样做,那人说:"我害怕风吹进来冻着你们。"那人在门口站了整整一宿!

穆罕默德·凯塔尼请求母亲允许他去朝觐,母亲就答应了他的要求。穆罕默德·凯塔尼出门不长时间,衣服就弄脏了,心想:这样出门不好,便转身回家。当他敲门时,母亲很快应答了,门开之后,他发现母亲就坐在门后面。穆罕默德·凯塔尼就问母亲为什么坐在门后面,母亲说:"你出去之后,我就想,我不能离开这个地方,直到再次看到你。"

易卜拉欣·盖萨尔说:"我三十年来的旅行,是在改善穷人们的心。"

据说,一个人去探望达乌德·塔伊,他对达乌德·塔伊说:"很

---

① 或许因为同伴也赤脚的原因,别人才给他送鞋。这就是旅行中陪伴的礼仪,有同甘共苦的意味。——译者

久之前,我就想来看望你,但一直到现在才来。"达乌德·塔伊说:"没关系,如果身体健康,心境平和,相见是最容易的事。"

艾布·奈斯尔说:"我离开阿曼①湾时,饥肠辘辘。我来到一个市场,经过一个食品店,我看到其中有烤肉和甜点。我对走在后面的一个人说:'给我买些东西吃吧。'那人说:'为什么呢?难道你有东西在我这儿吗?还是我欠你钱?'我则固执地说:'你一定要给我买些吃的。'这时,另外一个人看见了我,他对我说:'年轻人啊,你放弃那个人吧。应该给你买东西的是我,不是他,你给我说你想吃什么吧!'那人给我买了我想吃的食物,然后扬长而去。"②

埃及的艾布·侯赛因说:"我和舍杰勒一同从的黎波里③外出远行,我们一连走了好几天,什么东西都没吃。我看到一个煮好的南瓜,拿起来就吃,舍杰勒看了我一眼,什么都没说。我于是把南瓜扔给他,我知道他不喜欢吃南瓜。后来我们有了五个金币,来到一个村庄之后,我心想:他一定会买些东西的。但经过了村庄,他什么也没有买。他对我说:'或许你会说,我们饥肠辘辘地走路,你什么东西都没买。我就是要这样做。'之后,我们来到一个犹太人的村庄,我们走进一个穷人家,主人慌忙招待我们,舍杰勒把钱全部给他,让他给我们做些吃的,剩下的让他补贴家用。就这样舍杰勒把钱花完了。出来后,舍杰勒对我说:'艾布·侯赛因啊,我们现

---

① 阿拉伯半岛中间的一个独立王国,首都是马斯喀特。

② 艾布·奈斯尔·阿巴兹向那人索要食物,不是出于馋欲,而是饥饿。那人的回答是自然反应,因为他不知道对方的状况。一个人倘若真诚,真主就会使喜爱贫穷的人到他跟前。——译者

③ 利比亚首都。

在去哪里呀?'我说:'我听你的,你去哪里,我就去哪里。'他说:'你在南瓜一事上耍心眼,而你是我的同伴,你不要再陪着我了。'他拒绝我继续陪同他。"

艾布·阿布顿拉·海菲福说:"我年轻时,碰到一个穷人。他看我面有饥色,风尘仆仆,便把我带到他的家,给我端来用酸奶烹调的肉。肉已经变味了,我只吃肉汤里的馍馍,没去吃变味的肉。那人给我夹了一块,放在我的碟子里,我用力咽了下去。之后他又给我夹了一块,我只好很困难地咽了下去,那人看到我的表情,羞愧不已。我因他的害羞而害羞,吃完我走出他的家,继续我的行程。我给我的母亲带了信,让她派人把我的行囊送来,母亲没有反对,她乐意我出门游历。后来我来到了嘎底西亚,同行的还有一些穷人,我们带的东西都丢了,身上什么东西都没有,个个衣衫褴褛、穷困不堪的模样。我们进入一个阿拉伯人的村庄,但什么吃的东西也没有。我们只好花钱买了一只狗,让他们给我烤着吃,烤好之后,他们给我一块狗肉,正当我要吃时,我想到这是一个惩罚①,是那个用变味的肉招待我的穷人!我羞愧难当,默默无语,心中向真主忏悔不已。村里人把我带到大路,我转身上路。朝觐结束之后,我径直返回那个招待我的穷人家里,专程向他道歉。"

42. 陪伴(苏哈拜,Suhba)

真主说:"当时,他俩在山洞里,他对他的同伴说:不要忧愁,真

---

①　肉虽变味,毕竟合法,但他确不愿意吃,致使招待他的穷人尴尬,羞愧。现在吃的肉连变味的肉还不如,因为狗肉是非法的。——译者

主确是和我们在一起的。"(忏悔章:第 40 节)

祝奈德说:"真主在肯定艾布·伯克尔的陪伴的同时,流露出了对他的怜悯。"他对他的同伴说:"不要忧愁,真主确是和我们在一起的。"对同行的同伴表示怜悯与安慰是应当的。

艾奈斯·本·马立克传述,穆圣说:"我什么时候能见到我的爱友呢?"弟子们就说:"以我们的双亲为牺牲,难道我们不是你的爱友吗?"穆圣说:"你们是我的弟子,至于我的爱友,他们看不到我,他们信仰我,我也非常想念他们。"①

陪伴分为三种类型:一种是陪伴地位在你之上的人,这种陪伴其实就是服侍;第二种是陪伴地位在你之下的人,这种陪伴要求关爱跟随的人,而被跟随的人则要践约、自尊、自爱;第三种是陪伴地位同等的人,这种陪伴建立在心甘情愿和义气的基础之上。陪伴长者的人(地位在其上),不要顶撞和反对长者,应始终和颜悦色地面对他,不管他喜悦还是恼怒。

我的一个弟子问曼苏尔·海莱夫:"你陪伴赛尔德·本·赛俩目多少年了?"曼苏尔不高兴地斜视了他一眼说:"我没有陪伴过他,我只是侍奉了他一段时间。"

如果你陪伴地位和学识在你之下的人,那么,你有责任指出他的缺点与不足,否则,是对同伴的背叛。

艾布·海伊尔·泰纳提尼在给杰尔发·本·穆罕默德·本·奈斯尔的信中写道:穷人无知的过错应由你们承担,因为你们忙于自己的事务,而疏于教导他们,以致他们长期无知;如果你陪伴的

---

① 《圣训宝藏》记载。

是和你地位相当的人，你要努力保护他的缺点，用种种美好的、你所能想到的解释去联系你在他身上看到的过失，如果你不能找到解释，那么，则应当责备你自己。

我的导师艾布·阿里叙述说，艾布·艾哈迈德·哈瓦勒对艾布·苏莱曼·达扎尼说："我不喜欢某人。"艾布·苏莱曼也说："我也不喜欢他。艾哈迈德呀，或许我们之前就有了这种想法，我们不属于善人之列，所以，我们不喜欢他。"①

据说，一个人陪伴了易卜拉欣·本·艾德海木一段时间，当他要离开时，他对易卜拉欣说："如果你看到我有什么缺点，你就提醒我。"易卜拉欣说："我没有看到你有什么缺点，因为我是以友爱的眼光看你的，所以，我看到的都是好的，如果要问你的缺点，你就问我之外的人吧。"

诗曰：

爱人眼里无缺点，对手眼里无是处。

艾布·艾哈迈德·盖俩尼斯②说："我陪伴过巴士拉的一些人，他们敬我如宾。有一次我问其中的一个人：'我的大衣哪去了？'结果，他们对我的态度急转直下。"

一个人对赛海利·本·阿布顿拉说："艾布·穆罕默德呀，我想陪伴你。"赛海利则问他："如果我们中的一个人死了，谁陪伴剩下的那个人呢？"那人说："真主会陪伴他。"赛海利就说："那现在就

---

① 良善的人应该喜爱他人，这是他们的属性。——译者
② 艾布·艾哈迈德·盖俩尼斯（卒于伊历270年），全名穆苏阿布·本·艾哈迈德·巴格达迪，别名艾布·艾哈迈德，苏菲长老。——译者

让真主陪伴他吧。"

易卜拉欣·本·艾德海木曾以给人收割庄稼、看护花园谋生，他把挣来的钱花在他的弟子身上。有人说："易卜拉欣·本·艾德海木白天工作，把挣来的钱花在弟子身上。"有一次，弟子们夜里在一个地方过夜，他们都封着斋，易卜拉欣很晚还没收工。弟子们说："我们不等他了，先开斋吧。这样，他以后就会很早回来了。"他们就先吃了饭，然后睡了。易卜拉欣回来之后，发现他们都睡了，自言自语道："真可怜哪，可能他们到现在还没吃上饭。"易卜拉欣赶快和面、生火。他的动作惊醒了睡着的弟子，他们看到易卜拉欣正用力吹火，样子很狼狈。弟子们就问他做什么，易卜拉欣说："我想你们没有吃饭，就赶忙做饭，等你们醒来时，你们就可以吃了。"弟子们非常惭愧，其中一个人对其他人说："看看吧，他怎么对待我们的，而我们又是怎么对待他的。"

据说，易卜拉欣·本·艾德海木如果同意一个人陪伴他，就和他约法三章：第一，侍奉他；第二，听从他；第三，他的手在所有现世的东西面前像其他人的手一样。[①] 有一天，他的一个弟子对他说："我做不到这些。"易卜拉欣·本·艾德海木则说："你的诚实让我敬佩。"

优素福·本·侯赛因说，我问左农："我应该陪伴谁呢？"答曰："陪伴你任何事情都不隐瞒他的人。"

赛海利·本·阿布顿拉对一个人说："如果你是一个害怕野兽的人，那你不要陪伴我。"

---

① 靠双手吃饭，以劳动挣取食物。——译者

拜舍尔·本·哈勒斯说："陪伴坏人只会让人误解好人。"

祝奈德说："艾布·哈夫赛来到巴格达，同行的还有一个秃顶的人，此人一言不发。我向艾布·哈夫赛的弟子询问此人的情况，他们说：'艾布·哈夫赛为他花了十万迪尔汗，为他借了十万迪尔汗。现在，不允许他说一个字①。'"

左农说："你要以服从陪伴真主，以劝诫陪伴世人，以违抗陪伴自己的私欲，以敌视陪伴恶魔。"

一个人问左农："谁是朋友？"答曰："如果你病了，他会探望你；297 如果你错了，他会原谅你。"

我的导师艾布·阿里·丹嘎格说："一棵自己长出来的树，或许它能长出叶子，但它不会结果。'穆勒德'（求道者）同样如此，如果他没有导师指引，他不会有任何结果。我从艾布·奈斯尔·阿巴兹那里学习了苏菲之道，奈斯尔·阿巴兹从舍布里那里学习了苏菲之道，舍布里从祝奈德那里学习了苏菲之道，祝奈德从赛勒·塞格特那里学习了苏菲之道，赛勒·塞格特从麦阿鲁夫·克尔赫那里学习了苏菲之道，麦阿鲁夫·克尔赫从达乌德·塔伊那里学习了苏菲之道，达乌德·塔伊从再传弟子那里学习了苏菲之道。除了我洗小净时会耽误一会儿外，我从未缺席过奈斯尔·阿巴兹的讲座。"

我开始跟艾布·阿里·丹嘎格学习时，我去见他时一定沐浴斋戒，我不止一次地站在他的讲堂门口，害怕打扰他而害羞地返回

---

① 艾布·哈夫赛认为沉默对他是最好的，所以，不惜花费二十万迪尔汗的代价。——译者

家。有一次我壮着胆子进去了,来到院子中间时,就像被针扎了一下,全身麻木了,而自己却没感觉到。当我坐下来,却又无法张口说出我的问题。每当我坐下来,我的导师就开始解释我的问题,我不止一次地看到他很疲倦。我经常想:即便现在真主给人派来一位使者,他的谦恭能超过我的导师留在我心中的感受吗?但那是不可能的。从我参加他的讲座,到关系密切时服侍他,一直到他去世,我不曾记得心中或脑海中有违抗他的念头。

穆罕默德·本·奈杜尔·哈勒斯①说,真主启示穆萨圣人说:"你在寻求同伴时要头脑清醒,任何一个同伴,如果不能为你带来愉快的话,你当远离他,不要再和他在一起。他使你的心变硬,他是你的敌人。你当多多地记念我,赞念我才会感激我,我会因此增加对你的恩惠。"

艾布·伯克尔·塔麦斯塔尼说:"你们陪伴真主吧,如果做不到的话,就陪伴那些陪伴真主的人吧,他们会为你们带来陪伴真主的吉庆。"

43. 认主独一(涛黑迪,Tawhid)

真主说:"你们的神灵是独一的神灵。"(黄牛章:第163节)

穆圣说:"你们之前有一个人,除了拥有'涛黑迪'(认主独一)外,他没有做过任何善功。他对他的亲人说:'如果我死了,你们就把我烧了,在有风的日子,把一半骨灰撒向陆地,一半骨灰撒向大

---

① 穆罕默德·本·奈杜尔·哈勒斯:别名艾布·阿卜杜·拉赫曼,库法最勤于功修的人。据说他一听到死亡,就全身发抖;除非实在睁不开眼才睡觉。——译者

海。'他死之后,亲人们按照他的嘱咐做了。真主对风说:'把你携带的人送过来。'那人就来到真主跟前,真主对他说:'你为什么要这样做呢?'那人答:'我的工作太少了,因你而害羞。'于是,真主饶恕了那个人。"①

认主独一就是确定真主是独一的,认识到真主是唯一的也是"涛黑迪"。

有人说:"以独一性描述真主就是使真主独一,正如某人是勇敢的,你称他勇敢一样。"有人说:"在词源上,使某某人'独一'就是确定他是独一的、唯一的、单独的。正如使某某'单独'一样,他是单一的,单个的。"

真主本体的独一是认知方面的含义。有人说:"不适宜以高低的属性来描述真主,他不同于我们普通人,因为你可以说:某人没有手,也没有脚,可以把他的某些部位去掉,但真主的本体完全不同于这些属性。"

一些有真知的人说:"独一的属性,否定了本体分割的可能,也否定了相似他的能力与属性,同样,也否定了他在行为、创造方面存在同伴。" 299

认主独一有三:第一是真主层面的认主独一,即真主知道他是独一的;第二是真主于人类层面的认主独一,即真主要确定崇拜是独一的,他的创造就是使人崇拜独一的主;第三是人类于真主层面的认主独一,即人类知道真主是独一的,他的确定及传闻也说明他

①　《布哈里圣训集》记载,艾布·胡莱勒传述。《穆斯林圣训集》、《奈萨仪圣训集》、《艾哈迈德圣训集》也有记载。

是独一的。这就是关于"认主独一"的意义及简洁描述。

有人问左农什么是认主独一，他说："就是你要认识到真主在万物里的独自创造的能力，无法模仿的能力，他创造万物的原因及不以原因的创造，你自己所有关于真主的想象都与真主不同。"

艾哈迈德·祝莱勒说："没有知识的'认主独一'，只有口舌的'认主独一'。"

有人问祝奈德什么是认主独一，他说："使他独一，就是要确定他的独一性，完全的单一性。他是唯一的，既不生育，也不被生。他没有同伴、能力相等者、实力相似者。他不可以被形容、被定位、被想象、被刻画。万物不像他。他是全听的、全观的。人的理智在认主独一的思考上达到极限时，人的理智也因此陷入彷徨和迷离。"

祝奈德还说："认主独一就是迹象消失，知识无益的意境，真主正如亘古而存那样。"

阿里·哈斯勒[①]说："认主独一的原则是五个：否定新生，确定无始，远离众人，告别家乡，忘记知与不知。"

曼苏尔·麦格里布说："认主独一就是消除在大部分情况下的中介，返回真主的判定，善功不会更改前定中的幸运与不幸。"

有人问祝奈德，特殊的认主独一是什么。祝奈德说："就是一个人像影子一样站在清高的真主面前，真主的安排、判定在他身上执行。他在认主独一的汪洋大海里看不到自己，听不见人们对他

---

① 　阿里·哈斯勒（卒于伊历371年），全名阿里·本·易卜拉欣·哈斯勒，别名艾布·哈桑，苏菲，戴里夫·舍布里的学生，巴士拉人。——译者

的呼唤,也无暇回答真主是真实存在的、是独一的、是临近的。因为他的感觉和行动都已不在,一切皆为真主的意念。他从最后的自己返回最初的自己,正如他存在之前的存在一样。"

有人问阿里·布什奈吉什么是认主独一,他答:"本体与属性皆无类似。"

有人询问赛海利·本·阿布顿拉真主的本体,他说:"真主的本体不可用知识描述,感觉不可想象,视力不可触及。真主的本体是信仰确认存在的、无限界、无方位、无边无际、无处所。眼睛只可看到他的尊大和能力,人类被阻挡于认识他的本体之外。真主只给人类指示一些迹象,他们的心可以认识它,理智不可理喻它,信士注视他的视力是不全面的,不能最终领悟的。"

祝奈德说:"认主独一最佳的论点就是艾布·伯克尔(愿真主喜悦他)所说的话:'清高的真主没有为人类认识他提供途径,认知他的途径就是无力认识他。'"

艾布·伯克尔并不是说他没有认知,在我们看来,无能是来自于存在的,而不是来自不存在,正如一个人不能坐,不是说他没有坐的行为,坐的行为还是存在的。同样,一个人无法认知真主,认知是肯定存在的,因为认知是必需的。就苏菲而言,认知真主是必需的,在开始时是依赖知识的认知,即使知识是真实的。但对于确然的认知来说,艾布·伯克尔不认为知识有什么价值,正如太阳升起时的光环一样,它只是太阳散发的光线而已。

祝奈德说:"苏菲独特的认主独一是确定真主的无始,否认新生。它的过程是离开家乡,割断情爱,放弃知与不知,最终确认真主在任何一个空间。"

301 　　优素福·本·侯赛因说:"置身于认主独一大海里的人,时间越久,他越感觉到干渴。"①

　　祝奈德说:"认主独一的知识存在于不同的知识之中,认知不同而认识不同。"

　　又说:"认主独一的知识的毯子,二十年前就被卷起来了,人们谈论的只是皮毛。"

　　一个人问哈拉智:"谁是他们所指的真主?"答曰:"使人有缺陷,而自身无缺陷。"

　　戴里夫·舍布里说:"探究到认主独一顶点知识的人,他不能够承担一条虫子的重量。"②

　　有人就仅仅言语承认认主独一询问戴里夫·舍布里,舍布里生气地说:"你不要说了! 用一句话来回答认主独一的人是不信道者;用手指点的人,他是'赛奈伟'③;用努嘴、打眼色来回答的人,是偶像崇拜者;就认主独一议论的人,他是不严谨的人;缄默的人,他是无知者;妄称达到认主独一的人,他一无可获;认为接近真主独一的人,他其实失去了认主独一。你们所有的想象、理解在你们看来是最完美的,但那都是不被接受的,是你们自己的创造。"

　　优素福·本·侯赛因说:"特殊的认主独一是依赖人的玄秘、情感和心灵。就好像他站在真主跟前,真主的安排、判定在他身上

---

　　① 　认知越多,就越来越渴望抵达真知。——译者

　　② 　对真主独一达到顶点的人,他会认识到真主是所有被造物的行为者,万物行动的力量皆来自真主,所以,他那时没有任何力量。——译者

　　③ 　"玛尼派"的一个分支,其创始人为玛尼,公元 215 或 216 年出生于伊朗。该派认为世界上存在两个基本的,相对立的原则,不可分割。如善与恶,光明与黑暗等,他们用这样的原则来判断世间万物。——校对者

执行。他在认主独一的大海中消失了,感觉没有了,一切皆源自真主的意念,万物的运行皆依照真主的判定。"

有人说:"认主独一只属于清高的真主,人只是匆匆而去的过客。" 302

有人说:"认主独一是要消除个体的'我',你不要说'属于我'、'因为我'、'来于我'、'到达我'之类的话。"

有人问艾布·伯克尔·塔麦斯塔尼什么是认主独一,答曰:"是三而已:使他独一;认为他独一;承认他独一。"

鲁伊姆·本·艾哈迈德说:"认主独一是消除人性,只有神性。"

我的导师艾布·阿里·丹嘎格在生命之末时说(当时他病得非常厉害):"坚定认主独一体现在接受和认可真主的判定的时刻。然后又解释说:真主用前定之钳把你夹住,在执行他的判定的过程中把你剪成一块一块,而你是感谢的、赞美的。"

戴里夫·舍布里说:"没有嗅到认主独一气味的人,才声称他认识到了认主独一。"

艾布·赛尔德·海扎兹说:"得到并实现认主独一的知识的人,他的第一个状态就是心中再不记得其他事情,只有独一的真主。"

戴里夫·舍布里对一个人说:"你知道你的'涛黑迪'(认主独一)为什么不正确了吗?因为你是以你自己寻求'涛黑迪'。"

伊本·阿塔说:"认主独一的实质是忘记认主独一,认主独一本身就是以独一而立。"

有的人的认主独一是通过行为而得以领悟,因为他看到了真主创造的行为;有的人的认主独一是通过真境的揭示而获得,他的感觉消失,他见证了玄秘的集合,而集合的表面却是分散。

一个人问祝奈德什么是认主独一,他说我听一个人吟道:

> 他在我心中,我与他齐唱。
>
> 我在他所在,他在我所在。

那人大喊道:"非要用这种方式证明认主独一吗?难道《古兰经》和圣训都不存在了吗?"祝奈德说:"没有,只是认主独一者获得了认主独一的最高境界,然后他以最方便的词语表达出来而已。"①

44. 离世(呼露吉敏顿亚,Khuruj min al-dunya)

真主说:"他们在良好的情况下,天神使他们死亡。天神对他们说:祝你们平安,你们可以因为自己的善功而进入乐园。"(蜜蜂章:第32节)

即他们因为他们所做的工作而得到良好的待遇,没有重负和困难地归向他们的养主。

艾奈斯本·马立克传述,穆圣说:"人一定要遭受死亡的晕眩与痛苦,他的关节一定会互相问候:祝你平安!我离开你,你离开我,直到复生日。"②

---

① 这是祝奈德在表述自己的状态,即进入法纳后的认主独一。那时除真主外,心中再无任何一物。如果说口念"清真言"属于一般人的认主独一的话,那么这是阿勒夫的认主独一,即体验来证明真主的独一。而听的人由于境界的原因,不能理解祝奈德的话。他认为有《古兰经》和圣训来证明真主的独一就够了,为什么要用这一方式呢。——译者

② 《圣训宝藏》记载,只有伊玛目古筛勒传述过这一圣训。

艾奈斯·本·马立克传述,穆圣去见一个临危的年轻人,穆圣对他说:"你感觉如何?"年轻人说:"我希望真主能饶恕我,我又为我的过错而恐惧。"穆圣说:"倘若一个人心里同时有这两种想法,真主必定给予他所希望的,以平安消除他的恐惧。"①

须知,人们在死亡之前那一刻的情形是不同的,有的人只是感到恐惧,有的人期望真主的饶恕,而有的人,真主为他显示了他应该沉默或自信的未来的后果。

艾哈迈德·祝莱勒说:"祝奈德离世的一刻,我在他身边。那天是聚礼日,他把《古兰经》从头到尾读了一遍。我对他说:'艾布·嘎希姆(祝奈德)呀,你怎么还这样呢?'他说:'谁比我更应当如此呢?真的,我的功过簿正在被卷起。'"

阿布顿拉·海尔伟(艾布·穆罕默德)说:"戴里夫·舍布里去世的那天夜里,我就住在他那里,他一整夜都在吟这两句诗: 304

你去世人家,无须人指引。

你的美容颜,世人心向往。

后世复生日,人携明证来。"

拜舍尔·哈菲临终前,有人对他说:"艾布·奈斯尔呀(拜舍尔),看起来你还是留恋生命。"拜舍尔说:"归回真主那里是艰难的事。"

苏福扬·扫勒的弟子如果出门远行,苏福扬·扫勒就会对他们说:"如果你们见到死亡,就给我买下来。"在他临终时,他说:"我

---

① 《提尔密兹圣训集》、《伊本·马哲圣训集》记载。

之前曾期待死亡,但死亡来临时,才发现是多么艰难。"

　　当死亡临近哈桑·本·阿里(愿真主喜悦他)时,哈桑哭了。有人问他:"你怎么哭了?"哈桑说:"我去见我的主人(真主),却没有看见他。"

　　圣门弟子比俩里(愿真主喜悦他)临终时,他的妻子说:"太令人悲伤了!"他说:"不,而是太令人喜悦了,今天,我将去见我最爱的人——穆罕默德及他的教民。"

　　阿布顿拉·本·穆巴拉克在临终前睁开眼,之后笑了,他说:"工作者应当为获得这样的成功而工作。"(列班者章:第61节)

　　麦克侯利·沙米曾经为忧伤所笼罩,朋友们在他临终前去探望他,他竟然笑了,朋友们问他为什么笑,他说:"我为什么不笑呢?宣告人的离别临近了,我很快就要到达我所期望和希冀的结果那里去了。"

　　鲁伊姆·本·艾哈迈德说:"艾哈迈德·本·尔撒临终前,一直念下面的诗句:

　　　认主者的心充满赞念,

　　　他们密谈时的赞念是一个玄秘。

　　　死亡之杯在他们之间流转,

　　　离开今世犹如午间小憩。

　　　他们的意念在不安地游移,

　　　真主的慈爱如闪耀的星星。

　　　他们的肉身,

　　　由于对真主的爱,

　　　而成为今世中的死人。

而他们的灵魂，

冲破屏障，

升向高高的天庭。

他们的婚礼，

只为接近了所爱的人。

他们不会因不幸或伤害，

而作片刻的停留。"

有人对祝奈德说："艾布·赛尔德·海扎兹在临终前数度入迷。"祝奈德说："这不稀奇，他的灵魂因思念真主而飞翔。"

一个人在临终前说："孩子呀，搂紧我的肩膀，给我脸上抹些土。"然后又说："马上要离开了，过错没有借口，没有托词，也没有援助的力量，你是我的，你是我的。"之后大喊一声，气绝而亡。人们听到他的喊声说："他要求他的归宿，他的要求被接受了。"

有人对奄奄一息的左农说："你现在想要的是什么？"答："我想在临终前的一刻认识他（真主）。"

一个人对一个临终的人说："你说真主是独一的。"那人说："你们要说到什么时候呢？我正在因此而燃烧。"

一个苏菲来到穆姆沙迪·迪沃尔那里，给他和周围的人道了色兰，然后问道："你们这里有一个可以让人死去的干净的地方吗？"人们给他指了一个地方和净水之处。那人洗了小净，礼了几拜。之后来到人们指的那个地方躺下，伸开两腿，不一刻就死了。

艾哈迈德·迪沃尔有一天在他的讲座上讲话，一个妇女因入迷而大叫，艾哈迈德说："你死吧。"妇女起身而立，来到院子门口，朝艾哈迈德看了一眼说:"我已经死了。"说完倒地而亡。①

一个人说:"穆姆沙迪·迪沃尔临终时,我就在他的旁边,一个人对他说:'你觉得你的病怎么样?'他说:'你们去问问我的病,它觉得我怎么样?'有人对他说:'快念"万物非主,唯有真主"。'穆姆沙迪把脸扭向一边说:'我所有的一切因你而消失,这就是爱你的人的归宿。'"

有人对临终前的艾布·穆罕默德·戴比利说:"快念'万物非主,唯有真主'。"他说:"这个我已经让他知道了,我正在因他而离去。"之后,他吟道:

> 灵魂迷失去游荡,临终未解他模样。
>
> 作为主宰一仆人,难获喜悦心惆怅。

有人对临终前的戴里夫·舍布里说:"快念'万物非主,唯有真主'。"他说:

> 爱的主人说,贿赂难保全。
>
> 你去问义务,莫以死恐吓。

艾哈迈德·本·阿塔说,我听一个苏菲说:"叶哈雅·艾斯塔赫尔临终时,我们坐在他的周围,一个人对他说:'快念"万物非主,唯有真主"。'叶哈雅把身子坐直,抓住我们其中一个人说:'你念"万物非主,唯有真主"。'之后又抓住一个人的手,就这样,直至所有人都念了'作证词'后,他才溘然长逝。"

穆罕默德·鲁兹巴勒的姐姐法蒂玛说,当我的兄弟大限来临

---

① 见本书第二章第二十七篇:"诚实"——译者

时,他的头靠在我的怀中,他睁开双眼说:"这是天堂,大门已经敞开了;这是乐园,已经装饰好了。有一个人对我说:'艾布·阿里呀,如果你不满意的话,我们已把你送到最高的位置了。'"之后,他吟道:

> 你身之外人,我目不斜视。
>
> 以爱之眼光,窥见你容颜。
>
> 你以美容颜,罚我心疲倦。

一个人说:"我看到一个陌生的苏菲躺在那儿,寂然不动,苍蝇在他脸上飞来飞去,我就坐下来打他脸上的苍蝇。他睁开眼说:'你是谁呀?多少年以来,我就一直这样,我在追求一个净化的时刻,现在马上就到那一时刻了,结果让你破坏了,你走吧,愿真主饶恕你。'"

艾布·哈提木·赛杰斯塔尼①说:"艾布·侯赛因·本·艾哈迈德死亡的原因是他说了下面的诗:

> 他的慈爱我的家,他来时我心惊慌。"

艾哈迈德·努尔在沙漠里跋涉,后来遇到了一个丛林,他拔下一棵小树,去掉根部,剩余的部分就像剑一样尖利,他就拄着这样的棍子前进。中午时分回到家,两脚下都是血。他像醉倒一样倒在地上,两只脚都肿了,不一会儿他就死了。据说,在他昏迷时,有

---

① 艾布·哈提木·赛杰斯塔尼(卒于伊历248年),全名赛海利·本·穆罕默德·本·奥斯曼·本·耶齐德,别名艾布·哈提木,古兰经诵读家,语法学家,语言学家,伊玛目,巴士拉人。——译者

人对他说:"快念'万物非主,唯有真主'。"他说:"难道我不是在归向他吗?"

曼苏尔·麦格里布说:"优素福·本·侯赛因来探望易卜拉欣·海瓦斯,去了几次之后,一直都没和易卜拉欣照面。后来当他看见易卜拉欣时,问他:'你现在想吃什么?'答曰:'一块烤肝。'"或许他想的是对穷人温和的心肝被烤,也可以为陌生人燃烧。

据说,艾哈迈德·本·阿塔死的原因是他见了大臣,大臣以粗暴的言辞和他说话,伊本·阿塔对大臣说:"人啊! 安静!"大臣命人用靴子打伊本·阿塔的头,伊本·阿塔因此而死。

艾布·阿里·鲁兹巴勒说:"我在荒野里遇见一个年轻人,他看到我后对我说:'我一直忠贞不渝地爱他,直至病入膏肓,难道还不够吗?'之后,他就无畏地等待死亡。我对他说:'你念"万物非主,唯有真主"。'他吟道:

从没爱他人,心儿为主留。

若不可避免,惩罚无怨恨。

得到我爱人,无边又无限。"

有人对奄奄一息的祝奈德说:"你念'万物非主,唯有真主'。"他说:"我还记着呢,我没有忘。"之后他吟道:

常居我心人,如何能相忘。

他是我主人,我的依赖者。

我的好报酬,将来自于他。

杰尔法·本·奈斯尔问曾经服侍过戴里夫·舍布里的伯克扎尼·戴努尔:"你在他临死前看到了什么?"伯克扎尼叙述说:"舍布

里说：'我施舍过成千上万的钱，其中有一枚钱的成色不好，这是我现在最纠结的事。'之后又说：'让我洗小净礼拜。'我帮他洗了小净，却忘了捋顺他的胡子。他一言不发，抓住我的手，把我的手伸进他的胡子里，然后溘然长逝。"杰尔法听完就哭了，他说："这位老人在生命的最后一刻还不忘完成这样的礼仪，你们怎么说他呢？"

阿里·穆宰耶尼说："我在麦加时，心里感到恐慌不安，便决定去麦地那。走到'麦蒙井'①时，发现地上躺着一个年轻人，我走上前一看，他已是生命垂危，我让他念'作证词'，他睁开眼，说：

即便生命无，爱依然常驻。

由于爱情故，高贵赴死路。

之后开始喘气，不一会儿就死了。我给他清洗身体，穿上'克番'布，并为他做了祈祷拜。当我忙完这一切后，我前往麦地那的念头消失了，于是又返回麦加。"②

一个人问另一个人："你喜欢死吗？"那人答："到赐予吉福的人跟前强于和不信仰他的惩罚的人同在。"

祝奈德传述说："我的导师伊本·克勒尼奄奄一息，我在他的身边。我朝天上看看，他说：'太远了。'我朝地下看了看，他说：'太远了。'他的意思是真主距你比你朝天地注视还近，他就在你的跟前。"

_____

①　位于麦加，主人是麦蒙·本·哈立德·本·阿米尔，距离哈里发杰尔法·曼苏尔的坟墓很近。

②　这是真主对阿里·穆宰耶尼的眷顾，通过即将离世的青年，使他知道谁是最应该去爱的。所以，他在麦加感到不安，只是真主安排的一个因素而已。同时，真主也通过他，使爱他而去世的青年，得到临终后的安置。——译者

　　艾布·耶齐德（比斯塔米）在临终时说："除了疏忽，我无时无刻不赞念你。现在，你即刻取走我的生命吧。"

　　艾布·阿里·鲁兹巴勒说："我到了埃及，看到一群人聚在一起，他们说，他们刚结束了一个年轻人的葬礼。一个人对年轻人说：

　　人之欲望多，竟然欲见我。

309　　年轻人听后便开始喘气，不一会儿就死了。"①

　　一伙人去探望生病的穆姆沙迪·迪沃尔，他们问他："真主是怎么对待你的？"答曰："三十年之前，天堂里的享受就向我展示了，我不为所动。"穆姆沙迪临终时，他们又去看望他，问他说："你觉得你的心怎么样？"答曰："三十年之前，我的心就丢了。"②

　　艾布·侯赛因·本·布纳尼心有所悟，便昏迷了过去，人们把他抬到以色列人的一个沙漠空地里。他睁开双眼说："你们把我放下，这里是爱人的牧场。"话刚说完，便溘然长逝。

　　艾布·叶尔孤白·伊斯哈格说："我在麦加时，一个穷人向我走来，手里拿着一枚金币，他对我说：'明天我就要死了，我请你用半枚金币为我打造坟墓，半枚金币料理后事。'我心说：'这个人脑子有病。'第二天，那人在天房里巡游，之后倒地不起。我喊道：'看

---

　　①　说明年轻人经常赞念真主，渴望见到真主，所以，当他听到见真主的说法，他因极度的兴奋和渴望而窒息。——译者

　　②　即他的崇拜不是为了期盼得到真主的天堂，而是真主的喜悦。人的心随着修身养性一般是逐渐变得纯洁的，由可憎的属性转向可嘉的属性。问他的人的意思就是想知道穆姆沙迪·迪沃尔现在的境界如何，而穆姆沙迪·迪沃尔三十年前就脱离了转换的境界而进入恒定的境界。——译者

啊,这人装死.'我走近他,用力摇他,发现他真的死了。于是,我照
他的嘱托把他埋葬了。"①

　　当艾布·奥斯曼(赛尔德·哈伊尔)因死亡将至而脸色蜡黄
时,他的儿子艾布·伯克尔撕破了一件长衫(以表示他的悲伤)。
艾布·奥斯曼睁开眼睛说:"孩子呀,明里暗里的沽名钓誉都是有
违圣道的。"

　　艾哈迈德·本·阿塔去见奄奄一息的祝奈德,他给祝奈德道
了色兰,祝奈德过了一阵后才回了色兰。之后说:"对不起,刚才我
在赞念,那是我固定的赞念时间。"之后,溘然长逝。

　　艾哈迈德·鲁兹巴勒传述说:"一个苏菲在我这里去世了,我
于是找人把他入土下葬,我把他的脸蒙上,以方便入土。但愿真主
仁慈这个外乡人。这时,他突然睁开眼睛说:'艾布·阿里呀,你怎
么在溺爱我的人面前羞辱我呢?'我吃惊地问:'我的朋友啊,难道
死之后还能活吗?'他说:'是的,我还活着,所有真主喜爱的人都活
着,我的名声地位在复生日不会对你不利的。'"②

　　据传述,艾布·哈桑·阿里对人说:"难道你们认为我会像他
人那样死去吗? 生病,治疗,然后死去。我是被邀请而死的,到时,
会有一个人喊:'阿里呀!'我会回答他。"有一天,艾布·哈桑在大
街上走着,他大喊一声"我来了",便倒地而死。

　　阿里·穆宰耶尼说:"当艾布·叶尔古白·伊斯哈格病危时,
我劝他念'万物非主,唯有真主',他朝我笑了,他说:'没有体验过

---

　　①　这是一些卧里的克拉玛提,真主使他们知道他们死亡的时间。——译者
　　②　死后开口也是一种克拉玛提。那人说"你怎么在溺爱我的人面前羞辱我呢?"
指的是:我还活着,你怎么往我脸上撒土呢,这不是羞辱我吗。——译者

死亡的人,不知何为尊贵,我与他(真主)之间只是尊贵的幔帐。'"
说完就死了。阿里·穆宰耶尼很是愧疚,他揪住自己的胡子说:
"像我这样的人竟然教导真主的'卧里'念'作证词',我真的因此害
羞啊!"阿里·穆宰耶尼每当提起此事便痛苦不已。

　　艾布·侯赛因说:"我曾陪伴过海伊尔·尼撒吉很多年,他在
去世前的八天对我说:'我将在星期四的晡礼时分去世,主麻天礼
拜前下葬,你会忘记我的话,我提醒你不要忘了这件事。'我真的忘
记了他的话,一直到星期五,有人告诉我,海伊尔·尼撒吉去世了。
于是我就出去参加他的殡礼。我发现人们从坟地上回来了,他们
说礼拜结束后再下葬。我没有回去,我去了坟地,发现'埋体'已被
运到坟地,正如海伊尔说的那样,是在礼拜前。于是,我就问海伊
尔临终时在场的一个人,那人说:'他昏迷了过去,之后又苏醒过
来,之后朝家的方向看了看,说:'你们下来,愿真主饶恕你,你是被
命令的人,我也是被命令的仆人,你接受的命令还没有完成,我接
受的命令正在离开我。'他要了水,重新洗了小净,礼了拜,之后,伸
开双腿,闭上眼睛。"海伊尔·尼撒吉在梦中见到了死后的结局,有
人问他:"'你的情况如何?'他说:'不要问了,我已经从你们破败的
今世中脱离出来。'"

　　赛海利·本·阿布顿拉去世时,很多人都去参加他的葬礼,那
个地方有一个七十多岁的犹太人,他听到人声嘈杂,便出来看发生
了什么事,当他看到殡礼时,大声喊道:"你们知道我看到什么了
吗?"人们问他看到了什么,他说:"我看到一伙人从天而降,他们擦
洗殡床。"之后那位犹太人便皈信了伊斯兰。

　　艾哈迈德·海扎兹说:"我在麦加时,有一天经过舍伊拜家族

的一个庭院，看到一个死人，是一个容貌俊秀的青年。我看看他的脸，他竟然朝我微笑。他对我说：'艾布·赛尔德呀，你要知道，真主喜爱的人，即便他们死了，他们还活着，他们只是从一个处所转移到另一个处所。'"

艾哈迈德·祝莱勒说，有人对奄奄一息的左农说："你给我们一些嘱托吧。"左农说："你们不要打扰我，我正在为他的绝美与恩赐吃惊呢。"

有人对临终前的艾布·哈夫赛说："你对我们的嘱托是什么呢?"艾布·哈夫赛说："我没力气说话了。"过了一会儿，那人看艾布·哈夫赛好像又恢复过来了，又对他说："你说吧，我给你传述。"艾布·哈夫赛说："心境迟钝了，无力表达。"

45. 认知真主（麦阿然发安拉，Al-marifa bin llah）

真主说："他们对于真主没有真正的认识。"（牲畜章：第91节）

据阿伊莎传述，穆圣说："支撑房屋的是地基，支撑宗教的是认识真主、确信和约束的理智。"阿伊莎说："以我的父母为牺牲，约束的理智是什么呢?"穆圣说："是不违抗真主，竭力顺从真主。"①

学者们口中的认识是知识，每一种知识都是认识，每一个认识都是知识。所有认识真主的人都是学者，所有了解真主的学者都是认主者。就苏菲们看来，认知是了解真主的尊名与属性的一个特征。之后，他与真主真诚地交往，然后，他的缺点与不良的品德

_____

① 《圣训的宝藏》记载。

都得到净化,最后,他常常站立在真主门前,沉思静悟。于是,他赢得了真主的喜爱。真主在确认他的所有状况之后,就会使他的心脱离所有的焦虑与不安,不会在他的心中放置任何致他思考真主之外的思绪。这时,他对他之外的人来说已成为异类,超越了他自身的缺点与不足,达到神清无欲的境界。他持续地以玄秘的方式与真主密谈。他在每一刻都与真主同在,他已成为真主玄秘的解说者,其中包括真主判定的运行。那时,他就被称为"阿勒夫"(认主者),他的状态被称为"认知",他异于常人的程度,取决于他认知真主的程度。苏菲长老们都谈论过认知。他们谈论的都是自身的感受,也就是他那一时刻的领悟。

我的导师艾布·阿里·丹嘎格说:"认知真主的特征之一是害怕真主,对真主的认知越深,对真主的恐惧就越多。认知真主使人心灵安静,正如知识使人平静一样,认知越多,人就越宁静。"

戴里夫·舍布里说:"认知真主的人,没有欲望,喜爱真主的人没有抱怨,崇拜真主的人没有诉求,害怕真主的人没有心安,任何人都不能逃避真主。"

有人问戴里夫·舍布里认知真主,他说:"认知的开头是属于真主的,结尾是无限的。"

艾布·哈夫赛说:"自从我认识了真主以来,真理与虚伪再没有进入过我的心。"

艾布·哈夫赛上面所说的只是一个局部。是的,某些人跟前的认知有可能是这样的,对赞念真主的忘我使人感觉不到自己,于是,他看不到真主之外的人与物,也不去思考真主之外的人与物。正如一个有理智的人入迷地思考某事,回忆某事,或遇到某种状况

一样,"阿勒夫"也是这样入迷地回归真主,如果他不是全神贯注地 313
醉心于真主的话,他是不会入迷的。玄妙怎么会进入一个没有心
的人的心中呢,以自己的心生活与以真主而生活之间的区别是巨
大的。

有人问比斯塔米认知,他说:"国王们每攻入一个城市,必破坏
其中的建设,必使其中的贵族变成贱民。"(蚂蚁章:第 34 节)世人
有很多情形,而"阿勒夫"却没有。因为他的特征、本质、表象都因
他者的因素而消失。

穆罕默德·瓦西特说:"一个人处于无需真主和需要真主之间
的状况,他的认知是不正确的。"

穆罕默德·瓦西特所说的需要和不需要是一个人"清醒"与
"存在"的特征之一,"清醒"与"存在"是认知真主的一个过程。"阿
勒夫"消失于被认知的对象之中,消失于被认知的存在中,或者是
沉迷于见证被认知的对象。那时,即使他的感觉还没有被为他所
描述的景象所剥夺,但也不能说他处于清醒的状态。因此,穆罕默
德·瓦西特说:"认知了真主的人,是被断绝的人,他哑口无言,不
知所然。"

穆圣说:"我不能计算对你的赞美。"这就是那些超越目的与欲
望的人的属性,至于这个境界之下的人,他们同样也谈论认知,说
的也很多。

艾哈迈德·本·阿绥姆说:"认知真主最多的人,最害怕
真主。"

有人说:"认识了真主的人,他会为他的存在而烦躁不安,天地
虽大,他却感到狭窄,无容身之地。"

314　　　有人说："认识了真主的人，生活清洁，美好，什么事情都使他恐惧，而对人的恐惧消失，因真主而温和。"

　　有人说："认识了真主的人，不再有物质的渴望，无牵无挂，清静无欲。"

　　有人说："认知使人心生害羞和敬畏，正如认主独一，使人心生悦纳和顺从一样。"

　　鲁伊姆·本·艾哈迈德说："认知对于'阿勒夫'来说就像镜子，如果他看镜子，他的主人就会为他显现。"

　　左农说："圣人们的灵性在认知的场地上竞逐，我们的圣人穆罕默德的灵性先于众圣人到达终点。与'阿勒夫'相处如同与真主相处一样，你宽怀地对待他，他就会宽怀地对待你，关键是学习真主的品德。"

　　有人问哈桑·叶兹旦亚尔："'阿勒夫'什么时候能见证到真主?"答曰："被见证者出现时，见证者就消失了，感觉没有了，意识不见了。"

　　哈拉智说："如果一个人达到了认知真主的境界，真主会以他的意识启示他，并保护他的玄秘不为意念不纯者所误解。"

　　还说："'阿勒夫'的标志是虚空于今世和来世。"

　　赛海利·本·阿布顿拉说："认知的终极有二:惊恐和不安。"

　　左农说："最认知真主的人是最彷徨的人。"

　　一个人对祝奈德说，有一些认知之人，他们说："认知就是放弃行善和敬畏之类的工作。"祝奈德说："这种说法是放弃工作。在我看来，这是巨大的错误，那些偷盗、奸淫的人比说这话的人还要强许多。认知真主的人，他们做的是关于真主的工作，最后归回真主,即使再活一千年,我也不会减少一丁点善良的工作的。"

有人问比斯塔米:"你如何得到了这些认知?"答曰:"以饥饿的肚子和赤裸的身子。"

艾布·叶尔孤白·伊斯哈格问艾布·叶尔孤白·苏斯说:"'阿勒夫'会为真主之外的万物感到遗憾和惋惜吗?"答曰:"那你认为真主之外的万物会为他感到遗憾和惋惜吗?"又问:"那他以什么眼光去看那些万物呢?"答曰:"以毁灭和消失的眼光。"

比斯塔米说:"'阿勒夫'是飞翔的人,苦行者是行走的人。"①

有人说:"'阿勒夫'的眼在哭,心在笑。"

祝奈德说:"'阿勒夫'做到如下几点,才可被称为'阿勒夫':他就像大地一样,善人与恶人皆行走于上;就像云彩一样,遮蔽万物;就像雨水一样,滋润喜爱的和不喜爱的。"

叶哈雅·本·穆阿兹说:"'阿勒夫'离开今世时,还有两个愿望没有实现:为自己哭泣和赞美伟大的真主。"

比斯塔米说:"人们获得认知,是因为他们失去了本来属于他们的东西,维护真主拥有的缘故。"

优素福·本·阿里说:"一个'阿勒夫'被给予类似苏莱曼所得到的恩赐,仍因为心迷真主而眼睛不眨时,他才是真正的'阿勒夫'。"

伊本·阿塔说:"认知有三个要素:恐惧、害羞和温情。"

有人问左农:"你以何而认识你的养主?"答曰:"我以我的养主而认识养主,如果不是我的养主,我就不知道我的养主。"

---

① 即阿勒夫的境界在苦行者之上。——译者

有人说："学者，人们以他为效仿，'阿勒夫'，人们以他为指引。"

戴里夫·舍布里说："'阿勒夫'不注视他人，不谈及他人，只把真主作为自己的维护者。"

有人说："'阿勒夫'因赞念真主而温和，因世人而冷漠，真主使他无求于世人，他为真主而屈辱，真主使他在世人中尊贵。"

艾布·团伊布·撒米尔说："认知是真主以连续的光显现在人的心上。"

有人说："'阿勒夫'无力表述，学者则表述不及。"①

艾布·赛莱曼·达扎尼说："真主的确开启躺在床上的'阿勒夫'的心胸，而不开启站着礼拜的人的心胸。"

祝奈德说："'阿勒夫'在说真主的机密时，无言而寂静。"

左农说："任何事情的结局都有惩罚，'阿勒夫'的惩罚是切断他对真主的赞念。"

鲁伊姆·本·艾哈迈德说："'阿勒夫'的沽名钓誉胜于'穆勒德'的忠诚。"

艾布·伯克尔·本·穆罕默德说："'阿勒夫'的沉默是最有益的，而他的言语是最优美的。"

左农说："苦行者是后世里的君王，但他们是'阿勒夫'跟前的穷人。"

有人问祝奈德"阿勒夫"的情形，他说："水的颜色源于器皿的

---

① 阿勒夫达到见证真主的境界时，他为炫目的美所震惊，不知所措，所以不知如何表述。而学者不曾达到这一境界，他不知如何去表述。——译者

颜色。"即"阿勒夫"以他所处的时刻而描述。

有人问比斯塔米"阿勒夫"的情形,他说:"他在梦中看到的只是真主,他在清醒时看到的也只是真主,他只同真主在一起,他只注视真主。"

大马士革的阿布顿拉·本·穆罕默德传述,有人问一个长老:"你以何认识真主?"答曰:"以进入状态失去自我时的光亮和言辞,它指向的是存在的表面,告知的是隐含的秘密,它以显示的消除我所疑惑的。"之后,长老吟道:

> 你张口有言,我张口无语。
>
> 仰视他容颜,只为隐藏我。
>
> 闪电照耀我,我以闪电言。

有人问艾布·图扎布"阿勒夫"的属性。他答:"万物不能使其污浊,万物以他而清洁。"

艾布·奥斯曼(赛尔德·麦格里布)说:"真知之光为'阿勒夫'³¹⁷闪烁,他因此而看见未知的玄妙。"

我的导师说:"'阿勒夫'消失在真境的大海之中,正如有人说的那样:认知就是汹涌的波涛,变幻莫测,使人淹没,使人漂浮。"

有人问叶哈雅·本·穆阿兹"阿勒夫"是怎样的一种人,他说:"'阿勒夫'是与人相处的人。"有一次还说:"由于忙于真主而远离大众的人。"

左农说:"'阿勒夫'的标志有三:他的恭顺之光不会扑灭他的认知之光;他不认为知识的核心与真主的判定的表面相违背;他承受的巨大恩惠不会使他撕破违抗真主的帘子。"

有人说:"'阿勒夫'不能把认知描述给后世之人,既然如此,那么怎么能够描述给今世之人呢?"

艾哈迈德·海扎兹说:"认知来于不倦的观察和努力的付出。"

祝奈德说:"'阿勒夫'不会拘束于某一个状态,空间的转换不能阻碍他。他与每一个空间的人同在。正如他同他所处的空间的人同在一样,他领悟到那些人所领悟的,他说出其中的重要特征,以使人们受益。"

穆罕默德·本·法迪里说:"认知是人的生命与真主同在。"

有人问艾哈迈德·海扎兹:"'阿勒夫'能达到不会哭泣的状态吗?"答曰:"是的,哭泣只是发生在他们走向真主的过程中。一旦他们达到临近真主的真境,品尝到了付出与接近的喜悦时,哭泣的属性就从他们身上消失了。"

46. 喜爱(麦罕拜,Mahabba)

真主说:"信道的人们啊! 你们中凡叛道的人,真主将以别的民众代替他们,真主喜爱那些民众,他们也喜爱真主。"(筵席章:第54节)

艾布·胡莱勒传述,穆圣说:"乐意相遇真主的人,真主也乐意相遇他;不乐意相遇真主的人,真主也不乐意相遇他。"①

艾奈斯·本·马立克传自穆圣,真主说:"谁轻视了我的'卧里',他确已向我宣战,我从来没有像取走我的信士仆人的生命这样犹豫过,他讨厌死亡,我也不想伤害他,但死亡不可避免。我的

---

① 《布哈里圣训集》记载,尔巴德·本·萨米特传述。

仆人以我所喜爱的工作接近我,他完成我规定的主命工作,他持续地以副功接近我,直至我喜爱了他,只要我喜爱了他,我就是他的耳朵、他的眼睛、他的手。"①

　　穆圣说:"如果真主喜爱一个仆人,他会对吉卜勒利说:'吉卜勒利呀,我的确喜爱某人,你也喜爱他吧。'于是,吉卜勒利也喜爱了那个仆人。之后,吉卜勒利对天庭里的人说:'真主的确已喜爱了某人,你们也喜爱他吧。'于是,天庭里的人也喜爱了那个仆人,之后大地上的人也喜爱了那个人。如果真主恼怒某人,天使们会说:'我认为我也是恼怒他的',或如此之类的话。"②

　　喜爱是一个尊贵的状态,真主喜爱一个仆人之后,会把他的喜爱告诉他,真主是喜爱仆人的,仆人是喜爱真主的。学者们心中的喜爱是心意,而一般人口中的喜爱则不是心意,心意并不是亘古就有的,但除了接近真主和尊崇他的心意除外。我想从两个方面来叙述这一问题。真主喜爱一个人,他的意愿是专门赐福他,也可以说,他对此人的仁慈就是赐福他的心意,仁慈是一个特殊的心意,而喜爱比仁慈更特殊。真主对人的心意通过传递给他报酬、恩惠来完成,这一过程被称为"仁慈"。而真主想要特殊地亲近他,给予他高品,这被称作"喜爱"。真主的意愿是他的一个属性之一,由于意愿所关联的对象不同,它的名字也不一样。如果和惩罚连在一起,意愿则被称为"恼怒",如果和赐福连在一起,则被称为"仁慈",如果和特殊的仁慈相连,则称为"喜爱"。

319

----

① 伊本·艾比·敦亚、哈克目、伊本·麦尔戴维、艾布·奈尔希姆记载。
② 《穆斯林圣训集》记载,艾布·胡莱勒传述。

有人说："真主对某人的喜爱,是对他的赞赏和表扬,如果按照这个意思理解的话,喜爱就回到了最初的本意了。"

有人说："真主对仆人的喜爱是他行为的属性之一,它是真主给人的一个特殊善举,即使他上升到一个特殊的境界。正如有人所说:真主仁慈一个人,思念就与他同在。"

一些先贤说："真主对人的喜爱是他的一种属性。"

他们以"喜爱"来描述,但并不做注解。至于除此之外的理智能理解的人的喜爱,如倾向某物,或钟情某物,这一情况可以在爱人之间看到,自古就是这样。至于人对真主的喜爱,是他那里一种热情的表达,或许有尊崇、喜悦、不能忍耐、思念、不安、由于经常的赞念而产生的温情等情感与情绪。

人对真主的喜爱不是"倾向",因为真主的无穷性,决定了他不可连结、追赶、包容。毁灭于爱人之中胜于倾向或接近爱人。喜爱真主是不可描述的,不可以清晰的界限界定的。它不同于人们之间所理解的、所获得的、所众所周知的爱,如果没有了模糊和混淆,那就不需要解释了。

人们关于喜爱的表达很多,他们都是依据词源而谈。有人说,爱是"清洁"的一个名字,因为阿拉伯人在说洁白的牙齿时,会说与爱同样的单词。

有人说："大雨滂沱时,水中的水泡就多,在这个意义上,爱是渴望相遇爱人的心的躁动与激荡。"

有人说："'爱'是从'水泡'①上派生而来的,因为水流湍急时

---

① 两个单词的词源一致。——译者

才会有水泡,同样,爱是人的内心的最大涌动。"

有人说:"'爱'派生于'坚持'和'稳定'。"有人说:"骆驼'安孛拜'①,即骆驼跪在地上不愿站起来,好像爱人也是这样的,他的心因思念爱人不愿离开。"

有人说:"'爱'派生于'耳环'②,诗人在赞美勇士时说:

巨蟒惊恐舌停滞,

耳环之处听密语。

耳环要么一直与耳朵连在一起,要么摇摆不定,二者均与爱的意思有关联。"

有人说:"'爱'派生于去掉皮或壳的果实和谷粒,因为心脏是爱的处所,正如壳是谷粒的处所一样。"

有人说:"'爱'派生于'种子'一词,'种子'之所以被称为'爱',是因为它是生命之门,正如种子是农作物的生命之门一样。"

有人说:"四条腿上面放着水罐的木架也被称为'浑卜'('爱'的同音字),喜爱称为'木架',是因为他能为被爱的人承担幸与不幸。"

有人说:"'爱'派生于'水罐'(浑卜,与爱同音),因为水罐盛满水之后,再不能填充其他的东西。爱也同样,一个人的心中如果充满了爱,再不会去爱其他人。"

苏菲长老关于爱的言论很多。

有人说:"爱就是狂爱的心不停地移动。"

321

---

① 和"爱"的词源一样。——译者

② "爱"和"耳环"的词源也完全一致。——译者

有人说:"爱就是把爱人置于所有的朋友、同伴之上。"

有人说:"爱是与爱人在见于不见时保持一致。"

有人说:"爱的人的属性消失,被爱的人以本体而稳固。"

有人说:"爱是与真主的意愿保持一致。"

有人说:"爱是担心失去、接受、并乐于服侍。"

比斯塔米说:"爱为自己,虽多犹少;爱为他人,虽少犹多。"

赛海利·本·阿布顿拉说:"爱与顺从相拥,与违抗相别。"

有人问祝奈德什么是爱,他说:"爱是被爱者的属性进入爱者,爱者对所爱的人念念不忘,常记于心,以至于他的心在大多数情况下只记得爱人的属性,就这样,爱人的属性会整体地进入他的属性,他能感觉到。"

艾哈迈德·鲁兹巴勒说:"爱就是赞同。"

艾布·阿布顿拉·古莱氏说:"爱就是把你的一切都给予你爱的人,而自己则毫无保留。"

戴里夫·舍布里说:"爱之所以为爱,是因为心中除了爱人之外,别无他人。"

伊本·阿塔说:"爱就是持续地遭受责备。"

我的导师说:"爱是享受,实质是惊恐。'尔什格'(爱恋)超过了爱的限度,而真主是不会超越限度的,所以真主不可以用'尔什格'来描述。即使把全人类的爱都集合到一个人身上,也达不到应对真主的爱,因此,不应说:'某人对真主的爱过度了。'真主不会'爱恋'(尔什格)一个仆人,仆人也不能说他爱恋真主。总之,'爱恋'是被否定的,不能说真主对仆人的是狂爱,也不能说仆人对真主的是狂爱。"

戴里夫·舍布里说:"爱就是使被爱的人爱你,就像你爱他那样。"

有人问伊本·阿塔爱,答曰:"一棵树种在心间,爱有多少,它就结果多少。"

奈斯尔·阿巴兹说:"爱给人输入血液,也使人流血。"

艾布·哈桑·苏姆农尼说:"被爱的人为真主而离去,带着今后两世的尊贵。因为穆圣说过:'人和他喜爱的人在一起',[①]他们和真主在一起。"

叶哈雅·本·穆阿兹说:"真正的爱不以疏远而减少,不以服从而增多。"

又说:"没有守住自己的界限而宣称他的爱的人,不是诚实的人。"

祝奈德说:"在真正的爱面前,礼仪无效。"

就此,我的导师艾布·阿里·丹嘎格在诗中说:

爱若真诚持久,赞美即为多余。

还说:"你不会见到一个慈爱的父亲在言谈时赞美自己的儿子,人们在谈话中很难做到这样。一个父亲经常会对儿子这样说:'喂,小子。'"

穆罕默德·凯塔尼说:"爱就是为被爱的人全心付出。"

布达尔·本·侯赛因说:"麦吉努尼·阿米尔在梦中听到有人问他:'真主待你如何?'他答:'他饶恕了我,使我成为爱的人的

---

① 《布哈里圣训集》记载,阿布顿拉·本·麦斯欧德传述。

榜样。'"

艾布·叶尔孤白·苏斯说："爱的真谛是要一个人忘记真主给他的恩惠，也忘记他对真主的需求。"

哈拉智说："真正的爱是你在爱人面前隐藏你的属性。"

艾布·阿布顿拉·拉赫曼·苏莱玛传述，有人对奈斯尔·阿巴兹说："对于爱而言，你一无所有。"奈斯尔回答说："你说得对，但是我有他们的哀伤，看，我已燃烧其中。"

奈斯尔·阿巴兹说："爱的过程是忘记一切情形。"之后吟道：

> 有爱之人心善良，我为爱彻夜难眠。
>
> 如何忘昨日相聚，心依然充满留恋。
>
> 我所遇非我所想，我之愿快如闪电，
>
> 稍纵即逝远无边，心有余力难追上。

穆罕默德·本·法迪里·法扎维说："爱就是消除心中所有的爱，只保留对爱人的爱。"

祝奈德说："爱是极度地渴望靠近，而无所得。"

有人说："爱是因为被爱的人而心烦意乱。"

有人说："爱是心中的折磨。"

伊本·阿塔在诗中吟道：

> 我为伊人痴，种下相思树。
>
> 伊人浑不知，我受爱之苦。
>
> 思念浓郁长，树叶满枝条。
>
> 收获季节到，所得是苦果。
>
> 爱情皆如此，世人皆折磨。

有人说："爱的开始是欺骗,结尾是死亡。"

我的导师艾布·阿里·丹嘎格在论及穆圣的话"爱使人眼盲、耳聋"时说:"由于忌妒看不到他人,由于恐惧看不到爱人。"

我的导师在诗中说:

若他为我现,我心格外欢。

不愿见之人,总在他面前。

哈勒斯·穆哈西比说:"爱就是以你的全部倾向某人,你乐意为他付出你的生命和你拥有的一切,你在明暗中与他一致,即使如此,你仍感觉到你对他的爱还不够。"

赛勒·塞格特说:"两个人之间的爱达不到真爱,除非一个人对另一个人说:'喂,我!'"①

戴里夫·舍布里说:"爱真主的人如果缄默,就会死亡,'阿勒夫'如果不缄默,就会死亡。"

有人说:"爱是心中的火,除了爱人的意愿之外,它燃烧一切。"

有人说:"爱是积极地付出,爱人可以为所欲为。"

艾哈迈德·努尔说:"爱撕破幔帐,揭开秘密。"

艾布·叶尔孤白·苏斯说:"只有在忘记爱的理论的情况下,专注地注视所爱的人才是真爱。"

祝奈德说:"赛勒·塞格特给我送来一张纸,他在上面写道:这比七百个故事②或谈话更好。"纸上是这样几句诗:

324

---

① 即把对方当作自己,二者已融为一体,不可分割。——译者

② 《古兰经》中有这样的经文"关于使者们的故事,我把它告诉你,用来安定你的心。"(呼德章:第120节)这些诗歌的作用胜于使人心定的故事。——译者

我说我爱她，她说你骗我。

我没有看到，你心中爱恋。

如果你有爱，爱充满心间。

你会倦无力，浑身软绵绵。

无力应呼唤，憔悴苦无边。

直至爱已走，唯剩泪涟涟。

伊本·麦斯鲁格说："我看到苏姆农尼·哈姆宰谈论爱时，清真寺里的所有水管因此破裂。"[①]

据说，苏姆农尼·哈姆宰坐在清真寺里谈论爱，这时，飞来一只小鸟。小鸟慢慢地接近苏姆农尼，直至降落在他的手上，然后，用它的嘴敲击地面，直至流血，然后，小鸟就死了。[②]

祝奈德说："每一个爱都有目的，如果目的消失的话，爱也就消失了。"

据说，戴里夫·舍布里生病住院，他的一帮朋友去探望他。戴里夫看见他们说："你们是谁呀？"他的朋友们答："艾布·伯克尔（戴里夫）呀，我们是爱你的朋友啊！"戴里夫一言不发，拿起石子就砸他们，边砸边说："如果你们真是我的朋友，就当为我的磨难而忍耐。"

戴里夫还吟道：

尊贵主人啊，爱常居吾心。

使我无眠者，最知我之心。

---

① 或许是苏姆农尼的一个克拉玛提。——译者

② 小鸟听到了并理解了苏姆农尼的话。——译者

叶哈雅·本·穆阿兹给比斯塔米写道："我为畅饮爱之酒而大醉。"比斯塔米给他回信说："有人畅饮天地之间的大海，酒兴未尽，犹言未足。"

诗曰：

我还记得我的伙伴吗？
我记起了我的遗忘，
这真是令人惊奇。
我死了，
当我记起时，
我又死而复生。
如果不是我善良的猜测，
我不会复生。
我因一粒精子而生，
因思念而死。
我为你多少次生来，
多少次死去。
我推杯换盏，
畅饮爱之酒。
美酒未完，
酒兴未尽。

据说，真主启示尔撒圣人说："我俯视仆人的心，如果我没发现里面有对今后两世的爱，我就用我的爱填满他的心。"

我的导师在其著述中写道：在一部天经中，真主这样说："我的仆人啊,你对我的义务是爱我,你以我的义务而成为爱的人吧。"

阿布顿拉·本·穆巴拉克说:"被给予爱而未给予恐惧的人,他是被欺骗的人。"

有人说:"爱就是消除你的痕迹。"

有人说:"爱的人一直是迷醉的,只有见到所爱的人才会清醒。另一种迷醉发生在见证真主时,那是一种不可名状,不可描述的迷醉。"

诗曰:

他人因酒而醉,我因见证而醉。

我的导师艾布·阿里经常说:"我有两种醉:一为酒友;一为自己。"

伊本·阿塔说:"爱就是建立长久的责备(为过错而向真主请求原谅)。"

我的导师艾布·阿里有一个叫菲鲁斯的女仆,女仆侍奉他时间久了,导师很爱她。有一天,菲鲁斯让导师很不高兴,但是她却在导师面前喋喋不休。艾布·哈桑就问她:"你为什么让这个长老不高兴?"菲鲁斯说:"因为我爱他。"

叶哈雅·本·穆阿兹说:"让我喜爱的一丁点的爱强于七十年没有爱的功修。"

一个年轻人在节日那天对人们吟道:

为爱而死者,莫若这样死。
没有死之爱,毫无美可言。

说完,年轻人从高处跳下,坠地而死。①

据说,有一个印度人喜爱一个女仆,女仆离他而去时,他出来送行。他的眼睛一只流泪,一只不流泪。于是,他把不流泪的眼睛闭上八十四年,其间一直没有睁开,以作为对它的惩罚,因为它不为恋人的离别而哭泣。

诗曰:

一只眼睛为分别而哭泣,

另一只眼睛却吝啬无泪。

我惩罚没有流泪的眼睛,

我在相聚之日把它紧闭。

一个人说:"我们在左农跟前谈论爱,他说:

如果他为爱发誓的话,

害怕与忧伤胜过伤害。

爱因相聚而美丽,

因纯洁而清澈。"

叶哈雅·本·穆阿兹说:"在没有爱的人中间宣传爱,等于对牛弹琴。"

苏姆农尼·海姆宰把爱置于认知之前,而很多学者把认知置于爱之前。

---

①　该书的注释者宰克里雅·本·穆罕默德认为:这是一个人爱非常强烈却有不能达到被爱者时的表现,这种做法是受禁止的,此人可能是异教徒,有可能是愚人,也有可能失去理智。——译者

在有真知的人看来,爱在愉悦中消亡,认知在惊恐不安中见证,"法纳"于恐惧中。

穆罕默德·凯塔尼说:"朝觐期间,很多人在麦加谈论爱,很多苏菲长老参与其中,祝奈德是年纪最小的一个。众长老问祝奈德:'伊拉克人啊,你给我们说一下你的见解吧!'祝奈德垂下头,两眼流泪,之后他说:'一个人脱离自身,与他赞念的养主相连,他完成对养主的义务,以心注视他,真主的本体之光燃烧了他的心,他饮的是清澈的爱之酒,真主为他揭起玄秘之帘。于是,他以真主而言,如果他说话,则是关于真主的;如果他行动,则以真主的命令而行;如果他安居,则同真主在一起。他以真主、为真主、与真主。'众长老听完哭了,他们说:'你的话完美至极,无以复加,你是认主者的桂冠,真主使你尊贵。'"

据说,真主启示达乌德圣人时说:"达乌德呀,我禁止你对我的爱与对他人的爱同居一心。"

法迪里·本·安雅德的仆人艾布·阿拔斯说:"法迪里为小便所困,用力而不出,他举手祈祷说:我的主啊,如果我是爱你的,你就使它出来吧。他刚说完,他的小便之疾便好了。"

有人说:"爱就是占有,正如《古兰经》所提到的大臣的妻子,当她无法实现她的愿望时,她说:'是我勾引他,他确是诚实的人。'(优素福章:第51节)而在一开始,她说的却是:'想奸污你的眷属者,他的报酬只有监禁或痛惩,'(优素福章:第25节)大臣的妻子一开始犯了错误,最后为她的不贞行为而后悔。"

艾哈迈德·海扎兹说:"我在梦中看到穆圣,我说:'真主的使者啊,我向你道歉,我对真主的爱,使我无暇爱你。'真主的使者说:

'艾哈迈德呀,喜爱真主的人,的确喜爱了我。'"

拉比尔·阿德维亚在与真主密谈时说:"我的主啊,你要燃烧爱你的心吗?"一个声音对她说:"我没有那样做,你不要恶意地猜测我。"

有人说:"爱由两个字母构成:一个是'哈吾',一个是'巴吾',爱的人,他会脱离他的灵魂、身体与心。也正如人们所说,爱就是同在,最高的同在是以心同在。爱能消除隔阂与距离,因为爱人们经常在一起。"

艾布·穆萨·艾什阿里①传述,有人对穆圣说:"某人喜爱一些人,他去他们那里了。"穆圣说:"人与所爱的人同在。"②

艾布·哈夫赛说:"最大的败坏有三:'阿勒夫'作恶、爱人的背叛和'穆勒德'说谎。"

艾布·奥斯曼说:"'阿勒夫'作恶是放纵其眼、其舌与其耳,享受今世的荣华;爱人的背叛是指为私欲而放弃真主的喜悦;'穆勒德'的撒谎是指他们赞念世人而不赞念真主,取悦世人而不取悦真主。"

艾布·阿里(穆姆沙迪·本·赛尔德·阿克伯勒)说:"苏莱曼圣人的屋顶上有两只麻雀,公麻雀勾引母麻雀,遭到母麻雀的拒绝。公麻雀说:'你为什么拒绝我呢?如果你愿意,我就把他的屋顶翻过来。'苏莱曼圣人听见了它俩的对话,便把公麻雀叫来,对他说:'你为什么要这样说呢?'公麻雀说:'恋人不以他们的话而受惩

---

①　艾布·穆萨·艾什阿里(卒于伊历42年,一说44年,一说52年),全名阿布顿拉·本·盖斯·赛里木,著名圣门弟子。——译者

②　《布、穆圣训集》记载,伊本·麦斯欧德传述。

罚。'苏莱曼圣人说：'你说得对。'"

47．思念（韶格，Shawq）

真主说："凡希望会见真主者，真主的限期是必定降临的，真主确是全聪的，确是全知的。"（蜘蛛章：第5节）

阿塔·本·萨伊布①传述说，安玛尔·本·亚辛带领我们做了礼拜，礼拜结束后，我对他说："你缩减了礼拜。"他说："没有啊，我还做了从穆圣那里听到的'杜瓦'。"他起身离去时，一个人跟在他后面。问他刚才念的"杜瓦"，安玛尔说"杜瓦"是这样的："主啊，以你对玄秘的确知和创造万物的能力，我向你祈求，使我生活在你知道的善里，使我死在你知道的善里。主啊，我向你祈求，幽玄和作证里的恐惧，向你祈求你喜悦与恼怒时的真词，向你祈求贫穷与富裕时的心意，向你祈求不消失的恩惠和慰藉，向你祈求判断后的喜悦、死后的清凉，向你祈求，能看到你尊贵的容颜。在没有伤害的困难与没有迷误的磨难时与你相遇。主啊，你装饰我们的信仰吧，使我们成为正道的遵循者吧。"

思念是热切地渴望与爱人相聚，爱的程度不同，思念也不同。

艾布·阿里·丹嘎格在"思念"与"想念"之间做出区别，他说："思念的心因相聚而平缓，而想念则不会因相聚而平缓。"

诗曰：

见爱人后眼神流转，想念之人期盼依然。

---

① 阿塔·本·萨伊布（卒于伊历136年，公元754年），别名艾布·萨伊布，伊玛目，圣训学家，库法人。——译者

奈斯尔·阿巴兹说："每个人都会有'思念',但很多人没有'想念'。进入'想念'境界的人,为爱而狂,见不到从容与安宁。"

艾哈迈德·本·哈米德去见阿布顿拉·本·穆巴拉克,对他 330
说:"我在梦中看到你在某年死去,你最好提前做准备。"阿布顿拉
对他说:"你的确为我推迟了很久,我只能活到某年。我读了艾布·
阿里·赛格菲的诗,我非常喜爱。

诗曰:

莫为分离急抱怨,忍耐一时又如何。

你与爱人相聚日,或许就在明后天。"

艾布·奥斯曼说:"思念的标志是愉快地喜爱死亡。"

叶哈雅·本·穆阿兹说:"思念的标志是使身体远离欲望。"

我听我的导师艾布·阿里·丹嘎格说:"达乌德圣人有一天独
自到一个沙漠,真主启示他说:'你怎么独自一人呢? 这是怎么回
事?'达乌德圣人回答说:'我的主啊,与你相聚的思念占据我的心,
但熙熙攘攘的人流阻碍了我。'真主启示他说:'你回去吧,如果你
能给我带来一个逃离他的主人的人,我就在仙牌上把你记录为'分
辨者'。"①

有一个老妇人,她的一个亲戚从外地而来,亲戚很高兴,老妇
人却哭了,有人问她:"你怎么哭了?"老妇人说:"这个亲戚的到来
让我想起了到达真主的那一天。"

有人问伊本·阿塔什么是思念,他说:"思念是五脏俱焚,肝肠

_____

① 熙熙攘攘的人流中或许就有爱真主的人,你又怎能分辨呢? ——译者

寸断。"还有人问他:"是思念更高呢? 还是爱?"他答:"爱,因为思念由爱而来。"

331　有人说:"思念是产生于内心的火焰,在分离时刻开始燃烧,在相聚时刻熄灭。见到相爱的人之后,思念再不能缄默不语。①"

一个人问另一个人:"你会想念一个人吗?"答:"不,想念只对第三者,而现在他在。"

我的导师在解释经文"我忙到你这里来,以使你喜悦。"(塔哈章:第84节)的意思时说:"其含义是想念你,但用'喜悦'的字眼来掩盖。"

还说:"思念的标志是在事情顺利时渴望死亡,正如优素福圣人,当他被抛进枯井时,他没有说:'让我死吧。'当他被投进监狱时,也没有说:'让我死吧。'而当他见到他的父母,与家人团聚时,他说:'使我作为顺从者而死去。'"

诗曰:

唯你在身边,才是真快乐。
我独享快乐,错误大无边。

诗曰:

快乐节日刚过,即为快乐后悔。
爱人若在身边,快乐将更无限。

艾布·阿布顿拉·海菲福说:"思念是因痴迷、渴望相聚和接近而得到的愉悦。"

---

① 意即会表达爱的秘密。——译者

比斯塔米说:"真主有一些仆人,如果真主使他们不能在乐园里见到他,他们一定会求救离开乐园,正如火狱里的人求救离开火狱一样。"

侯赛因·安萨勒说:"我在梦中看到好像复生日到来了,一个人站在真主的'阿尔什'(宝座)之下,真主说:'我的天使啊,此人是谁?'天使说:'真主至知!'真主说:'这是麦阿鲁夫·克尔赫,因爱我而醉,只有见到我才能清醒。'"

还有类似的传述:这是麦阿鲁夫·克尔赫,因思念真主而离开尘世,于是,真主允许他注视他。

法尔斯说:"思念者的心以真主之光被照亮,如果他们的思念转动,则为天地之光照亮。真主把他们介绍给天使们,真主说:'这些是思念我的人,我给你们作证,我更思念他们。'"

我的导师艾布·阿里在谈及圣训"我向你祈求相遇你的思念"时说:"思念有一百份,九十九份是属于穆圣的,一份共属于世人,而穆圣希望那一份也属于他,把思念的碎片留给其他人。"

有人说:"近主之人的思念胜于被阻挡者的思念。"

诗曰:

接近帐篷时,思念离你去。

有人说:"思念者认为死亡是一种甜美,但当他们体验到近主的快乐时,会认为比死亡更美。"

赛勒·塞格特说:"思念是'阿勒夫'的一个境界,一旦他达到这一境界,他就会忘记一切,专注于思念所爱的人。"

赛尔德·哈伊尔在读到经文"真主的期限的确是要来临的"

（蜘蛛章：第 5 节）时说："这是真主对思念者的一个通知，意思是：我知道你们思念我，我为我们的相聚确定了一个期限，而在这之前，你们只能接近你们所思念的人。"

有人说，真主启示达乌德圣人说："你问以色列的年轻人，他们为什么为我之外的人而忙碌，而我是想念他们的，他们为什么这样冷漠无情呢？"

真主启示达乌德圣人说："如果那些离我而去的人知道我是如何等待他们的，如何怜爱他们的，如何希望他们放弃罪恶的，他们一定会为思念我而死，但我与他们之间爱的绳索已断了。达乌德呀，我对那些离我而去的人尚且如此，对那些奔我而来的人又如何呢？"

有人说，《讨拉特》上这样写道："我使你们思念，你们没有思念；我使你们恐惧，你们没有恐惧；我使你们哭泣，你们没有哭泣。"

我的导师艾布·阿里说："舒阿布圣人哭泣不止，以至于眼睛瞎了，真主恢复了他的视力，舒阿布圣人还是哭泣不止，以至于眼睛又瞎了，真主又恢复了他的视力，舒阿布还是哭泣不止，以至于眼睛再次瞎了。于是真主启示他说：'如果你的哭泣是为了天堂，我已赏赐了你天堂；如果你的哭泣是为了火狱，我的确使你脱离了火狱。'舒阿布说：'都不是，而是因为思念你。'于是真主启示他说：'为了表彰你，我让我的一个圣人和我的'对话者'（与真主曾经交谈的圣人）服侍你十年。'"

有人说："思念真主的人，会在所有的事情上思念他。"

圣训说:"天堂思念三个人:阿里、安玛尔·本·亚辛和赛莱曼。"①

马立克·本·迪纳尔说,在《讨拉特》中有这样的句子:"我使你们思念,你们没有思念;我使你们团结一致,你们无动于衷。"

有人问祝奈德:"如果爱人们相聚,将为何事而哭泣呢?"答曰:"为高兴,双方因思念后的相聚而欢欣不已。"

48．顺从长老(Hifs Quiub al-mashayha)

真主在穆萨与黑杜尔圣人的故事中说:"我要追随你,希望你把你所学得的正道传授我。"(山洞章:第66节)

祝奈德说:"当穆萨圣人想跟随黑杜尔圣人时,是非常重视礼仪的。他首先请求黑杜尔圣人的许可,之后黑杜尔圣人设定多个既不能在任何事情上违背他,也不能与他的判断相左的规则。结果穆萨圣人接连违反了黑杜尔圣人三次,而三次是一个分水岭,导致两人最终分手。于是,黑杜尔圣人说:'我和你从此作别。'"(山洞章:第78节)

穆圣说:"如果一个青年尊重年长的老人,真主一定使他在年长时受到尊重。"②

我的导师艾布·阿里说:"每一种分离皆由分歧而起。违背其长老的人,不会再跟随他的道路,二者的关系也断绝了,即便两人同居一地。陪伴长老之后又违背他的人,的确违背了陪伴之礼,他

---

① 《提尔密兹圣训集》记载,传述系统正确。
② 《提尔密兹圣训集》记载,艾奈斯·本·马立克传述,为独传圣训。

应当忏悔。"

　　一个长老说:"对长老的忤逆就是错而不悔。"

　　艾布·拉赫曼·赛莱玛长老说:"我的长老艾布·赛海利·赛阿鲁克在姆鲁,有一次我去探望他。在我去之前,每个主麻日在清真寺都有他的关于《古兰经》的讲座,等我到达姆鲁,我发现长老取消了他的讲座,改成艾布·安法尼的随谈讲座了。我心里极不舒服,心说:《古兰经》的讲座被换成了随谈讲座了。有一天,他对我说:'艾布·拉赫曼呀,人们怎么说我呢?'我说:'他们都说《古兰经》的讲座换成了随谈讲座(言下之意,众人也不满意)。'导师听完之后说:'对长老说"为什么"的人,他绝不会成功。'"

　　有一个很著名的事件,祝奈德有一天去见他的长老赛勒·塞格特。赛勒·塞格特要求他做一件事,祝奈德很快就做完了。祝奈德返回后,赛勒·塞格特递给他一张纸,说:"这就是你匆忙给我办完事的奖励。"祝奈德一看,纸上写着:我听赶驼人在沙漠里吟道:

　　　你知我为何哭泣,担忧你将离开我。
　　　你割断我的绳索,只为即刻离开我。[①]

　　艾布·哈桑·海麦达尼说:"有一天夜里,我在我的长老杰尔法·海莱迪那里,他让我回去把家里的鸟笼挂起来,而我当时很为关在笼子里的小鸟忧愁。长老催我回家,我忐忑不安地回到家,把小鸟从笼子中放了出来。小鸟就在我的面前溜达,一只狗进来了,

335

————————————

　　①　赛勒·塞格特知道祝奈德已经达到了认知真主的境界,他给祝奈德这首诗的目的,就是提醒他不要使自己远离真主。——译者

趁我不注意,把小鸟吃了。第二天起来后,我去见长老,长老一看见我就说:'不把长老的话放在心上的人,会为狗所害。'"

阿布顿拉·拉齐听艾布·奥斯曼对法迪里·巴里赫赞美有加,便急着去见法迪里·巴里赫,但见了之后,认为不过如此。于是,他回去之后对艾布·奥斯曼说:"你觉得他怎么样呢?我的发现和你的评价不一致。"艾布·奥斯曼说:"那是因为你轻视了他,如果一个人轻视一个人,他不会得到益处的,你怀着崇敬之心回去吧。"阿布顿拉又再次返回,在法迪里那里获益匪浅。

艾布·阿里导师说:"当巴里赫人把穆罕默德·本·法迪里驱逐出去后,穆罕默德·本·法迪里为他们做了这样的祈祷:'主啊,你不要让他们诚实。'之后,巴里赫人再没出过一个特别诚实的人。"

艾哈迈德·本·叶哈雅说:"为长老所喜爱的学生,他不会在长老的有生之年受到奖励,以便他心中对长老的尊敬依然如故,长者一旦去世,真主会因长老对他的喜悦而报酬他。长者对其改变看法的学生,他不会在长老的有生之年受到惩罚,以不使长老为他而悲悯,长老们生来是慷慨心善的,长老一旦去世,那时,学生会得到他的报偿。"

49. 聆听①(斯玛阿,Sama)

真主说:"你向我的仆人们报喜吧,他们倾听言语而从其至美

---

① 这一节的"聆听"一词包括多方面的意思,有的指听诗歌,有的指听乐曲,有的指《古兰经》,有的指的是苏菲修行状态中的聆听真主之声。——译者

的。"（队伍章：第17—18节）经文中的"言语"为泛指，即指所有的言语，但真主表彰的是倾听至美的言语。

真主说："至于信道而且行善者，将在一个胜地，感觉快乐。"（罗马人章：第15节）经注上说："胜地"指的是"聆听"。

336　　你要知道，聆听伴有优美乐调的诗歌，如果听的人确认不是受禁止的，不是受教法所谴责的，不会放纵其私欲，不会使其沉湎享乐的，那么，聆听一般来说是许可的。

有人在穆圣面前吟诵过诗歌，对此，大家都无分歧。穆圣曾听过吟诗，也没有否定吟诗的人。如果说聆听有音乐伴奏的诗歌是许可的话，那么，聆听有乐调伴奏的诗歌应该也是可以的。表面是这样，当然，诗歌还应该促使聆听的人更加顺从真主，依然记得真主为诚信者所准备的等级，使人避免错误，使人的心更加纯洁，更加热爱宗教教法的规定。穆圣也曾说过诗歌，或类似于诗歌的词语，即使它不能算作诗歌。

艾奈斯·本·马立克说："辅士们在挖壕沟时[①]，他们边干边唱：

我们向圣人效忠，我们将永远奋斗。

穆圣回应他们说：

生活只在后世中，真主仁慈真信士。"

穆圣的这些话语不具备诗歌的韵律，但接近诗歌。

一些有地位的先贤都听过配有乐调的诗歌，马立克·本·艾

---

① 指壕沟战役。——译者

奈斯及希贾兹地区的人都认为是合法的,他们同时还认为唱曲也
是合法的。而关于驼调(赶骆驼的人在沙漠行走时的乐调),他们
也认为是可以的,关于这一方面的传闻有很多。据说,伊本·杰里
哈就认为听乐曲是可以的。有人问他:"在复生日,当他的善功与
罪错都被拿来时,他听乐曲的行为是在哪一边呢?"他答:"既不在
善功那一边,也不在过错那一边。"即听乐曲是许可的。

　　至于伊玛目沙菲仪,他并没有把听乐曲定为非法,只是一般把
它看做是"可憎的"。即使是职业唱曲的,还是经常听乐曲的,这一
行为使人丧失气概,但还没有达到非法的程度。当然,那些以听乐
曲为享乐,沉湎于乐曲而忘记了一切,因乐曲而想入非非,或以不
正当的方式听乐曲的人除外。

　　据说,伊本·欧麦尔倾向于乐曲合法,阿布顿拉·杰尔法,欧
麦尔他们都这样认为。他们对于驼调的观点也是如此。

　　有人曾在穆圣面前吟诗,穆圣并没有禁止。据传述,他还要求
别人为他吟诗。[①]

　　有一个著名的故事,穆圣去阿依莎的家,里面有两个歌女在唱
歌,穆圣没有禁止她俩。

　　阿依莎传述,艾布·伯克尔来到她的家,听到两个歌女正在唱
歌,内容是辅士们在皈信伊斯兰之前布阿斯之战[②]的情形。艾
布·伯克尔说:"魔鬼之音。"连说两次。穆圣说:"艾布·伯克尔

---

　　①　在伊斯兰早期,诗歌一度是和古莱氏人交战的武器,穆圣曾对著名诗人罕萨·
本·撒比特赞赏有加,并特许他在清真寺内吟诗,还专门为他搭建了一个台子。穆圣
同时还和其他的诗人交往甚好。——译者

　　②　布阿斯是距离麦地那很近的一个地方,奥斯和海兹莱吉两个部落在此交战。

啊,让她们唱吧,每一个民族都有节日,今天就是我们的节日。"①

据阿伊莎传述,她给一个辅士亲戚的女孩操办婚礼,穆圣说:"你叫唱曲的人了吗?"阿伊莎说没有,穆圣说:"如果你们叫他们就好了,我来向你们祝贺。"②

穆圣说:"你们用优美的声音诵读《古兰经》,美音能增加《古兰经》的光。③

这证明了美的声音的益处。

又说:"每一事物都有装饰,《古兰经》的装饰就是优美的声音。"④

又说:"两种声音是被诅咒的,一种是灾难时的悲叹,一种是享乐时的乐曲。"⑤

从穆圣的语气中可以看出,情况不同,事情的判断也不同,否则,就失去了"特指"的意义了。关于乐曲的传述很多,此处不再赘述。

据说,一个人在穆圣面前吟道:

我向她走来,如黑夜而至。

我离她而去,心仍在燃烧。

我的爱情啊,竟受此折磨。

_____

① 《布哈里圣训集》、《穆斯林圣训集》、《奈萨仪圣训集》记载,阿伊莎传述。

② 《艾哈迈德圣训集》、《伊本·马哲圣训集》、《伊本·罕巴尼圣训集》、《伯伊海格圣训集》记载。

③ 达勒米记载,伊本·阿兹布传述。

④ 杜亚·阿卜杜·然宰格记载,艾奈斯传述。

⑤ 比宰尔、杜亚·阿卜杜·然宰格记载,艾奈斯·本·传述。

穆圣说："不要念了。"

拥有优美的声音,也是真主对一个人的恩赐。真主说:"他在创造中增加他所欲增加的。"(创造者章:第 1 节)有人注解说:"指的是增加优美的声音。"

真主责备那些丑陋的声音,真主说:"最讨厌的声音,确是驴子的声音。"(鲁格曼章:第 19 节)

人都倾向于优美的声音,以倾听优美的声音为享受,心因此而愉悦、宁静,这是无可怀疑的。

儿童因优美的声音而会安静下来。

行走在沙漠中的骆驼因赶驼人的吟唱而不再不堪重负。

真主说:"难道他们不观察骆驼是如何被创造的吗?"(大灾章:第 17 节)

穆圣说:"真主许可任何事情,都不像许可圣人诵念《古兰经》那样。"[1]

据说,达乌德圣人在诵读《宰埔尔》时,人、精灵、飞鸟、走兽都聆听他的诵读。

穆圣对艾布·穆萨·艾什阿里说:"你确实具有达乌德圣人家族优美的声音。"[2]

艾比·伯克尔·穆罕默德·迪沃尔传述,他说:"我在沙漠中行走时碰到一个阿拉伯人的部落,他们中的一个人盛情款待我。我来到他家时,看到一个黑人奴仆被绑在那里,院子里躺着一匹死

---

[1]　《布哈里圣训集》记载,艾布·胡莱勒传述。
[2]　《布、穆圣训集》记载,艾布·穆萨传述。

去的骆驼。黑奴对我说：'你是今天晚上的客人，你在我的主人那里有情分，你给我说说情吧，他不会拒绝你的。'于是我对主人说：'除非你给这个仆人松绑，否则，我是不会进餐的。'主人说：'这个仆人损失了我的财产。'我问是怎么回事？主人说：'我有一匹骆驼，就以它为生，而这个仆人有动听的声音，他使这匹骆驼驮了很重的东西，在他动听的声音的驱使下，骆驼一天走了三天的路，以至刚到家就累死了。我把这个仆人送给你吧。'仆人于是被放开了，第二天，我想听听仆人的声音到底如何，就请黑仆亮嗓一试。仆人把在石井边喝水的骆驼牵过来，绑在一个柱子上，开始吟唱驼调，那个骆驼马上仰起头，把拴它的缰绳都挣断了。我从来没有听过如此优美的声音，我如醉如痴地低头聆听，直到他停下来。"

有人问祝奈德："有的人本来心平气和，而听到某种东西之后就不安了，这是为何呢？"祝奈德说："真主在第一次和人结约时说：'我难道不是你们的主宰吗？'他们说：'怎么不是呢？'（高处章：第171节）当他们听到这话时开始紧张不安，原来的安之若素都不见了。"

我听艾布·阿里导师说："对普通人来说，听乐曲是非法的，因为乐曲会长时间留在他们心中；对苦行者来说，是合法的，因为它促使他们锻炼；而对苏菲中人来说是可爱的，因为乐曲给他们的心带来生机。"

哈勒斯·艾赛德（穆哈西比）说："三种事物，如果你们遇到，当享受之。这些东西，我们的确已经失去了：有保护的容颜、有教门的美声和忠实的情谊。"

有人问左农美音，他说："言语和指点，真主把它们委托给了有美音的男女。"

还说："真正的美音扰乱人倾向真主，以真心而听，于教门无伤；以私欲而听，有伤教门。"

祝奈德说："真主会在三个场合降临穷人：第一种：聆听《古兰经》时，他们只听关于真理的，只以真理而言。第二种：他们吃饭时，他们不饥不食，食而不过饱。第三种：学习知识时，他们只记得'卧里'们的品性。"

祝奈德说："听乐曲对追求享受的人来说是灾难，对巧遇的人是愉悦。"

又说："聆听乐曲需要三种因素：时间、地点和朋友。"

有人问戴里夫·舍布里关于聆听乐曲，他说："表面是灾难，内里是教训，理解了其中深意的人，会汲取到教训，否则，得到的只是灾难和祸患。" 341

有人说："听乐曲只适合那些私欲已死、心还活着的人，他的私欲被修炼之剑杀死，他的心因真主之光而生。"

艾布·叶尔孤白·伊斯哈格说："聆听是一种由燃烧而揭示玄秘的状态。"

有人说："聆听对认知之人来说是灵魂的一种玄妙。"

艾布·阿里导师说："聆听乐曲是可憎的，除非关于教门；它是破败的，除非关于真理；它是灾难，除非为了吸取教训。"

有人说："聆听分为两种：第一种以知识和清醒为条件，听的人要了解真主的尊名与属性，否则，他是真正的判教；第二种是以'状态'为条件，即听的人进入'法纳'状态，人性特点消失，真境显现。"

艾哈迈德·本·艾比·哈瓦尔问艾布·苏莱曼关于聆听，答曰:"两人演奏比一人演奏更为我喜爱。"

有人问艾布·侯赛因(艾哈迈德·努尔)何为苏菲,他说:"关注聆听,但更看重机缘的人。"

有人问艾哈迈德·鲁兹巴勒聆听,他说:"但愿我们彻底地避免它。"

艾布·奥斯曼·赛尔德说:"没有听过鸟声、门的嘎嘎声、风的运行声的人,不能声称他是聆听者。"

伊本·宰伊尔是祝奈德的一个有地位的弟子,有时他会去吟唱场所。如果他觉得优美,便会铺好衣服坐下来。他说:"苏菲是与心同在的人,即使他不认为是好的。"还说:"聆听是心的主宰。"

有人问鲁伊姆·本·艾哈迈德苏菲在聆听时的入迷,他说:"他们见证到他人遗忘的奥义,并以此享受到欢欣,之后,幔帐降落,他们由欢欣复归哭泣。于是,他们有人因此撕破了衣服,有人大声呼喊,有人失声哭泣。人的状态不一样,他们的反应也不一样。"

阿里·哈斯尔说:"一个人的聆听如果停顿时,他将如何呢?因此,聆听应该是连续的,不应中间隔断。"

又说:"聆听应该是经常的干渴,经常的进饮,越喝越渴。"

穆佳赫德在解释"他们在一个胜地"(罗马人章:第 15 节)时说,聆听来自仙女的销魂的声音:"我们是永不死亡的仆女,我们是快乐的,永不忧愁。"

有人说:"聆听是呼唤,入迷是目的。"①

---

① 即聆听是进入入迷的一个媒介。——译者

　　艾布·奥斯曼·赛尔德说："近主之人的心是临近的,他们的听觉是敏锐的。"

　　艾布·赛海利·赛阿鲁克说："聆听的人介于遮蔽与显现之间,遮蔽使人烦躁不安,显现使人宁静平和。'穆勒德'(修道者)的行为产生于遮蔽,是处于无力无能的阶段;近主者的行为产生于显现,是处于稳固的阶段,也是临在的一个属性,在畏惧的影响下只是感觉的枯萎。真主说:'当他们来到了他面前的时候,他们说:大家静听吧!'(沙丘章:第29节)"

　　艾布·奥斯曼·赛尔德说："聆听有三种情形:一种是属于'穆勒德'及开始修道的人的,他们以此希望进入一个崇高的状态,但我们担心他们会因此面临考验与诱惑;第二种是属于诚实者的,他们只是以此希望升高他们的状态,只在合适他们的时间聆听;第三种是属于已经进入稳定状态的'阿勒夫',他们不选择影响他们赞念真主的任何进入他们心中的动与静。"

　　艾哈迈德·海扎兹说："声称为聆听所俘,无力行为的人,那应以他的感觉改善他所在的席坐上的每一个人。" 343

　　艾布·阿卜杜·拉赫曼说："我把艾哈迈德·海扎兹上面的话说给艾布·奥斯曼·赛阿德,他说:'这是最差的表现,而正确的表现是:席坐上只要有本真之人,皆因他而温暖;只要有虚伪之人,皆因他而冷漠。'"

　　布达尔·本·侯赛因说："聆听有三种形式:一种以本性而聆听,这包括一般人和特殊人,人类的本性使他因美音而愉悦;一种以'状态'而聆听,他会领悟自己的心所感触到的责备、话语、接近与疏远、远与近、为失去的遗憾和为到来的而渴求、完成约会、履行诺言、爽约、不安的记忆、思念或害怕分离、欢欣以及断绝的警告等；最后一种是以真主而聆听，他因真主而聆听，为真主而聆听，当他处于这一状态时，他的人性消失，感觉消失，好像是处于病态，他这时所听到的只是清晰的'涛黑德'（认主独一），他那时在那一时刻凭借和依赖的只是真主，而不是他作为人的特质。"

有人说："聆听之人分为三个等级：一种是真境之人，他们聆听到的是清高的真主给他们的言语；一种是以他们的心所聆听到的奥义与真主对话，向真主讲述，他们在讲述时被要求真诚；第三种是一无所有的人，他们割断了与尘世和缺陷的任何联系，他们以善心而听，他们的聆听是最接近安全的。"

有人问艾哈迈德·鲁兹巴勒什么是聆听，他说："聆听是揭示玄秘，见证所爱的人。"

有人问易卜拉欣·海瓦斯："有人在聆听《古兰经》时无动于衷，而在聆听其他东西时却心潮澎湃，这是为何？"答曰："因为聆听《古兰经》是碰撞与压力，一个人不会在压力之下而有所动，而听闲适的东西是没有压力的欢愉，所以，他心有所动。"

344　祝奈德说："如果你看到一个'穆勒德'热衷于乐曲的话，你可以断定，他心中还有败坏的东西。"

赛海利·本·阿布顿拉说："聆听是真主据为己有的知识，只有他自己知道。"

有人说："左农到达巴格达后，很多苏菲来拜访他，其中有一个善于表达的人，苏菲们要求左农允许他在他面前说一番话，左农就许可了他，那人说：

'你把爱给我，我倍受折磨。

如爱征服我，我又将如何。

爱在我心中，忧愁实在多。

失去爱之人，微笑是哭泣。

左农站起来，忽地跌倒，脸上有血流出来，但没有流到地上。'"

有人问易卜拉欣·玛尔斯塔尼聆听时的动作，他说："我听说，穆萨圣人在以色列人中间宣讲时，一个人撕破了他的衣衫，真主启示穆萨圣人说：'你要为我撕破你的心，而不是撕破你的衣服。'"

艾布·阿里·麦阿兹里对戴里夫·舍布里说："但愿我能听到一段《古兰经》文，他不会使我放弃我的事物与远离今世。之后，我能回到我的状态，与常人一样。"戴里夫·舍布里说："你被吸引的是真主对你的关爱，你所期盼的是真主对你的怜悯，向真主传达的意念，你对此是有责任的。"

艾哈迈德·穆嘎提里说："一个斋月的夜里，我和戴里夫·舍布里在一起，他站在伊玛目后面礼拜，我就在他的旁边。伊玛目念道：'如果我意欲，我誓必把我启示你的《古兰经》消灭干净。'（夜行章：第86节）时大喊一声，我想伊玛目的灵魂可能出窍了。戴里夫·舍布里也颤抖了一下，他说伊玛目正在和他的爱人交谈，他重复了很多次。"

祝奈德说："有一天我去见我的导师赛勒·塞格特，看到他旁边有一个晕过去的人，我就问怎么了，导师说：'他听到了一段《古兰经》文。'我就对导师说：'那就让他再听一次。'导师又把那段经文念了一遍，那人果然就苏醒过来。导师问我如何知道这些。我说：'优素福圣人的父亲因他的衣衫而失明，后因为他的衣衫而复明。'导师认为我所言极是。"

345

阿卜杜勒·瓦赫德·本·阿莱瓦说:"一个青年曾经陪伴祝奈德,只要他一听到赞念,就会大叫一声。有一天,祝奈德对他说:'如果你再这样做,就不要陪伴我了。'从此之后,每当青年听到什么时,就脸色大变,极力克制自己,以至于每个毛孔都流汗。有一天,他大喊一声,结果,他因此而痊愈,再没有喊叫过。"

艾布·奈斯尔·图斯说,一个人给我讲述过艾布·侯赛因·迪扎吉的事,他说:"我去见莱伊的优素福·本·侯赛因·拉齐,到了地方之后,就询问优素福·本·侯赛因·拉齐的住处,结果我所问的每一个人都对我说:'你去见那个出教的人干什么呢?'他们的话让我心烦意乱,甚至决定返回,不再去见他。那天夜里,我借宿在清真寺,心想:我来这个地方,不就是为了拜访优素福·本·侯赛因·拉齐的吗?于是,我改变主意,不厌其烦地打听优素福·本·侯赛因·拉齐的家,直至有人把我领到他的清真寺。当时他坐在清真寺的壁龛里,正在诵读《古兰经》。他是一个光彩照人的老人,有着俊美的面容和胡须。我靠近他,给他道了色兰,他回了问候,问我从哪里来,我说从巴格达来,专程拜访他。他说:'如果这个地方一个人对你说,你住在我这里吧,我给你买一座院子和一个女仆,那你还会来探望我吗?'我说:'真主并没有以此来考验我,如果我真的得到那些东西,我也不知道会怎么做。'他说:'你能吟诵美妙的诗歌吗?'我说可以。于是,我吟了这两句诗:

　　我看到你在我的地盘里违章修建,
　　如果我有决心,

一定砸烂你的房屋。①

优素福·本·侯赛因·拉齐合上《古兰经》，哭泣不止，直至泪 346
水打湿了他的胡须和衣服，我也因他的哭泣而心生怜悯。他对我
说：'孩子呀，不要责备那些说我是出教的人。你看，我从晌礼之后
一直读到现在，眼里却没有泪水流出来，听了你念的那句诗，我的
泪水却流淌不止。'"

艾布·侯赛因·迪扎吉说："我和伊本·夫特曾在底格里斯河
巴士拉与乌布莱②之间一个地方的岸边，看到一个特别精美的宫
殿，宫殿里有一个人，他前面有一个女仆在唱道：

热忱为主道，竭诚奉献主。

日日偏主道，何时能如愿。

下面一个青年，手里拿着一只壶，背着一只袋子。他说：'以你
主人的生命求你，你再把后一句唱一遍吧。'歌女又唱了一遍，青年
说：'以真主起誓，这正是我现在的状态。'他大叫一声，然后气绝而
死。宫殿的主人对女仆说：'你自由了，为了真主的喜悦，我释放
你。'旁边的人忙着埋葬那个死去的青年，并为他站了殡礼。宫殿
的主人说：'难道你们不认识我吗？我向你们作证，我所有的一切
都献给主道，我所有的仆人都自由了。'之后，他穿上一件破长衫，
施舍了他华丽的宫殿，扬长而去。之后，没有人见过他，也没人听

---

①　指人为真主之外的事情而忙碌，而真主不忍心破坏人的生活。——译者
②　乌布莱：底格利斯河岸边的一个城市，位于阿拉伯海湾的一个角落，比巴士拉
的历史还要悠久。诗人艾斯麦阿说：人间的天堂有三个：大马士革园林、巴里赫河和乌
布莱河。

见过他的任何消息。"

大马士革的艾布·赛莱曼听到一个在天房巡游的人在喊:"赛阿台尔·拜里"。他一下就昏倒了,他苏醒过来后,有人问他怎么回事,他说:我以为他喊的是:你博施济众吧,你会看到,我将丰厚地报偿你。①

阿提拜·乌俩目听见一个人说:"赞主清净,爱的人的确在劳累中。"阿提拜对他说:"你说得对。"之后,他听到另外一个人说了同样的话,阿提拜说:"你撒谎,每个人听到的只是他当下的处境。"

有人问鲁伊姆关于他在聆听时所遇见的一些长老们的状况,他说:"他们就像突然冲进了一只狼的羊群。"

据传述,艾哈迈德·海扎兹说:"我见到正在聆听的阿里·本·穆宛菲格,他对人说:'扶我站起来。'人们把他扶起来,他站起来之后便进入入迷状态,不停地跳动。他说:'我是"舞者"长老。'"②

有人说:易卜拉欣·鲁给从晚上一直站到天亮,后因为一句诗而跌倒在地。这句诗是:

我心常忧郁,没有爱他人。

侯赛因·本·穆罕默德说:"我侍奉了赛海利·本·阿布顿拉很多年,我没有见到他因听到赞念真主和诵读《古兰经》而有所变化。在他生命的最后一刻,有人在他面前读:"故今日你们与不信道者的罚金,都不被接受"(铁章:第15节)我看到他脸色骤变,全

---

　　① 两者的发音几乎一样。——译者
　　② 这是阿里·本·穆宛菲格对自己责备的话,他因为不能控制自己的情绪和状态而内疚。——译者

身发抖，几乎跌倒，神志清醒之后，我问他怎么了，他说：'我老了，无力承受了。'"①

我听艾布·阿卜杜·拉赫曼长老说："我去见艾布·奥斯曼·赛尔德，看到一个人在饮水车里的水，他对我说：'艾布·阿卜杜·拉赫曼呀，你知道水车在说什么吗？'我说我不知道，他说：'水车在说：安拉，安拉。'"

据艾哈迈德·鲁伊姆传述，大贤阿里（愿真主喜悦他）听到钟表运行的声音后，对他周围的人说："你们知道钟表在说什么吗？"人们说不知道，他说："钟表在说：'真主清净，真主清净'。真的，他是不灭的、支撑的主宰。"

艾哈迈德·本·克尔赫传述，一伙苏菲聚集在哈桑·盖宰兹的家，其中有善于表达的人，他们在说，其他人因迷而跳动不已。穆姆沙迪·迪沃尔朝他们看了一眼，他们安静下来。穆姆沙迪·迪沃尔说："你们恢复之前的状态吧，即使全世界的娱乐集中在我身边，我也会不为所动。我听艾布·阿里·鲁兹巴勒说：'我们位于这样的处境，如果面临剑刃，倘若我们倾向一点点，我们就进火狱了。'"

海伊尔·奈萨吉说："穆萨圣人给他的民众宣教，其中一个人大喊一声，穆萨不让他这样做。真主启示穆萨圣人说：'穆萨啊，他们因我的芳香而散播，以我的爱而许可，因我的存在而大喊，你为什么要禁止我的仆人呢？'"②

①　大限将至，在听到不接受赎金的消息时，因年长力衰而无力承受。——校对者
②　大喊是进入状态的标志，隐瞒自己进入状态的标志胜于显示标志，但如果听者的确不能控制自己，是可以原谅的。——译者

　　有一个人，如果听到卖东西人喊："最好的十个'达尼克'"（货币单位），就会大喊一声（因激动而入迷）。戴里夫·舍布里说："听见最好的十个'达尼克'尚且如此，听到最差的十个'达尼克'又将如何呢?"[①]

　　奥尼·本·阿布顿拉让他的一个声音甜美的仆人以忧伤的音调吟唱，结果，他旁边的人都哭了。

　　有人问艾布·苏莱曼·达扎尼关于聆听，他说："每个人都喜欢优美的声音，人不可抗拒美声，如同临睡前的儿童一样。"

　　又说："美音不能给人心带来新的东西，它只是摇动内心中的东西。"

　　艾哈迈德·祝莱勒说："你们成为敬畏的人吧，即成为听从真主的人，他们以真主而言，以真主而听。"

　　有人问一个人关于聆听，答曰："那是闪耀之后暗淡的闪电，明亮之后微弱的光，哪怕一瞬间与聆听者同在，那将是多么好呀。"之后吟道：

　　秘密思绪似闪电，瞬间即逝痕迹无。

　　言称解明秘密者，无疑真正说谎人。

　　如若秘密寻找你，所有秘密任你说。

　　有人说："每个部位对聆听都有反应，如果在眼睛，眼会哭泣；如果在舌，舌会大喊；如果在手，手会撕衣服，打耳光；如果在脚，脚会跳跃。"

---

　　①　听到卖东西的人的吆喝，马上联想到后世里的清算，继而不能自制，这是极度敬畏的表现。——译者

　　艾布·阿里·丹嘎格说："艾布·阿慕尔·本·努杰德、奈斯尔·阿巴兹还有其他人在一起谈话,奈斯尔·阿巴兹说:'如果一帮人聚在一起,一个人说话,其他人静听,强于他们背谈一个人。'艾布·阿慕尔·本·努杰德说:'即使你背谈别人三十年,也比你聆听不该聆听的东西强。'"

　　人们在聆听上分为三种:以时间而聆听的人①、以状态而聆听的人②和以真主而聆听的人③。

　　我曾不止一次地要求艾布·阿里给我聆听的许可,但他总是以"应该放弃"回答我。多次追问之后,他说,长老们说:"如果聆听能使你的心专注于真主,那是许可的。"

　　据伊本·阿拔斯传述,真主启示穆萨圣人说:"我给予你一万个听力,以便你听到我的话;给予你一万个舌头,以便你应答我。如果你多多地赞美穆罕默德,那是我最喜爱的,也是最接近我的。"

　　艾布·哈勒斯·奥拉斯说:"我在梦中看到'伊卜里斯'(真主创造物的一种,因自大不肯向人类叩头)在'奥拉斯'④的地方,我也在那个地方。他的左右各有一帮人,他们都穿着干净的衣服。伊卜里斯对那伙人说:'你们说。'那些人便开口而说。'你们唱。'那些人便卖力地唱,声音大得差点把我从地面抛出去。之后,伊卜里斯说:'你们跳。'那些人就跳他们能跳的最美的舞。最后,伊卜里斯对我说:'艾布·哈勒斯呀,我对你们能做的,只是这些了。'"

---

　　①　强迫自己聆听,期望通过聆听达到自己的目的——译者
　　②　在第一时间就能进入状态的人。——译者
　　③　真主自然地、没有任何造作地出现在他的心里。——译者
　　④　地中海沿岸的一个堡垒,在图尔苏斯城的郊区。

阿布顿拉·本·阿里说："我在一个夜里和戴里夫·舍布里在一起，一个精于劝诫的人说了一些话，舍布里听后大叫一声，便坐着昏迷过去。有人对他说：'你怎么坐在这些人面前呢?'戴里夫·舍布里站了起来，他又不知所以了。他吟道：

我有两种醉，

一为酒友，一为自己。

350 阿里·鲁兹巴勒说："我经过一个宫殿，看到里面有一个俊美的青年，昏迷在地。我就询问他的情况，人们告诉我说：'这个青年经过这个宫殿时，里面的仆女在吟唱：

人之欲望多，竟然欲见我。

我能看见你，你却不见我。

年轻人听到之后，大喊一声，便气绝身亡。'"

第三章 "克拉玛提"、"卧里"、 "穆勒德"的礼仪

"奥里亚"（Awliya）与"克拉玛提"（Karamat）

在"奥里亚"（圣徒）身上出现"克拉玛提"（贤兆）是可以接受的。其证据是：这在理智上是可以发生的事情，它的发生不会有损原则；真主是有能力使它发生的，如果它以真主的能力而存在的话，那没有能力能阻止它的发生。

"克拉玛提"的出现是一个人所处状态的真实的标志，如果他的状态不是真实的话，就不会有这样或类似的事情发生。真主在很早之前就给了我们说明，以使我们在一个人的真实与否之间做出分辨，而分辨的依据是一个"卧里"所特有的显示，而不是一个说谎的人的妄称，这就是我们前面所指出的"克拉玛提"。"克拉玛提"必须是打破常规与习惯的，而且是在被责成的时期内发生，出现于以"委俩叶"（真主之友）而被描述的人，以证明他的真实。有真知的人很多都谈论过"克拉玛提"与"穆阿吉宰"（圣迹）的区别。

伊玛目艾布·伊斯哈格·伊斯扎菲尼说："'穆阿吉宰'是圣人圣品真实的证明，证明圣品不在他之外的人。同样，严谨的理智也

能证明一个学者的身份,因为严谨的理智是一个学者的标志。'奥里亚'们的'克拉玛提'类似于真主对祈祷的应答,而圣人们的'穆阿吉宰'则并非如此。"

伊玛目艾布·伯克尔·福尔克曾说:"'穆阿吉宰'意味着真实。之后有'穆阿吉宰'的人宣称圣品,那么他的'穆阿吉宰'就证明他所说的话是真实的;如果他声称他有'卧里'的品级,那么'穆阿吉宰'就是他真实状态的证明,他所显示的被称为'克拉玛提',而不是'穆阿吉宰',因为二者之间是有区别的。"

354　伊玛目艾布·伯克尔·福尔克曾说:"'穆阿吉宰'与'克拉玛提'的区别在于:圣人们是受命而显示的,而'卧里'则应该隐藏它。穆罕默德声称他是圣人,他用'穆阿吉宰'消除人们对他的怀疑,'卧里'则不宣示他是'卧里',所以他也没有必要以'克拉玛提'来消除人们对他的怀疑。"

法官艾布·伯克尔·艾什阿里在整理他的时代里的手抄资料时说:"'穆阿吉宰'是专属于圣人们的,'克拉玛提'是属于'奥里亚'的。"

"奥里亚"是没有"穆阿吉宰"的,因为"穆阿吉宰"是与宣称圣品相连的。"穆阿吉宰"并不以自身而成为"穆阿吉宰"。它的完成依赖很多条件,如果有一个条件不具备,则不能称之为"穆阿吉宰"。这些条件之一就是宣称圣品,"卧里"是不宣称圣品的,因此他所显示的就不是"穆阿吉宰"。这就是我们分辨的依据,我们这样说,也这样信仰它。除了这一条件外,"克拉玛提"具备了"穆阿吉宰"的所有或大部分的条件。"克拉玛提"是一个必然的行为,因为自古以来并没有特别地局限于某一个人。"克拉玛提"是反常规的,它在被责成的时间内发生,它的发生是给予一个人的特殊与高贵的显示。它的发生或许因为"卧里"选择与祈祷的缘故,或许不因为这些,有些时候在"卧里"不选择的情况下或许也会发生。"卧里"并不负有为他人包揽祈祷的责任,但是如果他显示了某一"克拉玛提",对于有资格的"卧里"来说也是可以的。

人们对于"卧里"存在这样的分歧:他是应该知道他是"卧里",还是不应该知道?

伊玛目艾布·伯克尔·福尔克说:"他不应该知道他的'卧里'身份,因为如果他知道了,就会丧失畏惧而高枕无忧。"

我的导师艾布·阿里·丹嘎格则认为可以知道,我也倾向于这一说法。我们这样认为,但并不是说适用于所有的"卧里",不是说所有的"卧里"必须知道他是"卧里"。我们只是认为,一部分"卧里"应该知道他的"卧里"身份,而另外一部分则不应该知道。如果一个"卧里"知道了他的身份,他就会认识到他所显示的是他的"克拉玛提",是别人所没有的,是专属于他的。某一个"卧里"的"克拉玛提"并不必须发生在其他所有的"卧里"身上,甚至也不是在"卧里"的有生之年,他必须显示"克拉玛提",这一点有别于圣人。不显示"克拉玛提"并不意味着对其"委俩叶"的不支持。

圣人是必须要显示"穆阿吉宰"的,因为他是为世人所差遣的,人们需要了解他的圣品的真实性,而证实圣人的唯一途径就是"穆阿吉宰"。在这一点上,圣人不同于"卧里",因为"卧里"对于世人不是必需的,"卧里"同样也不是必须知道他的"卧里"身份。以天堂报喜的十大圣门弟子为例,他们相信穆圣所告诉他们的他们是乐园里的居民的消息①。

而认为"卧里"不应该知道他的身份的人，声称这样将使他们没有畏惧。但也有可能，他们为结局的或然变化而心生恐惧，于是他们心中对真主的畏惧、尊崇会滋生更多的恐惧。

须知，"卧里"对他显示"克拉玛提"并不是完全有信心的，也不是有自己观点的，或许他们只是有对"克拉玛提"的作用的看法，是增加信仰，或增加明辨。他们确信那是真主的行为，他们以此来证明他们的信仰的真实。

总而言之，"卧里"显示"克拉玛提"是必须接受的事实，这是大部分有真知的人的看法，很多可靠的传述也可以证明这一点。发生在"卧里"们身上的传闻也能打消人们的怀疑，接触过"卧里"并听说过他们的可靠传闻的人，是不会对此有疑问的。

《古兰经》中关于苏莱曼同党的故事也能证明这一点。那人说："转瞬间，我就把它拿来给你。"（蚂蚁章：第40节）

关于欧麦尔哈里发的传述也是正确的。据传述，欧麦尔在麦地那主麻演讲时大声喊道："萨勒叶，赶快上山！赶快上山！"当时正在遥远的地方作战的萨勒叶听到了欧麦尔的声音，赶紧上山，摆脱了敌人从后面攻击的危险。

或许有人说：怎么可以发生这样的有圣人们的"穆阿吉宰"意味的"克拉玛提"呢？"卧里"能够超越圣人吗？

有人回答说：这些"克拉玛提"是穆罕默德圣人的"穆阿吉宰"

---

① 意即他们已知道了他们的"卧里"身份与后世里的结局，但没有影响他们对真主的畏惧。——译者

的延续,因为任何一个不真实的人,"克拉玛提"是不会在他身上显示的。每一个圣人都有他的教民,其中任何一个人显示的"克拉玛提"都是该圣人的"穆阿吉宰"之一,是他的整个"穆阿吉宰"的一环。换言之,如果该圣人不是真实圣人的话,"克拉玛提"是不会发生在他的教民身上的。

至于"奥里亚"的等级,大众派学者一致认为它在圣品之下。

《古兰经》与圣训中的"克拉玛提"

须知,"奥里亚"们的"克拉玛提"的最重要的主旨是劝导人们持续地顺从、不违抗真主、不违反真主的戒条。

赛海利·本·阿布顿拉说:"谁诚心诚意地苦行四十天,'克拉玛提'就会为他显现,如果没有显现,就说明他的苦行不真实。"

有人问赛海利·本·阿布顿拉:"克拉玛提如何为他显现?"答曰:"他任意地、随心所欲地取他想要的东西。"

《古兰经》中所提到的"克拉玛提"

《古兰经》提到了一些发生在"奥里亚"身上的"克拉玛提",我在这里叙述一些事例:

(一)真主关于麦尔彦的叙述。麦尔彦不是圣人,也不是使者。真主说:"她的主接受了她,并使她健全地生长,且使宰凯里雅抚育她。宰凯里雅每次进内殿去看她,都发现她面前有给养,他说:'麦尔彦啊! 你怎么有这个呢?'她说:'这是从我的主那里降下的。'真主必定无量地供给他所意欲的人。"(伊姆兰的家属章:第37节)

真主说:"你向着你的方向摇撼椰枣树,就有新鲜的、成熟的椰

枣纷纷落在你的面前。"（麦尔彦章：第25节）

（二）山洞人的故事。他们与他们的狗对话，就是他们所显示的"克拉玛提"。

（三）左勒盖尔奈英的故事①。真主给予了他不曾给予他人的恩惠与援助。

（四）黑杜尔的故事。故事里的事情是有违常规的，只专属于黑杜尔，但黑杜尔不是圣人，他只是"卧里"。

圣训中所提到的"克拉玛提"

（一）修士杰里吉

据艾布·胡莱勒传述，穆圣说："在摇篮里就开始说话的有三个人：尔撒圣人、杰里吉时代的一个儿童及另外一个儿童。"

杰里吉是以色列人中的修士。有一天，他正在做礼拜，他的母亲想他了，就喊："杰里吉！"杰里吉在拜中听到了，他心说："主啊！是礼拜呢？还是去见我的母亲？"他的母亲又喊了他一次，他又说了同样的话，之后继续礼拜。他母亲的情绪开始变化，她说："主啊！你不要使他死，直至他看到奸淫女人的面目。"

以色列人中有一个淫妇，她对人们说："我去勾引杰里吉，他一定会顺从我。"说完她就去找杰里吉，但杰里吉对她的诱惑无动

---

① 《古兰经》山洞章叙述了这一故事，左勒盖尔奈英是一个公正的国王，真主赐予他权势，他在大地当到处奔波，宣传真主的宗教。有一次碰到一个饱受雅朱者和马朱者欺凌的民族，左勒盖尔奈英就帮助他们筑起了一道坚固的壁垒，以抵御雅朱者和马朱者的侵略。至于雅朱者和马朱者是历史上的哪位人物，历史学家和学者有很大的分歧，有人说是亚历山大，有人说是波斯皇帝居鲁士。著名学者伊本·凯希尔和伊本·赫沙姆等都进行过推测和研究。埃及著名学者赛义德·古特布则认为这是真主为执政者设立的一个典范：宣传真理、公正、帮助弱者、消除不义。——译者

于衷。

有一个牧羊人,他晚上就住在杰里吉的静室的下边,淫妇百般 勾引杰里吉无果之后,便勾引住在旁边的牧羊人。淫妇之后便怀 孕了,当她生下孩子时,人们问她孩子的父亲是谁,她说是杰里吉。 以色列人盛怒之下,辱骂了杰里吉,并推倒了他的静室。

之后杰里吉礼拜,向真主祈祷。然后他摇动摇篮里的孩子说: "孩子呀,你的父亲是谁?"婴儿答曰:"我的父亲是牧羊人。"

以色列人为他们的莽撞而后悔不已,他们向杰里吉道歉,并愿 意为杰里吉重修更漂亮的静室。杰里吉拒绝了,他自己按照静室 原来的样子进行了重修。

(二)山洞里的对话

穆圣说:"从前,有三个人一同外出,寄宿于一山洞。一块巨石 忽然滚落下来,堵住了洞口。他们说:'以真主起誓,我们只有以我 们的善功向真主祈求,才能离开山洞。'"

其中一个人说:"主啊! 我有年迈的父母,我晚上从未让家人 在两位老人之前饮过茶。有一天我来迟了,我未给两位老人端奶 茶,他们便睡了。于是,我赶紧给两位老人做好了夜茶,等我给他 们端来时,他们还在睡。我怕惊醒他们,又不愿在他们之前饮茶, 便端着奶茶站在他们面前等着,一直等到黎明时分他们醒来。他 们醒来后,才喝了奶茶。主啊! 如果我做的这件事能取悦你的话, 求你解除我们的困境。"

这时,岩石移开了一点点,但他们还是不能出去。

另一个人说:"主啊! 我有一个堂妹,我非常喜欢她。我想得 到她,她拒绝了我。后来她在旱年遭遇窘境时来找我,我给了她一百二十个'第纳尔',条件是她要顺从我,她答应了。当我准备与她交合时,她说:'你不能这样做,除非以正当的途径娶我。'我羞愧地起身,离开了她,她仍然是我最爱的人,我没有索回给她的钱。主啊!如果我做的这件事能取悦你的话,求你解除我们的困境。"

这时,岩石又移开了一点点,但他们还是不能出去。

第三个人说:"主啊!我雇了几个工人,活干完之后,我付给他们工钱,有一个工人没拿工钱就走了。我用他的工钱增值,赢利不少。过了一段时期,他来找我索要他的工钱。我对他说:'你所看到的成群的牛羊、骆驼与奴隶,都是你的工钱'。那人说:'真主的仆人啊!你不要嘲笑我!'我对他说:'我没有嘲笑你。'之后我给他讲了他的工钱的来历,他欣然接受了一切。主啊!如果我做的这件事能取悦你的话,求你解除我们的困境。"

这时,岩石完全移开,他们平安走出了山洞。[①]

关于"卧里"(Wal)与"委俩叶"(Wilaya)的一些问题

"卧里"的意义

如果有人问:"卧里"的意义是什么?它或许有两层含义:第一,它属于张大名词的词型,同"全知的"、"全能的"等词一样。它的意思是连续地顺从,从不违抗;第二,它属于被动名词的词型,同"被杀的"、"受伤的"等词一样。其意为真主管他的事务,保护他持续地顺从。不给他违抗的能力,只给予他顺从的能力。真主曾说:"他眷顾善人。"(高处章:第196节)

---

① 《布哈里圣训集》记载。

"卧里"与保护

"卧里"是被保护的吗?

可以肯定的是,他不会像圣人那样被保护。他只是被保护不固执地犯错误,如果他有错误与缺陷,那也是可能的。

有人问祝奈德:"阿勒夫(认主之人)也奸淫吗?"

祝奈德低头不语,然后抬起头念出如下经文:"真主的命令是不可变更的定案。"(同盟军章:第 38 节)

"奥里亚"与恐惧

"奥里亚"有恐惧吗?

根据大部分学者的说法,他们是有恐惧的,我们前面已不止一次地说过。

赛勒·塞格特说:"如果一个人走进一个满是树的花园,每一棵树上都有一只鸟,它们以非常标准的声音说:'真主的"卧里"啊,祝你平安!'如果他说他没有感到恐惧,他的确是说谎的。"

眼见真主

今世能眼见真主吗?

最正确的看法是不可以,这也是学者们的一致意见。

据伊玛目艾布·伯克尔·福尔克传述,艾布·穆萨·艾什阿里说:"这一问题有两种说法"(请查阅他的《大视野》一书)。

"奥里亚"状况的改变

"奥里亚"的结局可以改变吗?

认为恒定是"奥里亚"的一个条件是不可以的。有人说:"卧里"是真正的信士,他的状况以后是可以发生改变的,这和一个可以改变的"诚笃者"的情况相似。这是我们所认同的观点。

可以说,作为"卧里"的"克拉玛提",他是可以知道他的不会改变的、平安的结局的。这个问题和"卧里"能否知道他的身份同属一个范围。

361

"卧里"对计谋的恐惧

"卧里"害怕真主的计谋吗?

即使他沉迷于见证真主,感觉消失,进入"法纳"之境,恐惧仍是他的一个特征。

"卧里"的清醒

"卧里"清醒时的行为是什么?

他履行对真主的义务;在任何情况下都怜悯世人,仁慈世人;为所有的世人承担自己的责任,以求真主的喜悦,而不是世人的喜悦;引导世人走救赎之路,而不是责备他们;不憎恨他们,不攫取他们的钱财,不奢望他们的报酬;不以恶言伤害他们,不张扬他们的缺点;在今世与后世不是任何一个人的仇人。

长老与保护

不必认为长老(筛赫)是被保护而没有缺点和错误的,而是应该警惕他们的状况,善意地猜测他们。关注一个长老的行为与知识,就足以分辨他是可敬的长老还是有缺陷的长老。

"穆勒德"与尘世的荣华

每一个"穆勒德"的心中或多或少都有对尘世荣华的留恋,对尘世有依恋不是可憎的。如果他选择尘世中的一件事物,并认为是他的一个特殊的善功,那他是造作的。他其实是想快速地回归红尘,他只是想忽略回归的危害,而不是追求善功。一个"穆勒德"

在放弃金钱之后,又成为金钱的俘虏,这是可憎的。他应当不管贫 362
穷和富裕都保持一致,以致不使任何一个穷人讨厌他,任何一个人
因他而不安,即使是拜火教徒。

长老对"穆勒德"的接受

长老对"穆勒德"的接受与认可是"穆勒德"幸福的最大见证,
如果长老的心排斥一个"穆勒德",毫无疑问,他在不久之后将见证
他的沮丧。

与年轻人交往

苏菲之道最困难的莫过于与年轻人厮混,因为年轻人的心易
沉迷于被造物。真主说:"你们以为这是一件小事;在真主看来,却
是一件大事。"(光明章:第 15 节)

法塔赫·穆苏里说:"我陪伴过三十个长老,他们都被认为是
'艾布达里'①(高品之人)。他们在离世时无一例外地嘱托我说:
'你要小心,与年轻人的交往不要过于密切!'"

忌妒

心中暗藏对兄弟的忌妒,为自己所独有的而沾沾自喜是"穆勒
德"的一大缺陷。他应当知道真主是分配万物的,他当戒绝这一缺
点,以真主的存在为满足,以真主的恩惠与慷慨为满足。

---

① "艾布达里"一词来源于动词"替代"。即他们是这个世界不可或缺的人,倘若
其中一个去世,真主就用另一个人替代他的位置。有人说他们是隐匿之人,没有人知
道他们的行踪。关于他们的数目,圣训说是四十个,还有说 22 个在沙姆,18 个在伊拉
克。描述他们的圣训很多,最有权威的是《艾哈迈德圣训集》,其记载是这样的:"艾布
达里在沙姆,他们是四十个,倘若其中一个去世,真主就用另一个人替代他的位置。穆
斯林因他们得到雨露,因他们战胜敌人;沙姆人因他们被免予惩罚。"——译者

奉献

"穆勒德"应该为所有人奉献自己的一切,把饥饿的人与饱腹的人都置于自己的前面。他应当虚心地向长老学习所有问题,即使他比长老还博学。

363

听讲的礼仪

"穆勒德"在长老面前听讲的礼仪:"穆勒德"在听长老讲课时不可避免会出现一些动作,如果动作是不得已而发出的,他以不得已的程度而应该受到原谅。外界的影响过去之后,他应该安静地坐下来。如果他因情绪影响而持续地发出动作,不是因为外界的或不必要因素,那他就不对了。如果他习惯了那样做,他不会进步,也不会走向揭示真境之路。

远行与改变环境

如果一个"穆勒德"受到名誉、享乐、情欲的诱惑,而他的长老又没有为他指出解决方法的时候,他可以选择远行,离开那个地方。

长老们说:"如果一个'阿勒夫'仅仅谈论真正的认知,学生们会一无所知;仅仅传授书本而没有涉及真知,学生们同样一无所知;精通书本的人,他是'有知识的人',但不是'有行为的人。'"

服侍长老

如果"穆勒德"服侍长老,穷人们的疾苦应该铭记于心,他不应该违背内心服侍长老的意愿,他应当尽最大能力去做好服侍的工作。

忍受别人的冷漠

当"穆勒德"服侍长老时,他应该忍受由此遭受的冷言蜚语,坚持诚心诚意地去服侍长老。如果人们对他的行为不认可,他应该检讨自己的错误,善意地猜测人们的心,即使他知道他是正确的。

如果人们加深了对他的冷漠,他应该更好地服侍长老,更多地做善事。艾布·伯克尔·福尔克说:"如果你不能忍受这条道路上的考验的话,那你为什么选择这一道路呢?"

遵守教法

鉴于此,"穆勒德"应该遵守教法的规定,保护自己的手不伸向非法和嫌疑;保护感官不去触及罪恶;常记真主,不可疏忽。蚂蚁在必要的觅食时尚有接近非法之嫌,何况在心情舒畅时作出的选择呢?

"穆勒德"在抛弃欲望时要持续地和私欲作斗争,顺从私欲的人,意味着放弃了清洁。对"穆勒德"来说,最丑陋的莫过于重新追逐欲望。

履行与真主的约会

"穆勒德"一定要实践与真主的约会,如果他爽约,在一般人看来,就好像叛教一样。"穆勒德"不应就他力所能及的所有事与真主结约,如果是在教法的约束之内,就尽力按教法的要求去做。真主说:"他们自创出家制——我未曾以出家为他们的定制——他们创设此制,以求真主的喜悦;但他们未曾切实的遵守它,故我把报酬赏赐他们中的信道者。"(铁章:第27节)

远离俗人

"穆勒德"应当远离俗人,如果与俗人厮混,意味着中毒,因为他们得到的是益处,而他得到的是损失。真主说:"我使某些人的心忽视教训,而顺从自己的欲望。他们的行为是过分的,这种人你

不要顺从他们。"(山洞章:第 28 节)

苦行者施舍他们的钱是为了接近真主,清洁之人从心中取出他们的品德与知识,是为了以真主而实现他们的愿望。

关于睡梦

真主说:"在今世与后世,他们都将得到佳音。"(优努斯章:第 64 节)

有人说,经文中的"佳音"就是人所看见的或向他显示的好梦。

艾布·达扎伊传述说:"我问穆圣'在今世与后世,他们都将得到佳音'这节经文的意思,他说:'在你之前,没有一个人问过我,它是人所看见的或向他显示的好梦。'"①

据阿布顿拉·本·麦斯欧德传述,穆圣说:"好梦来自真主,噩梦来自恶魔。"②

穆圣说:"谁在梦中见我,他的确见到了我,恶魔绝不会假扮我的形象。"③

圣训的意思是那些梦是真实的,解释也是真实的,梦是"克拉玛提"的一种。

梦是心里的思绪或想象的状况。如果人的全部感觉没有沉浸在梦里,人在清醒时会认为他的梦是真实的,其实那只是他心中的想象与幻想。当表面的感觉消失之后,他的想象因感觉与必要的影响而脱离可知,做梦的人会更加感觉到梦的真实。当他醒来之

---

① 《提尔密兹圣训集》记载。
② 《布哈里圣训集》记载。
③ 《提尔密兹圣训集》记载。

后,原来的感觉会因现实的实证而减弱。这个例子就像黑夜里的灯光一样,太阳升起之后,阳光就遮住了灯的光亮,灯的光也因阳光而减弱。梦的情形就像夜灯,而醒来的人就像沐浴在阳光中,醒来的人还记着梦中的情形,而他在梦中所遇到的对话与思绪,或许是来自恶魔,或许是他内心焦虑的反应,或许是天使的意见,也或许是真主显示在他心中的说明。穆圣说:"梦最真实的人,是你们中言语最诚实的人。"

须知,梦有几种:有不经意间的梦,有习惯性的梦。而后一种是有缺陷的,是不可取的,因为它是"死亡之兄弟"。在一些传闻中有这样的说法:睡梦是死亡之兄弟。

真主说:"他使你们在夜间死亡,他知道你们在白昼的行为。然后他使你们在白昼复活,以便你们活到一定的寿限。"(牲畜章:第 60 节)

又说:"人们到了死亡的时候,真主将他们的灵魂取去;尚未到死期的人们,当他们睡眠的时候,真主也将他们的灵魂取去。"(队伍章:第 42 节)

有人说:"如果睡梦中有裨益的话,那在天堂中一定有睡梦。"

有人说:"真主使天堂中的阿丹进入睡眠,然后从他身上取出了哈娃,阿丹所有的磨难皆源于哈娃的到来。"

我的导师艾布·阿里·丹嘎格说,当易卜拉欣圣人对伊斯玛依说:"孩子呀,我确已梦见我宰你为牺牲。"伊斯玛依闻后说:"父亲呀,这是为爱而睡的人的报酬,如果你不睡,你就不会收到宰孩子的命令。"

有人说,真主启示达乌德圣人说:"声称爱我的人说谎了,当夜幕降临时,他就弃我而睡了。"

睡眠是知识的敌人。因此戴里夫·舍布里说:"千年的瞌睡是耻辱。"

还说,真主看到我说:"睡的人是疏忽的,疏忽的人是被遮挡的。"

戴里夫·舍布里曾经在眼圈上抹上盐,以阻止瞌睡。

诗曰:

世间万象真奇怪,有爱之人难入眠。

挚爱之人思念多,长夜漫漫眼不合。

有人说:"'穆勒德'因虚弱而食,因困乏而眠,因必要而语。"

有人说:"当阿丹心临真主而眠时,有人对他说:'这是哈娃,以使你因她而得到慰藉,这是心临真主而眠者的报酬。'"

有人说:"如果你心临真主,那你就不要睡,心临真主而眠是失礼的表现。如果你没心临真主,那你是亏折之人、磨难之人,磨难之人是不为睡眠所制的。"

至于为修行而磨炼的人,他们的睡眠是真主对他们的施舍。真主喜悦在叩头时入睡的人,他会说:"你们看这个仆人,他的灵魂在我这里,他的躯体在我的面前。"

"灵魂在我这里"的意思是:他的身体在拜毯上,他的灵魂却与真主交言密谈。

以洁净之身(指大小净)入睡的人,他的灵魂被许可围绕真主的"阿尔什"(宝座)周围巡游,并向真主叩头。真主说:"我使你们在睡眠中得到休息。"(消息章:第9节)

我的导师艾布·阿里·丹嘎格说:"一个人因睡眠太多向长老抱怨,长老说:'你走吧,你当感谢真主对你的恩惠,有多少病人因无法入眠而抱怨。'"

有人说:"再没有比违抗者梦中的伊卜里斯更可恶的了,伊卜里斯说:'他什么时候醒啊?什么时候违抗真主啊?'"

有人说:"对于违抗真主的人来说,于他最好的情况是:他在梦中干好事,不做坏事。"

我的导师艾布·阿里·丹嘎格说:"沙赫·克尔玛尼习惯了熬夜,有一次他睡着了,他在梦中看到了真主。之后他就刻意使自己多睡,有人问他为什么,他说:

'梦中吾心欢不已,从此爱睡不放弃。'"

一个人有两个学生,两人对睡眠的看法不同。一个说睡眠是有益的,因为人在睡眠时不会违抗真主;一个说清醒是有益的,因为清醒时能认识真主。两人谁也不能互相说服,就去他们的长老那里评理。长老说:"至于你说睡眠是有益的,那对你而言,死亡比生命更好;至于你说清醒是有益的,那对你而言,生命比死亡更好。"

一个人买了一个仆女,到夜晚时,他对仆女说:"你把床整理一下。"仆女问他说:"主人啊,你有主人吗?"那人说有,仆女接着问:"那你的主人睡吗?"那人说不睡,仆女遂说:"你的主人不睡,而你却要睡,你不为此害羞吗?"

赛尔德·本·杰比尔的女儿问他:"你为什么不睡觉呢?"他答:"火狱不让我睡。"

热比阿·本·海塞姆去世后,邻居家的女儿问她的父亲:"父亲啊,邻居家的主人去哪了?"父亲说:"我们的邻居是一个善人,他从夜头站到夜尾(整夜礼拜之意)。"女儿以为邻居是一个夜行者,因为夜行者只在夜里前行。

一个人说:"睡梦中有清醒时所没有的玄妙,如在睡梦中可以看见穆圣、圣门弟子、逝去的先贤,而在清醒时却不能看见他们。同样,人也能在梦中看见真主,这是一个巨大的恩典。"

据说,艾布·伯克尔·阿吉尔在梦中看见了真主,真主对他说:"为你的需要请求吧!"艾布·伯克尔·阿吉尔说:"主啊,求你饶恕穆罕默德教民中的所有罪人吧!"真主说:"对此,我比你更有责任,你为自己的需要请求吧!"

穆罕默德·本·阿里·凯塔尼说:"我在梦中看见了穆圣,他对我说:'向人们掩盖他的秘密的人,真主知道他所掩盖的。'"

又说:"我在梦中看见了穆圣,我对他说:'你为我向真主祈求吧,不要让我的心死亡。'穆圣说:'你每天念四十遍"永活的主,永立的主,没有神灵,只有你",真主肯定复活你的心。'"

哈桑·本·阿里(愿真主喜悦他)在梦中看见了尔撒圣人,哈桑说:"我想做一枚戒指,上面写什么呢?"尔撒圣人说:"你在上面写:万物非主,唯有真主,他是真理,他是君王,他是最后的'因支利'(新约)。"

据传,比斯塔米说:"我在梦中看见了真主,我问他:'何为通向你的路?'答曰:'抛弃你自己,过来吧。'"

有人说,艾哈迈德·海杜鲁在梦中看见了真主,真主说:"艾哈迈德呀,所有的人都向我要求他们希望的东西,只有比斯塔米要求我。"

叶哈雅·本·赛尔德·盖塔尼说:"我在梦中看见了真主,我说:'真主啊!我向你祈求了多少次!你都没有应答我。'真主说:'叶哈雅呀!我是想经常听到你的声音。'"

拜舍尔·本·哈勒斯说:"我在梦中看见了哈里发阿里,我对他说:'信士们的长官,你给我嘱托吧。'他说:'富人为求得到真主的报酬而对穷人施舍多好啊!比这更好的是,穷人不期盼富人的施舍,而是信任真主。'"我说:"再说一点吧!"他说:"你曾是死的,后又复生。不久之后,你还是要死的。"

据说,苏福扬·扫勒梦见了他死后的结局,有人问他:"真主是如何待你的?"他说:"他疼爱我。"又问:"阿布顿拉·本·穆巴拉克的情况如何?"答曰:"他每天不厌其烦地向真主祈求两次。"

我听我的导师艾布·阿里·丹嘎格说,艾布·赛海利·赛阿鲁克在梦中见到了艾布·赛海利·宰贾吉,宰贾吉生前曾说过真主关于后世的警告是无限期的。艾布·赛海利·赛阿鲁克问他:"真主待你如何?"答曰:"这里的事情比我们原来想象的容易得多!"

哈桑·本·阿绥姆·筛巴尼梦见了他死后的结局,有人问他:"真主待你如何?"答曰:"来自慷慨的主的只是慷慨!"

一个人梦见了后世,有人问他的情形,他说:"真主认真地清算,之后是赐恩与释放。" 370

哈桑·巴士拉去一个清真寺礼昏礼,结果发现伊玛目是一个非阿拉伯人,就没有在他后面跟拜,他担心非阿拉伯人会念错。那天夜里,他在梦中听到一个人对他说:"你为什么不跟他礼拜呢?

如果你跟他礼拜的话,你之前的过错肯定会被饶恕的。"

马立克·本·艾奈斯梦见了他的结局,有人问他:"真主待你如何?"答曰:"奥斯曼(愿真主喜悦他)看到一个殡礼时说:'赞主清净! 他是永生不灭的主',真主因奥斯曼所说的这句话饶恕了我。"

哈桑·巴士拉去世的那天夜里,天门大开,好像有一个人喊道:"真的,哈桑·巴士拉来了,真主是喜悦他的。"

艾布·伯克尔·艾什克布说他在梦中看到艾布·赛海利·赛阿鲁克有很好的归宿,我问他:"导师啊! 你是如何得到这些的?"他说:"以我对真主好的期待。"

贾希兹①梦见了他的结局,有人问他:"真主待你如何?"他吟诗答曰:

无益东西莫要写,后世快乐唯见主。

祝奈德说:"我在梦中看到了伊卜里斯,发现他赤身裸体,就对他说:'这里都是人,你不害羞吗?'伊卜里斯说:'这里没有人,在舒尼兹叶清真寺的那一伙,他们才是人。'第二天一早,我就去了舒尼兹叶清真寺,看到一伙人,他们低头沉思。他们一看到我就说:'你不要被那个卑鄙的人的话蒙骗。'"

奈斯尔·阿巴兹在麦加梦见了他死后的情形,有人问他:"真主待你如何?"答曰:"尊贵的责备之后,有人对我说:'相遇之后还有分离吗?'我说:'没有,尊贵的主啊! 我刚被送进坟墓,就遇到了独一的主。'"

---

① 贾希兹(780—869 年),阿拔斯王朝著名文学家,著有《修辞与解说》、《动物书》等书。

左农梦见了他死后的情形,有人问他:"真主待你如何?"答曰:"我在尘世曾向真主提出过三个要求,他应答了一部分,我现在希望他应答我剩下的要求。我曾经祈求他给予我受他喜悦之人的十件善品中的一件,现在他按照我的祈求给予了我;我曾经祈求不要以天使手中的十种刑罚中的任何一种惩罚我,真主放弃了对我的惩罚;我曾祈求真主给予我永久的赞念之舌,他现在也给予了我。"

戴里夫·舍布里梦见了死后的情形,有人问他:"真主待你如何?"答曰:"除了一件事情之外,真主没有要求我对在尘世时的声称举出证据。我有一次这样说过:再没有比失去天堂与进火狱的损失更大的了!真主对我说:什么损失比失去见我的损失更大呢?"

我听我的导师艾布·阿里·丹嘎格说,他在梦中见到了祝奈德,他问道:"艾布·嘎希姆呀(祝奈德)呀,你的情况如何呢?"祝奈德说:"那些指导与学问都没用了,有用的只是我们曾经朝夕的赞念。"

奈巴基说:"有一天,我垂涎于一件事物,那天夜里,我在梦中听到一个人对我说:'一个自由人的"穆勒德"从一个奴隶身上得到快乐,而他原本可以从他的长老那里得到他所意欲的一切,这是一件光彩的事吗?'"

艾哈迈德·本·杰拉伊说:"我饥肠辘辘地到了麦地那后,径直去了穆圣的圣陵,我说:'我是你的客人。'之后我就睡了,我在梦中看到穆圣给了我一个馍馍,我吃了一半,醒来之后,另一半还在我的手中。"

据说,阿提拜·乌俩目在梦中见到一个绝色美女,美女对他说:"我是你的情人,你不要做任何使我们分离的事情。"阿提拜·

乌俩目说："为了与你相见，我把尘世无可挽回地休了三次。"①

曼苏尔·麦格里布说："我在叙利亚见到一个很有品级的长老，当时他在沮丧与忧愁的情绪里不能自拔。有人对我说：'如果你想让长老愉快地与你在一起，你就问候他。然后说真主赐给你了美仙女，他会因你的这个"杜瓦"而喜爱你。'我问其中的原因，那人说：'他曾在梦中见到了仙女的某种东西之后，他就在心中念念不忘。'我走过去，给他道了色兰，然后说：'愿真主赐给你美仙女。'长老听后就高兴了。"

据说，安优布·赛赫提亚尼②遇到了一个犯罪者的殡礼，他赶紧躲进走廊，害怕给他站殡礼。有人在梦中见到了那个犯罪的死者，问真主如何对待他，他说："真主饶恕了我。"然后他说："你去给安尤布·赛赫提亚尼说这一节经文：'你说：假若我的主的恩惠的库房归你们管理，那么你们必定因为怕开支而扣留他的恩惠。'"（夜行章：第100节）

马立克·本·迪纳尔去世的那天晚上，天门大开。有人大声喊道："你们注意听，马立克·本·迪纳尔成为天堂的居民了！"

一个人说："我在达乌德·塔伊去世的那天夜里看到亮光，还有天使们上上下下。我心生疑问，'今天夜里怎么了？'有人对我说，达乌德·塔伊今天夜里去世了，天使因他的到来而忙于装饰天堂。"

---

① 按照伊斯兰教法，男子决绝地三次表示离婚的意愿，则被视作离婚成立，再无改变的可能。——译者

② 安优布·赛赫提亚尼（卒于伊历131年），圣门弟子，伊玛目，巴士拉人。——译者

古筛勒说:"我在梦中见到了我的导师艾布·阿里,我问他:'真主是如何对待你的?'他说:'达到某某等级的人还没有某某等级的人的恕饶多,某人被恩赐了如此如此。'我在梦中得知,他说的那个某人,就是一个无理杀人的人。"

库尔兹·本·沃布尔①去世后,有人在梦中看到坟墓中的人都出来了,他们都穿着白色的新衣服。有人问怎么回事,答曰:"坟墓中的人穿新衣是迎接库尔兹·本·沃布尔的到来。"

优素福·本·侯赛因梦见了他死后的情形,有人问他:"真主待你如何?"答曰:"真主饶恕了我。"又问:"为何饶恕你呢?"答曰:"因为我从没有把严肃与诙谐混在一起。"

阿布顿拉·宰扎德梦见了他死后的情形,有人问他:"真主待你如何?"答曰:"真主饶恕了我所有的过错,只除了一件之外,我羞于承认。我浑身出汗,脸上的肉也掉了下来。"那人问他:"那件事是什么呀?"阿布顿拉·宰扎德说:"有一天,我多看了一个漂亮的女人几眼,我羞于提起这件事。"

赛尔德·什哈姆说:"我在梦中见到了艾布·赛海利·赛阿鲁克伊玛目,我说:'长老呀!'他不让我再喊他长老。我问他所见到的情形,他说:'那些对我们都没用。'我又问:'真主是如何对待你的?'他说:'他在人所不能回答的问题上饶恕了我。'"

我听艾布·伯克尔·莱西德说,他在梦中见到了穆罕默德·图斯,穆罕默德·图斯对他说:"你对艾布·赛尔德·苏法尔说:

'你们改变了爱,

---

① 库尔兹·本·沃布尔:别名艾布·阿布顿拉,苏菲大师,库法人。——译者

我们不曾改变。

你们忙于周旋于他人，

你们放弃了我们所坚守的。

他会以他的所知判断，

使我们如同生前一样死后相聚。'"

艾布·伯克尔·莱西德天亮之后就去找艾布·赛尔德·赛法尔，把梦中听到的话告诉他，艾布·赛尔德·赛法尔说："我每个主麻日都去探望他的坟墓，就这个主麻没有去。"

一个人说："我在梦中见到了穆圣，他周围有一伙穷人，他和穷人们说话，就如他在世一样。这时，天上降下两个天使，一个手里拿着一个盆子，一个手里拿着一个壶。拿盆子的天使把盆子放在穆圣的面前，穆圣洗了手，然后让其他的人都洗了手。之后盆子放在我的面前，一个人对其他人说：'不要让他洗手，他不属于你们。'我赶忙说：'真主的使者啊！你难道没有说过"人与所爱的人在一起"这样的话吗？'穆圣说：'是的。'我于是说：'我喜爱你，也喜爱这些穷人。'穆圣闻听之后说：'让他洗手吧，他和你们是一伙的。'"

据说，脚夫欧麦尔曾祈祷说："赐我安康，赐我安康！"有人问他这个"杜瓦"是什么意思，他说："我一开始是个脚夫，有一天我背了一袋子面，我放下面袋休息时说：'真主啊！如果你使我每天不辛苦而得到两个面饼的话，我一定会以此满足的。'这时突然出现两个争吵的人，我过去为他们劝解，其中一个人用什么东西打了我的头，他的对手也过来用那个东西打我，两人把我打得头破血流。这时巡捕过来了，把他们两人带走了。巡捕看到我也流血了，把我也带走了。他认为我也介入了他们的争吵，之后把我投入了监狱。

我在监狱待了很长时间,他们每天给我两个面饼。有一天夜里,我在梦中看到一个人对我说:'你曾经祈求,每天不辛苦地得到两个面饼,现在你实现了你的愿望,但是你没有祈求过安康。'我一下醒过来,赶紧向真主祈求安康,于是我看到监狱的门开了,一个人说:'谁是脚夫欧麦尔,现在可以出去了。'他们就这样把我放了。"

据传,穆罕默德·凯塔尼说:"我们的一个朋友眼睛发炎,有人问他怎么不去治疗,他说他决心不治疗,直到它自己痊愈。那天夜里,他在梦中看到有人对他说:'如果火狱里的人有这样的决心与忍耐的话,我一定使他们全部脱离火狱。'"

据传,祝奈德说:"我在梦中看到我给众人宣讲,一个天使来到我面前,他问我:'最能使人接近真主的是什么?'我答:'隐秘的工作。'天使离我而去,他说:'以真主起誓,他说得很对。'"

一个人对阿拉伊·本·宰德说:"我在梦中看到,你好像在天堂里。"阿拉伊·本·宰德说:"或许恶魔想做什么事情,我被保护而幸免,他便唆使一个人到我跟前出此妄语。"

阿塔·赛莱玛在梦中见到了他死后的结局,有人问他:"你一直为你的归宿而忧愁,现在你知道结果了,真主是如何对待你的呢?"他说:"以真主起誓,在我忧愁之后,我现在一直是快乐的。"那人又问道:"你现是什么等级呢?"他答:"'与真主所护佑的众先知、忠信的人、诚笃的人、善良的人同在。'(妇女章:第69节)"

奥扎尔在梦中见到了他死后的结局,他说:"在这里,我没有见到比学者更高等级的人了,之后是被赐予忧愁的人。"

阿布顿拉·奈巴基说:"有人在梦中对我说:'信任真主对他的给养的人,真主增加他的美德,使他随心所欲地花费,使他在拜中很少受蛊惑。'"

　　宰乃白①在梦中见到了她死后的结局，有人问她："真主是如何对待你的呢?"她答："真主饶恕了我。"又问："是因为你在麦加之路上的许多花费吗?"她说："不是，施舍的代价已各归其主，真主饶恕我只是因我的举意。"

　　苏福扬·扫勒在梦中见到了他死后的结局，有人问他："真主是如何对待你的呢?"他答："我的一只脚在'随拉提桥'②上，另一只脚在天堂里。"

　　艾哈迈德·本·艾比·哈瓦勒说："我在梦中看到了一个美妇人，我从没有见过这么漂亮的女人，她的脸上熠熠生辉。我问她：'你脸上的光亮是什么呢?'她说：'你还记得你在一个夜里哭泣吗?'我说记得，她说：'我把你的泪水拿来，用它擦我的脸，我的脸就变成了这样。'"

　　耶齐德·里嘎士在梦中见到了穆圣，他为穆圣读了《古兰经》，穆圣说："这只是诵读，哭泣在哪里呢?"

　　祝奈德说："我在梦中看到两个天使从天而降，其中一个问我说：'什么是诚实?'我回答说：'忠实地履行约会。'另一个天使说：'他说对了。'之后，两人升天而去。"

　　拜舍尔·哈菲在梦中见到了他死后的结局，有人问他："真主是如何对待你的呢?"他答："真主饶恕了我，他对我说：'拜舍尔呀，

----

　　① 宰乃白(公元? —831 年)哈里发哈伦·拉希德的妻子，杰尔法·本·曼苏尔的女儿。

　　② 后世里通向清算的一个环节，有善功的可以轻松通过，否则，通过此桥是很艰难的。——译者

你不因我的饶恕害羞吗？你曾经那样地害怕我。'"

艾布·苏莱曼·达扎尼在梦中见到了他死后的结局,有人问他:"真主是如何对待你的呢?"他答:"真主饶恕了我,再没有比一些人的教导更有害的了。"①

阿里·本·穆宛菲格说:"有一天,我在思考我贫穷的原因,并因此闷闷不乐。就在那天夜里,我在梦中看到一页纸,上面写道:奉至仁至慈的真主之名,阿里·本·穆宛菲格呀,你难道害怕贫穷吗?而我是你的养主。天快亮的时候,一个人给我送来一个袋子,里面有五千金币,他对我说:'拿去吧,信仰不坚定的人!'"

祝奈德说:"我在梦中看到,我好像站在真主面前,他对我说:'艾布·嘎希姆呀(祝奈德),你说的这些话从何而来呀?'我说:'我只说真理。'真主说:'你说得对。'"

艾布·伯克尔·凯塔尼说:"我在梦中见到一个从没见过的美男子,我问他:'你是谁?'他说:'我是敬畏。'我又问:'你住在哪?'他说在每一个忧愁者的心里。之后他一转脸,突然成为一个丑陋的黑妇人,我问:'你是谁?'她说:'我是欢笑。'我又问:'你住在哪里?'她说在每一个狂喜者的心里②。我醒来之后,决意不再欢笑,除非情不得已。"

据传,艾布·阿布顿拉·海菲福说:"我在梦中见到了穆圣,他好像对我说:'知道了通向真主之路并走向它,之后又改变了路径

---

① 真主在后世的清算并非某些人宣讲的或想象的那样严厉,而是仁慈众生的、多恕的。——译者

② 欢乐是疏忽、不专注的象征。真主说:"真主不喜爱狂喜者"(故事章:第76节)——校对者

的人，真主将以从没有对任何一个人用过的刑罚惩罚他。'"

戴里夫·舍布里在梦中见到了他死后的结局，有人问他："真主是如何对待你的呢？"他答："真主质问我，直到我厌倦了，当他看到我厌倦时，以他的仁慈覆盖了我。"

艾布·奥斯曼·麦格里布说："我在梦中见到，好像一个人对我说：'艾布·奥斯曼呀，你要在贫穷时敬畏真主，即使贫穷到只拥有一只蚂蚁。'"

艾布·赛尔德·海扎兹的一个儿子先于他去世，他在梦中见到了儿子，他对儿子说："孩子呀，你要嘱托我！"儿子对他说："父亲啊！不要以懦弱与真主交往。"艾布·赛尔德又说："你再说一点。"儿子对他说："你不要在真主责成你的事情上违抗他。"艾布·赛尔德又说："你再说一点。"儿子对他说："你不要在你与真主之间放置长衫(放置障碍之意)。"艾布·赛尔德说："之后三十年，我没有穿过长衫。"

一个人在向真主祈祷时说："主啊！对你无害而对我们有益的事，求你不要阻止我们享受它。"他在梦中看到好像一个人对他说："对你而言，不利于你而有害于你的事情，你要丢弃它。"

艾布·法迪里·艾斯法哈尼说："我在梦中见到了穆圣，我对他说：'真主的使者啊，你向真主祈求，不要剥夺我们的信仰。'穆圣说：'那是真主已经放弃的事。'"

艾布·赛尔德·海扎兹说："我在梦中见到了伊卜里斯，我拿起拐杖就要打他，有人对我说：'他不害怕拐杖，他只害怕心中的光亮。'"

一个人说："我曾为拉比尔·阿德维亚祈祷，结果在梦中果真见到了她,她说:'你来吧,我给你准备的礼物放在一个光质的盘子里,上面用光质的手绢盖着。'"

斯玛克·本·哈尔布说:"我是一个双目失明的人,我在梦中看见,好像一个人对我说:'你去幼发拉底河①,沉入水中,睁开双眼。'我就照他说的做了,结果我又复明了。"

拜舍尔·哈菲在梦中见到了他死后的结局,有人问他:"真主是如何对待你的呢?"他答:"我看见了我的养主,他对我说:'拜舍尔啊,欢迎你! 自你去世之后,大地上再没有比你更爱我的人了。'"

对"穆勒德"的嘱托

378

从"穆勒德"踏上这条路的第一刻起,他就应该诚实,以使他的修道建立在一个正确的基础之上。因此有些长老说:"根基不正的人,他被禁止接近。"

我也听我的导师艾布·阿里·丹嘎格说:"修道的开始应树立自己与真主之间正确的信仰,戒除任何猜测与怀疑,脱离迷误与异端,行为须有证据与明证。"对于"穆勒德"来说,把自己归于任何一个没有苏菲之道的派别是受责备的,苏菲只能属于苏菲之道,除非因为对苏菲派别的无知。苏菲之道的证据不弱于任何一个派别,他们的基础比任何一个派别的基础都稳固。

人们要么倾向经典与传闻,要么倾向理智与思辨,但苏菲长老

---

① 幼发拉底河:发源于艾尔米纳,流经图鲁斯山区,穿越叙利亚和伊拉克。与底格里斯河是阿拉伯的两条重要的河流。

完全不同于他们。对众人隐秘的事物，对他们却是显现的；众人求知为目的，他们求知为真主；他们是抵达之人，众人是求证之人。他们正如诗人所说：

> 我的黑夜因你的面容而亮，
>
> 而众人依然在黑夜中前行。
>
> 人在黑暗里，我在光明中。

伊斯兰历史上的任何一个时代都有苏菲之道的长老，每个时代都有认主独一的知识，有他们的伊玛目。但他们的伊玛目却服从那一时代的苏菲长老，在他们面前是谦虚的，以他们而沾福。如果不是苏菲长老有这样特别的表现的话，事情肯定是截然不同的。

伊玛目罕百里有一次和伊玛目沙菲仪在一起，过来一个叫筛巴尼·扎阿的人，伊玛目罕百里说："艾布·阿布顿拉呀（沙菲仪），我想提醒他，他的知识（苏菲知识）中有缺陷，以让他改弦更张。"伊玛目沙菲仪说："你不要这样做！"伊玛目罕百里没有听从劝告，他对筛巴尼·扎阿说："忘记一天五次礼拜且不知道忘记的是哪一番礼拜的人，你怎样评价他呢？他应当怎样做呢？"[①]筛巴尼·扎阿说："艾哈迈德（罕百里）呀，这是一个忽略真主的人，他应当受教育，直至不再忽略他的主人（真主）。"筛巴尼·扎阿说完就晕过去了。醒来之后，伊玛目沙菲仪对伊玛目罕百里说："我不是给你说了吗，不要提及这一问题，筛巴尼·扎阿只不过是一个文盲，他尚

---

① 　暗指进入境界，失去知觉而不能礼拜的苏菲修道者。筛巴尼·扎阿认为他们的做法不对，应受到批评。让伊玛目罕百里感到意外的是，作为苏菲的筛巴尼·扎阿并没有偏袒苏菲，也认为这样值得批评。——译者

且如此,他们的长老又是如何呢!"

据说,有一个著名的法学家,他在曼苏尔清真寺里的讲座与戴里夫·舍布里(苏菲长老,前面多次出现过)的讲座相邻,法学家叫艾布·尔姆扎尼。他的讲座经常因戴里夫·舍布里的精彩讲话而中断。有一天,他的弟子问了戴里夫·舍布里一些关于月经的问题,他在这样的场合提这样的问题的目的是想让戴里夫·舍布里难堪。因为在他看来,苏菲长老不大可能精通法学。结果戴里夫·舍布里提到了关于月经问题的所有说法,以及各种看法之间的分歧。艾布·尔姆扎尼听完之后,起身而立,一边亲吻戴里夫·舍布里的头,一边说:"你的话使我受益匪浅,你提到的十种说法,我只知道三种。"

法学家艾布·阿拔斯·赛勒吉出席了祝奈德的讲座,聆听了他的讲授。有人问他:"你觉得他说得怎么样?"艾布·安巴斯·赛勒吉说:"我不懂他讲的东西,但我认为他说的话不是虚伪无理的。"

有人对阿布顿拉·本·赛尔德·克拉布说:"你对每个人的言论都评头论足,现在这里有一个叫祝奈德的人,你听一下他的话,看看你是反对他,还是赞成他。"阿布顿拉·本·赛尔德就去了祝奈德的讲座,他问了祝奈德关于认主独一的问题,祝奈德回答了,阿布顿拉·本·赛尔德听了不知所云,他局促不安地对祝奈德说:"请你把你的话再重复一遍。"祝奈德又用其他的话表述了一遍,阿布顿拉·本·赛尔德说:"最后一点我没记住,你再重复一遍。"祝奈德又用其他的话表述了一遍,阿布顿拉·本·赛尔德说:"我记不住你说的话,我能否把它写下来?"祝奈德说:"如果你允许的话,

我给你写下来。"阿布顿拉·本·赛尔德站起来,盛赞祝奈德知识
渊博,心悦诚服地承认他是德高望重的长老。

如果说苏菲之道的根基是最正确的,他们长老的地位是最高
的,他们的学者是最博学的,那么追随他们的"穆勒德",如果以自
己的行为逐渐地接近他们,就是在专属于他们的揭示隐秘上协助
他们的导师。对离开这一道路的人也不必介意。自身不能独立,
想走追随之路,希望通过传统的方式达到最高境界的人,让他遵循
他的先辈吧。让他追随苏菲之道的长老,他们比其他人更有引导
的资格。

380　　　祝奈德说:"如果我知道天底下还有属于真主的,比我们与弟
子、朋友们谈论的更高贵的知识,我一定去学习它。"

如果"穆勒德"确立了他与真主之间的约会,他应该通过确认
的经典,或向导师询问来获得帮助他完成主命的教法知识。如果
法学判断使他犹豫、彷徨,他应当一贯地超越分歧。"特殊情况下
的许可"(鲁赫塞)的教法只是针对弱者、有困难的人及忙碌的人,
而"穆勒德"只是为真主的义务而忙碌,他没有必要避重就轻而选
择"鲁赫塞"。因此有人说:如果一个"穆勒德"从真乘降到追求"鲁
赫塞"的地步,意味着他破坏了他与真主之间的约会,他是爽约
的人。

"穆勒德"还应当通过长老来提高自己,如果他没有自己的长
老,他永远都不会成功。比斯塔米说:"没有长老的人,恶魔是他的
长老。"

我的导师艾布·阿里·丹嘎格说:"没有经过园丁之手自己长
出的树,它也许会枝叶繁茂,但它不会结果。""穆勒德"同样如此,

如果没有长老耳提面命,他只能随私欲而行,不会成功。

如果一个人决定了走苏菲之道,他还应该为他所有的、明里暗里的、大大小小的错误向真主忏悔。之后,他应首先努力取悦他的敌视者,不能取敌视者喜悦的人,这条路不易为他敞开。确定了方向之后,他应努力前行。之后,他要努力消除心中的牵挂与障碍,因为这条路是建立在虚空的心之上的。

戴里夫·舍布里对刚修道的阿里·哈苏尔说:"在第一个主麻与第二个主麻之间,如果你的心中出现了真主之外的事物,你就不要来见我了。"

如果想超越障碍,首先应超越对金钱的迷恋,金钱确能使人远离真主。一个心系尘世的人,是不能成为一个合格的"穆勒德"的,对尘世的眷恋只能使他接近已超越的障碍。超越了金钱障碍后,他还应该超越荣誉的障碍,对荣誉的喜爱的确是一个很大的危险。不能以超越的平常心对待世人的褒与贬的人,不会有大的收获。对他更为有害的是,人们皆以肯定的、沾吉的眼光看待他,以无以复加的言辞赞美他。如果他没有改正他的沽名钓誉的心态,人们又怎么能从他身上获益呢。所以,"穆勒德"一定要超越名誉,因为名誉对他们而言是致命的毒药。

在超越了金钱与名誉的障碍之后,他应该改正他与真主之间的信仰,不违背他的长老所指出的每一件事。因为"穆勒德"在初期违背长老的害处是巨大的,一个人初期的状况能折射他的一生。"穆勒德"的条件之一就是不可违背他的长老。如果"穆勒德"认为他在今世与后世有很大的事业与价值,或骄傲地认为世人皆在他之下,他的这种想法是错误的,因为他应该努力地认识真主,而不是努力地彰显自己的价值。

追求真主的人与追求名誉的人之间有很大的差别,差别迟早会显现。"穆勒德"应该隐藏他的秘密,甚至是他的错误,但除了他的长老之外,即使他对长老隐藏了他的一个呼吸,就意味着他背叛了陪伴之责。如果他与长老的教导相左,他应当及时地在长老面前承认,并接受长老对他的惩罚。惩罚要么是责成他远行,要么是要完成一件事情。长老不应放纵"穆勒德"的错误,放纵错误意味着对真主义务的渎职。

"穆勒德"如果没有消除殆尽心中所有的牵挂,长老不宜教授他赞词(啧克尔),而是让他汲取教训。如果他觉得"穆勒德"的意念正确了,他可规定他接触苏菲之道中的认知真主判断的艺术,并与他结约,他以后不会脱离这一道路,即使以后遭受到伤害、屈辱、贫穷、困窘、痛苦。他不会倾向于唾手可得,不会在遭遇贫穷或必要时选择宽容的许可,不会受到舒适生活的影响,也不为懒惰所困。

"穆勒德"在修道之路上的短暂停顿,其害处大于一个时期的放弃,短暂的停顿与长时期的放弃的区别在于:一个时期的放弃表明"穆勒德"放弃了他的意愿,脱离了苏菲之道;而暂时的停顿则意味着停止了前行,以懒惰而快慰。任何一个在初期停顿的"穆勒德",他是不会有结果的。如果长老发现了他的反常,应教授他赞词,让他不断地念赞词,心口合一地念赞词。并对他说,要坚持不懈地念赞词,就像你的心一直与真主同在,你舌中所诵念的赞词能帮助你实现那一切。之后让他一直保持身体的清洁,只在不胜困乏时才入睡,少进饮食,直至逐渐地适应少食。不能让他一次放弃所有的习惯。穆圣说："这个宗教是坚固的,你当温和地深入其中。焦急赶路者[1],不能端坐于牲畜之上,也不能到达目的地(欲速则不达)。"[2]最后要求他倾向隐居。毫无疑问,这种情形下的努力,会消除尘世的留恋与内心的波动对他的影响。

须知,"穆勒德"在隐居的初期,很少有不被蛊惑的,特别是心有灵慧的"穆勒德"。每个"穆勒德"在初期都会遇到这种情况。这是"穆勒德"遇到的考验之一。这时,长老的责任是把"穆勒德"的灵慧引领到理性的证据上,这样,就可以使他通过知识避免蛊惑。如果长老在"穆勒德"身上看到修道的力量与坚定,就鼓励他忍耐,坚持不懈地赞念真主,直至"接受之光"在他心中闪耀,"接近之光"升起他的机密。达到这一点并不漫长,它使"穆勒德"更加坚定了认主独一的信念。而通常对"穆勒德"的矫正是让他们观察、领悟真主的经文,所学的宗教知识应足够引导他的需要。

须知,苏菲之道的"穆勒德"都会遇到考验,即当他们隐居赞念,或在讲座场合时,他们的心会有波动与忧虑,会想到与真主属性相反的事情,甚至认为那不是虚假的幻觉,但是时间不长,这一思绪对他们的折磨变得更严重了,以致他们不能控制口舌而快意直言。在这之后,"穆勒德"应严守口舌,不向任何人透露他的这一经历,这是他们遇到的最严重的事情,他们不应太在意这样的经历,而是应坚持赞念,以赞念真主来抵御那种蛊惑。那些偶然进入

---

① 为了尽快赶路而昼夜行进,致使牲畜衰竭,无法行走。穆圣以这个比喻告诫信士,功修同样如此,不可操之过急,否则,欲速则不达。——译者

② 《揭示隐秘》记载,比扎尔传自贾比尔。

心中的不正确的思绪,不是来自恶魔的蛊惑,而是来自"穆勒德"内心的忧虑与不安,如果"穆勒德"以淡然的心态去面对,这种情况以后就不会出现了。

383　　　　注重心意到达的境地与时机,是"穆勒德"修道必须坚守的礼仪。在入道之前,在以心接近真主之前,"穆勒德"不合时宜的出行①是一个致命的错误。如果"穆勒德"在不合时宜的时机出行,任何人都不会得到他期望的结果。如果真主意欲"穆勒德"顺利,在他修道的第一时刻,就会坚定他的信念;如果真主不意欲"穆勒德"顺利,就会使他脱离这条道路;如果真主意欲"穆勒德"遭受磨难,就使他在异乡徘徊。这是真心接近真主的"穆勒德"的情形,至于把从形式上帮助穷人作为其道路的人,他的品级还没有那些人高。他和他的同伴只是满足于表面形式,那他们是热衷于出行的,他们的目的只是满足他们的需求,拜访所到之处的长老,以习惯性的色兰与长老们聚会。他们只看到表面,以走动为满足,这些人是应当经常出行的,从而不致他们身陷享乐而犯罪。如果一个人倾向于享受,那他确在祸患之中;如果他仅仅把帮助穷人作为媒介,那对他是非常有害的。如果一个"穆勒德"的确受到这样考验的话,就让他真正地尊敬长老,诚心诚意地为穷人服务,不违背他们,做让穷人开心的事情,努力不使长老伤心。

----

　　①　苏菲的远行不是漫无目的的长途跋涉,也不是我们现代意义的旅游,而是知与行的结合,是一种真正的行为实践。苏菲的远行有时为意志的磨炼,有时为参悟人生与自然,有时也指为朝觐而进行的长途跋涉,也有可能是综合的。——译者

"穆勒德"应经常陪伴穷人[①],使自己的心顺应他们,而不是使他们顺应自己;认为自己对他们中的每个人都有义务,而不是认为自己对他们中的每个人有权力;他不应违背任何人,如果他知道他是正确的,就保持缄默,显示出和每个人都一致。任何一个狂喜的、执拗的、好胜的"穆勒德"都不会成功。如果"穆勒德"在出行或居家时与穷人们在一起,他不应在表面上违背他们,包括进食、封斋、动与静等,但可在心中秘密地违背他们,使他的心与真主同在。譬如,他们让他吃饭,他就吃一口或两口,不为满足食欲而狂吃。

"穆勒德"不应重视表面的工作,人们关注的是他消除内心的欲望,使心变得空灵,升华品德,以及消除内心的疏忽,而不是多做善事。必须做的主命及圣行功修,则另当别论。至于多做副功拜,坚持不懈地赞念真主,对"穆勒德"来说更为适宜。"穆勒德"的钱可以来自任何一个心善的人;他应当以知足的心面对生活中的一切,他还应忍耐伤害与贫穷,不去乞讨,在富裕与贫穷时都心平气和。不能忍耐贫穷的"穆勒德",就让他去市场赚钱。

垂涎世人所垂涎的"穆勒德",让他像世人那样,通过辛勤的劳动与汗水去获得吧。

如果他坚持赞念,喜爱隐居,他会在隐居时遇到在梦里、清醒时、半梦半醒时所没有遇到的东西,或许是他听到的话语,或许是他见证到了奥义,这是有违常规的。因此,他不应断然地为此迷

---

① 古筛勒长老在这一章节中数次提到了苏菲之道的"穆勒德"要与穷人在一起,要帮助他们,这也是苏菲修道的一个途径。这是让苏菲时常保持一颗谦卑的心,认识到自己的低下,这样的心态有助于他们接近真主,有助于他们在真主面前恭顺。——译者

恋，也不应以此而欣慰，更不应等待类似的情形，这样会使他远离真主。他应当把他遇到的状况讲述给他的长老，以使他的心平静下来。长老应保守学生的这一秘密，他应淡化这样的事，不透露给其他人。所有的这些都是考验，以此为快慰就意味着上当。所以"穆勒德"应警惕此类情况，不去重视它，使自己的志向超越那些虚幻的、不确定的事情。

须知，对"穆勒德"最不利的事情是他津津乐道于接近真主及真主对他的援助。认为真主使某事专属于他，使他独自进入这一境界。如果他这样声称并认为，他将会被剥夺将为他显示的揭示真境的福分，这些很难在书中解释清楚。

如果"穆勒德"在本地找不到教导他的人，他可以寻找外地有资格的人。与他同住，陪伴他，得到长老的许可后方可离开。

须知，应当为探望天房的人传授天房主人的知识，不了解天房主人的人，不应当朝拜天房。未经长老指示而出去朝觐的青年，他们只是依据内心的感受，期望因此而有所得。他们的出行没有正确的根基，他们越是多多的出行，他们的心就越分散就是证明。如果他们从内心出行，即使是一步，也胜于他们地理意义上的万里跋涉。

"穆勒德"拜访长老时，应当恭敬地走过去，害羞地看着他。如果长老指定他服侍，他应当认为那是巨大的恩惠与荣耀。

第四章　苏菲人物

穆圣去世之后,穆斯林中间高贵的人是陪伴过穆圣的人,再没
有比他们更高贵的人了,他们被称为"圣门弟子"。

陪伴圣门弟子的第二代,他们被称为"再传弟子"。这也是一
个高贵的称号。

之后高贵的人被称为"三传弟子"。

后来,人们对地位不同的人的界定发生了分歧,有人把特别专
注宗教的人称作"苦行者"或"修士"。

最后,异端出现,派别林立,每一派都声称他们中有苦行者。
大众派中的特殊人、重视接近真主的人、保护其心专一的人则被称
为"泰算悟夫",这一名字在伊历二世纪时就已盛行。

在这一章里,如果真主意欲的话,我将叙及从第一代一直到很
晚时代的一部分著名苏菲长老①,我会简洁地提到他们的生平及
言论,也包括他们的原则及教导。

————————————————

① 在这一章里,古筛勒并没有逐一提到他之前的所有苏菲长老,而是选择了一部
分,选择体现了古筛勒的目的。这一部分苏菲长老,在他看来,是最能代表伊斯兰苏菲
的中正与正统的,正如我们看到的这本书一样,我们从中读到的也是最纯正的伊斯
兰苏菲。——校对者

1. 阿布顿拉·艾布海勒

全名是阿布顿拉·本·塔赫尔·艾布海勒,别名艾布·伯克尔(卒于伊历330年,公元942年)。是戴里夫·舍布里的好友,一位隐居山野的苏菲长老。他是一位谦恭的学者,曾陪伴过优素福·本·侯赛因及其他长老。

阿布顿拉·艾布海勒说:"教导求道者的智慧是不要使他们有渴望,如果必须使他们有的话,不要使他们的渴望超过他们的需求。"

又说:"如果你帮助了一位主道上的兄弟,就减少与他在今世里的接触。"

2. 鲁伊姆·本·艾哈迈德

鲁伊姆·本·艾哈迈德,别名艾布·穆罕默德(卒于伊历303年,公元915年)。巴格达最著名的苏菲长老之一,诵读家,也是达乌德学派的法学家。

鲁伊姆说:"当权者在执法时应宽以待人,严以律己,这是执法的智慧。如果宽以待人是遵循知识的话,那么,严以律己则是体现了谦恭。"

阿布顿拉·本·海菲福有一天对鲁伊姆说:"你给我嘱托吧。"(指苏菲修道方面)鲁伊姆说:"这件事情只是付出生命。如果你能进入此道的话,你就以生命进入吧,否则,就不要为此道的表皮与琐事而忙碌。"

鲁伊姆说:"与任何一个阶层的人交流都比与苏菲交流闲适,

所有的人为表面而交流,而苏菲则为实质而交流①;世人皆寻求教法的表面,他们寻求敬畏的真实与一贯的诚实;与他们相处却不相信他们所获得的见证的事情的人,真主会隐去他心中的信仰之光。”

鲁伊姆说:“我在一个炎热的中午到达巴格达,当时我背着一个钱袋,口干舌燥,就去一个人家讨水喝。一个小女孩打开了门,她手里拿着一个水壶,当她看到我时,吃惊地说:‘苏菲也在白天喝水呀!’②从那以后,我白天再也没有开过斋。”

又说:“真主赐给你了言语与行动,如果之后取走了言语,留下了行动,那是对你的恩惠;如果取走了行动,留下了言语,那是灾难;如果他把二者一起取走,那是对你的惩罚。”

3. 艾哈迈德·艾德米

全名是艾哈迈德·本·穆罕默德·本·赛海利·本·阿塔,别名艾布·阿拔斯(卒于伊历 309 年,公元 921 年),苏菲大师、学者。海扎兹非常推崇他,他与祝奈德是好友,曾陪伴过易卜拉欣·玛尔斯塔尼。

艾哈迈德·艾德米说:“认真遵守教法原则的人,真主以认知之光照亮他的心。再没有比追随穆圣的教诲,效法他的行为与品德更高贵的事情了。”

又说:“最大的疏忽是一个人疏忽了真主,疏忽了他的命令与

---

① 他们在任何时候,心都与真主同在;在做任何事情时,都注视着真主,即便与人同行、同坐、相处时也是一样。——译者

② 或许在女孩看来,苏菲应该是一直封斋的。——译者

禁戒,疏忽了与他交往的礼仪。"

又说:"所有你想得到的,你都去知识那里寻求;如果在知识那里没找到,你就去智慧那里找;如果在智慧里找不到,就去认主独一里找;如果在这三个地方仍然找不到,你就用它击打恶魔的脸。"

4. 易卜拉欣·本·艾德海木

全名是易卜拉欣·本·艾德海木·本·曼苏尔,别名艾布·伊斯哈格(卒于伊历 161 年,公元 778 年),巴里赫①人,出身于王宫家庭。有一天他出去打猎,在追逐一只狐狸或兔子时,有一个声音对他喊道:"易卜拉欣啊! 难道你是为此而被创造吗? 你的使命是如此吗?"之后那声音又说:"你不是为此而生的,你的使命也不是这个。"

易卜拉欣·本·艾德海木遂跳下马,迎面遇见父亲的牧羊人,他让牧人脱下羊毛衣,然后自己穿上,把自己的马匹和用具给了他。之后进入沙漠,前往麦加,陪伴苏福扬·扫勒与法迪里·本·安雅德。后来到叙利亚,并在叙利亚去世。

他以劳动谋生,干过为人割庄稼、看果园等不同的活计。

他在沙漠中遇到一个人,那人教授他真主最伟大的尊名,他以那人教授的名字向真主祈祷,结果看到了黑杜尔圣人。黑杜尔圣人对他说:"刚才教你的人是我的兄弟达乌德。"艾布·阿卜杜·拉赫曼·赛莱玛说:"易卜拉欣·本·拜沙尔曾陪伴过易卜拉欣·

---

① 呼罗珊的政治首都,后成为塔赫尔斯坦的政治和宗教中心,公元 653 年被艾哈奈夫·本·盖斯征服,公元 1220 年又被成吉思汗攻克并毁坏。

本·艾德海木,我让他给我讲讲易卜拉欣·本·艾德海木修道之初的事,他就给我讲了这件事。"

易卜拉欣·本·艾德海木经常念的祷词是:"主啊! 你把我从违背你的屈辱转到服从你的荣耀上吧。"

他对一个在天房里巡游的人说:"你要知道,你要翻过六道障碍之后才能达到善人之品:关闭优裕之门,打开艰难之门;关闭荣耀之门,打开屈辱之门;关闭悠闲之门,打开勤奋之门;关闭睡眠之门,打开熬夜之门;关闭富裕之门,打开贫穷之门;关闭希望之门,打开准备死亡之门。"

易卜拉欣·本·艾德海木曾给人看护葡萄园。一个士兵经过葡萄园,他对易卜拉欣·本·艾德海木说:"给我摘些葡萄。"易卜拉欣·本·艾德海木说:"我的主人没有命令我这样做。"士兵就用马鞭打他,易卜拉欣·本·艾德海木低下头说:"你打这个经常违抗真主的头吧!"士兵闻听此言,再也无法下手,只好弃鞭而去。

赛海利·本·易卜拉欣说:"我曾经陪伴易卜拉欣·本·艾德海木,有一次我病了,他为我花钱治病;我嘴馋了,他卖了他的驴给我买东西吃。我快痊愈时,问他:'易卜拉欣·本·艾德海木呀,你的驴子哪去了?'他说卖了,我就说:'那我骑什么呢?'他说:'你骑在我的肩膀上。'就这样,他背着我走了三天。"

5. 阿里·艾斯拜哈尼

全名是阿里·本·赛海利·艾斯拜哈尼(生卒不详),别名艾布·哈桑,是祝奈德的好友。阿慕尔·本·奥斯曼去还借他的债,他却免除了阿慕尔·本·奥斯曼借他的三万迪尔汗的债务。他与

393

艾布·图扎布·奈何筛比有过交往。

阿里·艾斯拜哈尼说:"匆忙去顺从是真主赐予顺利的象征;远离违抗是完美尽责的象征;保守秘密是清醒的象征;抱怨是轻率的象征;举意不正确的人,结局没有平安。"

6. 哈提木·艾塞姆①

全名是哈提木·本·阿拉瓦尼,别名艾布·阿卜杜·拉赫曼(卒于伊历 337 年,公元 851 年),呼罗珊著名苏菲大师,舍菲格的学生,艾哈迈德·本·海杜鲁的导师。有人说,他并不是聋子,他只是有一次装聋,之后就被称为"聋子哈提木"。

我的导师艾布·阿里·丹嘎格说:"一个妇女来问哈提木一个问题,在与哈提木对话过程中妇女放了一个屁,妇女害羞极了。哈提木说:'你大点声!'以便让妇女觉得他聋了。妇女于是放松许多——原来他什么也没有听到。之后,哈提木就被冠以'聋子'之名。"

哈提木说:"只要到了清晨,就有恶魔对我说:'你吃什么? 你穿什么? 你住在哪里?'我对他说:'我吃死亡,穿"克番",住坟墓。'"

有人问他:"你不期盼什么吗?"他说:"我期盼从早到晚的安然。"那人就说:"难道你每天不是安然的吗?"他说:"我今天的安然是没有违抗真主。"

哈提木说:"我曾经参加过一次战役,一个土耳其士兵俘虏了

---

① 艾塞姆一词的意思是"聋子"。

我,他把我放躺在地上,准备杀掉我。我没有心生畏惧,我只是想看看真主对我的判决是什么。正当他从靴子里取出刀子要杀我时,一只飞箭击中了他,他倒地而亡。结果我幸免于难。"

哈提木说:"选择苏菲之道的人,让他具备死亡的四种属性:白色的死亡,即饥饿;黑色的死亡,即忍受他人的伤害;红色的死亡,即抵制私欲的工作;绿色的死亡,即穿褴褛之衣。"

7. 艾布·赛尔德·本·艾阿拉比

全名是艾哈迈德·本·穆罕默德·本·宰雅德·艾阿拉比,别名艾布·赛尔德(卒于伊历 340 年,公元 952 年),他居住在天房附近,曾陪伴过祝奈德、阿慕尔·本·奥斯曼、艾哈迈德·努尔等苏菲大师。

他说:"向人们展示他的善功的人是最亏折的人,而离他最近的是与愚恶之人相搏的人。"

8. 艾布·海伊尔·艾格台阿

艾布·海伊尔·艾格台阿(卒于伊历 340 年,公元 952 年),马格里布人,居住在马格里布北部的泰纳特。他有一些"克拉玛提",洞察力敏锐,学问渊博,为人敬仰。

艾布·海伊尔·艾格台阿说:"一个人只有通过坚持顺从、坚守礼仪、完成主命、陪伴善人才能达到尊贵之品。"

9. 艾哈迈德·安塔克

全名是艾哈迈德·本·阿绥木·安塔克(生卒不详),别名艾布·阿里。拜舍尔·本·哈勒斯、赛勒·塞格特、穆哈西比都是他的好友。由于他敏锐的洞察力,艾布·苏莱曼·达扎尼称他为"心的密探"。

艾哈迈德·安塔克说:"如果你想改善你的心,你就先保护好你的舌。"

又说:"真主说你们的财富与子嗣只是对你们的考验,但奇怪的是,我们每个人都想增加这种考验。"

10. 艾布·哈姆宰·比扎尔

全名是艾布·哈姆宰·巴格达迪·比扎尔(卒于伊历289年,公元902年),是祝奈德的好友,先于祝奈德去世。陪伴过赛勒·塞格特、哈桑·麦苏赫等苏菲大师。著名的法学家,诵读家。是尔撒·本·艾巴尼的后裔。

伊玛目罕百里曾问他这样的问题:"你怎样看待苏菲?"

据说,他主麻日在讲座上授课,突然脸色大变,从椅子上跌落下来,之后没几天就去世了。

艾布·哈姆宰·比扎尔说:"知道了通向真主之路的人,会很容易地走上此路;在通向真主之路上,除了跟随穆圣的言行与教导之外,没有向导。"

又说:"具备以下三种特点的人,会免于缺点与缺陷:空腹兼知足,贫穷兼淡泊,完美的忍耐兼不懈的赞念。"

11. 艾布·欧拜德·拜斯勒

艾布·欧拜德·拜斯勒(生卒不详),早期苏菲大师,陪伴过艾布·图扎布·奈何筛比。

艾哈迈德·本·杰拉伊说："我遇见过六百多位苏菲长老，但没有人像他们四个那样：左农、艾哈迈德·本·叶哈雅、艾布·图扎布·奈何筛比及艾布·欧拜德·拜斯勒。"

12. 比斯塔米

全名是泰夫尔·本·尔撒·比斯塔米，别名艾布·耶齐德（卒于伊历261年，公元875年）。他的爷爷曾是拜火教徒，后改信伊斯兰教。他有三个兄弟：阿丹、泰夫尔及阿里，他们均为苦行者与修士，比斯塔米是他们兄弟们中最出色的一个。

有人问他："你是怎么获得这些知识（指苏菲知识）的？"他答：396
"以饥饿的肚子和赤裸的身体。"

比斯塔米说："我努力锻炼了三十年，我没有发现比知识及求知对我更重要的事情了，如果不是学者们的分歧，我会继续求知。学者们的分歧是恩惠，但唯有在认主独一上的分歧除外。"

有人说，比斯塔米刚一出生，就背记了整本《古兰经》。

比斯塔米说："我们去拜访一个有声望的长老，他以苦行、淡泊而著称。我们见到他时，他已离开他的家，前往清真寺。进入清真寺后，他往天房方向吐了一口痰。我转身就走，连色兰也没给他说。一个连穆圣的基本礼仪都没有继承的人，怎么会继承穆圣的教诲呢。"

又说："我下定决心向真主祈求，赐给我饮食与女人的享受，后来我心想：我怎能向真主祈求这些呢？我怎么能祈求穆圣没有祈求过的东西呢？但是后来，真主赐予了我太多的食物与女人的享受,以至我不在意迎面而来的是女人,还是墙壁。"

有人问他最初的修道及苦行,他说:"苦行没有什么。"又问:"为什么呢?"答曰:"我曾经经历过三天的苦行,第四天我就放弃了。第一天,我放弃了今世及今世中的一切;第二天,我放弃了后世及后世中的一切;第三天,我放弃了除真主之外的一切,到了第四天,我发现除了真主我一无所有了。这时,我听到一个声音说:'比斯塔米啊!你不能和我们在一起。'我说:'这正是我想要的。'我又听见那人说:'你得道了,你得道了。'"

有人问比斯塔米:"在主道上,你遇到的最困难的事情是什么?"他说:"无法描述。"又问:"在对抗欲望上,你遇到的最容易的事是什么?"他说:"这个好说,我让它在某事上顺从我,它没有答应,我就让它一年不得喝水。"

比斯塔米说:"我从三十年前礼拜,我在礼每一拜时,都好像认为我是拜火教徒,以致我想把我的腰带①截断。"

397　　又说:"如果你们见到一个人有这样的'克拉玛提',他甚至能升到天上,你们都不要被迷惑,你们还要看他在禁戒、守法、完成教乘(沙里亚)的情况。"

比斯塔米的叔叔传述说:"有一天夜里,比斯塔米去院子的篱笆那里,想在那里赞念真主。他在那一直站到清晨,也没有赞念真主,我问他为什么,他说他想起了年轻时说过的一句话,他羞于向真主提起。"

---

　　①　拜火教徒的一个标志是使用腰带。——译者

13．舍给格·巴里赫

全名是舍给格·本·易卜拉欣·巴里赫，别名艾布·阿里（卒于伊历194年，公元810年），呼罗珊的苏菲长老，哈提木·艾塞姆的导师。

据说，他开始苦行的原因是这样的：他原是一个富家子弟，年轻的时候到土耳其经商。他来到一个偶像商店，看到一个须发整洁、身着紫色衣服的仆人，舍给格就对仆人说："你有一个永活的、全知的、全能的创造者，你要崇拜的话，就崇拜他吧，不要崇拜这些既不能利人，也不能害人的偶像。"仆人说："你的主宰如果像你说的那样，他应该有能力在你的家乡给你给养，那你为什么还不远万里跑到这里经商呢？"舍给格如醍醐灌顶，遂开始走苦行之路。

有人说，舍给格开始苦行的原因是这样的：他在干旱年看到一个奴隶兴高采烈地玩耍，人们对奴隶颇有微词。舍给格问奴隶："你怎么如此开心呢？你没看到人们正遭遇干旱吗？"那个奴隶说："干旱和我有什么关系呢，我的主人有一个村庄，村庄里有我们需要的一切，我不必为生活发愁。"舍给格深有所悟，心想：奴隶的主人有一个村庄，他的主人还不是一个特别富裕的人，他尚且不为生活发愁，穆斯林怎么能为他们的生活发愁呢，而他们的主人（真主）是富裕的。

哈提木·艾塞姆说："舍给格曾经与一帮狐朋狗友沉湎于玩乐。巴里赫的长官是阿里·本·尔撒·玛哈尼特别喜欢猎狗，后来，他的猎狗丢了一只，他就责成一个人去找，这个人恰巧住在舍给格的隔壁。这个人就到舍给格这里来求助,舍给格过去对阿里·本·尔撒的卫兵说:'你放过我的邻居吧,长官的狗包在我身上,三天后,我给他找回来。'卫兵们把他的邻居放了,舍给格也走了。到了第三天,舍给格的一个朋友从外地回到巴里赫,他在路上见到一只带有项圈的狗,就顺手把它牵回来了,他心想:舍给格爱玩,这只狗送他得了。舍给格一看到狗,就知道是阿里·本·尔撒的,非常高兴,就赶紧把狗带到阿里·本·尔撒那里。舍给格卸除了担保人的责任,也心有所悟,之后为自己的荒唐行为向真主忏悔,开始走苦行之路。"

哈提木·艾塞姆说:"我和舍给格曾参加过对土耳其的一场战役,厮杀最残酷的时候,到处是刀剑飞扬,头颅滚落。舍给格对我说:'哈提木啊,你怎么认为这一天的你呢?你觉得这一天和你的洞房之夜相像吗?'我说:'以真主起誓,绝不一样。'他说:'以真主起誓,我觉得我今天的生命与我在我的洞房之夜一样。'说完,他就在两军对垒的中间睡下了,我趴在他的身边,能听到他的呼噜声。"

舍给格说:"如果你想了解一个人,就看他对真主的许诺与对人的许诺,看哪一个许诺在他的心中更为他看重。"

又说:"一个人的敬畏体现在三件事情上:他拿取的、他舍弃的及他的话语。"

14. 穆罕默德·本·法迪里·巴里赫

全名是穆罕默德·本·法迪里·巴里赫,别名艾布·阿布顿拉(卒于伊历 319 年,公元 931 年),巴里赫人,住在撒马尔罕①,并在那里去世。曾陪伴过艾哈迈德·本·海杜鲁等长老,艾布·奥斯曼·哈伊尔对他很推崇。

艾布·奥斯曼·哈伊尔给穆罕默德·本·法迪里·巴里赫写信问道:"不幸的特征是什么?"穆罕默德·本·法迪里·巴里赫回信说:"不幸的特征有三:赐予他知识,却剥夺了他的工作;赐予了他工作,却剥夺了他的心诚;赐予他陪伴善人,却得不到他们的尊重。"

艾布·奥斯曼·哈伊尔说:"穆罕默德·法迪里·巴里赫曾做过捐客。"

穆罕默德·法迪里·巴里赫说:"伊斯兰因四种人而衰弱:知而不行之人;行而不知之人;不知也不行之人;阻挡人学习之人。"

又说:"真奇怪! 人们可以穿越遥远的沙漠到达天房,见证圣迹,那为什么不能穿越私欲,到达他自己的心,去见证真主的迹象呢?"

又说:"如果一个'穆勒德'迷恋尘世,那是他脱离苏菲之道的征兆。"

有人问他如何苦行,他说:"以缺陷的目光看尘世,以自豪的、荣耀的、欣慰的心态离开它。"

15．艾布·侯赛因·本·布纳尼

艾布·赛尔德·海扎兹的弟子,埃及的苏菲大师。

---

① 乌兹别克斯坦共和国的一个城市。公元 1229 年被成吉思汗毁坏,之后为其后裔帖木儿控制。

艾布·侯赛因·本·布纳尼说:"每个苏菲,心中都有对给养的忧虑,那就让他坚持工作吧,这是最容易的解决办法。因真主而心慰的特征是:对真主所拥有的比自己所拥有的更为信任。"

又说:"你们当远离恶劣的品德,如同你们远离非法一样。"

16. 阿里·布什奈吉

全名是阿里·本·艾哈迈德·本·赛海里·布什奈吉,别名艾布·哈桑(卒于伊历 348 年,公元 959 年),呼罗珊人,与艾布·奥斯曼、艾哈迈德·本·阿塔、艾哈迈德·祝莱勒、艾布·阿慕尔·迪玛什格有过交往。

有人问布什奈吉何为"侠勇",他说:"在尊贵的记录者①面前,放弃非法。"

一个人对布什奈吉说:"你向真主为我祈祷吧。"他说:"真主向你求助,免遭你的磨难。"

又说:"信仰的首与尾是相连的。"

17. 穆罕默德·提尔密兹

全名是穆罕默德·本·阿里·提尔密兹,别名艾布·阿布顿拉,著名苏菲长老,留有部分著作。曾陪伴过艾布·图扎布·奈何筛比、艾哈迈德·本·海杜鲁、艾哈迈德·本·祝莱勒等苏菲大师。

有人问他关于人的特性,他说:"外表脆弱,要求很多。"

---

① 每人左右肩膀上两个记录善恶的天使。——译者

他说："我没有写过一个关于'计划'的字，并非因为担心对我不利，如果我处于最危难的时候，我会以写'计划'为消遣的。"①

他在麦加与左农相遇过。

18. 赛海利·本·阿布顿拉·图斯泰勒

全名是赛海利·本·阿布顿拉·图斯泰勒，别名艾布·穆罕默德（伊历 815—896 年，公元 815—896 年），是其家乡的一位伊玛目，在他的时代，没有人在交往与谦恭方面超过他，他显示过一些"克拉麦提"。左农去麦加朝觐时，与他相遇过。

赛海利·图斯泰勒说："我三岁时候的一天夜里，看到我的舅舅穆罕默德·本·斯瓦里在礼夜间拜，他对我说：'赛海利啊，你去睡吧，你的确干扰了我。'

有一天我的舅舅对我说：'难道你不赞念创造了你的主吗？'我问他怎么赞念呢，他说：'每天入睡前，你念三遍，但不要出声：真主与我同在，真主注视着我，真主是我的见证者。'我照他的吩咐做了三天，之后我告诉了他。他说：'从今天开始，你每天晚上念七遍。'我照他的吩咐做了，之后我告诉了他。他说：'从今天开始，你每天晚上念十一遍。'我照他的吩咐做了，心中开始出现甜美的感觉。就这样过了一年，舅舅对我说：'记住我教授给你的，一直念下去，直至进入坟墓，它会使你今后两世受益的。'就这样没过几年，内心的甜美已使我欲罢不能了。

401

---

① 这是穆斯林的一个认识观，所谓计划在人，定夺在主。人可以提前就某事做计划，但最终的决定权在真主那里。——译者

　　有一天,舅舅对我说:'赛海利啊,真主如果与一个人同在,注视着他,见证着他,这个人还会违抗真主吗? 你绝不要违抗真主!'到了上学的年龄,家人把我送到学校。我担心我的心智因此被扰乱,所幸的是,家人为我找了一位导师。我每天去他那里学一个小时,之后再去学校。在我六岁或七岁时,我背记了《古兰经》,并且开始封斋,就这样一直到十二岁。在我十三岁那年,我遇到了一个问题,我请求家人把我送到巴士拉,或许那里的学者能解答我的问题。到了巴士拉之后,我请教了那里很多学者,他们的回答没有一个人让我满意,我就去了'阿比达'①,去找一个叫艾布·哈比布·哈姆宰本·阿布顿拉的人。我向他请教我的问题,他完美地回答了我的疑问。我就在他那里住了一段时期,接受他的教诲与教导,受益颇多。之后我返回到家乡图斯泰勒,开始缩减饮食,我用一个迪尔汗买了一些麦子,然后磨成面,做成馍馍,黎明封斋时吃一个没有盐也没有油的薄饼②。我这样用一个迪尔汗度过了一年,之后我决定三天开一次斋,然后延至五天,接着延至七天,最后延至二十五天。我以这种方式度过了二十年,之后我离开家乡远游,之后又回到家乡,开始整夜礼拜。"

　　赛海利·图斯泰勒说:"人在没有效仿下所干的工作,要么是顺从,要么是违抗,他都心满意足;人在效仿下所干的工作,对他来说都是折磨。"

---

　　①　现在是伊朗境内的一座城市。
　　②　意即晚上开斋时不吃食物,一天只吃一顿饭。——译者

19. 穆罕默德·赛格菲

　　全名是穆罕默德·阿卜杜勒·瓦哈布·赛格菲,别名艾布·阿里(卒于伊历 328 年,公元 940 年),是有威望的伊玛目,曾陪伴过艾布·哈夫赛、哈姆杜尼·盖萨尔。由于他的原因,苏菲在奈萨布尔开始繁荣。

　　穆罕默德·赛格菲说:"一个人即使掌握了所有的知识,接触过各式各样的人,他也不能成为真正的人,除非在长老、伊玛目或真诚的导师那里接受过训练;没有跟能指出他行为与品性中的缺陷的导师学过礼仪的人,不可指导别人、改正别人的缺陷。"

　　又说:"这个民族要经历这样一个时期:信士只有在投靠伪信士才能有好的生活。"

　　又说:"当你得到一份职业时,你对它说:呸! 当你失去这份职业时,你对它说:呸! 聪慧的人是不会拘泥于一事的,不会因有得而喜,因有失而悲。"

20. 艾哈迈德·祝莱勒

　　全名是艾哈迈德·本·穆罕默德·本·侯赛因·祝莱勒,别名艾布·穆罕默德。祝奈德的大弟子,祝奈德去世之后,他继续传播导师的思想。曾在赛海利·本·阿布顿拉处求学,众所周知,赛海利·本·阿布顿拉是一位著名苏菲学者。

　　艾哈迈德·本·阿塔·鲁兹巴勒说:"艾哈迈德·祝莱勒是在饥荒年去世的,一年之后,我经过他时,看到他还保持原来的坐姿,膝盖顶在胸间,手指向真主。"

艾哈迈德·祝莱勒说："为私欲所制的人，是欲望的俘虏，欲望之牢里的囚徒。真主禁止他的心有所获益，他体味不到真主言语的甜蜜，即使他口中经常念'我将使那些在地方上妄自尊大的人离弃我的迹象，即使他们看见一切迹象，他们也不信它。'"（高处章：第 146 节。）

又说："以肯定枝节的目光看待原则；以否定原则的心态矫正枝节。只有尊重真主所尊重的中介与枝节，才能达到见证原则的境界。"

21. 艾哈迈德·本·杰拉伊

全名是艾哈迈德·本·叶哈雅·本·杰拉伊，别名艾布·阿布顿拉（卒于伊历 306 年），巴格达人，在拉姆拉①及大马士革②居住过，是叙利亚的苏菲大师。在艾布·图扎布、左农、艾布·欧拜德·拜斯勒跟前学习过。

艾哈迈德·本·杰拉伊对父母亲说："我愿意你们把我奉献给真主。"父母亲说："我们已把你奉献给真主了。"艾哈迈德·本·杰拉伊便离家远行，过了一段时间回来了，当时正是雨夜，他急切地敲家里的门。他的父亲问："谁在敲门？"艾哈迈德·本·杰拉伊回答说："是你的孩子呀。"他的父亲说："我们曾有一个孩子，但我们

---

① 拉姆拉：巴勒斯坦的一个地方，在耶路撒冷的东北面，苏莱曼·本·阿卜杜勒·穆里克公元 716 年建造，公元 1099 年被十字军攻占。

② 大马士革：叙利亚首都。其历史可追溯到 5000 多年前，阿拉米人曾居住在这里，至好陆续被亚述人、巴比伦人、波斯人、希腊人、罗马人侵略。公元 1400 年被帖木儿付之一炬，公元 639 年被穆斯林解放，成为伍麦叶王朝的首都。其中著名的古迹有伍麦叶清真寺、萨拉丁的坟墓、堡垒、皇宫等。

把他献给真主了。我们是阿拉伯人,断不会把送出去的东西要回来的。"父亲结果真的没有开门。

艾哈迈德·本·杰拉伊说:"不为赞美而喜、不为诋毁而忧的人是淡泊者;按时完成主命的人是'阿比德'(拜主之人);认为所有的行为都来自真主的人是独一论者,他看到的都是一。"

艾哈迈德·本·杰拉伊去世时,家人请来医生诊视。医生看到他面带微笑,就说:"他还活着。"之后医生检查他的脉搏,说:"他已死了。"之后又看他的脸,说:"我现在不知道他是活着还是死了!"

22．布纳尼·杰玛里

全名是布纳尼·本·穆罕默德·杰玛里,别名艾布·哈桑(卒于伊历 316 年,公元 928 年),出生于伊拉克的瓦西特,居住在埃及,是一个苏菲大师,显示过一些"克拉玛提"。

有人问他苏菲最重要的要求是什么,他说:"是信任真主的安排,完成真主的命令,重视心的修炼,脱离人神两界的诱惑。"

艾布·阿里·鲁兹巴勒说:"有一次,布纳尼·杰玛里突兀地遇到一头野兽,野兽在他身上嗅了嗅,没有伤害他。野兽走了之后,有人问他:'当野兽闻你的时候,你在想什么?'他说:'我在想学者们对野兽吃剩下的猎物①的分歧。'"

---

①　野兽吃剩下的食物和喝剩下的水是否清洁,法学家对此有分歧。伊玛目艾布·哈尼法、艾哈迈德、苏福扬·扫勒等人为是污秽,不能饮用和食用。而伊玛目马立克、奥扎尔等学者认为是清洁的,可以食用。证据是猫过的东西,穆圣说不是污秽。至于野兽的范围界定,也存在分歧,有学者认为不包括猫和鸟类,只包括驴、狼、狮子之类的凶猛野兽。——译者

23. 拜舍尔·哈菲

全名是拜舍尔·本·哈尔斯·哈菲,别名艾布·奈斯尔(卒于伊历 227 年,公元 841 年),出生于奈萨布尔的姆鲁,居住在巴格达,直到去世。他是阿里·本·海什莱姆姐姐的儿子,也是一位苏菲大师。

据说,拜舍尔·哈菲走上苏菲之路的原因是这样的:有一次,他在路上看到一张写有真主尊名的纸,过往行人都踏纸而过。拜舍尔·哈菲便捡了起来,当时他身上有一个迪尔汗,便用它买了香,把香抹在纸上,然后把纸放在墙洞里。晚上做梦时,他听到一个声音对他说:"拜舍尔呀,你善待并美化我的名字,我一定在今后两世善待并美化你的名字。"

我的导师艾布·阿里·丹嘎格说:"拜舍尔经过一群人,他们看到拜舍尔时说:'这人整夜不睡,三天才吃一次饭。'拜舍尔听到他们的话哭了,有人问他为什么哭,他说:'我没有整夜不睡,也没有哪一天不吃饭的,但是,真主给予人的比他做的要多,这是真主的仁慈与尊贵。'"

拜舍尔说:"我在梦中见到穆圣,他问我说:'拜舍尔呀,你知道真主为什么使你高于你的同仁吗?'我说:'真主的使者啊!我不知道。'穆圣说:'因为你追随我的圣道,为善人服务,劝告你的穆民兄弟,喜爱我的弟子及我的家属……因此,真主使你进入善人之品。'"

我听比拉里·海瓦斯说:"我有一次在沙漠里行走,突然,一个人与我同行,我感到很吃惊,我忽然想到他可能是黑杜尔圣人,于

405

是我就问他：'以真主起誓，你是谁呀？'他说：'你的兄弟黑杜尔。'
我对他说：'我有问题要问你。'他说：'你问吧。'我问道：'你怎么
看待伊玛目沙菲仪呢？'他答：'他是宗教的基石①。'我接着问：
'你怎么看待伊玛目罕百里呢？'他答：'他是一个诚笃的人。'我
又问：'你怎么看待拜舍尔·哈菲呢？'他答：'没有与他类似的
人。'我又追问：'我怎么能再见到你呢？'他答：'以对你母亲的
孝顺。'"

艾哈迈德·本·杰拉伊说："我看左农，发现他有箴言的优越；
我看赛海利·本·阿布顿拉，发现他有指点的优越；我看拜舍尔·
哈菲，发现他有谦恭的优越。有人问我：'那你倾向他们中的哪一
个呢？'我答：'我的导师拜舍尔·哈菲。'"

据说，拜舍尔·哈菲馋蚕豆好多年，但一直都没吃上。有一
次，他在梦中见到了他死后的结局，有人问他："真主是如何对待你
的？"他答："真主饶恕了我，他对我说：'现在，吃你所有没吃过的，
喝你所有没喝过的。'"

拜舍尔·哈菲说："合法中不会有浪费。"

又说："喜爱沽名钓誉的人，不会品尝到后世的甜美。"

拜舍尔·哈菲在梦中见到了他死后的结局，有人问他："真主
是如何对待你的？"他答："真主饶恕了我，赐给了我一半的天堂，并
对我说：'拜舍尔啊，即使你把头叩在火炭上，也不能尽到对我的感
恩，同样也不能把感恩置于我的仆人们的心间。'"

---

① 宗教因这些人而得以保留，伊玛目沙菲仪就是其中的一个。

24. 欧麦尔·哈达迪

全名是欧麦尔·穆斯里麦图·哈达迪,别名艾布·哈夫斯(卒于伊历 260 年,公元 874 年),出生于布哈拉一个叫库尔达巴兹①的村庄,是当地的一个伊玛目,著名学者。

欧麦尔·哈达迪说:"违抗真主是叛教的信使,正如高烧是死亡的信使一样。"

又说:"如果你看到一个'穆勒德'喜爱乐曲,你可断定,他心中还有丑陋。"

又说:"外表的彬彬有礼是内心彬彬有礼的表现。"

又说:"义举导致公正,也导致放弃公正的要求。"

又说:"不以天经与圣行衡量其行为的人,不会重视他的内心的感觉。因此,他不能列入男人之列。"

25. 阿里·哈斯勒

全名是阿里·本·易卜拉欣·哈苏勒,别名艾布·哈桑(卒于伊历 371 年,公元 981 年),巴士拉人,居住在巴格达,苏菲长老,是戴里夫·舍布里的学生,有出色的口才。

407　　阿里·哈斯勒说,人们说:"哈斯勒只谈副功。其实我有年轻人最好的责任,如果我放弃一番主命拜,我就会受到惩罚。"

又说:"妄称真境如何的人,揭示明证的见证会驳斥他的谎言。"

---

① 库尔达巴兹:奈萨布尔附近的一个村庄。

26. 苏姆农尼·哈姆宰

全名是艾布·哈桑·嘎希姆·苏姆农尼·本·哈姆宰（卒于伊历 290 年,公元 903 年),曾陪伴过赛勒·塞格特、艾布·艾哈迈德·盖拉尼斯、穆罕默德·本·阿里·盖萨布等长老。他性格幽默,经常谈到爱,是一个很有地位的苏菲。

艾布·艾哈迈德·麦阿兹里说:"巴格达有一个人,为穷人分了四千迪尔汗。苏姆农尼看到后对我说:'艾布·艾哈迈德呀,你没有看到那个人是如何施舍的吗? 他是如何做的呢? 而我们什么都没有,我们到一个地方去礼拜吧,一个迪尔汗一拜。'我们就这样到一个清真寺,在里面礼了四千拜。"

27. 赛尔德·哈伊尔

全名是赛尔德·本·伊斯玛依·哈伊尔,别名艾布·奥斯曼（卒于伊历 298 年,公元 910 年),出生在莱伊,定居在奈萨布尔,陪伴过谢赫·卡尔玛尼、叶哈雅·本·穆阿兹。与谢赫·卡尔玛尼一起离开奈萨布尔,去艾布·哈夫斯·哈达迪跟前求学,直到学有所成。导师艾布·哈夫斯把自己的女儿许配给了他,他在艾布·哈夫斯去世后的三十多年后去世。

赛尔德·哈伊尔说:"一个人的信仰只有四种事情在他心中平衡以后才能完美:荣与辱,得与失。"

又说:"四十年以来,真主没有使我稳固于一个'状态',我没有因此而烦恼;他也没有使我接触过其他人,我没有因此而生气。"

又说:"陪伴真主,需要好的、合适的礼仪、持续的畏惧与自省;

陪伴穆圣,需要遵循他的圣道,坚持外在的知识;陪伴真主的"奥里亚",需要尊重与服侍;陪伴家人与亲人,需要好的品德;陪伴朋友,需要诚意的、经常的往来;陪伴愚人,需要为他们做好的祈祷,怜悯他们。"

又说:"跟随圣行的人,他以哲理而言行;跟随私欲的人,他以异端而言行。真主说:'如果你们服从他(穆圣),你们就遵循正道。使者只负明白的传达的责任。'"(光明章:第54节)

据说,赛尔德·哈伊尔曾说过:"尘世上的苏菲长老只有三个,没有第四个,他们是:奈萨布尔的艾布·奥斯曼、巴格达的左农和叙利亚的艾布·阿布顿拉·本·杰拉伊。"

28. 阿布顿拉·本·海比格

全名是阿布顿拉·本·海比格,别名艾布·穆罕默德,库法人,居住在安塔克叶,曾陪伴过优素福·本·艾斯巴特。

阿布顿拉·本·海比格说:"人只是看守四种事情:眼睛、舌头、心与喜好。看护好你的眼睛,不要让它看非法的事情;看护好你的舌头,不要让它说与你的心不一致的话;看护好你的心,不要让它忌妒、怀恨任何一个穆斯林;看护好你的喜好,不要让它喜爱坏的事情。如果你做不到这四点,就把沙土撒在你的头上,你的确是不幸的人。"

又说:"只为明天不利于你的事情忧愁;只为明天有利于你的事情欢欣。"

又说:"对真主冷漠的人,人们会对他冷漠;对真主亲近的人,人们亲近他。"

又说："最应该使你恐惧的是违抗真主；最应该使你长久忧伤的是你的损失；最应该考虑的是你的余生；最有益的希冀能使你工作容易。"

又说："长时间的听从虚伪，会使你心中顺从的甜美消失。"

29．艾哈迈德·海扎兹

全名是艾哈迈德·本·尔撒·海扎兹，别名艾布·赛尔德（卒于伊历 277 年，公元 890 年），巴格达人，曾陪伴过左农、阿布顿拉·奈巴基、艾布·欧拜德·拜斯勒、赛勒·塞格特、拜舍尔·哈菲等长老。

艾哈迈德·海扎兹说："所有内外不一的事情，都是虚假的。"

又说："我在梦中见到伊卜里斯，他远远地躲着我，我对他说：'你过来，你怎么了？'他说：'我用来欺骗你们的东西，你们都抛弃了，我还能做什么呢？'我问：'那是什么呀？'他说：'是尘世。'他离开我后，又转身看了看我说：'但是，我还有对付你们的一招。'我问：'是什么呀？'他说：'与年轻人在一起。'"

又说："我陪伴苏菲长老很长时间，我与他们之间从没发生过分歧。人们问我是什么原因，我说：'因为我是用心陪伴他们。'"

30．阿布顿拉·海扎兹

全名是阿布顿拉·本·穆罕默德·海扎兹，别名艾布·穆罕默德（卒于伊历 310 年，公元 922 年），出生于麦加附近的莱伊，曾陪伴过艾布·哈夫赛、艾布·尔姆扎尼，以谦恭而著称。

阿布顿拉·海扎兹说："饥饿是苦行者的食物，赞念是'阿勒夫'的食物。"

31. 艾布·哈姆宰·胡扎萨尼

艾布·哈姆宰·胡扎萨尼(卒于伊历290年,公元903年),祖籍是奈萨布尔的穆里嘎巴兹,与祝奈德、海扎兹、艾布·图扎布是好友,以谦恭而著称。

艾布·哈姆宰·胡扎萨尼说:"常记死亡的人,真主使他喜爱所有永存的事物,使他讨厌所有消失的事物。"

又说:"'阿勒夫'保护生活时,一日不放过;索取生活时,一日是一日。"①

一个人对他说:"你嘱托我吧。"他说:"为你眼前的行程②准备干粮吧。"

32. 艾哈迈德·本·海杜鲁

全名是艾哈迈德·本·海杜鲁,别名艾布·哈米德(卒于伊历240年,公元854年),呼罗珊地区的苏菲长老,以侠义著称。曾陪伴过艾布·图扎布,去奈萨布尔拜访过艾布·哈夫斯,还拜访过比斯塔米。比斯塔米提到他时说:"我们的导师艾哈迈德·本·海杜鲁。"

艾布·哈夫斯说:"我没有见过任何一个比艾哈迈德·本·海杜鲁更坚定和诚实的人。"

我听穆罕默德·本·哈米德说:"艾哈迈德·本·海杜鲁临近

---

① 这是他们对生活的态度:严谨不虚度。——译者
② 指走向死亡的行程。——译者

死亡时,我就坐在他的旁边,他当时是九十五岁。他的一个弟子问了他一件事情,他听完就两眼流泪,说:'孩子呀,九十五年以来,我一直叩打他的门,现在,门向我敞开了,我不知道是幸福还是不幸,现在是我等待答案的时刻。'"

艾哈迈德·本·海杜鲁说:"没有任何睡眠比疏忽更沉重,没有任何奴隶比欲望更需要管理,如果不是沉重的疏忽,欲望不会战胜你。"

33．艾哈迈德·艾比·海瓦勒

全名是艾哈迈德·本·艾比·海瓦勒,别名艾布·侯赛因(卒于伊历 230 年,公元 845 年),大马士革人,陪伴过苏莱曼·达扎尼等长老。

祝奈德曾说:"艾哈迈德·海瓦勒是叙利亚的香草。"

艾哈迈德·海瓦勒说:"以喜爱的眼光看尘世并想拥有它的人,真主取走他心中的确信与俭朴。"

又说:"不遵循圣行而行的人,他的工作没有价值。"

又说:"最高贵的哭泣是为失去没有顺从真主的时光而哭泣。"

又说:"真主考验人的事情中,再没有比疏忽与无情更严重的了。"

34．易卜拉欣·海瓦斯

411

全名是易卜拉欣·艾本·哈迈德·本·伊斯玛依·海瓦斯,别名艾布·伊斯哈格(卒于伊历 291 年,公元 904 年),与祝奈德、艾哈迈德·努尔是好友,以托靠与修行而著称。常年腹痛,卒于莱伊。

易卜拉欣·海瓦斯说:"学者并非是知识渊博的人,而是求知、用知并遵循圣道的人,即使他知识浅薄。"

又说:"治疗心疾的药有五种:领悟地诵读《古兰经》、空腹、夜间礼拜、黎明时分的谦恭及与善人同坐。"

35. 阿卜杜·拉赫曼·达扎尼

全名是阿卜杜·拉赫曼·本·阿推叶·达扎尼,别名艾布·苏莱曼(卒于伊历 215 年,公元 830 年),出生于大马士革的一个叫达扎尼的村庄。

阿卜杜·拉赫曼·达扎尼说:"白天行善的人,晚上就会得到报偿;夜间行善的人,白天就会得到报偿。抛弃欲望的人,真主移走他心中的欲望,曾以欲望甘饴其心、后为真主而放弃欲望的人,真主善待他。"

又说:"把今世留住在其心的人,后世弃他而去。"

又说:"或许一个妙语在我心中停留了很多天,我都不接受它,直到我从天经和圣训中找到证据。"

又说:"最高贵的工作是违背私欲的工作。"

又说:"万事皆有学问,失败的学问就是不哭泣。"

又说:"万物皆生锈,心之锈是饱腹。"

又说:"所有使你远离真主的亲人、金钱、子嗣都是使你沮丧的东西。"

艾哈迈德·本·艾比·海瓦勒说:"有一天我去见阿卜杜·拉赫曼·达扎尼,他正在哭泣,我就问他为什么哭,他说:'艾哈迈德呀,我为什么不哭呢? 当夜幕降临时,人们的眼睛都闭上了,相爱的人相拥在一起,眼泪流了下来。真主看到了这一切,他喊道:吉卜勒利呀,以我的话而感到快乐,以赞念我而快慰的人,我在他们独处时能看到他们,听到他们的叹气,看到他们在哭泣。你为什么不告诉他们呢? 吉卜勒利呀,这是谁在哭呢? 你们见过爱人折磨 412 爱人的吗? 那些一到夜晚就与我相遇的人,我怎么报偿他们好呢? 我发誓,他们在复生日与我相遇时,我一定为他们揭示我的尊容,他们喜爱地看着我,我喜爱地看着他们。'"

阿卜杜·拉赫曼·达扎尼说:"一个寒冷的夜里,我坐在清真寺的壁龛里向真主祈祷,我的手冻得直哆嗦,我便把一只手插进衣服里取暖,举起另一只手继续祈祷。后来困极了便睡着了,我听见一个声音对我说:'阿卜杜·拉赫曼·达扎尼啊! 我答应了你一只手的祈祷,如果你另一手也祈祷的话,我也会应答的。'从此之后,不管天热还是天冷,我都坚持伸出双手向真主祈祷。"

又说:"我在拜后祈祷时睡着了,听到一个仙女对我说:'你睡吧,我是为专门侍奉你而在闺房里培育了五百年的人。'"

36. 穆罕默德·杜给

全名是穆罕默德·本·达乌德·戴努尔,别名艾布·伯克尔(卒于伊历350年,公元961年),居住在叙利亚,活了一百多岁,陪伴过艾哈迈德·杰拉伊、艾布·伯克尔·宰嘎格等长老。

穆罕默德·杜给说:"胃是食物的集合地,如果你把合法的食物放在里面,就长出善良的工作;如果你把有嫌疑的食物放在里面,通往真主的道路就会因此而模糊;如果你把非法的食物放在里面,你与真主之间就有了遮挡。

37. 艾哈迈德·迪沃尔

全名是艾哈迈德·本·穆罕默德·迪沃尔,别名艾布·阿拔斯(卒于伊历 340 年,公元 951 年),曾陪伴过优苏福·本·侯赛因、伊本·阿塔、艾布·伯克尔·祝莱勒等长老,是一个尊贵的学者,去过奈萨布尔,并在那度过了一段时间。他热心劝诫人们,以真知灼见指导他们,后到撒马尔罕,并在那里去世。

艾哈迈德·迪沃尔说:"最低的'啧克尔'(赞念)是忘记真主之外的人与事;最高的'啧克尔'是赞念之人因赞念而忘我。"

又说:"表面的话不能改变内心的实质。"

又说:"他们(指伪苏菲)已破坏了苏菲的根基,摧毁了苏菲的道路,以他们自创的一些名字改变了苏菲的真义。他们称贪婪为'附加',称无礼为'虔诚',称脱离真主为'陶醉',称喜爱被指责的事物是'好美',称顺从私欲为'考验',称迷恋今世为'抵达',称恶德为'权柄',称吝啬为'坚韧',称乞讨为'干功',称诽谤为'责备'……这些都不是苏菲之道的东西。"

38. 穆姆沙迪·迪沃尔

穆姆沙迪·迪沃尔(卒于伊历 299 年,公元 911 年),著名苏菲大师。

穆姆沙迪·迪沃尔说:"尊重长老,帮助穆斯林兄弟,知足而淡泊,遵守教法是'穆勒德'的礼仪。"

又说:"我去见任何一个长老时,心中没有任何有所得的想法,只是等待见到他、与他谈话的吉庆来到我身上。如果一个人抱着有所得的想法去见长老,他就得不到与长老同坐、谈话及与长老相遇的吉庆。"

39. 阿布顿拉 · 拉齐

阿布顿拉·拉齐,别名艾布·穆罕默德(卒于伊历 353 年,公元 964 年),出生于奈萨布尔,曾陪伴过艾布·奥斯曼·哈伊尔、祝奈德、优苏福·本·侯赛因、鲁伊姆·本·艾哈迈德、苏姆农尼·哈姆宰等著名长老。

有人问阿布顿拉·拉齐:"你怎么认为那些认识到自己的错误,但又不改正他们错误的人呢?"他说:"这些人以他们的知识而自豪,但又不使用他们的知识,他们只重视表面,不重视内心。真主使他们的心失明,使他们脱离宗教功修。"

40. 叶哈雅 · 本 · 穆阿兹

414

全名是叶哈雅·本·穆阿兹·拉齐,别名艾布·宰克里雅(卒于伊历 258 年,公元 872 年),杰出的苏菲大师,有独特的认知。曾在巴里赫居住了一段时间,后返回到奈萨布尔。

叶哈雅·本·穆阿兹说:"一个苦行者怎么可能没有谦恭呢?培养你没有的谦恭,然后放弃你所拥有的(即开始苦行)。"

又说:"忏悔者的饥饿是体验;苦行者的饥饿是策略;诚笃者的饥饿是真主的款待。"

又说:"被真主遗弃比死亡更严重,因为遭遗弃是与真主的隔绝,而死亡只是与活人的隔绝。"

又说："苦行有三个要素：喜少①、独居和饥饿。"

又说："人最大的盈利莫过于在每个时间做他最应该做的事。"

又说："在暗中欺骗真主的人，真主公开撕破他的秘密。"

又说："推荐坏人是你的失误，喜爱他们是你的缺点，需要你的人会轻视你。"

41. 优苏福·本·侯赛因·拉齐

优苏福·本·侯赛因·拉齐，别名艾布·叶尔孤白（卒于伊历304年，公元916年），莱伊地区的长老，是他的时代里的中流砥柱，他以一人之力消除了人们的陋行。他也是一个学者与文学家，陪伴过左农、艾布·图扎布、赛尔德·海扎兹等长老。

优苏福·本·侯赛因说："带着满身的罪恶去见真主，也强于带有一丝的虚伪去见他。"

又说："如果你见到一个'穆勒德'以宽容的许可为满足，你可断定他将不会成功。"

又说："我认为与年少无知的人厮混、与非同道的人生活、与女人厮混是苏菲的最大缺陷。"

415　　他给祝奈德写信说："真主不让你体味到顺从私欲的快乐，否则，你之后永远不会体味到任何好的东西了。"

42. 易卜拉欣·鲁给

全名是易卜拉欣·本·达乌德·鲁给，别名艾布·伊斯哈格

---

① 指物质享受方面。——译者

（卒于伊历 326 年,公元 938 年）,叙利亚地区著名苏菲大师,与祝奈德、艾哈迈德·本·杰拉伊是好友。

易卜拉欣·鲁给说:"认知是确定真主的属性,它与猜测和想象无关。"

又说:"能力是强大的,眼睛是睁开的,观察力却是微弱的。"

又说:"最弱的人是不能抵抗欲望的人;最强的人是能抵抗欲望的人。"

又说:"喜爱真主的标志是以顺从真主与跟随穆圣为满足。"

43. 艾哈迈德·本·阿塔·鲁兹巴勒

艾哈迈德·本·阿塔·鲁兹巴勒,别名艾布·阿布顿拉(卒于伊历 369 年,公元 979 年),叙利亚地区著名苏菲大师,卒于苏尔①。他是艾布·阿里·本·穆罕默德·鲁兹巴勒姐姐的儿子。

据阿里·本·赛尔德·麦绥斯传述,艾哈迈德·本·阿塔·鲁兹巴勒说:"有一次我骑着一匹骆驼,骆驼的蹄子陷在沙子里。我说:'真主尊大!'骆驼也说:'真主尊大!'"

据说,艾哈迈德·本·阿塔·鲁兹巴勒有一天跟在一伙苏菲后面,这也是他的一个习惯。苏菲们去赴宴的路上经过一个蔬菜铺子,老板对这些人颇有微词,说:"这些人不讲道理。他们中有一个人借了我一百迪尔汗,没有归还,我记不清是谁了,不知道去找谁要。"苏菲们到了邀请人的家中后,艾哈迈德·本·阿塔·鲁兹

416

---

① 苏尔:现位于叙利亚的南部。是一个海滨城市,地中海的重要港口,是腓尼基人都城的一部分。其历史可追溯到公元前 3000 年前,公元 1124 年被十字军占领,后于 1291 年被穆斯林收回。

巴勒对主人说："如果你想让我心情愉快的话,请你给我拿来一百迪尔汗。"主人也是喜爱苏菲的人,他马上拿来了一百迪尔汗。艾哈迈德·本·阿塔·鲁兹巴勒对一个同行者说："你拿上这些钱,送给刚才那个卖菜的人,对他说:'我们的一个朋友借了你的钱,迟迟没给你还钱,他向你道歉,请接受他的道歉。'"那人就照艾哈迈德的话做了。当这些苏菲从宴席返回,经过蔬菜铺子时,卖菜的商人极力称赞他们,他很肯定地说:"这些人是值得信任的好人。"

艾哈迈德·本·阿塔·鲁兹巴勒说:"最丑陋的人是吝啬的苏菲。"

44. 艾哈迈德·本·穆罕默德·鲁兹巴勒

艾哈迈德·本·穆罕默德·鲁兹巴勒,别名艾布·阿里(卒于伊历322年,公元934年),巴格达人,长期居住在埃及,并在那里去世。陪伴过祝奈德、艾哈迈德·努尔、伊本·杰拉伊等苏菲长老,著名的苏菲大师。

一个人询问另一个人为消遣而聆听乐曲如何判断,那人说:"这对我而言是合法的,因为我已经到了不受任何事物影响的境界。"艾哈迈德·本·穆罕默德·鲁兹巴勒听完他的话说:"是的,他的确到了一个境界,但他到达的是火狱。"

有人问他什么是苏菲,他说:"这个道路的一切都是严肃的,你不要把它与无聊混为一谈。"

艾哈迈德·本·穆罕默德·鲁兹巴勒说:"被骗的表现是:有人行恶,他觉得那是真主对他好;他不忏悔,反以为被免于惩罚,其实那是真主对他的宽限。"

又说:"我的苏菲导师是祝奈德,我的法学导师是艾布·阿拔斯·舒莱哈,我的语言导师是赛阿莱比,我的圣训导师是易卜拉欣·哈尔比。"

45．穆罕默德·宰贾吉

全名是穆罕默德·本·易卜拉欣·宰贾吉,别名艾布·阿慕尔(卒于伊历 348 年,公元 959 年),在麦加住了很多年,并在那里去世。陪伴过祝奈德、艾布·奥斯曼、艾哈迈德·努尔、易卜拉欣·海瓦斯、鲁伊姆·本·艾哈迈德等长老。

有人问穆罕默德·宰贾吉:"你在进入礼拜念第一个'大赞词'①时,为什么神情大变?"他说:"因为我害怕我开始了礼拜,但我的心不诚实。有多少人念了'真主至大',而他的心中还有比'真主至大'更大的东西,或者他把其他的事物看得更大,他的心否认了他的口。"

417

穆罕默德·宰贾吉说:"谈论自己没有做到的事情的人,他的话对听的人是祸乱,他期望达到那一状况,但真主禁止他达到。"

穆罕默德·宰贾吉在麦加住了好多年,但他从没有在天房里洗过大净,而是跑到麦加外的山谷。他以此表示对天房的尊重。

46．艾布·伯克尔·宰嘎格

全名是艾哈迈德·奈斯尔·宰嘎格,别名艾布·伯克尔,祝奈

---

① 第一个大赞词,就是开拜词,即"真主至大",在这之后,意味着正式进入礼拜。——译者

德的好友,埃及的著名苏菲长老。

穆罕默德·凯塔尼说:"艾哈迈德·奈斯尔·宰嘎格去世之后,苏菲再没有去埃及的理由了。"

艾哈迈德·奈斯尔·宰嘎格说:"在贫穷时没有敬畏的人,会吞食纯粹的非法。"

又说:"我像以色列人一样在荒野里游荡了十五天,当我走到大路上时,碰到了一个士兵,他给我喝了些水,我的心因此复又残酷三十年。"①

47．赛勒·塞格特

全名是赛勒·穆安里斯·塞格特,别名艾布·哈桑(卒于伊历253年,公元867年),祝奈德的舅舅与导师,麦阿鲁夫·克尔赫的学生。是他的时代里的少有的谦恭的、遵循圣行的人。

阿拔斯·本·麦斯鲁格说:"我听说赛勒·塞格特曾在市场经商,他是麦阿鲁夫·克尔赫的学生。有一天,麦阿鲁夫·克尔赫带着一个小孩到赛勒·塞格特那里,对他说:'给这个孤儿一身衣服。'赛勒·塞格特就给了孤儿一身衣服,麦阿鲁夫·克尔赫因此418 很高兴,他说:'真主使你讨厌尘世,却为你现在的行为而欣慰。'赛勒·塞格特说:'再没有尘世更为我讨厌的了,我所做的一切都是来自我导师的吉庆。'"

祝奈德说:"我没有见过比赛勒·塞格特更诚心拜主的人,他

---

①　或许在他看来,士兵的心一般因杀人而冷酷,他喝了士兵的水后,受到影响。——译者

活了九十八岁，只在临死前生病时躺在了床上。"

据传，赛勒·塞格特说："苏菲只是三个意义的名字：他的认知之光不会熄灭他的谦恭之光；他不谈论与天经、圣训相违背的知识；他的'克拉玛提'不会使他撕毁真主禁戒的帘子。"

祝奈德说："有一天，赛勒·塞格特问我什么是爱，我说：'有些人说是赞同，有些人说是奉献，有些人说是其他。'赛勒·塞格特拿出一张卷着的皮子，想把它铺开，但无法铺开。他说：'如果你说这张皮子弯曲的原因是因为它爱恋着骨头①，你就说对了。'说完就晕过去了，他的脸开始转动，就像明月一样。"

赛勒·塞格特说："三十年前，我就为我说的一句'感赞真主！'求恕。"有人问他怎么回事，他说："巴格达起了大火，一个人走过来对我说：'你的铺子得救了！'我说：'感赞真主！'三十年以来，我一直为我的这句话而后悔。当时我想的是：只要我的铺子没损失就好，其他穆斯林的铺子遭灾不遭灾无所谓。"

赛勒·塞格特说："有一天，我就如此如此地看我的鼻子，担心鼻子会变黑，担心因为我的所作所为，真主使我的形象变黑。"

赛勒·塞格特对祝奈德说："我知道去天堂最近的路。"祝奈德问："什么路？"赛勒·塞格特说："就是你不要向任何人乞讨，不拿任何人的东西，你没有任何可以给人的东西。"

祝奈德说："我去见赛勒·塞格特，他正在哭泣，我就问他：'你为什么哭呢？'他说：'我的女儿昨天晚上对我说："父亲啊！今天晚

---

①　皮子和骨头是一体的，或许赛勒·塞格特认为人来自于真主的创造，与真主是一体的。这是二者亲密关系的形象说明，既然是一体的，仆人喜爱真主在他看来是正常的、必要的。——译者

419　上很热,我把冷水壶挂到这里了。"之后我就睡了,我看到一个特别
漂亮的女孩,从天而降,我问她:'你属于谁呀?'她说:'属于不喝冷
水的人。'我赶忙把水壶拿下来摔到地上,水壶碎了。我还没有开
始收拾瓷片,它就消失在土中了。'"

　　赛勒·塞格特说:"我想死在巴格达之外的地方。"别人问他为
什么,他说:"我做过坏事,我担心我的坟墓不接受我。"

48. 艾布·阿拔斯·斯亚尔

　　全名是嘎希姆·本·嘎希姆·斯亚尔,别名艾布·阿拔斯(卒
于伊历 342 年,公元 953 年),姆鲁人,陪伴过穆罕默德·瓦西特,
苏菲学者。

　　有人问他:"'穆勒德'如何锻炼自己呢?"他答:"遵从真主的命
令,远离他的禁戒,陪同善人,帮助穷人。"

　　艾布·阿拔斯说:"智者绝对不会在见证真主时感到快乐,因
为见证真主是法纳(消失、浑化),其中没有快乐。"

49. 戴里夫·舍布里

　　全名是戴里夫·杰哈达里·舍布里,别名艾布·伯克尔(伊历
247—334 年,公元 861—946 年),出生、成长于巴格达,祖籍是艾
斯鲁舍①。陪伴过祝奈德及他的时代里的其他学者。他是学问、
品德、境界都非常优秀的苏菲长老,在法学上遵循马立克学派。葬
于巴格达。

―――――――――――

　　① 艾斯鲁舍:两河流域后面的一个城市。

他在生命的最后几天里说："埋葬我的任一地方,都是他人的警示。"

舍布里在海伊尔·奈萨吉的坐席上表示忏悔后来到杜马温迪,说："我曾经是你们的长官,现在,你们给我一个出路吧。"

舍布里在开始修道时非常艰苦,我听我的导师艾布·阿里·丹嘎格说,他曾把盐之类的东西抹在眼上,以避免困倦。

每当斋月到来时,舍布里就加倍地干功,同时代的人没有超过他的。他说："这是真主喜爱的一个月份,我要做最喜爱它的人。"

50. 班达尔·设拉子

全名是班达尔·侯赛因·设拉子,别名艾布·侯赛因(卒于伊历 353 年,公元 964 年),认主学家,陪伴过戴里夫·舍布里,卒于艾尔贾尼①。

班达尔·设拉子说："不要和你的私欲抗争,它不属于你,让它的主人任意处置吧。"②

又说："与异端的人在一起使人远离真主。"

又说："当你沉思时,放弃你的所爱。"

51. 穆罕默德·本·海菲福·设拉子

穆罕默德·本·海菲福·设拉子,别名艾布·阿布顿拉(伊历

---

① 艾尔贾尼:波斯的一座大城市,是一座山城,内部平坦,濒临海湾。中世纪时生产丝绸,位于设拉子和伊拉克之间。

② 万物都来自真主的创造,私欲也是如此,所以私欲的主人是真主。这是一种"无为"的高境界,既有完全托靠真主的意味,也是放弃私欲的最佳途径。——译者

267—371 年,公元 890—982 年),陪伴过鲁伊姆·本·艾哈迈德、艾布·伯克尔·祝莱勒、伊本·阿塔等长老,被尊称为"长老的长老"。

穆罕默德·本·海菲福·设拉子说:"'穆勒德'的意愿就是放弃舒适,持久地辛劳。"

又说:"对'穆勒德'来说,再没有比允许自己满足宽容的许可与接受巧释更有害的了。"

421　有人问他关于近主,他说:"你以一贯的顺从接近他;他以一贯的给予你顺利接近你。"

一个苏菲对穆罕默德·本·海菲福说:"我受到了诱惑。"穆罕默德·本·海菲福说:"我听到的都是苏菲嘲笑恶魔,现在,是恶魔嘲笑他们了。"

艾布·阿拔斯·克尔赫听穆罕默德·本·海菲福说:"我年老体弱,不能支撑副功了,我就坐着做两拜顶替站着的一拜,因为圣训中有'坐着礼拜的人有站着礼拜的人一半报酬'的说法。"

穆罕默德·本·海菲福说:"我在修道的初期,有时一拜念一万遍'忠诚章';有时在一拜中把《古兰经》从头到尾念完;有时从中午到下午礼一千拜。"

52. 艾布·哈桑·本·萨伊厄

全名是阿里·本·穆罕默德·本·赛海利·戴努尔·萨伊厄,别名艾布·哈桑(卒于伊历 330 年,公元 942 年),居住在埃及,并在那里去世,是著名的苏菲大师。

艾布·奥斯曼·麦格里布说:"我没见过比艾布·叶尔孤白·

奈海尔祝勒更有光亮,比艾布·哈桑·本·萨伊厄更有恐惧的长老。"

有人问艾布·哈桑·本·萨伊厄能否以"见证者"①来求证"隐藏者"②。他说:"怎么可以以有同类者的属性求证没有同类者的属性呢?"

有人问艾布·哈桑·本·萨伊厄"穆勒德"的特点,他说:"就是真主所说的:'天地虽大,他们却无容身之地。'"(忏悔章:第 118 节)

艾布·哈桑·本·萨伊厄说:"'状态'犹如闪电,倏忽即逝,如果它稳定下来,它就是新生的生命,与禀性同在。"

53. 达乌德·塔伊

422

全名是达乌德·本·奈斯尔·塔伊,别名艾布·苏莱曼(卒于伊历 165 年,公元 781 年),很有影响的一个长老,他从父亲那里继承了二十个金币,花了二十年。

我听我的导师艾布·阿里·丹嘎格说,达乌德·塔伊开始修道的原因是:他在巴格达经过一条路时,因为哈米德·图斯长老在前面,人们把他拉开了。达乌德·塔伊转身时看到了哈米德,他就说:"遇见哈米德之前的尘世,呸!"③之后,达乌德·塔伊就前往麦加,一直住在那里,苦心修道。

我在巴格达听一个苏菲说,达乌德·塔伊修道的原因是他听

---

① 或许指进入真境境界的人。——译者
② 根据上下文理解,应该指真主。——译者
③ 现在的尘世因为遇到哈米德而有价值,而遇到哈米德之前的光阴没有价值。——译者

到一个号丧的妇女说:"你的哪一个脸庞显示磨难,你的哪一只眼睛就会流泪。"

还有人说,达乌德·塔伊修道的原因是这样的:他曾与艾布·哈尼法同坐,艾布·哈尼法对他说:"艾布·苏莱曼呀,我们已经工具在手。"达乌德·塔伊就问:"那接下来我们做什么呢?"艾布·哈尼法说:"接下来就是用工具了。"

达乌德·塔伊说:"我的心想索居,我就对我的心说:'什么时候你与人同坐,一句话都不说,我就答应你。'我就这样与人度过了一年,我(我的心)没有一句话。一年过后,一个问题倏忽而至,我急于说出来的感觉,甚于干渴的人看到清凉的水,但我终于忍住了。之后,我的心又复归原样。"①

达乌德·塔伊找人理发,完了之后,他给理发的人一个金币。有人说他太浪费了,他说:"不慷慨的人,没有功修。"

达乌德·塔伊有一天在夜里说:"我的主啊! 你的意愿破坏了我对尘世的意愿,使我难以入眠。"

达乌德·塔伊的一个女仆对他说:"你不想吃点饼吗?"他说:"在饼与饮料之间是五十段《古兰经》文。"

达乌德·塔伊去世的那天夜里,一个人在梦中看到达乌德·塔伊正快速地逃跑,那人问他怎么了,他说:"我刚从监狱里出来。"那人醒来后,就听到有人喊:"达乌德·塔伊死了!"

一个人对达乌德·塔伊说:"你嘱托我吧。"达乌德·塔伊对他

---

① 离群索居是苏菲修道的一种重要的方式,但如果心里有许多放不下的欲望和问题,则索居没有意义,因为你的心并没有真正的平静。——译者

说:"死亡的军队正等着你。"

一个人来看达乌德·塔伊,见一个水罐放在强烈的阳光下面,那人就对他说:"你怎么不把水罐移到阴凉处呢?"达乌德·塔伊说:"我开始放水罐时并没有阳光,现在,我羞于让真主看到我跟随我的私欲。"

艾布·热比阿·瓦西特对达乌德·塔伊说:"你嘱托我吧!"达乌德·塔伊说:"以尘世为封斋,以死亡为开斋,逃离世人就像逃离狮子一样。"

54. 艾布·伯克尔·塔麦斯塔尼

艾布·伯克尔·塔麦斯塔尼(卒于伊历 340 年,公元 951 年),陪伴过易卜拉欣·迪巴厄等长老,著名苏菲大师,卒于奈萨布尔。

艾布·伯克尔·塔麦斯塔尼说:"最大的恩惠是超越私欲,私欲是你与真主之间最大的屏障。"

又说:"道路是清晰的,天经与圣训就在我们中间,圣门弟子因迁徙而尊贵,谁坚守天经与圣训、超越自身与世人、真心向真主迁徙,那他就是真正正确的人。"

55. 曼苏尔·本·安玛尔

曼苏尔·本·安玛尔,别名艾布·赛扎,姆鲁人,出生于姆鲁地区一个叫丹达嘎尼①的一个村庄,居住在巴士拉,是一个著名的劝诫者。

---

① 姆鲁郊区的一个地方。

曼苏尔·本·安玛尔说:"为今世的磨难而恐惧的人,磨难会转移到他的宗教。"

又说:"拜主者最好的服饰是谦虚与忧郁;'阿勒夫'最好的服饰是敬畏。真主说:敬畏的衣服尤为优美。"(高处章:第26节)

有人说,曼苏尔·本·安玛尔改邪归正的原因是:他有一次在路上见到一张写有真主尊名的纸,就捡了起来,但又没地方放,他就把纸吃了。当天夜里,他听到一个人对他说:"真主因你尊重了那张纸,而开启你的心胸,赐予你智慧。"

艾布·哈桑·舍阿扎尼说:我在梦中见到了曼苏尔·本·安玛尔,我问他:"真主是如何对待你的?"他答:"真主问我:'你就是曼苏尔·本·安玛尔吗?'我说:'我的主啊! 我就是。'真主说:'你就是那个让世人弃绝红尘而你却期望红尘的人吗?'我说:'是那样的,但是我在每一个席座上都以赞颂你、你的圣人开始,之后,我劝告你的仆人。'真主说:'他是诚实的,你们给他一把椅子吧,让他在天使中间赞颂我,如同他在大地上我的仆人中间赞颂我一样。'"

56. 法迪里·本·安雅德

法迪里·本·安雅德,别名艾布·阿里(伊历105—187年,公元723—803年),姆鲁人,有人说他出生于撒马尔罕,居住在艾布尤里迪,卒于麦加。

法迪里·本·穆萨说:"法迪里·本·安雅德曾在艾布尤里迪与塞尔海斯①一带以拦路打劫为生。他改邪归正的原因是这样

---

① 呼罗珊的两座城市,伊历31年由艾哈奈夫·本·盖斯解放。

的:他爱上了一个女孩,当他爬墙去幽会时,听到有人念道:'难道信士们以为时间还未到,故他们的心不为真主的教诲和他所降示的真理而柔软吗?'(铁章:第16节)法迪里·本·安雅德听了之后,马上说:'我的主啊! 现在是时候了。'于是他就去了一个废墟过夜,结果里面已有一些人。其中一个人说:'我们现在出发吧。'其他人说:'天亮再走吧,法迪里·本·安雅德在这条路上会打劫我们的。'法迪里·本·安雅德闻听之后,向真主忏悔,之后去了麦加,一直到死都没离开那里。"

法迪里·本·安雅德说:"如果真主喜爱一个人,就使他的烦恼多;如果真主讨厌一个人,就使他的财富多。"

伊本·穆巴拉克说:"法迪里·本·安雅德一死,世上再无忧愁。"

法迪里·本·安雅德说:"即使把尘世的所有都给我,我都不屑一顾,我一定把它扔掉,就像你们洗掉衣服上的脏污一样。" 425

又说:"对我而言,发誓说我是一个虚伪的人比发誓说我不是一个虚伪的人更为我喜爱。"

又说:"因为人而放弃工作是沽名钓誉;因为人而工作是以物配主。"

艾布·阿里·拉齐说:"我陪伴了法迪里·本·安雅德三十年,从没有见过他大笑或微笑,当他儿子去世时,他笑了。我问他为什么,他说:'真主喜欢的事,我也喜欢。'"

57. 易卜拉欣·古尔麦希尼

原名是易卜拉欣·本·筛巴尼·古尔麦希尼,别名艾布·伊斯哈格,苏菲长老,陪伴过阿布顿拉·麦格里布、易卜拉欣·海瓦斯等长老。

易卜拉欣·古尔麦希尼说:"想半途而废或一事无成的人,让他喜爱因宽容而定的许可吧。"

又说:"'消失'的学问(苏菲学)与'存在'的学问(教法学)都围绕虔诚的认主独一与正确的崇拜真主而生,除此而外的,都是错误与叛教。"

又说:"无耻之徒是违抗真主而又不忏悔的人。"

58. 穆兹法尔·古尔麦希尼

穆兹法尔·古尔麦希尼是一位隐居山林的长老,曾陪伴过阿布顿拉·海扎兹等长老。

穆兹法尔·古尔麦希尼说:"斋戒有三种形式:减少欲望的精神斋戒;反对私欲的理智斋戒;戒食与戒罪的身体斋戒。"

又说:"饥饿如与知足相遇,则成为思想的农场,长出智慧、生命与心灵之光。"

又说:"最有价值的工作是守住当下的时间,即在这一段时间里,既不少做,也不多做。"

59. 哈姆杜尼·盖萨尔

426

全名是哈姆杜尼·本·艾哈迈德·尔玛莱·盖萨尔,别名艾布·萨利哈(卒于伊历 271 年,公元 884 年),奈萨布尔人,在奈萨布尔传播苏菲分支"麦拉麦提叶"。陪伴过赛莱玛尼·巴鲁斯及艾布·图扎布等长老。

有人问哈姆杜尼·盖萨尔:"一个人什么时候可以向他人宣讲?"他说:"当显露知识成为他履行主命的一部分时,或者他担心人们陷入异端时,他希望真主把人们从中拯救出来。"①

哈姆杜尼·盖萨尔说:"认为自己比法老强的人,的确显示了骄傲。"

阿布顿拉·穆纳兹里说,我对艾布·萨利哈说:"你嘱托我吧。"他说:"如果你能做到不为尘世上的任何一件事情发怒,你就坚持做吧。"

哈姆杜尼·盖萨尔的一个朋友临终时,他就在朋友的旁边。朋友刚一咽气,哈姆杜尼·盖萨尔就把灯吹灭了。人们对他说,这能节约多少油呢,他说:"他死之前,油是他的,现在他死了,油归他的继承人。"

哈姆杜尼·盖萨尔说:"审视先贤,就会知道自己的不足及落后的原因。"

又说:"不要向任何人透露你想隐藏的秘密。"

60. 艾布·阿里·本·卡提布

全名是哈桑·本·艾哈迈德·本·卡提布,别名艾布·阿里(卒于伊历 340 年,公元 951 年),陪伴过艾布·阿里·鲁兹巴勒、埃及的艾布·伯克尔等长老。

艾布·阿里·本·卡提布说:"如果恐惧居于心,人会只说与

---

① 在形势必须时,学者挺身而出对他而言是主命,要么传授真知,要么为力挽狂澜,要么为导人于正道。——译者

自己有关的事。"

又说："穆阿泰齐勒以理智领悟真主,他们错了;苏菲以知识领悟真主,他们对了。"

61. 穆罕默德·凯塔尼

全名是穆罕默德·本·阿里·凯塔尼,别名艾布·伯克尔(卒于伊历322年,公元934年),巴格达人,陪伴过祝奈德、海扎兹、艾哈迈德·努尔等长老,后到麦加居住,直至去世。

穆罕默德·凯塔尼看到一位须发皆白的老人,就问人们其中原因。有人告诉他,老人年轻时丢弃了对真主的义务,真主在他年老时丢弃对他的义务。

穆罕默德·凯塔尼说："欲望是恶魔的缰绳,谁抓住它的缰绳,恶魔就是谁的奴隶。"

62. 麦阿鲁夫·克尔赫

全名是麦阿鲁夫·本·法伊鲁兹·克尔赫,别名艾布·麦哈福兹(卒于伊历300年,公元815年),著名苏菲大师,祈祷被应答之人。巴格达人说,他的坟墓是人们心中的圣地。赛勒·塞格特曾跟他求过学。

我听我的导师艾布·阿里·丹嘎格说："麦阿鲁夫·克尔赫的父母是基督教徒,在麦阿鲁夫·克尔赫很小时,他的父母把他送到一个导师那里。导师对他说,你说:'上帝是三位中的一位。'麦阿鲁夫·克尔赫说:'不,他是独一的。'导师打了他,他就逃跑了。他的父母说:'但愿他能回来,如果他回来,不管他带来什么宗教,我们都乐意接受。'麦阿鲁夫·克尔赫后来在阿里·本·穆萨·里达跟前皈信了伊斯兰，然后返回了家。他敲家里的门，父亲问：'是谁呀？'他答：'你的儿子麦阿鲁夫。'父亲又问：'你带来的是什么宗教？'麦阿鲁夫·克尔赫答：'正教伊斯兰。'他的父母于是也皈信了伊斯兰。"

赛勒·塞格特在梦中见到麦阿鲁夫·克尔赫，看到他好像在真主的"阿尔什"（宝座）的下面。真主问他的天使："这是谁呀？"天使们说："我们的养主啊，你是至知的。"真主说："这是麦阿鲁夫·克尔赫，他因爱我而醉，而在见我时才能醒过来。"

麦阿鲁夫·克尔赫说，达乌德的一个弟子对我说："你千万不要放弃这一工作，它使你接近真主的喜悦。"我问："这个工作是什么呢？"他说："一直顺从真主，帮助穆斯林，劝告他们。"

穆罕默德·本·侯赛因说，我听我的父亲说："我在梦中见到去世后的麦阿鲁夫·克尔赫，我问他：'你的养主待你如何？'他说：'真主饶恕了我。'我又问：'是因为你的苦修与谦恭吗？'他说：'不是，是因为我接受了伊本·斯玛克的劝告，我喜爱贫穷，帮助穷人。'"

据赛勒·塞格特传述，伊本·斯玛克的劝告是这样的：麦阿鲁夫·克尔赫说："我有一次经过库法，看见一个人正给众人宣讲，他讲道：'谁疏远真主一尺，真主疏远谁一丈；以心趋向真主的人，真主以仁慈趋向他，也使各色人等都趋向他；谁做了某事一次，真主一直仁慈他到某某时间。'他的话在我心中产生了很大影响，我决定趋向真主，放弃原来的所有行为，除了服侍我的导师阿里·本·穆萨·里达外。我把这些话讲述给我的导师，他说：'如果你能照

428

此做的话,他的劝告对你足够了。'"

有人对即将离开人世的麦阿鲁夫·克尔赫说:"你有嘱托就说吧。"他说:"我死后,把我的长衫施舍掉,我希望像来到这个世界那样赤条条地离开。"

麦阿鲁夫·克尔赫遇到一个卖水的人在说:"愿真主怜悯喝水的人!"麦阿鲁夫·克尔赫当时封着斋,他走上前去,喝了水。有人对他说:"你不是封斋了吗?"他说:"是的,但是我期望他的'杜瓦'"。

63. 谢赫·卡尔玛尼

全名是谢赫·本·舒嘉阿·卡尔玛尼,别名艾布·法瓦利斯(卒于伊历 300 年,公元 912 年),官宦子弟,曾陪伴过艾布·图扎布、艾布·欧拜德·拜斯勒等其他苏菲长老。

谢赫·卡尔玛尼说:"敬畏的标志是谦恭,谦恭的标志是远离嫌疑。"

又说:"远离真主的禁戒、控制自己的欲望、检查自己的内心、跟随圣道、使自己习惯于饮用合法的人,他的洞察不会错。"

他曾对他的弟子说:"你们当避免说谎、背叛与背谈,之后,做你们愿意做的。"

64. 穆哈西比

全名是哈勒斯·本·艾赛德·穆哈西比,别名艾布·阿布顿拉(卒于伊历 243 年,公元 857 年),在他的时代,在知识、谦恭、交往、境界方面,无能出其右者。他是巴士拉人,卒于巴格达。

有人说,他的父亲给他留下了七万迪尔汗的遗产,但他一分没要。据说他父亲跟随"盖德里叶"学派（意志自由派），穆哈西比从谨慎层面考虑，没有接受遗产。因为正确的圣训说："不同信仰的人，没有继承。"①

穆罕默德·本·麦斯鲁格说："穆哈西比去世时，身无分文，他的父亲给他留下了大笔遗产，但他分文未取。"

我的导师艾布·阿里·丹嘎格说："穆哈西比如果把手伸向有嫌疑的食物，他的手就会发抖，流汗，于是他就不吃了。"

艾布·阿布顿拉·海菲福说："你们效仿这五位长老吧：穆哈西比、祝奈德、艾布·穆罕默德·鲁伊姆、伊本·阿塔以及麦加的阿慕尔·本·奥斯曼，因为他们是集教乘与真乘与一身的人。"

穆哈西比说："以虔诚与监察矫正内心的人，真主以修身与追随圣道装饰他的外表。"

祝奈德说："有一天，穆哈西比经过我家门口，我看到他有饥饿的神色，就对他说：'长老呀，你来我家吃点东西吧。'他说好吧，他进来之后，我进屋给他拿来吃的东西，他咬了一口，食物在嘴里转了好几圈，也没咽下去。之后，他站起来，把嘴里的食物丢在走廊里，然后走了。过几天我在门口又遇见到他，问他那天怎么回事，他说：'我那天的确很饿，如果我吃点东西，你一定会很高兴，但是我与真主之间有一个约会，就是我不吃有嫌疑的食物，所以我咽不下去。你那天的食物从哪来的？'我说：'从不远的一家婚礼上拿来的。'之后我问他：'你今天还进我家吗？'他说进。进屋之后，我递给他我自己家吃的一个干饼，他愉快地吃完了，然后说：'以后如果

430

————————————

① 《艾布·达乌德圣训集》记载。

你给修道人食物，就给他这种东西。'"

65．祝奈德

全名是祝奈德·本·穆罕默德，别名艾布·嘎希姆（卒于伊历297年，公元910年），苏菲们的领袖与伊玛目，原籍是乃哈万迪，出生于伊拉克。他父亲是卖瓶子的，所以，他的名字后面有时会有"瓶子"的字样。他是艾布·扫勒法学派的法学家，有独立做出法学判断的能力。他开学术讲座时，年仅二十岁。曾陪伴过赛勒·塞格特、穆哈西比、穆罕默德·本·阿里·盖萨尔长老。

有人问祝奈德："谁是'阿勒夫'？"他说："你保持沉默，而他能说出你的秘密的人。"

祝奈德说："我们不是从人云亦云中学习苏菲的，而是从饥饿、放弃尘世、远离红尘与享受中学习的。"

艾布·阿里·鲁兹巴勒说，一个人对祝奈德说："认知真主之人是考虑到行善与敬畏才放弃工作，进而接近真主的。"祝奈德说："一些人基于这样的看法放弃了工作，在我看来，这是非常严重的事情，偷盗与奸淫的人也比说这话的人强。认知真主之人，他们因为真主而工作，他们都带着自己的工作返回真主。即使我再活一千年，我也不会少干一丁点的善功，除非我干不动了。"

祝奈德说："所有的路都被堵住了，只剩下追随圣人的圣道。"

又说："即使一个诚恳的人拜了真主一万年，之后他远离了真主一刻，那他失去的远比他得到的更多。"

又说："没有背记《古兰经》，也没有学习过圣训的人，不能为苏菲之道的导师，因为苏菲之道的学问是建立在《古兰经》与圣训之上的。"

有人问祝奈德："你从哪里得到苏菲的学问的?"祝奈德说："我在真主面前坐了三十年,三十年之后,他指引我到他的家。"

祝奈德手中有一串念珠,有人问他："你有尊贵的荣耀,你还需要这个吗?"祝奈德说："我以它走近我的养主,我离不开它。"

我的导师艾布·阿里·丹嘎格说："祝奈德每天走进他的铺子的第一件事,就是把帘子拉下来,礼四百拜,然后回家。"

艾布·伯克尔·阿特维说："祝奈德去世时,我在他的身边。他把《古兰经》从头到尾念了一遍,然后又从黄牛章开始,念了七十段经文,之后就归主了。"

66. 阿布顿拉·穆尔台阿什

全名是阿布顿拉·本·穆罕默德·穆尔台阿什,别名艾布·穆罕默德(卒于伊历 329 年,公元 940 年),奈萨布尔的哈伊尔人,一说是穆里嘎巴兹人。陪伴过艾布·哈夫斯、艾布·奥斯曼长老,与祝奈德有过交往。是很有作为的一个苏菲长老。卒于巴格达。

阿布顿拉·穆尔台阿什说："意志的职责就是阻止私欲达到目的,使人服从真主的命令,喜悦真主的决定。"

有人在阿布顿拉·穆尔台阿什跟前说,某人能在水上行走,他说："真主帮助他战胜其私欲的人,比在水上行走的人更伟大。"

67. 阿里·穆兹伊尼

432

全名是阿里·本·穆罕默德·穆兹伊尼,别名艾布·哈桑(卒于伊历 328 年,公元 940 年),巴格达人,与赛海利·本·阿布顿拉、祝奈德是好友,卒于麦加,是一个非常虔诚的苏菲。

阿里·穆兹伊尼说:"第二个错误是第一个错误的惩罚;第二个善行是第一个善行的报偿。"

有人问阿里·穆兹伊尼关于认主独一,他说:"就是你要知道,真主的属性不同于人的属性,他自古就不同于人的属性,正如他现在不同于人的属性一样。"

阿里·穆兹伊尼说:"不以真主为满足的人,真主使他有求于万物;以真主为满足的人,真主使万物有求于他。"

68. 艾哈迈德·本·麦斯鲁格

全名是艾哈迈德·本·穆罕默德·麦斯鲁格,别名艾布·阿拔斯(卒于伊历298年,公元910年),图斯人,居住在巴格达,曾陪伴过穆哈西比、赛勒·塞格特。卒于巴格达。

艾哈迈德·本·麦斯鲁格说:"使真主监察其内心的人,真主保护他肢体的行为。"

又说:"尊重穆斯林的尊严,就是尊重真主的尊严,人也因此抵达真正的敬畏。"

又说:"认知之树以思想之水浇灌;疏忽之树以无知之水浇灌;忏悔之树以后悔之水浇灌;喜爱之树以认同之水浇灌。"

又说:"什么时候你期望得到认知,但之前又没有束缚你的意愿,那你是无知的;什么时候你期望有正确的意愿,但之前没有真心的忏悔,那你就不明白你所期望的。"

69. 左农

433

全名是左农·扫巴尼·本·易卜拉欣,别名艾布·法伊德(卒于伊历245年,公元859年),出生于非洲东北部的努比亚①,是他的时代里的首屈一指的学者、著名苏菲大师。哈里发穆台宛克里把他招到巴格达,左农的说教使他流泪,之后,他把左农恭敬地送回到埃及。如果有人在穆台宛克里面前提到谦恭的人,他就会哭,他说:"如果人们提到谦恭的人,我马上会想到左农。"左农是一个瘦弱的人,脸色赤红,没有白胡须。

左农说:"核心的事物只是下面四个:喜爱真主、厌恶缺陷、跟随天经、害怕转变。"

又说:"喜爱真主者的标志是效仿真主的爱圣穆罕默德的品德与行为,听从他的教诲,跟随他的圣行。"

有人问他什么是下贱之人,他说:"是那些不知道又不寻求通往真主之路的人。"

赛尔德·麦格里布问左农说:"你走向正道的原因是什么呢?"左农说:"不可思议。"麦格里布说:"能否告诉我呢?"左农说:"有一次,我从埃及到一个乡村,路上睡在沙漠里。我睁开眼,突然发现一只失明的云雀从窝里掉下来,这时,大地裂开,出来两个盘子,一个是金盘子;一个是银盘子。一个盘子里装的是水;一个盘子装的是芝麻。云雀在一个盘子里吃,在另一个盘子里喝。我心想:这对我的启发足够了! 我幡然悔悟,从此专心拜主。"②

左农说:"智慧不会居住在装满食物的胃里。"

有人问他忏悔,他说:"普通人的忏悔因为错误,特殊人的忏悔 434

①　位于非洲的东北部,埃及、卡塔尔、利比亚沙漠、喀土穆、红海之间。

②　真主是供给万物给养的,失明的云雀尚能得到真主的仁慈,何况人乎。——译者

因为疏忽。"

70. 赛尔德·麦格里布

全名是赛尔德·本·赛俩目·麦格里布,别名艾布·奥斯曼
(卒于伊历 373 年,公元 983 年),出类拔萃的学者,著名苏菲大师,
曾陪伴过伊本·卡提布、哈比布·麦格里布、艾布·阿慕尔·宰贾
吉,与多位苏菲长老有过交往,卒于奈萨布尔,去世前指定艾布·
伯克尔·福尔克为他站殡礼。

赛尔德·麦格里布说:"敬畏是止于教法,既不过左,也不
过右。"

又说:"宁愿陪同富人而不陪同穷人的人,真主使他遭受心死
的灾难。"

71. 穆罕默德·麦格里布

全名是穆罕默德·本·伊斯玛依·麦格里布,别名艾布·阿
布顿拉(卒于伊历 299 年,公元 911 年),他是易卜拉欣·本·筛巴
尼的导师,阿里·热兹尼的学生,活了差不多一百二十岁。令人惊
奇的是,他很多年都不吃常人所吃的食物,而是以草根为食,并习
以为常。

穆罕默德·麦格里布说:"最好的工作是以虔诚的心修建'沃
格夫①房产。"

又说:"最屈辱的人是阿谀奉承富人或向他们表示谦卑的穷

---

① 伊斯兰宗教术语,主权归宗教团体所有,不得变卖,用于慈善。——译者

人；最高贵的人是向穷人卑躬屈膝，维护他们的尊严与权利的富人。"

72．阿慕尔·麦克

全名是阿慕尔·本·奥斯曼·麦克，别名艾布·阿布顿拉（卒于伊历 291 年，公元 904 年），与阿布顿拉·奈巴基有过交往，陪伴过艾布·赛尔德·海扎兹等长老。是一位学者，苏菲长老。

阿慕尔·麦克说："你所有关于真主的意念、想法、感悟，不管是美好的、闪亮的、温情的、美丽的、耀眼的、是一个影子、还是光、人、幻想，真主与这些都是无关的。难道你没听真主说过吗：'万物不像他，他是全听的，全观的。'（协商章：第 11 节）真主又说：'他不生产，也不被生，没有任何物可以做他的匹敌。'"（忠诚章：第 3—4 节）

阿慕尔·麦克说："知识是领导，恐惧是驱动，私欲游走于二者之间，它是狡猾的、欺骗的、放肆的，你要小心它，以管理的睿智驾驭它，使它常受到恐惧的威胁，这样，你才能实现行善弃恶的目的。"

73．阿布顿拉·本·穆纳兹里

阿布顿拉·本·穆纳兹里，别名艾布·穆罕默德（卒于伊历 329 年，公元 941 年），"麦拉米提叶"支派的长老，陪伴过哈姆杜尼·盖萨尔。记录过很多圣训，卒于奈萨布尔。

阿布顿拉·本·穆纳兹里说："没有放弃过主命的人，真主以圣行考验他；没有放弃过圣行的人，真主以异端考验他。"

又说："最有益的时间是你不为心灵的躁动所害、人们不为你恶意的猜度所害的时间。"

74. 伊斯玛依·本·努杰德

伊斯玛依·本·努杰德,别名艾布·阿慕尔(卒于伊历 366 年,公元 977 年),陪伴过艾布·奥斯曼,与祝奈德有过交往。是艾布·奥斯曼最后一个去世的学生,卒于麦加。

伊斯玛依·本·努杰德说:"所有不是来自知识的状态,其害处大于益处。"

436　又说:"放弃了即时主命的人,真主使他品尝不到那一主命的快乐,即使推迟一刻也不行。"

有人问他什么是苏菲,他说:"是命令与禁戒之下的忍耐。"

又说:"一个人的缺点之一是满足于目前的状态与成绩。"

75. 阿斯克尔·奈何筛比

阿斯克尔·本·哈斯尼·奈何筛比,别名艾布·图扎布(卒于伊历 245 年,公元 859 年),陪伴过哈提木·艾赛姆及埃及的艾布·哈提木·安塔尔。

艾哈迈德·本·杰拉伊说:"我结识过六百多个苏菲长老,但没有像他们四个的,他们中的第一个就是艾布·图扎布。"

艾布·图扎布说:"修道者的粮食是感悟,他的服饰是隐藏,他的房屋是所走之地。"

又说:"一个人如果想真诚地干一件工作,他在行动之前就能体味到工作的甜美;如果他对工作是热爱的,他在接触工作时的那一刻就能感受到愉快。"

艾布·图扎布不愿意告诫他的弟子要更加努力、经常忏悔,因为真主说:"真主不改变一个民族,除非他们自我改变。"(雷霆章:第11节)

艾布·图扎布说:"我与真主之间有个约会,即我的手不伸向非法,否则,我的手会缩回来。"

又说:"我的欲望只给我提过一次要求,即面包和鸡蛋,当时我正在旅途中。我于是改变路线,来到一个村庄。一个人突然向我扑来,把我捆住。他说:'这个就是与贼人在一起的那个人。'一帮人把我扔在地上,用棍子打了我七十下。这时,一个苏菲走过来,他大声呵斥道:'你们在干什么呢? 这是艾布·图扎布呀!'那些人赶紧把我放了,不停地向我道歉。其中一个人把我拉到他的家,给我端上了面包和鸡蛋。我说:'吃吧,我为了你挨了七十下。'"

艾哈迈德·本·杰拉伊传述说:"艾布·图扎布来到麦加,我问他:'导师啊,你吃饭了吗?'他说:'吃了,巴士拉一顿,奈巴基一顿,现在这里一顿。'"

76．海伊尔·奈萨吉

437

原名是穆罕默德·本·伊斯玛依,撒米拉人,他之所以被称为"海伊尔·奈萨吉"(奈萨吉的意思是纺羊毛),是因为他去麦加朝觐,一个人把他拉到天房的"库法"门那里说:"你是我的奴隶,你的名字是'海伊尔。'"那人是一个粗壮的黑人,穆罕默德·本·伊斯玛依也没有反抗,那人就让他纺羊毛。过了一段时间,那人又对他说:"我弄错了,你不是我的那个奴隶,你也不是'海伊尔'。"穆罕默德·本·伊斯玛依再也没有改名字,穆斯林就称他为"海伊尔·奈萨吉"。

曾陪伴过哈姆宰·巴格达迪,与赛勒·塞格特有过交往,是艾哈迈德·努尔的好友。据说活了一百二十岁,在戴里夫·舍布里与易卜拉欣·海瓦斯跟前开始修道,他本人也是很多求道者的导师。

海伊尔·奈萨吉说:"恐惧是真主惩治私欲的一个鞭子,私欲已习惯了鞭打的待遇了。"

艾布·侯赛因·马立克说:"我向一个人打听海伊尔·奈萨吉的情况,海伊尔·奈萨吉去世时,那人在他身边。那人说:'死亡在昏礼时临近海伊尔·奈萨吉,他昏迷了过去,过了一会,他睁开眼,用手指点天房的方向。他说:"你停下,你是遵命的仆人,我也是遵命的仆人,你接受的不会离开你,我接受的要离我而去。"之后,他要了水,洗了小净,礼了拜。然后,伸展身子,合上眼睛,口念"作证言"而终。'"

海伊尔·奈萨吉在梦中看到了死后的结局,有人问他:"真主是如何对待你的?"他对询问的人说:"你不要问这个问题了,我现在正为离开你们低贱的尘世感到轻松呢。"

77. 杰尔法·本·奈斯尔

全名是杰尔法·本·穆罕默德·本·奈斯尔,别名艾布·穆罕默德(伊历 253—347 年,公元 867—959 年),出生于巴格达,陪伴过祝奈德、艾哈迈德·努尔、鲁伊姆·本·艾哈迈德、苏姆农尼·哈姆宰等苏菲长老。

杰尔法·本·奈斯尔说:"一个修道者不能在享受满足私欲的

同时也享受与真主交往的愉快,因为一个真正修道的人在障碍割断他们之前,他们要割断障碍(即私欲)。"

又说:"人与其他存在物之间的区别在于:敬畏居于人之心,而敬畏一旦居于人之心,知识的吉庆就为他降下,他对尘世的渴望也会消失。"

78.易卜拉欣·奈斯尔·阿巴兹

全名是易卜拉欣·本·穆罕默德·本·奈斯尔·阿巴兹,别名艾布·嘎希姆(卒于伊历369年,公元979年),呼罗珊地区的苏菲长老,陪伴过戴里夫·舍布里、艾布·阿里·鲁兹巴勒等长老。居住在麦加,是圣训学家。

易卜拉欣·奈斯尔·阿巴兹说:"如果真主的某一属性为你显现,你不要因此考虑火狱与天堂,返回原状态之后,你赞美真主所赞美的。"

有人对易卜拉欣·奈斯尔·阿巴兹说:"一些人与女人厮混,他们还说:'我们是受保护的,她们不会看到我们。'"易卜拉欣·奈斯尔·阿巴兹听后就说:"只要世界上还有人,就有命令与禁戒,人就要面对非法与合法,只有闯入真主禁地的人才敢进入嫌疑。"

易卜拉欣·奈斯尔·阿巴兹说:"苏菲的根本就是坚持天经与圣训,放弃私欲与异端,尊重长老,接受人的道歉,常诵读《古兰经》,远离基于宽容而定的许可与巧释。"

79.伊斯哈格·奈海尔祝勒

全名是伊斯哈格·本·穆罕默德·奈海尔祝勒,别名艾布·

叶尔孤白(卒于伊历 330 年,公元 941 年),陪伴过艾布·阿慕尔·麦克、艾布·叶尔孤白·苏斯、祝奈德等长老,卒于麦加。

伊斯哈格·奈海尔祝勒说:"今世是大海,后世是海岸,敬畏是舟船,人是过客。"

他自己说叙述说:"我在天房巡游时,看到一个眼睛失明的人,他在祈祷时说:'我向你祈求,不要佑助我。'我惊奇地问他:'你这是什么祈祷呀?'他说:'有一天,我看见一个人,觉得他很漂亮,突然,一耳光打到我的眼上,我的眼睛就流血了。'我听到一个声音说:'这一耳光是为你看的那一眼打的,再看再打!'"

伊斯哈格·奈海尔祝勒说:"最好的'境界'是与知识相连。"

80. 艾哈迈德·努尔

全名是艾哈迈德·本·穆罕默德·努尔,别名艾布·侯赛因(卒于伊历 295 年,公元 908 年),出生于巴格达,陪伴过赛勒·塞格特和伊本·艾比·哈瓦勒,是祝奈德的好友,著名苏菲大师,善于交往和言辞。

艾哈迈德·努尔说:"苏菲就是放弃你所有的荣华与享受。"

又说:"我们这个时代最伟大的两种人是:以他的知识而行动的学者及以真知而言的阿勒夫。"

又说:"声称真主使其超越教乘的人,他不可能接近真主。"

祝奈德说:"自从艾哈迈德·努尔去世后,再没有人告知世人诚实的实质。"

艾哈迈德·麦阿兹里说:"我没有见过比艾哈迈德·努尔更虔诚拜主的人。"有人就说:"祝奈德也比不上他吗?"他答:"比不上。"

艾哈迈德·努尔说："漂亮的绢布本来都是盖珠宝的,现在都改为盖垃圾了。"

据说,艾哈迈德·努尔每天都出去,带着一些饼,在路上施舍出去。然后去清真寺礼拜,差不多到中午,就离开清真寺,去他的商店。家里人以为他在街上吃了,街上的人以为他在家里吃了。他在开始修道时就这样做了二十年。

81. 穆罕默德·瓦西特

全名是穆罕默德·本·穆萨·瓦西特,别名艾布·伯克尔(卒于伊历 331 年,公元 942 年),呼罗珊人,陪伴过祝奈德和艾哈迈德·努尔,是一个大学者。

穆罕默德·瓦西特说："畏惧与希冀是制约放肆的两道绳索。"

又说："如果真主意欲一个人遭到轻视,就把他投掷到垃圾里(即使他与喜爱玩乐的年轻人在一起)。"

又说："他们(伪苏菲)把固执的放肆称为'虔诚',把恶俗的意念称为'喜悦',把卑鄙的决心称为'坚韧';他们看不见通畅的大路,他们走的是胡同;他们的见证没有生命,他们的言语里没有服从;他们如果开口,就发怒,如果交谈,就骄傲;他们的狂妄显示了他们内心的丑恶,他们饮食的丑恶显示了他们内心的黑暗。'愿真主诅咒他们,他们怎么如此放荡呢!'"(忏悔章:第 30 节)

穆罕默德·瓦西特在一个主麻日去清真寺,他的鞋带突然断了。一家店铺的主人说："能允许我为你修好吗?"穆罕默德·瓦西特说可以,店主就为他修好了。穆罕默德·瓦西特问我说："你知道我的鞋带为什么会断吗?"我说不知道,他说："因为我今天没有为主麻洗大净。"我说："这里就有一个洗澡堂,你要洗吗?"他说是的,于是他就去了洗澡堂。

82. 穆罕默德·宛扎格

穆罕默德·本·欧麦尔·宛扎格,别名艾布·伯克尔(卒于伊历 240 年),居住在巴里赫,曾陪伴过艾哈迈德·海杜鲁等长老。他有一些关于苏菲修行的著作。

穆罕默德·宛扎格说："以欲望取悦于身体的人,是在心中种下了后悔之树。"

又说："如果问贪婪:'谁是你父亲?'它一定会说:'是对定然的怀疑。'如果你问它:'你的职业是什么?'它一定会说:'获得屈辱。'如果你问它:'你的目的是什么?'它一定会说:'是犯罪。'"

83. 侯赛因·叶兹丹亚尔

侯赛因·叶兹丹亚尔,别名艾布·伯克尔,出生于小亚细亚的艾尔米纳①,是一个谦恭的学者,在苏菲修行上有独特的方式。

侯赛因·叶兹丹亚尔说："你与人亲近的同时,不要期望与真主亲近;你在喜爱尘世的享受的同时,不要声称你喜爱真主;你期望在人跟前的地位时,不要期望在真主跟前的地位。"

---

①　艾尔米纳:小亚细亚地区的一个高原,位于高加索的南部,伊朗的东部与安那托利亚的西部、里海与幼发拉底河上游之间。

结　语

这是我对求道者的一些嘱托，我祈求真主赐予他们顺利，不要 ⁴⁴¹
使我们因此受到伤害。此书完稿于伊历四百三十八年（公元 1046
年）初。

我祈求真主不要使我们因此受到伤害，恩惠属于真主，他是善
恕的主。赞颂独一的真主，他把赞美、吉庆与仁慈给予他的文盲使
者——穆罕默德，他的纯洁的家属、他的被拣选的、高贵的弟子。
祈求真主多多地祝福他们！

参 考 书 目

أحكام الدلالة على تحرير الرسالة . زكريا بن محمد الأنصاري

1,宰凯里雅・本・穆罕默德・安萨勒:《古筛勒苏菲论集注释》

أدب الاملاء والاستملاء . عبد الكريم التميمي السمعاني . بيروت 1981م

2,阿卜杜勒・克里木・泰米姆:《求学的礼仪》

الأعلام . خير الدين الزركلي . الطبعة السادسة . بيروت 1984م

3,海伦丁・宰尔凯拉:《名人录》

الأغاني . أبو الفرج الأصفهاني . طبعة الساسي بمصر .

4,艾布・法尔基・艾斯法哈尼:《乐曲》

الأمالي . ابن صصري .

5,伊本・赛斯勒:《文坛传闻》

الإمام القشيري : سيرته ، آثاره ، مذهبه . الدكتور ابراهيم بسيوني . مصر 1972م

6,易卜拉欣・伯斯优尼:《伊玛目古筛勒生平》

إنباه الرواة على أنباء النحاة . علي بن يوسف القفطي . مصر 1369- 1374هـ .

7,阿里・本・优素福・盖夫特:《语法学家传闻》

الأنساب . عبد الكريم السمعاني . تحيقيق عبد الفتاح الحلو . بيروت 1981م

8,阿卜杜勒・克里木・赛姆阿尼:《部落人物志》

إيضاح المكنون في الذيل على كشف الظنون . اسماعيل بن محمد الباباني . استانبول 1947م .

9,伊斯玛依・本・穆罕默德・巴比:《解明疑惑之补缀》

البداية والنهاية في التاريخ . ابن كثير . الطبعة الثانية 1977م

10,伊本·凯希尔:《始与终》

بهجة الأسرار ومعدن الأنوار . نور الدين أبو الحسن علي بن يوسف . القاهرة 1912م .

11,努尔丁·艾布·哈桑·本·阿里·优素福:《秘密与光明之源》

التاج الجامع للأصول في أحاديث الرسول . منصور علي ناصف 1351هـ .

12,曼苏尔·阿里·纳斯夫:《圣训之冠》

تاريخ بغداد . الخطيب البغدادي . القاهرة وبغداد 1931م .

13,海推布:《巴格达史》

تاريخ الطبري . أبو جعفر الطبري . مصر 1326هـ .

14,艾布·杰尔法:《泰伯里历史》

تبيين كذب المفتري . ابن عساكر . الطبعة الثانية . دمشق 1399هـ .

15,伊本·阿萨克尔:《揭开造谣者的谎言》

تذكرة النوادر من المخطوطات العربية . رتبت وطبعت بأمر دائرة المعارف العثمانية . حيدر آباد 1350هـ .

16,哈达尔·阿巴德:《阿拉伯手抄本中的逸闻》

تراث الإنسانية . بأقلام نخبة من العلماء .

17,集体合著:《人类的遗产》

الجامع الصحيح . محمد بن اسماعيل البخاري . القاهرة 1387هـ .

18,穆罕默德·本·伊斯玛依·布哈里:《圣训集》

الجامع الصغير من حديث البشير النذير . جلال الدين السيوطي . مصر 1938م .

19,哲拉鲁丁·苏优蒂:《报喜与报警圣训集》

حلية الأولياء وطبقات الأصفياء . أبو نعيم الأصفهاني . القاهرة 1938م .

20,艾布·奈伊姆:《奥里亚的装饰》

دائرة المعارف الإسلامية . ترجمها عبد الحميد يونس وآخرون . مصر .

21,阿卜杜勒·哈米德·尤努斯等译:《伊斯兰大百科全书》

الدلالة على فوائد الرسالة . عبد المعطي اللخمي الاسكندري . 1342م .

22,阿卜杜勒·穆阿特·莱海米:《古筛勒苏菲论集注释》

دمية القصر وعصرة أهل العصر . علي بن الحسن الباخرزي . حلب 1349 هـ .

23,阿里·本·哈桑·巴赫拉兹:《当代著名诗人传记》

الرسائل القشيرية . عبد الكريم القشيري . حققها الدكتور (فير) محمد حسن . صيدا – لبنان .

24,阿卜杜勒·克里木·古筛勒:《古筛勒苏菲论集》

روضات الجنات في أحوال العلماء والسادات . محمد باقر الموسوي . طبع على الحجر 1347هـ .

25,穆罕默德·巴格尔·穆萨:《学者与官员之传闻》

سنن أبي داود . أبو داود سليمان بن الأشعث السجستاني الأزدي . مصر .

26,艾布·达乌德·苏莱曼:《艾布·达乌德圣训集》

السنن الكبري . أبو بكر أحمد البيهقي . حيدر آباد 1344هـ .

27,艾布·伯克尔·艾哈迈德:《伯依海格圣训集》

شرح القاموس المسمى تاج العروس . الزبيدي . القاهرة 1307هـ .

28,祖拜尔:《新娘皇冠之注释》

طبقات الشافعية . أبو بكر بن هداية الله الحسيني . بغداد .

29,艾布·伯克尔·本·希达叶:《沙菲仪派名人录》

طبقات الشافعية الكبرى . تاج الدين السبكي . مصر 1324هـ .

30,塔均迪尼·苏布克:《沙菲仪派名人大全》

طبقات المفسرين . السيوطي . ليدن 1839م .

31,苏优蒂:《古兰经注释者人物志》

فيض القدير . للحافظ جلال الدين السيوطي ، محمد عبد الرؤوف المناوي . مصر 1938م .

32,哲拉鲁丁·苏优蒂:《圣训注释》

القاموس المحيط . الفيروز أبادي . بيروت 1986م .

33,法鲁兹·阿巴迪:《辞海》

الكامل في التاريخ . ابن الأثير . بيروت 1966م .

34,伊本·艾希尔:《历史大全》

الكامل في معرفة الضعفاء والمتروكين من الرواة . عبد الله بن عدي الجرجاني .

35,阿布顿拉·本·阿迪·祖尔贾尼:《不可靠的圣训传述者》

كشف الخفاء ومزيل الإلباس. اسماعيل بن محمد العجلوني الجراحي . القاهرة 1351هـ .

36,伊斯玛依·本·穆罕默德:《揭示隐秘,消除疑惑》

كشف الظنون عن أسامي الكتب والفنون . مصطفى بن عبد الله المشهور . استانبول 1360هـ .

37,穆斯塔法·本·阿布顿拉:《名著之解惑》

كنز العمال في سنن الأقوال والأفعال . علاء الدين علي الهندي . حيدر آباد 1313 .

38,阿拉迪尼·阿里:《圣训宝藏》

لسان العرب . ابن منظور . مصر 1300هـ .

39,伊本·曼祖尔:《阿拉伯语字典》

مجمع الزوائد ومنبع الفوائد . نور الدين بن أبي بكر الهيثمي . بيروت 1967م .

40,努尔丁·本·艾比·伯克尔:《圣训补遗》

مخطوطات دار الكتب الظاهرية . الجزء الأول – التصوف . محمد رياض المالح . دمشق 1978م .

41,穆罕默德·利雅得:《苏菲》

المستدرك على الصحيحين في الحديث . الحاكم النيسابوري . حيدر آباد 1342هـ .

42,哈克目·奈萨布尔:《两大圣训集补遗》

المسند . الإمام أحمد بن حنبل . مصر 1952م .

43,艾哈迈德·本·罕百里:《艾哈迈德圣训集》

مفتاح السعادة ومصباح السيادة . طاش كبري زاده . حيدر آباد 1329هـ .

44,塔舍·库布拉:《幸福之源》

المقاصد الحسنة في بيان كثير من الأحاديث المشتهرة . شمس الدين السخاوي . مصر 1956م .

45,舍姆斯丁·赛哈维:《著名圣训注释》

معجم البلدان . ياقوت الحموي . بيروت 1957م .

46,亚古特·哈麦维:《阿拉伯地名词典》

معجم قبائل العرب القديمة والحديثة . عمر رضا كحالة . دمشق 1368هـ/1949م .

47，欧麦尔・里达：《阿拉伯部落词典》

المعجم الكبير . سليمان بن أحمد الطبراني . تحقيق حمدي السلفي . بغداد 1979م .

48，苏莱曼・本・艾哈迈德：《大词典》

المعجم المفهرس لألفاظ القرآن الكريم . محمد فؤاد عبد الباقي . القاهرة 1378هـ .

49，穆罕默德・福阿德：《古兰经词汇大全》

معجم المؤلفين . عمر رضا كحالة . دمشق 1960م .

50，欧麦尔・里达：《学者词典》

الموسوعة العربية الميسرة . مجموعة من المؤلفين . بيروت 1981م .

51，学者合著：《简明阿拉伯百科全书》

الموطأ . مالك بن أنس الأصبحي . مصر 1320هـ .

52，马立克・本・艾奈斯：《穆宛塔圣训集》

شرح الرسالة القشيرية . مصطفى العروسي . بولاق مصر 1872م .

53，穆斯塔法・阿鲁斯：《古筛勒苏菲论集注释》

نهاية الأدب في فنون الأدب . النويري . مصر 1955م .

54，努尔：《文学之宗旨》

نوادر الأصول الملقب بسلوة العارفين وبستان الموحدين في معرفة أخبار الرسول . محمد بن علي الترمذي .

55，穆罕默德・本・阿里：《穆圣传闻记载》

وفيات الأعيان وأنباء أبناء الزمان . ابن خلكان . حققه الدكتور إحسان عباس . بيروت 1968م .

56，伊本・海里卡：《故去的名人》

索　引

（本索引所标页码为原书页码，即中译本边码）

人 名 索 引

(i)

尔撒・本・艾巴尼　395

عيسى بن أبان

易卜拉欣圣人　134,165,167,227

إبراهيم عليه السلام

赛海利・本・易卜拉欣　392

سهل بن إبراهيم

伊卜里斯　10,130,272,349,367,
　377,409

إبليس

阿布顿拉・本・塔赫尔・艾布海勒
　390

عبد الله بن طاهر الأبهري

艾哈迈德・本・叶哈雅・艾布优尔
　迪　335

أحمد بن يحيى الأبيوردي

穆斯塔法・凯玛尔・艾塔图尔克
　397

مصطفى كمال أتاتورك

艾布・伯克尔・阿杰尔　368

أبو بكر الآجر

侯赛因・本・艾哈迈德　347

الحسين بن أحمد

艾布・穆罕默德・鲁伊姆・本・艾
　哈迈德　41,108,109,184,195,
　196,209,273,280,282,290,302,
　304,314,341,347,390,391,413,
　416,420,429,437

أبو محمد رويم بن أحمد

阿卜杜・拉赫曼・本・艾哈迈德
　270

عبد الرحمن بن أحمد

卡福尔・伊合筛迪　254

كافور الإخشيدي

伊德里斯圣人　177

إدريس عليه السلام

阿丹圣人　96,148,367

آدم عليه السلام

艾哈迈德・本・穆罕默德・阿德米

391

أحمد بن محمد الآدمي

易卜拉欣·本·艾德海木 98,107, 112,123,135,157,172,173,220, 243, 246, 261, 273, 295, 296, 391,392

إبراهيم بن أدهم

东方学家阿尔拜尔 17

المستشرق آربري

艾尔斯俩尼 12

ألب أرسلان

哈勒斯·本·艾比·伍萨麦 140

الحارث بن أبي أسامة

优素福·本·艾斯巴特 154,213, 275,277,408

يوسف بن أسباط

欧卡沙·本·穆哈西尼 163

عكاشة بن محصن الأسدي

伊斯拉菲利圣人 216

إسرافيل عليه السلام

易卜拉欣·本·穆罕默德·伊斯法扎伊尼 9

إبراهيم بن محمد الأسفرائيني

艾布·伊斯哈格·伊斯法扎伊尼 45,353

أبو إسحاق الأسفرائيني

阿卜杜勒·嘎赫尔·穆罕默德·泰米姆 9

عبد القاهر محمد التميمي الأسفرائيني

伊斯玛依圣人 257

إسماعيل عليه السلام

阿卜杜勒·阿菲尔·本·伊斯玛依 14

عبد الغافر بن إسماعيل

艾哈迈德·本·哈米德 224,330

أحمد بن حامد الأسود

穆格达德·本·艾斯乌德 217

المقداد بن الأسود

罕塔莱·本·热比阿·艾斯迪 79

حنظلة بن الربيع الأسيدي

艾布·伯克尔·艾什阿里 354

أبو بكر الأشعرى

艾布·哈桑·阿里·艾什阿里 10,108

أبو الحسن علي الأشعرى

艾布·穆萨·艾什阿里 196,322, 328,339,360

أبو موسى عبد الله الأشعري

艾布·伯克尔·艾什克布 134,370

أبو بكر أشكيب

艾布·哈桑·阿里·艾斯巴哈尼 310,393

أبو الحسن علي الأصبهانى

叶哈雅·艾斯塔海尔 306

يحيى الأسطخري

艾布·法迪里·艾斯法哈尼 377

أبو الفضل الأصفهانى

哈提木·艾塞姆 127,130,153, 163,203,244,393,397,398,436

حاتم الأصم

艾斯麦尔 155,346

الأصمعي

易卜拉欣・艾图鲁什 137

إبراهيم الأطروشي

艾布・赛尔德・艾哈迈德・艾阿拉
比 148,394

أبو سعيد أحمد الأعرابى

艾布・哈兹姆 265

أبو حازم الأعرج

艾布・海伊尔・艾格塔阿 394

أبو الخير الأقطع

叶哈雅・本・艾克塞姆 137

يحيى بن أكثم

赛莱麦・本・艾克沃阿 205

سلمة بن الأكوع

艾布・嘎希姆・艾利玛尼 7

أبو القاسم الأليماني

大臣的妻子 79,327

امرأة العزيز

大臣的婢女 376

أمة العزيز

伊本・安巴勒 235

ابن الأنباري

马立克・本・艾奈斯 109,133,
336,370

مالك بن أنس

侯赛因・安萨勒 331

الحسين الأنصاري

宰凯里雅・本・穆罕默德・安萨勒
28,29,30,32

زكريا بن محمد الأنصاري

苏莱曼・本・纳斯尔・安萨勒 11

سليمان بن ناصر الأنصاري

优素福・本・穆罕默德・安萨勒
22

يوسف بن محمد الأنصارى

艾哈迈德・本・阿西姆・安塔克
132,178,235,313,394

أحمد بن عاصم الأنطاكي

艾布・阿幕尔・艾尼玛特 97

أبو عمرو الأنماطي

奥扎尔 375

الأوزاعي

艾布・哈勒斯・奥拉斯 349

أبو الحارث الأولاسي

安优布圣人 94,188

أيوب عليه السلام

(ب)

阿里・本・哈桑・巴赫拉兹 10,
13,14

علي بن الحسن الباخرزي

赛莱玛尼・巴鲁斯 426

سلمان الباروسي

阿布顿拉・本・巴库 254

عبد الله بن باكويه

艾布・艾玛麦・巴赫里 108,252

أبو أمامة الباهلي

艾布・伯克尔・本・阿卜杜・拉赫
曼 11

أبو بكر بن عبد الرحمن البحيري

布哈里　80,91,92,120,125,132,
134,138,183,197,199,231,254,
255,298,318,322,337,339,365

البخاري

艾布·哈姆宰·比扎尔　243,338,
382,395

أبو حمزة البزار

艾布·欧拜德·拜斯勒　395,403,
409,428

أبو عبيد البسري

艾布·耶齐德·比斯塔米　70,73,
162,163,257,260,261,262,289,
313,314,315,316,321,325,331,
356,369,395,410

أبو يزيد طيفور البسطامي

穆罕默德·本·侯赛因·比斯塔米
240

محمد بن حسين البسطامى

易卜拉欣·拜苏尼　16,17

الدكتور إبراهيم بسيوني

易卜拉欣·本·拜沙尔　392

إبراهيم بن بشار

努阿曼·本·拜舍尔　92

النعمان بن بشير

杰俩杰里·巴士拉 284

الجلاجلي البصري

哈桑·巴士拉　108,112,118,140,
145,158,243,285,370

الحسن البصري

艾布·叶尔孤白·艾格塔阿　169

أبو يعقوب الأقطع البصرى

阿里·本·阿布顿拉·巴士拉　185

علي بن عبد الله البصري

艾布·伯克尔·艾哈迈德·本·阿
里　11,14

أبو بكر أحمد بن على الخطيب البغدادي

艾布·哈姆宰　122,280,437

أبو حمزة البغدادي

艾布·阿拔斯·巴格达迪　153

أبو العباس البغدادي

阿里·本·布卡尔　122

علي بن بكار

阿布顿拉·本·艾比·伯克莱
207,249

عبيد الله بن أبي بكرة

艾布·杰尔法·巴里赫　159

أبو جعفر البلخي

艾布·阿里·舍给格　230,297

أبو علي شقيق البلخي

阿绥姆·本·优素福·巴里赫　153

عصام بن يوسف البلخي

穆罕默德·本·法迪里　335,398

محمد بن الفضل البلخي

布勒阿姆 130

بلعام

艾布·侯赛因·本·布纳尼
309,399

أبو الحسين بن بنان

艾布·哈桑·阿里·布什奈吉　42,
96,233,249,300,399

أبو الحسن علي البوشنجي

苏丹·拜伊伯勒斯　232

السلطان بيبرس

艾布·欧麦尔·穆罕默德　118,137

أبو عمر محمد البيكندي

艾哈迈德·伯依海格　8,67,79,
110,158,159,187,205,221,243,
247,313

أحمد البيهقي

（ت）

穆罕默德·阿里·提尔密兹　79,
80,91,92,98,109,120,125,128,
135,139,144,160,164,183,197,
201,210,214,215,221,222,226,
227,231,247,252,255,259,264,
267,289,318,322,334,365,400

محمد علي الترمذي

艾布·阿布顿拉·土鲁安迪
64,235

أبو عبد الله التروغندي

赛海利·本·阿布顿拉·图斯泰勒
43,95,105,112,122,141,142,
145,152,163,166,175,176,179,
180,198,199,209,211,213,224,
225,228,235,262,264,268,274,
277,281,285,286,289,295,296,
300,310,314,321,344,356,400,
402,432

سهل بن عبد الله التستري

艾布·奈斯尔·斯玛尔　143

أبو نصر الثمار

阿布顿拉·本·阿里·泰米姆　95

عبد الله بن علي التميمي

帖木儿　398,400,403

تيمورلنك

艾布·海伊尔·泰伊塔提　295

أبو الخير التيناتي

（ث）

宰德·本·萨比特　148,226

زيد بن ثابت

艾布·阿拔斯·萨阿拉比　416

أبو العباس ثعلب

哈贾吉·本·优素福　157,404

الحجاج بن يوسف الثقفي

穆罕默德·本·阿卜杜勒·万哈布
136,402

محمد بن عبد الوهاب الثقفي

扫巴尼　205

ثوبان

艾布·扫尔　248

أبو ثور

苏福扬·扫勒　111,114-116,　131,
148,158,224,269,278,304,
375,392

سفيان الثوري

（ج）

贾比尔　151,159,187,192

جابر رضي الله عنه

艾布·奥斯曼·贾希兹　370

أبو عثمان الجاحظ

吉卜勒利天使　130,131,133,165,
　189,224,267,412

جبريل عليه السلام

穆阿兹·本·杰伯里　122,127,150

معاذ بن جبل

赛尔德·本·杰比尔　368

سعيد بن جبير

艾布·杰赫法　279

أبو جحيفة

艾布·祝莱勒 231

أبو جرير

艾布·穆罕默德·艾哈迈德·祝莱
　勒　41,61,103,185,189,191,
　196,198,215,239,244,280,282,
　299,303,311,348,371,399,402

أبو محمد أحمد الجريري

艾布·阿布顿拉·祝莱勒　105,
　109,226,285

عبد الله الجريري

杰里吉　227,357

جريج

伊本·艾希尔·祝兹勒　247

ابن الأثير الجزري

阿布顿拉·本·杰尔法　250

عبد الله بن جعفر

艾布·阿布顿拉（艾哈迈德·本·杰
　拉伊）　126,274,277,283,371,
　400,403,405,407,412,436

أبو عبد الله أحمد بن الجلاء

叶哈雅·本·杰拉伊　116,403

يحيى بن الجلاء

布纳尼·本·穆罕默德　404

بنان بن محمد الجمال

艾哈迈德·尔林迪尼　17

الدكتور أحمد الجندي

成吉思汗　398

جنكيز خان

易卜拉欣·本·祝奈德　41-47,59,
　60,66,74,95,103,104,108,116,
　117,127,145,152,158,162,168,
　174-176,180,181,183,191,196,
　201,204,207,209,211,212,218,
　220,226,227,238,240,241,244,
　253,264,273,270,280,287,288,
　289,294,296,297,299-302,305,
　307,308,314-317,321-325,333,
　334,339,340,344,345,360,370,
　374-376,379,391,393-395,402,
　407,409-413,415-419,422,427,
　429-432,435,437,438

إبراهيم بن الجنيد

艾布·阿里·祖兹贾尼　200,
　206,262

أبو على الجوزجاني

阿布顿拉·本·优素福·祝韦尼　8

عبد الله بن يوسف الجويني

（ح）

伊本·艾比·哈提姆　231

ابن أبي حاتم

阿俩・本・哈勒斯　313

العلاء بن الحارث

哈勒斯　219

حارثة رضي الله عنه

穆罕默德・本・奈杜尔　297

محمد بن النضر الحارثي

叶哈雅・本・宰雅德　297

يحيى بن زياد الحارثي

拜舍尔・本・哈勒斯　111,112,
　118,121,127,138,160,164,220,
　250,254,274,296,304,369,375,
　377,394,404-406,409

بشر بن الحارث الحافي

拜舍尔・哈菲的姐姐　111

أخت بشر الحافى

哈克目　128,151,205,215,243,266

الحاكم

穆罕默德・本・哈米德　103,410

محمد بن حامد

伊本・罕巴尼　79,173,207

ابن حبان

比俩里　150

بلال الحبشي

塔莱格・本・哈比布　106

طلق بن حبيب

哈贾吉(见哈贾吉・本・优素福)
　157,404

الحجاج

伊本・哈杰尔　207

ابن حجر

艾布・杰尔法・哈达迪　167,
　178,235

أبو جعفر الحداد

哈桑・哈达迪　215,233,237

الحسن الحداد

艾布・哈夫赛(欧麦尔・哈达迪)
　93,102,199,274,275,277,286,
　289,296,311,312,328,402,406,
　407,409,410,431

أبو حفص عمر الحداد

赛尔德・本・哈尔布　103

سعيد بن حرب

斯玛克・本・哈尔布　377

سماك بن حرب

舒阿布・本・哈尔布　104,149

شعيب بن حرب

易卜拉欣・哈尔布　416

إبراهيم الحربي

哈勒利　108

الحريري

穆罕默德・本・罕萨尼　257

محمد بن حسان

穆罕默德・本・哈桑　232

محمد بن الحسن

穆尼尔・穆罕默德・哈桑　16,17

الدكتور منير محمد حسن

布达尔・本・侯赛因　322,343

بندار بن الحسين

苏福扬・本・侯赛因　158

سفيان بن الحسين

阿里・本・侯赛因　69

علي بن الحسين

穆罕默德・本・侯赛因　179,428

محمد بن الحسين

优素福·本·侯赛因 43,202,203,
210,196,301,373,412,413

يوسف بن الحسين

伊斯玛依·本·侯赛因 11

إسماعيل بن حسين الحسيني

艾布·阿布顿拉·哈斯勒 278

أبو عبد الله الحصري

阿里·本·易卜拉欣·哈斯勒
282,283,290,299,342,380,406

علي بن إبراهيم الحصري

麦蒙·本·哈立德 308

ميمون بن خالد الحضرمي

艾布·嘎希姆·哈克目 126,
183,318

أبو القاسم الحكيم

侯赛因·本·曼苏尔(哈拉智) 42,
47,129,165,166,220,233,234,
236,242,280,301,314,323

الحسين بن منصور الحلاج

穆斯塔法·巴比 311

مصطفى البابي الحلبي

布纳尼·本·穆罕默德 170

بنان بن محمد الحمال

欧麦尔·罕玛里 374

عمر الحمال

赛伊夫·道莱·哈麦达尼 254

سيف الدولة الحمداني

艾布·法扎斯·哈麦达尼 248

أبو فراس الحمداني

见苏姆农尼·本·哈姆宰·哈瓦斯

180,322,324,407,413,437

سمنون بن حمزة

艾哈迈德·本·罕百里 111,113,
116,119,131,227,269,378,395

أحمد بن حنبل رضي الله عنه

杰尔法·本·罕塔莱 245

جعفر بن حنظلة

艾布·哈尼法(见艾布·哈尼法·努
阿曼) 107,121,422

أبو حنيفة

艾哈迈德·本·艾比·哈瓦里
169,202,341,375,438

أحمد بن أبي الحواري

哈瓦 367

حواء عليها السلام

舍海尔·本·侯什布 131

شهر بن حوشب

艾布·伯克尔·哈伊尔 309

أبو بكر الحيري

艾布·奥斯曼(赛尔德·哈伊尔)
58,100,112,127,139,140,166,
179,184,203,209,233,240,246,
287,289,309,311,332,335,342,
398,399,407,413

أبو عثمان سعيد الحيري

贾比尔·本·哈叶沃 150

جابر بن حيوة

(خ)

艾斯玛·本·哈勒杰 248

أسماء بن خارجة

艾布·海巴布　173

أبو خباب

阿布顿拉·本·海比格　132,408

عبد الله بن خبيق

艾布·赛尔德·海德尔　97,98,
　104,138,147,197,231

أبو سعيد الخدري

艾布·赛尔德（艾哈迈德·海扎兹）
　44,47,61,115,166,171,182,192,
　209,231,232,238,242,263,273,
　280,281,302,311,317,318,328,
　343,347,377,391,399,409,414,
　427,434

أبو سعيد أحمد الخراز

艾布·穆罕默德（阿布顿拉·海扎
　兹）　409

أبو محمد عبد الله الخراز

艾布·哈姆宰·胡扎萨尼　171,409

أبو حمزة الخراساني

艾布·穆斯林·胡扎萨尼　113,143

أبو مسلم الخراساني

艾布·哈桑·海兹法尼　259

أبو الحسن الخزفاني

穆罕默德·本·海兹麦　79,269

محمد بن خزيمة

穆罕默德·本·穆罕默德　11

محمد بن محمد الخزيمي

艾布·赛海利·海沙布　276

أبو سهل الخشاب الكبير

阿里·本·海什莱姆　404

علي بن خشرم

黑杜尔圣人　166,333,357,405

الخضر عليه السلام

艾哈迈德·本·海杜鲁　211,228,
　369,393,398,400,401

أحمد بن خضرويه

欧麦尔哈里发　146,148,150,187,
　196,206,287,337,355,400

عمر بن الخطاب رضي الله عنه

海推布　80,138,220,231

الخطيب

艾布·阿布顿（见穆罕默德·本·海
　菲福·舍拉子）　43,85,116,133,
　139,142

أبو عبد الله محمد بن خفيف

艾布·海拉德　115

أبو خلاد

伊斯哈格·本·海莱夫　110

إسحاق بن خلف

伊本·海里卡　11,15

ابن خلكان

海里利　138

الخليلي

艾哈迈德·本·艾比·海瓦里
　410,411

أحمد بن أبي الخواري

阿卜杜勒·健巴尔·本·穆罕默德
　11

عبد الجبار بن محمد الخواري

易卜拉欣·本·艾哈迈德·海瓦斯
　47,100,152,154,164-168,181,
　182,184,191,212,224,235,238,

الدارمي

艾布·阿拔斯·达米安尼　104

أبو العباس الدامغاني

达乌德圣人　137,154,160,175,213,225,327,332,333,339,366

داود عليه السلام

艾布·达乌德　92,97,98,120,133,146,183,210,289,323,339,365,429

أبو داود

易卜拉欣·迪巴厄　423

إبراهيم الدباغ

艾布·穆罕默德·戴比里　305

أبو محمد الدبيلي

艾布·穆萨·戴比里　163

أبو موسى الدبيلي

艾布·侯赛因·迪扎吉　345,346

أبو الحسين الدراج

艾布·达尔达伊　131,273,323,365

أبو الدرداء

温姆·达尔达伊　131

أم الدرداء

艾布·艾斯阿德(赫伯·拉赫曼·丹嘎格)　8

أبو الأسعد هبة الرحمن الدقاق

艾布·伯克尔·丹嘎格　114,165,209

أبو بكر الدقاق

温麦图勒·克里木·丹嘎格　8

أمة الكريم الدقاق

239,292,307,343,411

إبراهيم بن أحمد الخواص

比俩里·海瓦斯　405

بلال الخواص

苏莱曼·海瓦斯　110

سليمان الخواص

苏姆农你·本·哈姆宰　180,322,324,407,413,437

سمنون بن حمزة الخواص

海蒂彻·宾特·胡里德　140

خديجة بنت خويلد

哈桑·罕亚特　170

الحسن الخياط

阿布顿拉·罕亚特　246

عبد الله الخياط

欧麦尔·赫亚姆　5

عمر الخيام

热比阿·本·海塞姆　69,273,368

الربيع بن خيثم

(د)

艾布·苏莱曼·达扎尼　93,110,117,127,128,142,146,149,154,160,168,169,202,210,211,215,224,316,348,376,394,410,411

أبو سليمان الداراني

阿布杜·拉赫曼·达扎尼　194,411

عبد الرحمن الداراني

达尔盖特尼　79

الدارقطني

达尔米　92,337

艾布·阿里（哈桑·本·阿里·丹嘎
格）　7-9,15,16,55-58,62-65,69,
73,78,79,82-84,93,94,98,102,
103,105,114,116,119,120,123,
125-127,129,137-139,141,143,
145,166,167,181,185,188,190,
193,194,196-200,202-204,206,
208,211,213,217-221,223,226,
242,248,254-256,258,261,268,
270,272,274,276,283-285,287,
289,295,297,302,312,317,321,
322,323,325,326,329-335,340,
341,349,354,366,367,371,378,
380,393,405,422,431

أبو علي الحسن بن علي الدقاق

艾布·曼苏尔（阿卜杜·拉赫曼·丹
嘎格）　8

أبو منصور عبد الرحمن الدقاق

艾布·奈斯尔（阿卜杜·热赫姆）　8

أبو النصر عبد الرحيم الدقاق

艾布·赛阿德·阿布顿拉　8

أبو سعد عبد الله الدقاق

艾布·麦祖法勒·阿卜杜勒·穆尼
尔姆　8

أبو المظفر عبد المنعم الدقاق

艾布·赛尔德·阿卜杜勒·瓦黑德
8

أبو سعيد عبد الواحد الدقاق

艾布·法塔赫·欧拜顿拉　8

أبو الفتح عبيد الله الدقاق

法蒂玛·丹嘎格　8

فاطمة الدقاق

艾布·伯克尔·杰海姆·杜给　63,
64,307

أبو بكر جهم الدقي

艾布·伯克尔（穆罕默德·本·达乌
德·杜给）　279,339,412

أبو بكر محمد بن داود الدينوري الدقي

艾布·赛莱玛尼　346

أبو سلمان الدمشقي

艾布·阿幕尔·大马士革　126,
196,399

أبو عمرو الدمشقي

伊本·艾比·敦亚　80,318

ابن أبي الدنيا

易卜拉欣·本·杜哈　213

إبراهيم بن دوحة

阿卜杜·拉赫曼·戴伊莱米　92

عبد الرحين الديلمي

艾布·哈桑·米海亚尔　231

أبو الحسن مهيار الديلمي

艾布·穆萨·戴伊莱米　239

أبو موسى الديلمي

马立克·本·迪纳尔　111,131,134,
143,290,333,372

مالك بن دينار

艾哈迈德·本·穆罕默德·迪沃尔
212,305,412

أحمد بن محمد الدينوري

杰尔法·伯克扎尼·迪沃尔　307

جعفر بكران الدينوري

穆姆沙迪·迪沃尔　122,170,305,309,347,413

ممشاد الدينوري

(ذ)

宰海比　128,215

الذهبي

(ر)

艾布·伯克尔(阿布顿拉·本·穆罕默德·拉齐)　104,149,242,335,413

أبو بكر عبد الله بن محمد الرازي

艾布·嘎希姆(杰尔法·拉齐)　142

أبو القاسم جعفر الرازي

艾布·阿布顿拉·拉齐　235,292

أبو عبد الله الرازي

艾布·阿里·拉齐　425

أبو علي الرازي

达乌德·本·穆阿兹·拉齐　141

داود بن معاذ الرازي

叶哈雅·本·穆阿兹·拉齐　45,73,93,95,97,103,110,111,116,117-119,123,126,133,141,142,148,149,158,164,166,184,203,217,220,261,262,267,272,274,277,285,317,322,325,326,327,330,407,414

يحيى بن معاذ الرازي

优素福·本·侯赛因·拉齐　345,414

يوسف بن الحسين الرازي

阿里·本·阿卜杜勒·安法尔　24

علي بن عبد الغفار الراشدي

筛巴尼·扎尔　378,379

شيبان الراعي

欧拜德·本·艾比·拉菲阿　86

عبيد الله بن أبي رافع

拉菲尔　125,138

الرافعي

艾布·阿里·　热巴特　291

أبو علي الرباطي

阿里·本·热兹尼　434

علي بن رزين

哈伦·拉希德　236,375

هارون الرشيد

艾布·伯克尔·拉希迪　373

أبو بكر الرشيدي

阿里·本·穆萨·里达　427,428

علي بن موسى الرضا

耶齐德·里嘎士　375

يزيد الرقاشي

里嘎姆　248

الرقام

易卜拉欣·本·达乌德　238,347,415

إبراهيم بن داود الرقي

艾布·阿布顿拉·热姆里　103

أبو عبد الله الرملي

艾哈迈德・本・阿塔・鲁兹巴勒
250,343,415

أحمد بن عطاء الروذباري

艾哈迈德・本・穆罕默德・鲁兹巴
勒　275,281,291,341,402,416

أحمد بن محمد الروذباري

艾布・伯克尔（穆罕默德・本・艾哈
迈德・鲁兹巴勒）　106

أبو بكر محمد بن أحمد الروذباري

艾布・阿里（穆罕默德・鲁兹巴勒）
45,99,100,132,143,163,169,306-
308,321,348,349,404,415,426,
430,438

أبو علي محمد الروذباري

法蒂玛・宾特・穆罕默德・鲁兹巴
勒　306

فاطمة بنت محمد الروذباري

（j）

艾布・伯克尔・宰赫尔・阿巴迪
42

أبو بكر الزاهر أبادي

祖拜迪　375

زبيدة

祖拜迪穆尔泰迪　5,235

مرتضى الزبيدي

欧尔沃・本・祖拜尔　148

عروة بن الزبير

艾布・赛海利・宰贾吉　369

أبو سهل الزجاجي

艾布・阿幕尔（穆罕默德・宰贾吉）
212,416,434

أبو عمرو محمد الزجاجي

穆罕默德・本・易卜拉欣・宰贾吉
416

محمد بن إبراهيم الزجاجي

阿布顿拉・宰乌德　373

عبد الله الزواد

艾布・伯克尔（艾哈迈德・本・奈杜
尔・宰法格）　277,290,307,
412,417

أبو بكر أحمد بن نصر الزقاق

艾布・侯赛因・宰贾尼　106

أبو الحسين الزنجاني

努尔迪尼・宰克　403

نور الدين الزنكي

阿拔斯・祖兹尼　255

العباس الزوزني

耶齐德・本・艾比・宰雅德　279

يزيد بن أبي زياد

阿卜杜勒・瓦赫德・本・宰德
114,117,194,211,212

عبد الواحد بن زيد

阿俩・本・宰德　131,374

العلاء بن زيد

伊本・宰勒　341

ابن زيري

宰乃白　140

زينب رضي الله عنها

（س）

萨勒叶　355,356

الليث بن سعيد

艾布·苏福扬　336

أبو سفيان

穆阿维叶·本·苏福扬　156

معاوية بن أبي سفيان

艾布·哈桑（赛勒·塞格特）　95，
98，101，109，115，119，130，139，
153，181，187，209，215，225，241，
253，255，258，297，324，332，334，
360，394，407，417，427，428，
432，438

أبو الحسن : السري السقطي

艾布·阿卜杜·拉赫曼·赛莱米
16，220，236，244，252，323，334，
347，392

أبو عبد الرحمن السلمي

阿塔·赛莱米　374

عطاء السلمي

艾布·阿格莱·赛莱米　6

أبو عقيل السلمي

穆罕默德·本·侯赛因　9

محمد بن الحسين السلمي

赛勒古斯　231

سلوقوس

第一任苏丹赛里木　403

السلطان سليم الأول

苏莱曼圣人　156，355

سليمان عليه السلام

阿卜杜勒·穆里克·本·艾比·苏
莱曼　173

سارية

伊本·撒里木　141

ابن سالم

嘎希姆·萨姆拉伊　17

الدكتور قاسم السامرائي

艾布·团伊布·萨米勒　315

أبو الطيب السامري

阿塔·本·萨伊布　329

عطاء بن السائب

塔俊迪尼·赛布克　11-15

تاج الدين السبكي

易卜拉欣·本·赛提拜　213

إبراهيم بن ستنبة

艾布·哈提木　306

أبو حاتم السجستاني

赛哈维　158，159，284，323

السخاوي

安优布·赛赫提亚尼　372

أيوب السختياني

见艾布·奈斯尔·赛扎吉·图斯
95，142，164，165，282，286，
306，345

أبو نصر الساج

艾布·阿拔斯·本·苏莱吉　9，
135，379，416

أبو العباس بن سريج

艾布·阿布顿拉（侯赛因·本·赛尔
德）　137

أبو عبد الله الحسين بن سعيد

莱伊斯·本·赛尔德　252

عبد الملك بن أبي سليمان

伊本·斯玛克　123,428

ابن السماك

阿卜杜勒·克里木·赛姆阿尼　5

عبد الكريم السمعاني

艾布·穆兹菲尔　91,284

أبو المظفر السمعاني

见苏姆农尼·哈姆宰　180,322,
324,407,413,437

سمنون

赛姆维　80,226

سمويه

罕萨尼·本·艾比·斯纳尼
114,167

حسان بن أبي سنان

阿幕尔·本·斯纳尼　163,166

عمرو بن سنان

伊本·逊尼　8,231,266

ابن السني

艾哈迈德·本·赛海利　229

أحمد بن سهل

见阿里·本·赛海利·迪沃尔
181,421,434

علي بن سهل

穆罕默德·本·斯瓦尔　400

محمد بن سوار

艾布·耶尔孤白·苏斯　104,208,
292,322,324,438

أبو يعقوب السوسي

伊本·斯亚尔　237

ابن سيار

艾布·阿拔斯·斯亚尔　43,
219,419

أبو العباس السياري

艾布·哈桑·赛尔瓦尼　283

أبو الحسن السيرواني

伊本·赛勒利　106,131,157,
214,285

ابن سيرين

伊本·西那　107,419

ابن سينا

哲拉鲁丁·苏优蒂　15,91,105,
107,115,151,159,205,231,284

جلال الدين السيوطي

(ش)

沙赫·本·穆罕默德　11

شاه بن محمد الشادياخي

阿卜杜勒·瓦哈布　11

عبد الوهاب الشادياخي

穆罕默德·本·伊德里斯　6,232,
252,253,378,379,405

محمد بن إدريس الشافعي رضي الله عنه

伊本·沙赫　46

ابن شاهين

伊本·舍布莱麦　187

ابن شبرمة

艾布·伯克尔（戴里夫·舍布里）
41,46,63,74,86,103,104,110,
117,123,131,149,166,175,185,
195,206,219,221,223,235,256-
259,274,246,281,282,286,289,

297，301，302，306，312，315，321，
322，324，325，340，344，348，349，
366，371，376，379，380，390，406，
419，420，437，438

أبو بكر دلف الشبلي

阿里·舍布维 206

علي الشبوي

舍杰勒 293

الشجري

艾布·赛尔德·舍哈姆 248，373

أبو سعيد الشحام

宰凯里雅·舍合泰尼 233

زكريا الشختني

穆特里夫·本·舍赫尔 251

مطرف بن الشخير

阿里·本·优素福 310

علي بن يوسف اللخمي الشطنوفي

穆安叶尔·本·舍阿伯 107

المغيرة بن شعبة

艾布·哈桑·舍阿扎尼 424

أبو الحسن الشعراني

舒阿布 333

شعيب

侯赛因·本·穆罕默德 22

حسين بن محمد الشهدي

易卜拉欣·本·筛巴尼 128，
153，434

إبراهيم بن شيبان

哈桑·本·阿绥姆·筛巴尼 369

الحسن بن عاصم الشيبانية

艾布·筛赫 138，158，266

أبو الشيخ

艾布·哈桑·布达尔·设拉子 420

أبو الحسن بندار الشيرازي

鲁斯图木·设拉子 142

رستم الشيرازي

艾布·阿布顿拉（穆罕默德·本·海菲福·设拉子） 43，85，116，133，
139，142，143，160，179，185，194，
195，198，277，279，293，331，376，
390，420，421，429

أبو عبد الله محمد بن خفيف الشيرازي

穆罕默德·本·阿布顿拉·设拉子 293

محمد بن عبد الله الشيرازي

恶魔 47，84，87，225，272，296，312，
337，365，374，382，393

الشيطان

（ص）

杰尔法·萨迪格 46，230，267

جعفر الصادق

尔巴德·本·萨米特 318

عبادة بن الصامت

阿里·本·赛海利·迪沃尔 181，
421，434

علي بن سهل الدينوري الصايغ

穆罕默德·本·阿里·萨比哈 30，32

محمد بن علي صبيح

艾布·伯克尔哈里发 110，122，
128，206，287

أبو بكر الصديق

伊本·赛斯赛勒　110

ابن صصري

艾布·赛海利·萨阿鲁克　65,134,
251,252,283,334,342,370

أبو سهل الصعلوكي

艾布·团伊布·萨阿鲁克　373

أبو الطيب الصعلوكي

艾布·赛尔德·斯阿尔　373

أبو سعيد الصغار

赛阿尼　323

الصعاني

伯克尔·本·赛里木·赛瓦夫　133

بكر بن سليم الصواف

奥斯曼·本·麦哈姆德·本·哈米
德　22

عثمان بن محمود بن حامد صوف

艾布·奈斯尔·苏菲　292

أبو نصر الصوفي

艾布·伯克尔·赛迪俩尼　261

أبو بكر الصيدلاني

(ض)

迪哈克　143

الضحاك

伊本·达里斯　105

ابن الضريس

(ط)

哈桑·本·阿里·本·艾比·塔里
布　140,150,176,252,304,368

الحسن بن علي بن أبي طالب

侯赛因·本·阿里·本·艾比·塔
里布,140,195

الحسين بن علي بن أبي طالب

阿布顿拉·本·杰尔法·本·艾比·
塔里布　337

عبد الله بن جعفر بن أبي طالب

阿里·艾比·塔里布　108,112,
140,183,185,244,249,253,
347,369

علي بن أبي طالب

艾布·伯克尔·本·艾比·塔赫尔
179,195,278

أبو بكر بن أبي طاهر

达乌德·本·奈斯尔·塔伊　121,
139,292,297,372,422,427

دواد بن نصير الطائي

塔拉尼　86,108,110,131,159,205,
215,220,226,247,259,276,365

الطراني

塔厄拉布克　12

طغرلبك

图菲利　174

طفيل

伊本·图菲利　86

أم الطفيل

艾布·伯克尔·塔麦斯塔尼　152,
298,302,423

أبو بكر الطمستاني

哈米德·图斯　422

حميد الطوسي

穆罕默德·本艾比·伯克尔·图斯
9,373

محمد بن أبي بكر الطوسي

艾布·奈斯尔·赛扎吉·图斯 95,
142,164,165,282,286,3.6,345

أبو نصر السراج الطوسي

尼扎姆·穆里克·哈桑·图斯 12

نظام الملك الحسن الطوسي

伊本·土鲁尼 153

ابن طولون

(ظ)

伊本·阿兹布 337

ابن عازب

艾哈迈德·本·尔萨姆 395

أحمد بن عاصم

阿盖拜·本·阿米尔 120

عقبة بن عامر

阿伊莎 128,134,173,183,247,
254,259,284,311,337

عائشة رضي الله عنها

祝莱勒·本·尔巴德 402

جرير بن عباد

盖斯·本·赛阿德·本·尔巴德
249,250

قيس بن سعد بن عبادة

阿布顿拉·本·阿拔斯 42,86,
146,148,149,218,251,253,349

عبد الله بن عباس

迪亚·阿卜杜·然宰格 338

الضياء عبد الرزاق

欧麦尔·本·阿卜杜勒·阿齐兹
112,146,147,149,150,156,177

عمر بن عبد العزيز

阿米尔·阿卜杜·盖斯 181

عامر بن عبد قيس

贾比尔·本·阿布顿拉 151,
159,222

جابر بن عبد الله

见赛海利·本·阿布顿拉·图斯泰
勒 43,95,105,112,122,141,142

سهل بن عبد الله

奥尼·本·阿布顿拉 348

عون بن عبد الله

曼苏尔·本·阿布顿拉 63

منصور بن عبد الله

阿拔斯·本·阿卜杜勒·穆塔里布
196

العباس بن عبد المطلب

苏莱曼·本·阿卜杜勒·穆里克
403

سليمان بن عبد الملك

优努斯·本·阿比德 111

يونس بن عبيد

阿幕尔·本·奥斯曼 184

عمرو بن عثمان

阿杰鲁尼 107,220

العجلوني

穆万勒格·尔吉利 248

مورق العجلي

哈比布·尔吉利 171

حبيب العجلي

拉比尔·阿德维娅　96,114,139,195,328,377
رابعة العدوية

伊本·阿迪　151,158
ابن عدي

穆哈伊丁·本·阿拉比　28
محيي الدين بن عربي

穆斯塔法·阿鲁斯　28
مصطفى العروسي

伊本·阿萨克尔　10,14,80,151,155,209,318
ابن عساكر

赛夫瓦尼·本·阿萨利　322
صفوان بن عسال

艾布·海伊尔·阿斯盖俩尼　142
أبو الخير العسقلاني

阿斯克勒　159,323
العسكري

艾布·舒贾阿·阿杜德·道莱　12
أبو شجاع عضد الدولة

艾布·哈提木·阿卡尔　436
أبو حاتم العكار

法尔顿丁·安塔尔　5
فريد الدين العطار

阿里·安塔尔　111
علي العطار

艾哈迈德·本·阿塔　85,96,106,108,109,148,151,152,164,180,184,191,196,199,215,278,285,287,302,306-309,315,321,322,326,330,399,412,420,129

أحمد بن عطاء
瓦绥利·本·阿塔　47
واصل بن عطاء

奥斯曼·本·奥斯曼　238,287,370
عثمان بن عثمان

穆阿兹·本·阿厄扎　86
معاذ بن عغراء

艾布·阿俩·阿菲福　17,28,29
الدكتور أبو العلا غفيفي

穆姆沙迪·本·赛尔德·阿克伯勒　328
ممشاد بن سعيد العكبري

艾哈迈德·本·穆嘎提利·阿克　60,344
أحمد بن مقاتل العكي

阿卜杜勒·瓦赫德·本·阿莱瓦尼　345
عبد الواحد بن علوان

艾布·哈桑·海麦达尼·阿拉维　334
أبو الحسن الهمداني العلوي

哈菲兹·艾哈迈德·本·阿里　21
حافظ أحمد علي

阿布顿拉·本·阿里　349
عبد الله بن علي

优素福·本·阿里　315
يوسف بن علي

伊本·尔玛德　14
ابن العماد

曼苏尔·本·尔玛尔　136,423,424
منصور بن عمار

伊本・欧麦尔　221,242,288,337

ابن عمر

艾布・伊姆兰　409

أبو عمران الكبير

欧拜德・本・欧麦伊尔　173

عبيد بن عمير

努哈・尔亚尔　229

نوح العيار

法迪里・本・安雅德　119,124,126,
146,147,149,196,209,217,
226,242,245,327,329,424

الفضيل بن عياض

尔撒圣人　114,130,181,287,325,368

عيسى عليه السلام

大臣阿里・本・尔撒　97

الوزير علي بن عيسى

苏福扬・本・阿伊奈　139,188

سفيان بن عيينة

(غ)

艾布・穆罕默德・伊斯玛依　阿兹
11

أبو محمد إسماعيل الغازي

艾布・宰尔・安法尔　109,150,245

أبو ذر الغفاري

艾布・安法尼　334

أبو الغفاني

(ف)

艾布・伯克尔・法尔斯　122

أبو بكر الفارسي

嘎迪・法迪里　19

القاضي الفاضل

法蒂玛　140,217,304

فاطمة رضي الله عنها

哈贾吉・本・法扎法斯　141

الحجاج بن فرافصة

穆罕默德・本・法迪里・法扎维
11,100,118,317,323,335

محمد بن الفضل الفراوي

穆罕默德・法扎　45,100

محمد الفراء

艾布・杰尔法・本・法尔吉　164

أبو جعفر بن الفرج

穆罕默德・本・法尔哈尼　162

محمد بن فرحان

法老　426

فرعون

阿里・本・艾比・伯克尔・法尔阿
尼　240

علي بن أبي بكر الفرغاني

穆罕默德・本・伊斯玛依・法尔阿
尼　290

محمد بن إسماعيل الفرغاني

艾布・伊斯哈格・法扎兹　275

أبو إسحاق الفزاري

阿里・本・法迪里　249

علي بن الفضيل

艾布・伯克尔・穆罕默德・本・福
尔克　9,127,180,206,223,353,
354,360,434

أبو بكر محمد بن فورك

伊本・乌特　346

ابن الغوطي

法鲁兹　326

فيروز

(ق)

艾布・哈桑・嘎维　326

أبو الحسن القاري

艾布・伯克尔・盖哈特　58

أبو بكر القحطي

艾布・侯赛因・盖扎菲　237

أبو الحسين القرافي

艾布・赛尔德・古莱氏　139,211

أبو سعيد القرشي

艾布・阿布顿拉・古莱氏　165,321

أبو عبد الله القرشي

科尔多瓦　238

القرطبي

易卜拉欣・本・筛巴尼・古尔麦希尼　425

إبراهيم بن شيبان القرمسيني

穆兹法尔・古尔麦希尼　277

مظفر القرمسيني

乌沃斯・盖尔尼　243

أويس القرني

左勒盖尔奈英　357

ذو القرنين

哈桑・盖扎兹　98,347

الحسن القزاز

盖祖尼　208

القزويني

阿卜杜勒・阿菲尔・本・伊斯玛依・古筛勒　15

عبد الغافر بن إسماعيل القشيري

穆罕默德・本・阿里・盖萨布　280,407,430

محمد بن علي القصاب

易卜拉欣・盖萨尔　272,292

إبراهيم القصار

艾布・萨利哈・哈姆杜尼・盖萨尔　112,150,163,165,168,174,272,280,402,426,435

أبو صالح حمدون القصار

法迪里・本・穆罕默德・盖斯巴尼　11

الفضل بن محمد القصباني

盖杜尔　159

القضاعي

叶哈雅・本・赛尔德・盖塔尼　265,369

يحي بن سعيد القطان

艾布・艾哈迈德・盖俩尼斯　295,407

أبو أحمد القلانسي

苏丹・盖俩乌尼　293

السلطان قلاوون

艾哈奈夫・本・盖斯　243,244,392,424

الأحنف بن قيس

热巴哈・盖斯　136

رباح القيسي

伊本·盖伊姆 54

ابن القيم

（ك）

哈桑·本·艾哈迈德 426,434

الحسن بن أحمد الكاتب

穆罕默德·本·阿里·凯塔尼
105，118，161，203，223，232，242，
270，278，281，290，292，322，327，
368，374，376，417，427

محمد بن علي الكتاني

叶哈雅·本·艾比·凯希尔 103

يحيى بن أبي كثير

欧麦尔·里达·凯哈莱 5

عمر رضا كحالة

艾哈迈德·克尔赫 347

أحمد الكرخي

艾布·阿拔斯·克尔赫 421

أبو العباس الكرخي

麦阿鲁夫·克尔赫 111，137，244，
280，297，321，417，427，428

معروف الكرخي

沙赫·本·舒贾阿·克尔玛尼
123，126，132，234，243，367，
407，428

شاه بن شجاع الكرماني

阿布顿拉·本·阿米尔·本·克勒
兹 254

عبد الله بن عامر بن كريز

伊本·克尔尼 274,308

ابن الكريني

凯撒 63

كسرى

见克尔白·本·马立克 158,313

（الك）

阿布顿拉·本·赛尔德·本·凯拉
布 379

عبد الله بن سعيد بن كلاب

克拉巴兹 370

الكلاباذي

温姆·库里苏姆 140

أم كلثوم رضي الله عنها

（ل）

阿卜杜勒·穆阿特 28

عبد المعطي اللخمي

鲁格曼 245

لقمان

叶尔孤白·本·莱伊斯 268

يعقوب بن الليث

伊本·马哲 79，91，92，98，101，
109，110，205，241

ابن ماجة

易卜拉欣·玛尔斯塔尼 161，
344，391

إبراهيم المارستاني

艾奈斯·本·马立克 91，105，125，
132，138，140，144，158，159，164，
183，201，207，221，222，238，241，
253，264，266，276，294，303，318，
323，336，338

杰尔法·本·穆罕默德　230

جعفر بن محمد

أنس بن مالك

拜扎·本·马立克　400

祝奈德·本·穆罕默德　429,430

البراء بن مالك

الجنيد بن محمد

克尔白·本·马立克　158,313

泰格·本·穆罕莱德　270

كعب بن مالك

تقي بن مخلد

艾布·侯赛因·马克　310,437

赛夫瓦尼·本·安萨里·穆扎德　79

أبو الحسين الماكي

صفوان بن عسال المرادي

麦蒙　275

المأمون

艾布·伯克尔·麦扎尔　160

玛尼　301

أبو بكر المراغي

ماني

艾布·团伊布·麦扎尔　42

阿里·本·尔撒·玛哈尼　398

أبو الطيب المراغي

على بن عيسى بن ماهان

艾布·穆罕默德（阿布顿拉·穆尔台阿什）　99,191,231,240,275,431,438

阿布顿拉·本·穆巴拉克　104,113,117,128,130,134,148,155,158,171,254,270,275,285,286,303,325

أبو محمد عبد الله المرتعش

عبد الله بن المبارك

艾布·穆尔塞德　252

艾布·团伊布·穆台南比　254

أبو مرثد

أبو الطيب المتنبي

伊本·穆尔戴维叶　80,231,318

穆台宛克里　433

ابن مردويه

المتوكل

侯宰法·穆尔阿什　172,209

穆佳赫德　146

حذيفة المرعشي

مجاهد

阿布顿拉·本·麦尔旺　110

哈勒斯·穆哈西比　112,169,213,227,242,324,340,393,429,430,432

عبد الله بن مروان

الحارث المحاسبي

阿布顿拉·麦鲁兹　291

عبد الله المروزي

穆罕默德圣人　79,105,109,167,368

萨利哈·麦勒　268

محمد صلى الله عليه وسلم

صالح المري

麦尔彦　357,368

مريم عليها السلام

艾布・叶尔孤白　283

أبو يعقوب المزابلي

麦兹尼　200

المزني

艾布・哈桑（阿里・穆罕默德・穆赞
　伊尼）　276,282,308,310,432

أبو حسن علي بن محمد المزين

艾厄尔・穆赞伊尼　97

أغر مزينة

艾哈迈德・本・穆罕默德・本・麦斯
　鲁格　62,166,235,241,324,432

أحمد بن محمد بن مسروق

阿拔斯・本・麦斯鲁格　417

العباس بن مسروق

穆罕默德・本・麦斯鲁格　429

محمد بن مسروق

阿布顿拉・本・麦斯欧德　69,91,
　133,144,146,155,162,178,210,
　254,271,284,322,365

عبد الله بن مسعود

马立克・本・麦斯欧德　103

مالك بن مسعود

穆斯林　79,92,97,101,120,132,
　138,144,183,197,247,252,254,
　255, 288, 298, 318, 322, 337,
　339,365

مسلم

哈桑・麦苏哈　395

الحسن المسوحي

穆罕默德・麦苏哈　277

محمد المسوحي

赛尔德・本・穆塞伊布　284

سعيد بن المسيب

埃及的艾布・伯克尔　426

أبو بكر المصري

埃及的布纳尼　275

بنان المصري

埃及的艾布・侯赛因　293

أبو الحسين المصري

埃及的左农　43,45,46,70,95,96,
　100,101,103,104,106,118,122,
　126,127,130,151,161,164,165,
　170,184,191,195,198,205,208,
　209,213,215,222,224,229,243,
　274,278,282,286,287,296,297,
　299,305,314-317,326,340,344,
　371,395,400,403,409,414,433

ذو النون المصري

阿里・本・赛尔德・麦绥斯　415

علي بن سعيد المصيصي

哈克目・本・穆塔里布　248

الحكم بن المطلب

见叶哈雅・本・穆阿兹・拉齐　45,
　73,93,95,97,103,110,111,116

يحيى بن معاذ

伊亚斯・本・穆阿维叶　158

إياس بن معاوية

伊本・穆阿泰兹　63

ابن المعتز

艾布・阿俩・麦阿勒　19

أبو العلاء المعري

艾哈迈德・麦阿兹里　407,439

أحمد المغازلي

艾布·阿里·麦阿兹里　344

أبو علي المغازلي

哈比布·马格里布　434

حبيب المغربي

艾布·奥斯曼·赛尔德·麦格里布
43,44,98,102,133,142,180,192,
208,240,256,262,294,317,341-
343,347,377,421,434

أبو عثمان سعيد المغربي

穆罕默德·本·伊斯玛依·麦格里
布　290,434

محمد بن إسماعيل المغربي

艾布·阿布顿拉·麦格里布
153,425

أبو عبد الله المغربي

曼苏尔·本·海莱夫·麦格里布
74,129,229,276,286,294,299,
307,372

منصور بن خلف المغربي

艾布·阿布顿拉·麦卡尼斯　264

أبو عبد الله المكانسي

麦克侯里·沙米　103,210,304

مكحول الشامي

阿幕尔·本·奥斯曼·麦克　75,
99,227,280,393,394,429,434

عمرو بن عثمان المكي

艾布·阿幕尔·麦克　438

أبو عمرو المكي

穆扎德麦拉　28

مراد ملا

艾布·嘎希姆·穆纳迪　233,237

أبو القاسم المنادي

阿布顿拉·本·穆纳兹里　199,
426,435

عبد الله بن منازل

阿卜杜·热乌福·麦纳维　28,284

عبد الرؤوف المناوي

蒙齐尔　267

المنذري

艾布·杰尔法·曼苏尔　44

أبو جعفر المنصور

见侯赛因·本·曼苏尔　42,47,
129,165,166,220,233,234,236,
242,280,301,314,323

الحسين بن منصور

盖斯·本·阿绥姆　243

قيس بن عاصم المنقري

穆坎德尔·本·穆罕默德　159

المنكدر بن محمد المنكدر

阿拔斯·本·穆海泰迪　115

عباس بن المهتدي

穆萨圣人　72,75,78,110,147,156,
157,175,178,181,194,204,217,
224,245,267,273,274,290,297,
333,349

موسى عليه السلام

法迪里·本·穆萨　424

الفضيل بن موسى

法塔赫·穆苏里　213,362

فتح الموصلي

阿里·本·穆宛菲格　376

علي بن الموفق

易卜拉欣·本·穆宛莱德　275

إبراهيم بن المولد

米卡伊利　130

ميكائيل عليه السلام

（ن）

阿盖伯·布纳菲阿　268

عقبة بننافع

艾布·阿布顿拉·奈巴基　199,
371,375,409,434

أبو عبد الله النباجي

伊本·奈佳尔　138,151

ابن النجار

艾布·阿幕尔（伊斯玛依·本·努杰
德）　93,99,199,349,435

أبو عمرو إسماعيل بن نجيد

艾布·图扎布（阿斯克尔·奈何筛
比）　141,144,169,178,182,196,
263,282,316,393,395,400,403,
409,410,414,426,428,436

أبو تراب عسكر النخشبي

易卜拉欣·奈何伊　114

النخعي

海伊尔·奈萨吉　240,279,310,
348,420,437

خير النساج

奈萨仪　79,92,98,183,197,298,
337,339,365

النسائي

穆阿兹·奈赛菲　272

معاذ النسفي

杰尔法·本·穆罕默德·本·奈斯
尔　46,191,437,

جعفر بن محمد بن نصر

易卜拉欣·本·穆罕默德·奈斯尔·
阿巴兹　105,116,119,191,194,200,
323,329,437

إبراهيم بن محمد النصر آباذي

艾布·嘎希姆（奈斯尔·阿巴兹）
45,65,100,227,257,262,291,
297,371

أبو القاسم النصر آباذي

艾布·阿布顿拉·奈斯比　291

أبو عبد الله النصيبي

尼扎姆·穆里克　12

نظام الملك

艾布·哈尼法　107,121,422

أبو حنيفة النعمان

艾布·奈伊姆　80,115,220,231,
243,259,276,318

أبو نعيم

艾布·叶尔孤白·奈海尔祝勒
165,182,309,315,341,434,438

أبو يعقوب إسحاق النهرجوري

艾哈迈德·本·穆罕默德·努尔
127,169,196,225,258,278,281,
282,287,306,341,438

أحمد بن محمد النوري

阿里・艾布・侯赛因・努尔　43,
45,62,82,95,234,248,394
على أبو الحسين النوري

努哈圣人　146,212
نوح عليه السلام

图斯泰勒・本・努尼　400
تستر بن نون

艾布・哈夫赛・奈萨布尔　69,235
أبو حفص النيسابوري

（هـ）

侯吉维里　14
الهجويري

舒佳阿・海兹里　7
شجاع الهذلي

阿布顿拉・易卜拉欣・海尔伟
11,304
عبد الله الإبراهيمي الهروي

艾布・胡莱勒　80,101,110,112,
119,120,125,134,138,145,149,
157,159,197,214,222,226,243,
247, 255, 266, 267, 271, 298,
318,339
أبو هريرة

艾哈奈夫・海麦达尼　289
الأحنف الهمداني

艾布・侯赛因・本・赫德　190
أبو الحسين بن هند

赫德　108,131,221,303
الهندي

呼德圣人　63

هود عليه السلام

海塞米　110,207
الهيثمي

（و）

艾布・伯克尔（穆罕默德・瓦希特）
127,192,195,200,203,206,212,
218,222,231,242,263,265,269,
282,313,439
أبو بكر محمد الواسطي

艾布・热比阿・瓦希特　106,
128,422
أبو الربيع الواسطي

艾布・阿布顿拉（穆罕默德・瓦希
特）　44,47,57,95
أبو عبد الله محمد الواسطي

阿布顿拉・本・瓦斯阿　150
عبد الله بن واسع

穆罕默德・本・瓦斯阿　277
محمد بن واسع

库尔兹・本・沃布莱　372
كرز بن وبرة

艾布・伯克尔（穆罕默德・宛扎格）
174, 181, 182, 203, 218, 226,
279,440
أبو بكر محمد الوراق

艾布・侯赛因・宛扎格　100
أبو الحسين الوراق

赛尔德・本・艾比・万嘎斯
288,293
سعيد بن أبي وقاص

沃克阿　140

وكيع

伊本·瓦利德　261,323

ابن الوليد

沃海布　160,243

وهب

(ي)

安玛尔·本·亚辛　329

عمار بن ياسر

阿卜杜·拉赫曼·本·叶哈雅　239

عبد الرحمن بن يحيى

侯赛因·本·达尼亚尔　440

الحسين بن يزدانيار

叶哈雅·本·叶阿里　173,187,259

يحيى بن يعلى

叶尔孤白圣人　188

يعقوب عليه السلام

优素福圣人　68,79,215,331,345

يوسف عليه السلام

尔撒·本·优努斯　116

عيسى بن يونس

国家和区域索引

(ا)

乌布莱　346

الأبلة

艾布尤里迪　424

أبيورد

艾尔贾尼　420

أرجان

伊尔姆　63

أرم ذات العماد

艾尔米纳　377,440

أرمينيا

艾鲁尼　113,430

أرون

乌斯提瓦　6,7

استوا

艾斯鲁舍　419

أسروشنة

伊斯法扎尼　9

اسفرايين

亚历山大　231,269

الإسكندرية

亚洲　143,187,430,440

أسيا

非洲　308,394,433

أفريقيا

艾格哈夫　63

الأقحاف

安那托利亚　440

الأناضول

安达鲁西亚　6

الأندلس

安塔克叶　152,231,408

أنطاكية

艾海沃兹　438

الأهواز

乌兹别克斯坦　406

أوزبكستان

奥拉斯　349

أولاس

伊朗　107,229,236,406,430,440

إيران

艾伊莱　181

أيلة

（ب）

巴比伦　212

بابل

巴士拉荒野　141

بادية البصرة

地中海　308,349,415

البحر الأبيض المتوسط

红海　308,336,433

البحر الأحمر

阿曼湾　293

بحر عمان

里海　440

بحر قزوين

红海　181

بحر القلزم

马尔马拉　397

بحر مرمرة

巴林　101

البحرين

布哈拉　406

بخاري

比斯塔米　106,410

بسطام

巴士拉　91,108,111,131,141,288,
346,370,401,404,423,429

البصرة

布阿斯　337

بعاث

巴格达　9,10,14,44,45,137,212,
238,240,288,296,346,370,403,
404,406,407,409,416,422,427,
428,431,432,434,437,438

بغداد

巴里赫　5,123,143,335,391,
398,414

بلخ

布海塔尼　146

بهتان

布阿兹布斯夫尔　397

بوغاز البوسفور

布阿兹达尔达尼利　397

بوغاز الدردنيل

埃及的布拉格　29

بولاق مصر

耶路撒冷　107,108

بيت المقدس

麦蒙井　308

بئر ميمون

贝鲁特　29

بيروت

（ت）

塔布克　313
تبوك

土耳其国　113,240
تركستان

土耳其　231,275,346,397,430
تركيا

图斯泰勒　400,401
تستر

太克　403
التكية السليمانية

提哈麦　336
تهامة

土嘎尼　236
توقان

西藏　187
التيبت

泰纳提　394
تينات

以色列人迷失的提赫沙漠　114,
181,309,405,417
تيه بني إسرائيل

（ج）

巴尔兹山　107
جبل البرز

朱迪山　146
جبل الجودى

喜马拉雅山　187
جبل حملايا

赛拉山　181
جبل السراة

土鲁斯山　346,377
جبل طوروس

黎巴嫩山　257
جبل لبنان

鲁卡姆山　152,232
جبل اللكام

穆萨山　147
جبل موسى

伊本·欧麦尔半岛　146
جزيرة ابن عمر

巴格达桥　149
جسر بغداد

乌兹别克斯坦共和国　398
الجمهورية الأزبكية السوفياتية

（ح）

哭墙　108
حائط المبكي

希贾兹　266,336
الحجاز

苦行者的堡垒　349
حصن الزهاد

哈德拉毛　5,217,293
حضرموت

阿勒颇　248
حلب

霍姆斯　113
حمص

哈伊尔　261
الحيرة

（خ）

呼罗珊　5-7,107,123,143,226,236,
　391,393,397,399,410,424,439
خراسان

喀土穆　433
الخرطوم

海鲁　236
خرو

苏伊士运河 147
خليج السويس

阿拉伯海湾　346,401,430
الخليج العربي

亚喀巴湾　336
خليج العقبة

阿曼海湾　292
خليج عمان

麦地那壕沟　336
خندق المدينة المنورة

（د）

达扎尼　411
داران

达克　187
دكن

杜马温迪　420
دماوند

大马士革　21,29,32,34,91,109,
　113,266,365,403,410,411
دمشق

丹达嘎尼　423

دندانقان

迪亚巴克尔　346
ديار بكر

达尔克太里纳　147
دير كترينا

（ذ）

扎特阿尔格　141
ذات عرق

（ر）

拉姆布尔　29
رامبور

鲁卜哈利沙漠　293
الربع الخالي

拉姆拉　403
الرملة

俄罗斯　406
روسيا

罗马　231
روما

罗马地区　30
رومية

莱伊　345,407,409,410,414
الري

（ز）

泽姆泽姆　112
زمزم

祖兹尼　272
زوزن

（س）

萨迈拉　162

سامراء

塞尔海斯　423,424

سرخس

沙特　430

السعودية

撒马尔罕　170,398,412

سمرقند

布嘎尔平原　257

سهل البقاع

苏丹　308

السودان

叙利亚　113,248,346,377,403,430

سورية

（ش）

沙布尔　5

شابور

古叙利亚　6,113,122,141,168,
226,254,266,292,392,403,407,
412,415

الشام

西奈半岛　181

شبه جزيرة سيناء

阿拉伯半岛　292,336

شبه الجزيرة العربئ

舍合台尼　233

شختن

阿拉伯河　108,377

شط العرب

舒尼兹　167

شونيزية

设拉子　420

شيراز

（ص）

利比亚沙漠　433

صحراء ليبيا

位于耶路撒冷的登霄石　107,108

الصخرة

萨那　253

صنعاء

苏尔　415

صور

西顿　16

صيدا

中国　406

الصين

（ط）

塔布拉尼　236

طابران

塔海尔斯坦　392

طخارستان

的黎波里　293

طرابلس

图尔苏斯　152,275,292,349

طرسوس

西奈山　147

طور سيناء

图斯　236,432

طوس

（ع）

阿比达　401
عبادان

伊拉克　6, 44, 108, 122, 226, 261,
288, 293, 346, 377, 404, 420, 430
العراق

外籍伊拉克人区域　404
العراق العجمي

阿拉伯斯坦　400
عربستان

阿斯尔　336
عسير

非阿拉伯人中的不信道者　135
علج

阿曼　292
عمان

祖拜德之泉　376
عين زبيدة

（غ）

阿奈吉　187
غانج

大马士革郊区的姑塔园林　346
غوطة دمشق

（ف）

波斯　229, 251, 255, 420
فارس

费尔干纳　240, 439
فرغانة

巴勒斯坦　107, 113, 308, 403

فلسطين

（ق）

嘎底西亚　288
القادسية

开罗　16, 17, 30, 300
القاهرة

萨拉丁之墓　403
قبر صلاح الدين الأيوبي

圆顶清真寺　108
قبة الصخرة

圣地　403
القدس

君士坦丁堡　248
القسطنطينية

大马士革皇宫　403
قصر العظم بدمشق

高加索　440
القفقاز

大马士革堡垒　403
قلعة دمشق

甘萨勒　113
قنسرين

盖里格亚　275
قيليقيا

（ك）

克尔赫　427
الكرخ

克尔玛尼　229
كرمان

尊贵的克尔白　112,141,269

الكعبة المشرفة

肯迪　254

كندة

基督教圣墓教堂　108

كنيسة القيامة

库尔达巴兹　406

كوراباذ

库法　103,108,248,252,254,288,
　404,408,428,438

الكوفة

科威特　430

الكويت

（ل）

黎巴嫩　16,257,415

لبنان

利比亚　308,433

ليبيا

伊本·鲁优尼　152

بلاد ابن ليون

（م）

麦地那　91,98,101,149,217,230,
　248,266,267,304,336,337,
　355,371

المدينة المنورة

麦尔阿纳尼　240

مرغينان

姆鲁　5,113,123,143,268,404,
　419,423

مرو

艾什阿斯清真寺　252

مسجد الأشعث

远寺（阿克萨）　108

المسجد الأقصى

伍麦叶清真寺　403

المسجد الأموي

巴格达清真寺　238

مسجد بغداد

禁寺　238

المسجد الحرام

圣寺　258,279

مسجد الرسول

舒尼兹清真寺　158,370,431

مسجد الشونيزية

穆特里兹清真寺　233

مسجد المطرّز

曼苏尔清真寺　379

مسجد المنصور

圣寺　151

مسجد النبوي

奈萨布尔清真寺　45

مسجد نيسابور

马斯喀特（阿曼首都）　293

مسقط

幼发拉底河上游河道　440

مسيل الفرات الأعلى

埃及　17,181,308,399,404,416,
　417,421,433

مصر

麦斯塞　152

المصيصة

马格里布　3394

المغرب

哈伊尔墓园　261

مقبرة الحيرة

艾塞德图书馆　21,32,34

مكتبة الأسد

扎希里叶图书馆　29

المكتبة الظاهرية

印度图书馆　29

مكتبة الهند

尊贵的麦加　44,97,108,112,113,
　122,141,162,167,170,172,182,
　186,238,239,244,252,253,289,
　308,309,311,327,371,376,392,
　409,416,424,427,432,435,438

مكة المكرمة

穆里嘎巴兹　409,431

ملقاباذ

沙特　141

المملكة العربية السعودية

蒙拜杰　248

منبج

穆苏里　146,237,346

الموصل

（ن）

奈巴基　141

نباج

奈吉德　163,336

نجد

纳杰夫　261

النجف

奈撒　6,229,233

نسا

乃哈万迪　430

نهاوند

乌布莱河　346

نهر الأبلة

巴里赫河　346

نهر بلخ

朱里河　346

نهر جور

底格里斯河　44,137,146,244,
　346

نهر دجلة

迪亚拉　346

نهر ديالي

黄扎卜河　346

نهر الزاب الأصفر

大扎卜河　346

نهر الزاب الأكبر

幼发拉底河　212,288,377

نهر الفرات

努比亚　5-12,22,57,69,70,123,
　143,229,233,235,240,268,402,
　407,409,410,412-414,416,423,
　424,426,431,434

النوبة

（هـ）

赫拉特　5,123,143

هراة

哈马丹　106,229

همذان

印度　187,406

الهند
印度帝国 178

هندوستان

（و）

瓦西特 404

واسط

يثرب
叶斯里布 266

اليمامة
叶玛麦 141

اليمن
也门 141,253

派别与组织索引

（أ）

艾布达里（高品之人） 362

الأبدال
再传弟子的跟随者（三传弟子） 389

أتباع التابعين
土耳其人 158,397,398

الأتراك
敬畏者,108,271

الأتقياء
受喜爱的人 191

الأحباب
学者 348

الأحبار
独一性 37,42

الأحدية
人类 291

الآدميون
阿拉米人 403

الآراميون
俘虏 271

الأسرى
以色列人 130,298,344,357

الإسرائيليون
慷慨的人 108

الأسخياء
艾什阿里人 8,10,16

الأشاعرة
亚述人 403

الآشوريون
山洞人 227

أصحاب الكهف
伍麦叶人 6,403,404

الأمويون
圣人 182,262,272,277,286

الأنبياء
人类 71

الإنس
辅士 148,336

الأنصار
基石 405

الأوتاد

奥斯部落　337
الأوس

奥里亚　81,271,353,354
الأولياء

信仰　229
الايمان

（ب）

巴比伦人　403
البابليون

巴格达人　427
البغداديون

布沃海人　44,427
البويهيون

（ت）

再传弟子　297,389
التابعون

鞑靼人（塔塔尔人）　44
التتر

比喻　16
التشبيه

苏菲修行　10,19,20,389,416,438
التصوف

忏悔者　96,414
التوابون

认主独一　33
التوحيد

（ث）

二元论派　301

الثنوية

艾布·扫尔学派　248,430
مذهب أبي ثور

（ج）

贾希兹学派　370
الجاحظية

由火上而造的精灵　61,123,296
الجان

无知的人　408
الجاهلون

（ح）

朝觐的人　230
الحجاج

希贾兹人　336
الحجازيون

顾客　246
الحريفون

侍卫　190
الحشم

哲人　365
الحكماء

罕伯里学派追随者　128
الحنابلة

哈奈菲学派　131
الحنيفية

乐园里的仙女　257
الحور العين

（خ）

呼罗珊人　12,193

الخراسانيون

海兹莱吉 337

الخزرج

正统哈里发 122,146,238

الخلفاء الراشدون

特殊人 197,208,262,434

الخواص

(د)

地区首领 6

الدهاقنة والدهاقين

不信道者 301

الدهريون

(ر)

真主护佑的人 142,232,348

الربانيون

神性 36,82,165

الربوبية

修士 102,271

الرهبان

精神性的 171

الروحانيون

罗马 158,248,270,271,403

الروم

锻炼 344

الرياضات

(ز)

奸淫的女子 357

الزانيات

苦刑者 326,389

الزاهدون

残疾人 258

الزمني

不信道者 229,249,346,425

الزنادقة والزندقة

(س)

波斯的萨撒人 63

الساسانيون

求道者 194,201

السالكون

最低贱的人 425,433

السفلة

供水者 229

سقاة الماء

塞尔柱人 12

السلاجقة

赛莱麦人 6

بنو سلمة

苏联 113

السوفييت

(ش)

沙菲仪学派 6,9

الشافعية

沙克勒叶学派 149

الشاكرية

叙利亚人 47

الشاميون

轻浮的人 164,230

الشطار

筛伊拜地区的人　311

بنو شيبة

（ص）

忍耐者　185

الصابرون

诚实的人　342

الصادقون

清廉的人　98,130,362

الصالحون

圣门弟子　389

الصحابة

诚笃的人　213,220,262,286,414

الصديقون

清洁的人　44

الصفويون

十字军　232,403,415

الصليبيون

真主护佑其灵性的人　142

الصمدانيون

养育性　37

الصمدية

苏菲人士　33,36,53,54,163,347,
404,409,426

الصوفيون

（ط）

求道者　78

الطلبون

顺从者　193

الطائعون

（ظ）

扎希里叶　111

الظاهرية

（ع）

阿德　63

عاد

偶像崇拜者　301

عابد وثن

拜主者　326,389

العابدون

阿勒夫（认识真主的人）　208,235,
326,328,342,423

العارفون

阿米尔人　322

بنو عامر

阿拔斯人　44,108,143,288

العباسيون

精神崇拜　36,197,199,425

العبودية

仆人　36

العبيد

奥斯曼人　44,293

العثمانيون

尔吉里人　400

بنو عجل

非阿拉伯人　162

العجم

伊拉克人　193

العراقيون

阿拉伯人　113,232,236,293,403,415

الفينيقيون

(ق)

领导人 356

القادة

抵达目标的人 204,228

القاصدون

成吉思汗的部落 392

قبائل جنكيز خان

赛里木部落 6

قبيلة سليم

古筛勒部落 5,6

قبيلة قشير

盖哈塔人 5

القحطانية

宿命论 9,426

القدرية

古莱氏 122,336

قريش

法官 365

القضاة

向导 212

القناقنة

(ك)

不信道者 301

الكافرون

克尔白家族 5

بنو كعب

(ل)

背谈他人的人 158

العرب

赛阿德部落 5

عشيرة سعد

学者 227,288

العلماء

盲人 258

العميان

普通人 197,434

العوام

频繁出行的人 228

العيارون

(غ)

职业洗衣人 159

الغسالون

安法尔部落的人 109

بنو غفار

厄奈姆部落的人 163

بنو غنم

(ف)

开拓者 356

الفاتحون

波斯 63,231,293,403

الفرس

骑士 365

الفرسان

穷人 162,271,274,293

الفقراء

法学家 200,251,379

الفقهاء

腓尼基人 415

行善者 242
اللحميون
المحسنون

莱赫米人 261

确定者 95,327
اللخميون
المحققون

盗贼 144,236,244

两性人 159
اللصوص
المخنثون

(م)

犯错者 69
المذنبون

马立克学派 419

达乌德学派 390
المالكية
مذهب داود

初修者 269,342

姆扎迪地区 21
المبتدئون
المرادية

确证者 269

叛教者 122,130
المتحققون
المرتدون

虔诚崇拜者 199

赞缓派 426
المتعبدون
المرجئة

洞察者 234

使者 94
المتفرسون
المرسلون

努力接近真主的人 374

满意者 258
المتقربون
المرضى

认主学家 16,163,251

穆勒德(求道者) 95,207,208,235,
المتكلمون
256,363,364,366,379,380,382,
383,384,414,440

磨炼 344

المجاهدات
المريدون

拟人派 16

穷人 275
المجسّمة
المساكين

拜火教徒 57,134,176,227,246,

弱者 234,380
395,396
المستضعفون

المجوس

残疾人 275

爱者 184,188,328
المستورون

المحبون

穆斯林 64,107,112,136

圣训学家 288
المسلمون

المحدثون

基督徒 107,108

المؤمنون

المسيحيون

语法学家 251,288

思念的人 331

النحويون

المشتاقون

(هـ)

多神教徒 247

印度人 326

المشركون

礼拜的人 141

الهنود

المصلون

呼德 206

穆阿泰齐勒派别 9,12,16,370,426

هود

المعتزلة

(و)

蒙古 44,236

抵达状态之人 342

المغول

الواصلون

否认者 301

独一性 42

الملاحدة

الوحدانية

麦俩米提叶 426,435

蛊惑 84

مذهب الملامتية

الوسواس

天使 87,189,216,224

伯克尔·本·瓦伊利人 402

الملائكة

بنو بكر بن وائل

奴隶 346

المماليك

(ي)

认主独一者 132

犹太人 107,108,239,246,310

الموحدون

新一代穆斯林 149,150,162

اليهود

المولدون

希腊人 403

奸淫的女人 357

اليونانيون

المومسات

信士 94

图书在版编目(CIP)数据

古筛勒苏菲论集/(古阿拉伯)艾布·嘎希姆·古筛勒著;潘世昌译.—北京:商务印书馆,2023
(汉译世界学术名著丛书)
ISBN 978-7-100-22817-6

Ⅰ.①古… Ⅱ.①艾… ②潘… Ⅲ.①苏非派一研究 Ⅳ.①B966.1

中国国家版本馆 CIP 数据核字(2023)第 155488 号

汉译世界学术名著丛书
古筛勒苏菲论集
〔古阿拉伯〕艾布·嘎希姆·古筛勒 著
〔叙利亚〕麦阿鲁夫·穆斯塔法 校
潘世昌 译

商 务 印 书 馆 出 版
(北京王府井大街 36 号 邮政编码 100710)
商 务 印 书 馆 发 行
北京艺辉伊航图文有限公司印刷
ISBN 978-7-100-22817-6

2023 年 9 月第 1 版　　　开本 850×1168　1/32
2023 年 9 月北京第 1 次印刷　　印张 18⅛
定价:88.00 元